境界に立つクザーヌス

境界に立つクザーヌス

八巻和彦
矢内義顕　編

知泉書館

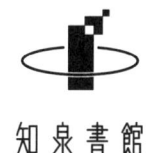

まえがき

ニコラウス・クザーヌスという、きわめて多面的な思想を展開した人物のことは、わが国でいまだよく知られているとは言えない。彼は一五世紀に、当時のヨーロッパ世界では田舎に属していたドイツの、さらに片田舎であったモーゼル河畔の小さな港町クースに船主の子として生れたが——この「が」の有する意味は、本書の諸論文が正確に説いてくれるであろう——後に枢機卿としてローマ教皇庁および西ヨーロッパ全土にわたって活動し、最後には教皇代理としてイタリアに歿した。

このように彼は、約五五〇年前のローマ・カトリックの世界に生きた人であるが、グローバリゼーションの波が加速度的に強まっており、他方、それに対する反動として「文明の衝突」が言われる今日、その思想のいっそう輝きを増すことが期待される思想家である。

さて、クザーヌスを包括的に扱う本書が、「境界に立つクザーヌス」という表題をもつ意味は、以下のように三重のものである。第一に、クザーヌスの思想を中世と近代との〈境界〉に立たせて検討する、第二に、それを二十世紀と二十一世紀の〈境界〉に立たせて検討する、第三には、それを東洋と西洋の〈境界〉とも言える日本という場で検討する。

この第三点については、若干の補足説明が必要であろう。詳細はあとがきにゆずるが、本書に収められている論文のほとんどは、去る二〇〇〇年秋に東京で開催された「東京・クザーヌス国際会議」の場で、招待講演として発表されたものである。ヨーロッパと米国から十人の学者がこの会議に参加し、収載の諸論文を発表してくれた。いずれもクザーヌス研究の最先端に立つ人々であるが、はるか極東の会議とはいえ、力を抜くことはいっさいなく、各々のもてる力量を十全に盛り込んだ内容に仕上げてくれた。それは、各論文の最後に付けられている文献一覧を一瞥するだけでも明らかであろう。

また、本書には三人のドイツ人歴史家が参加して、ある人は包括的に、ある人は都市研究の立場から、ある人は修道院研究の立場からと、各自の専門分野から三様にクザーヌスを論じているが、こういうことは、クザーヌスの母国でありクザーヌス研究の中心地であるドイツにおいてさえも、これまでほとんど試みられたことがなかったとのことである。

さらに各論文は、学会での発表後、このように書物としてまとめるに際して書き直された。その程度は著者によって異なるが、いずれにせよ、他の参加者の発表およびその場での討論という、各人の東京での経験が、そこには少なからず反映されているはずである。

以上のような経緯から、本書の読者は、居ながらにして現代世界におけるクザーヌス研究の最先端に立つことになる、と言っても過言ではないであろう。

なお、本書に収載されている論文のうちの三篇は、本書を編むに際して付加したものである。それは、クザーヌスに関する歴史的研究の権威であるエーリッヒ・モイテンによる「ニコラウス・クザーヌス——ある歴史的人物の横顔」と、八巻和彦による「日本におけるクザーヌス研究史」と「西田幾多郎におけるクザーヌスとの出会い」の二篇であるが、この措置は、本書がクザーヌス研究についての、わが国におけるより包括的内容を有する場となることを意図してのことである。

まえがきを締めくくるにあたり、もう一つ記しておきたい。もし、本書を端緒として、クザーヌスという著しく多面性を有する思想家を二十一世紀において理解し、現代に生かす人が現れるならば、それは、クザーヌス自身が用いた方法論が許容することであるというのみならず、彼自らも望むところであるだろう。彼は晩年の著書『コーランの精査』(Cribratio Alkorani)において、「誠実な解釈」(pia interpretatio)という方法を提唱し、自分はそれによって、イスラム教徒やコーラン自身が気づかない真理をその中に見出すつもりだ、と言っていたのだからである。

東京でクザーヌスに関する国際会議を開催してみたいという、永年にわたる個人的な夢が多くの方々の協力によって実現された上で、さらに今、その成果の一端がこのような形でわれわれの母語によって多くの方々に読んでもらえるようになったことは、喜びに堪えない。共同編集の任を担ってくれた同僚矢内義顕氏の多大な尽力に対してはもとより、ベテラン編集者が設立した新進の出版社「知泉書館」が本書の公刊を引き受けてくれたという英断に対しても、心より感謝する次第である。

二〇〇二年七月

八巻和彦

目　次

活動の軌跡

普遍的な協和

神・世界・人間

目　次

Sermo	Sermones : in h XVI, 1-4, ediderunt R. Haubst et M. Bodewig. 1970-1984 ; h XVII, 1-3, ediderunt R. Haubst et H. Schnarr. 1983-1996 ; h XVIII, 1, ediderunt R. Haubst et H. Pauli. 1995 ; h XIX, 1 ediderunt K. Reinhardt et W. A. Euler. 1996.

クザーヌスの著作の翻訳およびクザーヌス関係文献

AC	Acta Cusana. Quellen zur Lebensgeschichte des Nikolaus von Kues. Im Auftrag der Heidelberger Akademie der Wissenschaften hg. von E. Meuthen u. H. Hallauer. Bd. I, 1, Hamburg 1976 ; Bd. I, 2, Hamburg 1983 ; Bd. I, 3a, Hamburg 1996 ; Bd. I 3b, Hamburg 1996.
BGPhMA	Beiträge zur Geschichte der Philosophie und Theologie des Mittelalters, Münster 1892ff.
CT	Cusanus-Texte. Sitzungsberichte der Heidelberger Akademie der Wissenschaften. Philosophisch-historische Klasse, Heidelberg 1929ff.
CT I	Predigten, Heidelberg 1929ff.
CT II	Traktate, Heidelberg 1935ff.
CT III	Marginalien, Heidelberg 1940ff.
CT IV	Briefwechsel des Nikolaus von Kues, Heidelberg 1955.
Dupré	Nikolaus von Kues. Philosophisch-theologische Schriften, 3Bde., lat.-dt. Studien-und Jubiläumsausgabe, hg. und eingeführt von L. Gabriel. Übersetzt und kommentiert von D. und W. Dupré, Freiburg 1964-67.
h	Nicolai de Cusa opera omnia iussu et auctoritate Academiae Litterarum Heidelbergensis ad codicum fidem edita, Leipzig 1932ff., ab 1959 Hamburg.
MFCG	Mitteilungen und Forschungsbeiträge der Cusanus-Gesellschaft. In Verbindung mit dem wissenschaftlichen Beirat der Cusanus-Gesellschaft hg. von Rudolf Haubst, Mainz 1961ff., Ab Bd. 18 (1989) Paulinus-Verlag, Trier. Bd. 19 hg. von Rudolf Haubst u. Klaus Reinhardt, Bd. 20 hg. von Rudolf Haubst u. Klaus Kremer. Ab 21 hg. von Klaus Kremer und Klaus Reinhardt.
NvKdÜ	Schriften des Nikolaus von Kues in deutscher Übersetzung hg. im Auftrag der Heidelberger Akademie der Wissenschaften. Philosophische Bibliothek, Leipzig 1932ff. und Hamburg 1949ff.
p	Nicolai Cusae Cardinalis Opera, ed. Faber Stapulensis, Parisiis 1514 (unveränderter Nachdruck : Frankfurt/M. 1962).
V_2	Cod. Vat. Lat. 1245.

略 語 表

クザーヌスの著作

Apol.	Apologia doctae ignorantiae : h II, edidit R. Klibansky. 1932.
Comp.	Compendium : h XI 3, ediderunt B. Decker et C. Bormann. 1964.
Crib. Alk.	Cribratio Alkorani : h VIII, edidit L. Hagemann. 1986.
De ap. theor.	De apice theoriae : h XII, ediderunt R. Klibansky et Ioh. G. Senger. 1982.
De beryl.	De beryllo : h XI 1, ediderunt Ioh. G. Senger et C. Bormann. 1987.
De conc. cath.	De concordantia catholica : h XIV, ediderunt G. Kallen et A. Berger. 1959-1968.
De coni.	De coniecturis : h III, ediderunt Ios. Koch et C. Bormann, Ioh. G. Senger comite. 1972.
De dato	De dato patris luminum : h IV, edidit P. Wilpert. 1959.
De deo absc.	De deo abscondito : h IV, edidit P. Wilpert. 1959.
De docta ign.	De docta ignorantia : h I, ediderunt E. Hoffmann et R. Klibansky. 1932.
De fil.	De filiatione dei : h IV, edidit P. Wilpert. 1959.
De Gen.	De Genesi : h IV, edidit P. Wilpert. 1959.
De ludo	De ludo globi : h IX, edidit Ioh. G. Senger. 1998.
De mente	Idiota de mente : h ²V. Editionem post L. Baur (1937) alteram curavit R. Steiger. 1983.
De non aliud	Directio speculantis seu de non aliud : h XIII, ediderunt L. Baur et P. Wilpert. 1944.
De pace	De pace fidei : h VII, ediderunt R. Klibansky et h. Bascour. ²1970.
De poss.	De possest : h XI/2, edidit R. Steiger. 1973.
De princ.	De principio : h X/2b, ediderunt C. Bormann et A. D. Riemann. 1988.
De quaer.	De quaerendo deum : h IV, edidit P. Wilpert. 1959.
De sap.	Idiota de sapientia : h ²V. Editionem post L. Baur (1937) alteram curavit R. Steiger. 1983.
De stat. exper.	Idiota de staticis experimentis : h ²V. Ex editione L. Baur (1937). 1983.
De theol. compl.	De theologicis complementis : h X/2a ; p II/2. ; Dupré III.
De ult.	Coniectura de ultimis diebus : h IV, edidit P. Wilpert. 1959.
De ven. sap.	De venatione sapientiae : h XII, ediderunt R. Klibansky et Ioh. G. Senger. 1982.
De vis.	De visione dei : h VI, edidit Adelaida D. Riemann. 2000.

境界に立つクザーヌス

日本におけるクザーヌス研究史

八巻和彦

一　わが国におけるクザーヌス研究事始――ケーベル先生から西田幾多郎へ

従来わが国では、ニコラウス・クザーヌスの思想が哲学史の一こまとして言及されることは多かったものの、それ自体をテキストに即してする研究は、しばらく前まではけっして盛んに行われたとは言えない。

しかし、クザーヌスに対する関心は、注目すべきことに早くも明治時代の末年に、それも日本を代表する哲学者となる西田幾多郎（一八七〇―一九四五）によって、彼の処女作に記された。西田は、自らの参禅の体験と哲学の研究とを結合してまとめた『善の研究』（一九一一年）の二箇所で、クザーヌスの名を挙げているのである。(1)以下、この章では西田によるクザーヌス論及箇所を挙げるにとどめて、西田の思想とクザーヌスのそれとの関係についての具体的な考察は章を改めて行うこととしたい。

さて、西田のクザーヌスへの関心は、その思索活動の初期のみにとどまらず、京都大学の哲学教授に就任した、彼の中期にも存在している。一九一九年に真宗大谷大学の開校記念日の講演で、彼は「Coincidentia oppositorumと愛」という講演をしたが、その中でもクザーヌスの名を挙げつつ、クザーヌスの coincidentia oppositorum を神について適用すると共に、これは「一切の人間活動の基礎である」(2)ととらえている。

さらに、西田は、晩年一九三九年に至って「絶対矛盾的自己同一」という表題をもつ論文を発表した。このなかで彼は、標題と同じ名の「絶対矛盾的自己同一」という難解な概念を提唱した。そこにはクザーヌスの名前こそ登場してはいないが、色濃く一九一九年の講演の立場が現れている。(3)

最晩年の一九四四年に西田が完成した「予定調和を手引きとして宗教哲学へ」という論文にも、その核心部分でクザーヌスが挙げられている。(4) それればかりか、死の年の春に完成された遺稿「場所的論理と宗教的世界観」(5)にも、直接的にクザーヌスの名前が挙げられているわけではないが、「中世哲学に於いて神を無限球に喩えた人は、周辺なくして到る所が中心になると云った」として、クザーヌスの思想が論及されているのである。(6)

では、そもそも西田がクザーヌスの思想に関心をもつに到った端緒はどこにあるのだろうか。(7) 結論を先に記すならば、西田自身による直接的記述は見出されないものの、西田が帝国大学文科大学(後の東京帝国大学文学部の当時の正式名称)の選科学生であった時にその謦咳に接した「ケーベル先生」(8)ではなかったかと推測されるのである。

東大哲学科で西田が学んでいた明治二四、五年頃には、哲学科でもいわゆるお雇い外国人教師が教えていた。先ず西田が習ったのはブッセ(Ludwig Busse, 一八六二—一九〇二)であった。西田自身の伝えるところでは、この人は「ベルリンでロッチェの晩年の講義を聞いたとか云ふので、全くロッチェ学派であった。哲学概論と云っても、ロッチェ哲学の梗概に過ぎなかった」(9)。ここで「ロッチェ」と言われているのは Rudolph Hermann Lotze(一八一七—一八八一)のことであり、このロッツェは「カント哲学と個としての人間のもつ自由の本質とを熟知していた」ので、「個としての人間はたんに有限な存在であることを意味するにとどまらず、まさにこのような個としての人間にしてはじめて絶対性を完成し確証することができるのだという神理解を世に公言した」が、「すべての汎神論的なもの、万有神論的なものは彼には無縁であった」(10)。そして、ロッツェの信奉者たるブッセが東大で使用した教科書“History of Philosophy, Dictated Portions of the Lectures of Dr. L. Busse, Second Edition”(Tokyo 1891-1892)を調べてみると、クザーヌスの名前は一度だけ、「Nicolaus Cusanus 1450」として‘4. Philosophy of Nature’の項に一行現れるにすぎない。その直前には“3. Mysticism”の項があるが、そこにはクザーヌスは関係づけられていないのである[11]。

これに対して、ブッセの後任として来日したケーベル(Raphael Koeber, 一八四八―一九二三)は異なっていた。晩年の西田は記している。「先生はその頃もう四十を越えて居られ、一見哲学者らしく、前任者とコントラストであった。最初にショーペンハウエルについて何か講義せられた様に記憶して居る。この先生の講義はブッセ教授と異なって机に座ったままで低声で話された。……私が或日先生を訪問してアウグスチヌスの近代語訳がないかとお聞きした所、先生はお前はなぜ古典語を学ばないかと云はれた。……併し又先生は時に手づから煙草をすすめられ、私は(当時)煙草を吸ひませぬと申し上げると、先生は、Philosoph muss rauchen とからかはれた[12]」。このケーベルの使用した教科書である“Lectures on History of Philosophy by Dr. Raphael von Koeber”(Tokyo 1895)[13]の一冊が、晩年まで西田自身の蔵書に属していた。これを調べてみると、ここにも対照的なことが存在することが判明する。すなわち、クザーヌスに関する叙述が、前任者に比較するとはるかに詳しく、かつ本質に関わっているのである。具体的に紹介するならば、‘The German Philosophy of Renaissance’という節に、まず‘It is partly philosophy of nature, partly philosophy of religion and mysticism.’という紹介の記述があり、その後に‘Nicolaus Cusanus’の項が立てられて、それの説明が二頁余り続くという体裁である[14]。

その内容をここで簡単に紹介してみよう。先ず、クザーヌスの伝記的事実の紹介から始められる[15]。その後に、クザーヌスの教説でもっとも注目すべきはその認識論であるとして、sensus(感覚)、ratio(理性)、intellectus(知性）という三種の認識能力の区別と、それらに優越する最後の認識としての'visio sine comprehensione'（把握なしの直観）が説明される。さらにこの関係のなかで'coincidentia oppositorum'（反対対立の一致）が、神において成立するものとして紹介される。また、クザーヌスが自らの立場を名づけたものとして'docta ignorantia'（覚知的無知）が説明される。さらに、神がクザーヌスにおいて'possest'（可能現実存在）と呼ばれること、さらに宇宙は神の'explicatio'（展開）であること、神の三位一体が宇宙内に、質料、形相、運動として啓示されていること、個物は多かれ少なかれ神の似像であること、しかし、各個物は互いに同じではないこと、さらに、自己が神の似像であることを意識する存在は人間のみであるゆえに、それはまさに「小宇宙」であること、等が説かれている。

また、少し著作年代は下がるが、一九一〇年にケーベルが著した「神学及中古哲学研究の必要」という論文の末尾で、「諸君に諸君の哲学的研究を始むるに最良なりと考ふる著作の一二を挙げん[16]」として、クーノ・フィッシャー（Kuno Fischer）、ツェラー（Eduard Zeller）、ヴィンデルバント（Wilhelm Windlband）らと並べて、最後にファルッケンベルク（Richard Falckenberg）の"Geschichte der neueren Philosophie von Nikolaus von Kues bis zur Gegenwart"を、「ニコラウス、フォン、クーエスより現今までの近世哲学史」と表記して紹介しており、さらに「全体に於ての提醒的眺めを得るには、最初は恐らく一層簡単なる叙述を読むを勧むへからん。最後に挙たるファルケンベルグのは此目的に向て最も推薦すへきものなり」と記しているのである[17]。

また、ケーベルをよく知る二人がケーベルの神秘的思想への親近感を記している。西田の二年後輩にあたる桑木厳翼は次のように思い出を語っている。「（ケーベル）先生の思想の基調たる文芸的羅漫派的傾向には随行し得るが、其の神秘的宗教的方面には一致することが出来なかった……先生の文芸的神秘的趣味は学生に深い感化を与へた。……ケーベル先生の神秘主義と形而上学とは私にとっては永久に開かれない宮殿である」[18]。もう一人は、ケーベルより約十年遅れて来日して、永く親交を結んだ牧師ヴュルフェルである。「われわれの対話は様々なことに及んだ。古代文学――これは彼が最も好むと共に最も高く評価していたものである――、中世文学、近代文学に。そしてまれには現代文学にも――これを彼は排斥していた。また、聖書について、神やキリスト、聖者および神秘家たち（彼はフランシスコを心から愛していた）について、また、哲学、倫理学、歴史および歴史哲学、教育、学校および大学、日本の学生と生徒について、日本全般について、外国人の内地人に対する関係について、そして時には政治と女性に関しても[19]」。

以上のような〝傍証〞から、西田がクザーヌスへと導かれたのはケーベルによってであることが推測されるのである。

二　仏教からクザーヌスへ

西田幾多郎と同じく、クザーヌスに仏教的な世界把握との親近性を見出して、クザーヌスの著作を初めて日本語に翻訳して公刊した人に、山本幹夫（一九〇一－二〇〇二）[20]がいる。彼は東大を卒業後、山形高校教授を経て、一九二九年に新設の広島文理科大学（現在の広島大学）の助教授に就任した。その直後、プロティノスの研究を主な目的として二年半にわたるヨーロッパ留学に出発し、主としてドイツとフランスに滞在した。その際、一九二九年にハイデルベルク大学のエルンスト・ホフマン（Ernst Hoffmann）の研究室に行き、ホフマン教授と彼の助手であったクリバンスキー（Raymond Klibansky）の教えを受けたが、同時にそこでクザーヌス全集の初期の編集作業を目撃した。山本によれば、当時ホフマンらは、ベルンカステル・クースのニコラウス養老院の図書室に保管されていた写本の現物を、鉄道便で取り寄せて使用しており、それは万一の際の防火のために石綿に包まれ木箱に詰められて送られて来たという。[21]

山本は帰国後の一九三五年に、クリバンスキーらが校訂刊行したクザーヌスの説教"Dies Sanctificatus"[22]（『キリスト降誕の日』）の日本語訳を『哲学雑誌』第五七七号に「クースのニコラウス　キリスト降誕日」と題して掲載した。これを訳出した理由として山本は、「クザーヌスの最初の哲学的主著『知れる無知に就いて』（De Docta Ignorantia）の著作との不可離的関連[23]」を指摘している。この翻訳の注において山本は、クザーヌスを「キリスト教哲学に於ける最初の真のプラトーン学徒」とみなすホフマンの見解に与している。[24]山本は、終生にわたりクザーヌスの新プラトン主義的な要素を高く評価しており、自分の説教の中でもクザーヌスの思想に論及することがしばしばであった。

仏教思想とクザーヌスの思想に親近性を見出す視点は、このようにわが国における初期のクザーヌスへの関心に色濃く見出されたものであるが、これは必ずしもわが国にだけ限られる観点ではない。例えば、米国のベナヴィデスもその研究でこの点に論及している。[25]ともあれその後、わが国においてこの視点からクザーヌス研究を展開したのは、東洋大学に勤務していた笠井貞および河波昌、京都大学に勤務していた工藤亨らである。河波は、京都大学の大学院で学んだ経歴と共に、仏教信仰の上では山本空外の弟子でもあるという興味深い立場から、クザーヌス研究を進めている。[26]

三　京都学派におけるクザーヌス研究

京都大学における西田幾多郎の弟子の中で、クザーヌスに強い関心をもったのは、下村寅太郎（一九〇三－一九九五）である。彼は、西田の弟子の中では形而上学に対する関心の比較的少ない人で、むしろ西田の論理学、科学基礎論への強い関心を継承したと言えるだろう。そして下村は、若くしてすぐれたライプニッツ研究を公刊すると共に、数理哲学および自然科学論に深い関心をもって研究を進めたが、クザーヌスについては、とくにその「無限論」、「無限の神秘主義」に着目した。下村は、一九四一年に東京文理科大学（現在の筑波大学）の教授に就任すると、日本の大学で「おそらく初めて」[27]演習のテキストとしてクザーヌスの"De docta ignorantia"のドイツ語訳（Übersetzung und Nachwort von Alexander Schmid, "Nikolaus Cusanus Vom Wissen des Nichtwissens" (Leipzig 1918)）を使用した。

下村の弟子から、次の世代のクザーヌス研究者が育ち、第二次大戦後に次々と研究論文を発表した。山田桂三はクザーヌスを近代自然科学の先駆者としてみる視点から研究しつつ、一九九四年には"De docta ignorantia"の邦訳を『クザーヌス　学識ある無知について』として公刊した。[28]

下村のもう一人の弟子、清水富雄は、クザーヌスにライプニッツとの親近性を見出す研究を進めると同時に、クザーヌスの形而上学的および神秘主義的側面にも関心をもっていた。清水のクザーヌス研究は、『ライプニッツ』[29]というモノグラフィーと並んで、『顔』という論文集にも収められている。[30]

西田の弟子である西谷啓治は、自身がクザーヌスをテーマとした研究を発表したことはないようであるが、彼の弟子のなかからクザーヌス研究に携わる者が二人現れた。その一人は、松山康國である。彼は自身、禅に親しみつつ、クザーヌスを研究している。彼のクザーヌス研究は、論文集『無底と悪　序説』[31]と共に、クザーヌスの“De non aliud”の邦訳『非他なるもの』[32]としても結実している。

もう一人のクザーヌス研究者である西谷の弟子は、薗田坦である。彼は一九八七年に『無限の思惟』[33]というクザーヌス研究のモノグラフィーを公刊した。彼のクザーヌスへのアプローチにはカッシーラーおよびヤスパースの視点の影響がうかがわれる。実際に彼は、早くも一九七〇年にヤスパースの“Nicolaus Cusanus”を『ニコラウス・クザーヌス』[34]として翻訳し、さらに一九九一年にはカッシーラーの“Individuum und Kosmos in der Philosophie der Renaissance”を『個と宇宙―ルネサンス精神史』[35]として翻訳出版している。

薗田に限らず、下村および彼の弟子たちのクザーヌス研究の視点は、クザーヌスを近代哲学の先駆者の一人ととらえるカッシーラーの解釈からおそらく大きな影響を受けているであろう。なぜならば、戦前の日本では新カント派の哲学が大いに研究され、その一人であるカッシーラーの手になる上掲書が、一九二七年に刊行されているからである。

ところで京都では、早くも一九三〇年に服部英次郎が「ニーコラーウス・クサーヌス」という大きな論文を、『哲学研究』誌上に三号にわたって発表した[36]。この研究はクザーヌスの思想のほぼ全体を扱いつつ、「彼の最初の問題提出は尚ほ全く中世的思想界の中を動いて居る。併し歩一歩彼は其の限界を打破して、始めて後代が汲み盡し、実現することの出来た諸可能性への眺望を開いた。其故に、ニーコラーウス・クサーヌスこそ、若し誰かがそうであるなら、近世哲学の先頭に置かれるに値するのである」と、その論文を締めくくっている。後に京都大学で中世哲学を講義したこともある服部が、この論文の後にクザーヌスに関する研究をどのように展開したかは、公刊の限りでは不明である。

四　キリスト教からクザーヌスへ

第四のクザーヌス研究の流れは、クザーヌスをキリスト教の思想家としてとらえる、自身もキリスト教の信仰をもつ人たちである。戦後、日本では中世哲学の研究が大いに盛んになったが、それは敗戦後の日本でキリスト教への関心が強まったことと密接に係わっていると考えられる。この状況のなかで、クザーヌス研究の流れを形成するのに貢献したのが上智大学であろう。

その際に、ペトロ・ネメシェギ（Peter Nemeshegy）というハンガリー人の神学教授が大きな役割を果たした。彼のもとからは大出哲と坂本堯という、二人のクザーヌス研究者が一九六〇年代に現れた。大出は上智大学で学ぶとともに、フランシスコ会の修道院に五年間をすごしたことがあり、その経験を基礎にしつつ、北海道大学の岩崎允胤教授のもとでアウグスティヌス、擬ディオニュシオス・アレオパギテス、トマス・アクィナスを研究し、そこからクザーヌス研究に到達した。“De docta ignorantia”の最初の邦訳である『知ある無知』[37]は、北大哲学科における岩崎教授と大出助手との共同作業であった。そして、これが公刊されるに際しては、前出のネメシェギ神父が多大の力添えをした。

坂本堯は、イエズス会士としてドイツとイタリアに長く留学し、その際にクザーヌスを研究テーマとして選び、一九六七年にケルン大学に博士論文“Die Würde des Menschen bei Nikolaus von Kues”を提出した。坂本は、この他にも論文集『宇宙精神の先駆・クザーヌス』[38]を刊行している。

なお、上智大学には現在でもクザーヌス研究の伝統があり、それを担っているのはリーゼンフーバー（Klaus Riesenhuber）、佐藤直子らである。

カトリックではなくプロテスタントのキリスト教を信仰するクザーヌス研究者の一人に、渡邊守道がいる。彼は、西洋中世の政治思想についての日本における先駆的研究である堀豊彦『中世の政治学』に触発されて、クザーヌスを研究テーマに選ぶに至った。彼は、戦後、米国にわたり、一九六四年には“The Political Ideas of Nicholas of Cusa : with Special Reference to His De Concordantia Catholica”[39]をもって、コロンビア大学で博士号を取得した。このクザーヌスの政治思想を扱った論文は、同年に発表されたジグムンドの研究[40]と共に、この分野の古典的研究となっている。渡邊の研究の一部は、一昨年『ニコラウス・クザーヌス』[41]として日本語で刊行されたので、読みやすくなっている。なお彼は、永年にわたり、ニューヨークで教えつつ米国クザーヌス学会の会長をつとめている。

以上のようなキリスト教的立場からなされる研究によって、日本のクザーヌス研究も、従来に多くみられた、クザーヌスの中に自分の関心と共通する部分を見出すというスタイルの研究から、クザーヌスの思想総体をそれとして研究するという、いわば全体的研究の段階に到達したと言えるであろう。

この項の最後として、亡くなる直前まではキリスト教徒ではなかったが、最終的にカトリック教徒として亡くなった仁戸田六三郎（一九〇七―一九八一）に言及したい。彼は早稲田大学の宗教哲学の教授であり、戦後に中世哲学会が創設された時以来、この学会でも中心的役割を果たしていた。彼自身はクザーヌスについての研究論文を発表したことはなかったが、その比較的晩年になってクザーヌスの思想の重要性を説いて、教え子たちをクザーヌス研究に導いた。弟子の一人に小山宙丸がいる。彼は、早稲田大学のゼミナールでクザーヌスをテキストとして用いると共に、その成果であるクザーヌスの翻訳を自分が監修者となった『中世末期の神秘思想』の中に収めた。[42]

五　ヘーゲルからクザーヌスへ

ヘーゲルの弁証法とクザーヌスの「反対対立の一致」Coincidentia oppositorum の思想との親近性はよく指摘されるところであるが、第五のグループとして、ヘーゲル研究者であってクザーヌスの思想に関心をもつ人々がいる。岩崎允胤および酒井修がここに分類されうるであろう。先に言及した“De docta ignorantia”の最初の日本語訳は、この岩崎と大出との共同作業で完成されたのであるが、この書物のあとがきによれば、岩崎は十代の頃よりクザーヌスとジョルダーノ・ブルーノの思想に関心をもっていたという。他方、酒井は、京都大学を定年退官後も「京都ヘーゲル読書会」を主宰しているが、一九六三年四月に研修旅行でニコラウス養老院を訪れたとき、彼は、「この人を――歴史の或る時代を身を以って生きた一個の人間を――心底知りたいといふ強い願望に衝き動かされた」[43]という。そして彼は、クザーヌスに関する歴史的研究の大家であるモイテンの、現在も版を重ねつつある伝記的著作を『ニコラウス・クザーヌス』[44]として翻訳し、行き届いた注を付して出版した。ヘーゲル研究者でもあったマインツ大学の Josef Stallmach のもとで博士論文をまとめて帰国した塩路憲一もこのグループに入るであろう[45]。

六　現代思想とクザーヌス

最後に、「構造存在論」という独自の立場からクザーヌス思想を解釈するロンバッハ（Heinrich Rombach 1923-）の視点に刺激を受けながらクザーヌスを研究している人々が存在する。山下一道は、“Die Struktur der Welt im

Gottesverhaltnis bei Nikolaus Cusanus" という博士論文を一九八一年にウィーンでまとめた。また、酒井潔は、ライプニッツの研究者としてその哲学に関するモノグラフィーを刊行しているが、ロンバッハの "Substanz System Struktur" (1965/66) の第一章から第三章までを『実体・体系・構造』として訳出した[46]。

さらに、独自のシステム理論で有名な社会学者ニクラス・ルーマン（Niklas Luhmann）も、クザーヌスの思想を自らの思想の先駆として評価しつつ、その著書でしばしば論及しているので、今後、日本においてもこの分野からクザーヌスに関心をもつ研究者が現れることが期待される。

以上述べたような、わが国におけるクザーヌス研究の歩みの中で、一九八二年以来、クザーヌスの思想を中心に研究する学会として「日本クザーヌス学会」が活動している。目下、約六〇名の会員が集まって、年一回の大会等を開いている[47]。この日本クザーヌス学会と早稲田大学の研究グループが共催した国際会議で発表された招待講演が、本書の主要部分を構成する諸論文である。

（1）第十章において、「クザーヌスの De docta ignorantia 二四章」（西田幾多郎全集（岩波書店刊、一九六五年、以下この全集のことを「全集」と表示して、それぞれの巻の頁数をもって、典拠を示す）第一巻九九頁以下）および（全集第一巻一八九頁以下）。なお、内容からみるとクザーヌスについてのこの箇所指定は「第一巻二六章」が正しい。

（2）「Coincidentia oppositorum と愛」（全集第一四巻、三〇〇頁）。

（3）全集第九巻、一四七－二二二頁。

（4）全集第一一巻、一一四－四六頁。クザーヌスへの論及は一三八頁以下。

（5）子息西田外彦による跋文（全集第一一巻、四六七頁）。

（6） 全集第一一巻、四二三頁。なお、この叙述がクザーヌスのことを指しているという推測の根拠は、前年に完成した論文「予定調和を手引きとして宗教哲学へ」のなかで「彼〔クザーヌス〕は神を表すに、所謂無限球の例を用ゐて居る」と明記している（全集第一一巻、一三八頁）ことにある共に、クザーヌスの思想内容そのもの（例えば“De docta ignorantia”, I, 23. 岩崎・大出訳『知ある無知』六二頁以下）および、この時期の西田の書簡にもある。彼は昭和一九（一九四四）年三月二日の下村寅太郎宛の手紙の冒頭で、「マーンケとクザヌス難有御座いました　暫く拝借いたします」（全集一九巻、二九一頁）と記しているが、この「マーンケ」とは、Dietrich Mahnke, Unendliche Sphäre und Allmittelpunkt (Halle 1937) のことであることが推測される。この書物で論じられている中世の哲学者はエックハルトとクザーヌスが中心であり、特に後者についてより多くの頁が割かれつつ、クザーヌスの思想として、西田の文章とほぼ同じ内容がこの研究書に（例えば Ibid. S. 90）記されているからである。

（7） 筆者は一九九三年三月に、当時存命であった西田の弟子の一人である下村寅太郎にこの点を尋ねてみたが、「西田先生からそういうことを聞いたことがなかった」とのことであった。

（8） 本稿では Raphael Koeber の名前を、慣例に従って「ケーベル」と表記することにする。

（9） 「明治二十四五年頃の東京文科大学選科」（全集、第一二巻、二四二頁）。

（10） H. Glockner, Die europäische Philosophie – von den Anfangen bis zur Gegenwart (Stuttgart 1958), S. 971, 井上昌計他訳『ヨーロッパの哲学』（下）（早稲田大学出版部、一九六八年）一〇四一頁。なお、この書物の中でグロックナーも、「ファルケンベルクとブッセはとくにロッツェの信奉者であった」と記している（Ibid., S. 974, 同上書一〇四五頁）。

（11） Busse, History of Philosophy, Dictated Portions of the Lectures (Tokyo 1891-1892), p. 247. なお、このクザーヌスの紹介の仕方は、おそらく一四五〇年に著されて、近代自然科学の先駆的著作とみなされることもある“Idiota de staticis experimentis”（無学者考・秤の実験）が言及されたということなのであろう。

（12） 「明治二十四五年頃の東京文科大学選科」（全集第一二巻、二四三頁）。

（13） この書物は現在、京都大学文学部に西田文庫として所蔵されている。

（14） Koeber, Lectures on History of Philosophy (Tokyo 1895), pp. 119-121.

（15） この部分には二点誤りが含まれている。第一は、出身地が‘Cues’ではなく‘Culs’と記されていること、第二には、生地がローマとされていることである。これは、ケーベル自身の誤りであるのか、または英語でなされた講義を学生が筆記した際に生じた誤りであるのか、両方の可能性が考えられるが、確定はできない。

(16) 教学研鑽和仏協会訳刊、一六三頁以下。

(17) この書物においては、第一章の始めにおいて六頁にわたってクザーヌス哲学の紹介がなされている。なお、ここでケーベルによって強く推奨されているファルッケンベルクの手になる別の著書 “Grundzüge der Philosophie des Nicolaus Cusanus (Breslau 1880) が、A. Scharpff によるクザーヌスの著作のドイツ語訳 “*Des Cardinals und Bischofs Nicolaus von Cusa wichtigste Schriften*” (Freiburg im Breisgau 1862) と共に、西田の蔵書に入っており、それればかりか、入念に読まれた形跡があることは注目される。この点については、章を改めて立ち入って論及する。

(18) 「ケーベル先生の思ひ出」(『思想』第二三号、一九二三年八月号、三五頁、三七頁以下)。

(19) G. Würfel, ‘Erinnerungen an Prof. Dr. R. v. Koeber’ (『思想』第二三号、一九二三年八月号、七頁、久保訳二〇九頁)。また、ヴュルフェルは「彼(ケーベル)は実に彼の愛好し且つ尊敬せるレッシングのナータンの精神を以て感じ、考へ判断したのであつた」(上掲書一二頁、久保訳二一七頁)とも記しているが、この「レッシングのナータンの精神」とは、レッシングがクザーヌスの “De pace fidei” (『信仰の平和』)から学んだものであることは、定説となっている。

(20) 青年時代以来、熱心な念仏者であった山本は、戦後出家して浄土宗の僧侶となり、「空外」という僧名で活動した。

(21) 一九八九年頃に筆者が直接に山本から聞いた話。

(22) Cusanus-Texte Predigten, 1. “Dies Sanctificatus”, hrsg. von E. Hoffmann und R. Klibansky (Heidelberg 1929).

(23) 『哲学雑誌』五七七号二六二頁上段。ちなみに、この説教はホフマンらによって一四三九年一二月二五日になされたものと判断されていたが、近年の研究では、これは一四四〇年一二月二五日になされたものとされており、その結果、一四四〇年二月一二日に擱筆されたことが明記されている “De docta ignorantia” との関係は逆転することになる。Cf. Opera Omnia, XVI, S. 333.

(24) 『哲学雑誌』五七七号二六二頁下段。

(25) Die absolute Voraussetzung von Sein und Nichts bei Nagarjuna und Nicolaus Cusanus, in : W. Strolz (hrsg.), Sein und Nichts in der abendlandischen Mystik (Freiburg/Basel/Wien 1984), S. 59-71.

(26) 河波のクザーヌスに関する論文が収載されている著書として『東西宗教哲学論攷』(北樹出版刊、一九九四年)がある。
(27) 下村の弟子である山田桂三の話。日本クザーヌス学会編「日本クザーヌス学会会報」第一号(一九八二年)に掲載の講演および、山田訳『クザーヌス　学識ある無知について』(平凡社、一九九四年)の「訳者あとがき」参照。
(28) 上注参照。
(29) 創文社刊、一九五九年。この書物の中にもクザーヌスへの論及がある。
(30)『顔』南窓社、一九八一年。
(31) 国際日本研究所発行、一九七二年、創文社発売。
(32) 一九九二年、創文社より刊行。
(33) 創文社より刊行。
(34) ヤスパース選集第二七巻として理想社より刊行。
(35) 名古屋大学出版会より刊行。
(36)『哲学研究』第一六六号、一六八号、一七〇号。合計で七十六頁にわたる。
(37) 創文社刊、一九六六年。
(38) 春秋社刊、一九八七年。
(39) 一九六三年にジュネーヴで刊行。
(40) Paul E. Sigmund, Nicholas of Cusa and Medieval Political Thought (Cambridge, Massachusetts 1963).
(41) 聖学院大学出版会刊、二〇〇〇年。
(42) これは、上智大学中世思想研究所が平凡社を通して刊行中の「中世思想原典集成」シリーズの第一七巻として一九九二年に刊行された。酒井紀幸訳「創造についての対話」、小山宙丸訳「知恵に関する無学者の対話」、八巻和彦訳「信仰の平和」という、三人の仁戸田に連なる人々の仕事と、上智大学の佐藤直子の手になる翻訳「テオリアの最高段階について」の、全部で四篇のクザーヌスの著作が収められている。
(43) 次注に掲げる訳書の訳者あとがきの一節。
(44) 原書はE. Meuthen, Nikolaus von Kues 1401-1464, Skizze einer Biographie (Münster 1964). 酒井の翻訳は一九七四年

に法律文化社から刊行。
(45) 塩路によるクザーヌス関係の業績の一つとして、松山康國と共に刊行したクザーヌスの翻訳『非他なるもの』がある。
(46) 一九九九年、ミネルヴァ書房より刊行。
(47) 事務局は早稲田大学に置かれている(連絡先 〒一六九-八〇五〇 東京都新宿区早稲田大学商学部矢内義顕研究室気付)。

活動の軌跡

ニコラウス・クザーヌス
――ある歴史的人物の横顔――

エーリッヒ・モイテン

はじめに　一枚の地図から

今晩、クースのニコラウス（一四〇一―六四年）について何かを話すようにとのお招きをいただいたことに、私はいささか困惑を覚えた。私がそれを果たすことにはほとんど問題ないだろうと、人は思うかもしれない。けれども、まさにそのことが私を不安にさせた。というのも、どう見ても、結果的にいつもの繰り返しとなるのではないかということが、自明のことのように潜んでいると思われるからである。そこで、第一の課題は、せめて出発点においてどのようにそれを避けることができるかということになる。第二の問いもこれと結び付いている。つまり、人はまたもクザーヌスを彼の複雑にからみ合った豊かさの中に探求すべきなのか、それとも、彼の生涯、彼の著作の全体に代えて、その一部分を取り上げる方が得策なのではないかということである。けれども、そのような断片化を彼自身が喜ぶだろうか。もしかすると彼はこう忠告してくれるかもしれない。一部分ではなく、せめて複数の部分を取り上げ、それらを組み立て、理解の橋渡しとするようにと。それを試みることにしよう。

中央ヨーロッパの最も古い地図は十五世紀に由来する。その中で二番目に古いものがモーゼル河畔のトリーアとコブレンツの中間の唯一の地名として「クース」（Kues）を記載する。[1]おそらく百万分の三から九程度の非常に小さな地図上の地理的情報としては重要でもない村である。だが、記載者がそれを重要だと見なしたことは明白である。これらの地図の起源は、そこで生を受けた、かの有名な学者、クースのニコラウスに由来するからである。

クザーヌスの哲学的主著『知ある無知』(*De docta ignorantia*) は「無知の知」を教える。本書の洞察は——彼が語るとおり——ギリシアからの帰還の際、洋上の体験において、「上からの贈り物」として彼に伝えられたものであった。(2) 重要なことはこの旅行が世界史的な意味をもつものであり、必ずしも取るに足りないものではなかったという点である。クースのニコラウスは、四百年間に及ぶ分裂の末に正教会とカトリック教会を再統一すべく開かれるフェラーラとフィレンツェの公会議に、コンスタンティノープルからギリシアの皇帝と総主教を連れて来たのである。(3) クザーヌスは彼のこの著書を「一四四〇年二月一二日、クースで完成した」という言葉で締め括る。(4)

この見かけは何の変哲もない村が、少なくとも彼にとっては何よりも重要な意味をもっていることを、われわれがつゆ疑うことがないように、一四四九年、自分が枢機卿に昇格したことを誇りとして執筆した小さな自叙伝において、(5) 彼は、「船主クリュフツ・ヨハンは、トリア司教区のクースにおいて、ヘルマン・レーマーの娘カタリーナとのあいだにクースのニコラウス師をもうけた。」と記した。そして、それからの生涯の記録を記したのち、「聖なるローマ教会は出身地と生い立ちに目を向けることがないことを誰もが知っているので、枢機卿はこの自分の歴史を書き留めさせたのである。」とまとめる。

したがって、三度、彼はわれわれを意図的にモーゼル河畔の小さな村クースへと導くが、確かに、三度とも「大いなる」世界との関連においてである。

三度とも、——と今や批判的に言うことができるかもしれないが——、同じように、かなり自信に満ちており、覆い隠されたところもあり、あからさまなところもあるという、成功者の自己描写である。それはそれとしても、いずれにせよ、多様な経験と洞察が同時に的確に述べられているという事実を排除するものではないだろう。見かけは取るに足りないことがもつ意外な重要性、普通なら、広大な地域の地図では消えてしまうような小さなことに潜んでいる価値。これらの例が示すように、ニコラウスは慎み深く彼自身から目を転じるということを決してしない——すでに、このことによっても、彼がルネサンスの時代を指し示していることに、気づかされるが——われわれも同様にそうしようとは思わないので、まず第一に彼の生活から何かを知ることにしよう。

一　一四二三—五〇年　ルネサンス的万能人間

われわれは、ここでも再び彼自身の言葉に従うことが得策だろう。「二二歳頃」、と上述の自叙伝で彼は記す。「彼はパドヴァで博士、すなわち、教会法の博士となった。三七歳のとき、教皇エウゲニウス四世は彼をコンスタンティノープルに派遣した」。(このことはわれわれもすでに聞いた)「さらに、バーゼルの公会議がエウゲニウス四世を不当にも廃位し、対立教皇としてサヴォワ公アマデウスを押し込んだ後も、彼はエウゲニウス四世を支持した。[6] エウゲニウス四世はひそかにニコラウス師を枢機卿に昇格させていた。[7] エウゲニウスはそれを公表する前に没したけれども、後継者ニコラウス〔五世〕によって今度は公式に枢機卿に昇格させられた。[8] それは、対立教皇アマデウスがその称号を放棄したのと同じ年であった」。

おそらく、このテキストは、養老院礼拝堂の内陣に取り付けられた銘板に記されていたのだろう。[9] ともかく、この文章からできるだけ多くを汲み取るべきだろう。もしかすると、ある種のパンフレット(まだこういう言葉はなかったが)のようなものが考えられていたのかもしれない。

とにかく、ここで明らかなように、彼の輝かしい経歴が、一種の宣伝効果をねらって切り詰められているというか、彼の考えではむしろ、特別に濃縮されているのである。たとえば、学業の終了後に、彼が法律家、つまり法律顧問として実際に活動したことだけでなく、間もなく政治にも足を踏み入れ、トリーア大司教の秘書もしくは尚書として活動したことなどはまったく述べられていない。またその間、上述のバーゼル公会議に出席し、彼の主人だったマンデルシャイトのウルリッヒを――教皇によって擁立された大司教ヘルムシュタットのラーバンに対抗して――擁護したが、不成功に終ったこと、そしてこの件で彼はまさしくバーゼル公会議の支持を期待していたことなども、まったく述べられていない。(10)

この当時、キリスト教界は正しい教会秩序をめぐる原理的な論争の先鋭化という事態を迎えていた。教会秩序は、教皇を頂点とする位階制度によって決定されるのか。それとも、全体会議(das allgemeine Konzil)にその代表者が見出されるところの一種の共同体の秩序こそがそれであるのか。クースのニコラウスがさしあたり後者の教会理解に強く傾いていたことは疑いない。(11)バーゼルでの年月を経て(一四三二―三七年)、ここには両者の立場を調停する余地はなく、全体会議が当時のヨーロッパの状況において確固たる地歩を占めることもないだろうということが分かったので、(12)一四三七年、彼はいわゆる「少数派」(Minorität)つまり、きっぱりと教皇の側に移った少数者側の公会議聖職者団に属することになった。それ以後のことは彼も記している。もちろん、反対陣営では、この鞍替えをドイツ諸侯に対し、教皇特使という肩書きに加え、自分の強い意志にも基づいて、教皇エウゲニウス四世に賛成するように強く働きかけたことを、裏切りとして――それも教皇庁から買収された裏切りであるとして――クザーヌスを責め立てた。(13)四十年代を通じて彼は、それ以前とそれ以後に理論的な首尾一貫性があることを証明することで繰り返し弁明しなければならなかった。彼にとって重要な問題は常にキリスト教界の統一だったのであろう。(14)

もっとも、この一四三〇年から一四五〇年までの二〇年間の出来事を客観的に観察する者にとって、公平に理解すれば、ニコラウスが主張する伝記的一貫性に反して、政治の厳しい現実がこうした首尾一貫性を部分的にしか許容していないということは明らかである。他方で、彼はまったく意識的に政治的な実践における負担を背負っていた。当時創設されたばかりで、若い学者を求めていたルーヴァン大学が、講座提供を申し出たが、彼はこれを二度とも拒絶したのである。[15] したがって、明らかに、彼は本業として学問をとらなかったのである。しかし、そうはいっても、彼の人となりはまったく学問と不可分であった。したがって、彼は、学校に拘束されず独立独歩で名声を獲得した一連のヨーロッパの学者たちの嚆矢でもあった。レオナルド、エラスムス、コペルニクス、ケプラー、デカルト、スピノザ、そして、周知の通り自分でアカデミーを創設したライプニッツ、さらにルソー。ニコラウス自身はいかなる学派にも所属せず、彼自身でも学校を創設することはなかった。いったい、いかなる学部、いかなる分野に属することができただろうか。申し出のあった講座は、彼の本来の専門である法学の講座であった。けれども、パドヴァでの学業を終えた後、彼は自分の学問的地平線を絶えず広げ、独学者として最高の水準に達していた。特に、彼は数学と自然科学の問題に魅力を感じていた。[16] たった今挙げた学者たちも広い意味では数学者であった。こうしてわれわれは、自然科学研究の数学化の時代に足を踏み入れるのであり、それなくしては近代の自然科学は成立し得なかったはずである。

彼が追究して、徒労に終った円の求積法のように、[17] 数学的問題は、それにもかかわらず彼にとっては最終的なものを意味してはいなかった。むしろ、数学の無限性の問題は彼にとって哲学と神学における無限性の問題のアナロジーの役割を果たした。われわれはここに戻ることにしよう。問題は最終的に可能なものを把握することである。彼はその後期の著作の一つを『知恵の狩』(*De venatione sapientiae*)と名づけた。人間は、貴重な獲物を狩猟するように、その認識の狩猟を行なうのである。

さらに、彼が、存在の根拠である神に最終的な憩いを見出すとき、知もまたすでに敬虔へと移行しているのである。神学者クースのニコラウスは宗教的実践の場で繰り返しこの知に回帰する。彼はおよそ三〇〇編の説教をわれわれに残した。それらは決して一般的な意味での民衆のための説教ではない。むしろ、高度な学問的水準に立った主題を論じている。[18] しかし、彼が単なる学者ではなく、むしろ彼がその席を教会の秩序の内にもっていることも、それらは想起させる。彼が最も広い意味での実践家として、包括的で活動的だったということである。

それゆえ、一方で、非常に広大な学問的関心が現れ、他方で、この関心はそれを他の人にも広く伝えようとする懸命な努力と繰り返し結び付く。しかし、さらに現れる特徴は、彼が、次第に拡大していく弟子たちのサークルの師としてではなく、個人的に談話する師として語っているということである。[19] 上述の諸説教が要求することは、聴衆が集中して共に考える（Mitdenken）ことである。この「共に考える」とは、各人がそれぞれに行なうことであって、大衆を感激させるが、害を及ぼすこともある、というような効果をもたらすものではない。

それにもかかわらず、ニコラウスは、そのような効果を与えたとき、喜びを隠さなかった。一四四一年マインツの帝国議会で成功を納めたことについて、彼は〔チェザリーニ枢機卿に〕非常な満足感をもって報告している。[20] 二日〔正しくは四日〕前に、ちょうどその場所で、彼の演説が喝采を博したのである。[21] 幸福な気分にさせられて、そのような賞賛の声を聞きたがらない演説家がいるだろうか。

老年になったある時、彼は一度だがシエナのベルナルディーノの言葉を回顧する。彼は若いときパドヴァでその時代の名だたる説教者としてベルナルディーノに驚嘆し、彼が次のように語ったのを聞いたのである。「魂のうちに炎をもつ説教者は、消えた炭からでも炎を起こすことができる」。[22] 説教者クザーヌスがこの回想においてもなお、彼自身には与えられなかったものに驚嘆していたのではないか、と問うてみよう。一四五一年、教皇特使としての巡察旅行の途上、彼はエアフルトで二千人の聴衆を集めた。[23] 一年後、フランシスコ会のカピストラーノがやって来たときには、公称で十万人の聴衆を魅了したと、同じ年代記作者は伝える。[24] 他方で、同時代の資料は、明らかに、ニコラウスによってなされた説教について繰り返し報告しているのであるが、しかし、その草稿は説教の写本に入れられていない。だが、このことは、おそらく次のようなことを意味する。聴衆に何らかの点で受け容れられた説教は、説教者自身にとってはそうではなくとも、その時代の歴史家にとっては、当然、伝える価値があったということである。[25] エアフルトの年代記作者であったハルトゥンク・カンマーマイスターは、教皇特使が「美しい、有益な説教を」行なったと記している。[26] ニコラウスは何らかの魅力的なものを持っていたように思われる。彼との親密な語らいを記憶する人々も少なくない。[27] さらにまた、彼の外見も人を引きつけた。長身で、好感を抱かせ、気品があったからである。[28]

したがって、ほんの細部から全般的な理解までひっくるめた関心の広がりが与える印象は、実際、彼らがクザーヌスを表現する場合の、きわだった異例さを指摘することで補足される。クースのニコラウスが、まだ若者として登場したとき、彼は、自明のごとく、人目を引き、状況次第では挑発さえしかねないような人々のうちの一人であった。公会議の正式な全体会議において、教会の中の地位からすると、まださして重要でもないコブレンツの首席司祭にすぎなかった彼が、公会議議長のチェザリーニ枢機卿に、はばかることなく重大な発言を次々と投げかけるというようなことすらできるのである。そこでは彼が公然とチェザリーニと肩を並べていたと考えたくもなる。[29] ところが、チェザリーニは、この若者、言い換えれば、この天才が自分と同等、いや、すでに自分を凌駕していると見なしたのである。驚くほど自然に、とにかく彼はそこに出席していた。ミュンスターマイフェルトの司教座聖堂首席司祭にすぎない彼が、彼以外は数人の著名な司教から成るコンスタンティノープルへの使節団の一人となり[30]、また、ドイツの王たち、選帝侯、ブルグンド伯フィリップのような有力な諸侯のあいだでも高い評判を獲得するが、それは人格によることであって、教会の高位の職務という点からではなく、「クースのクラエス師」(Meister Claes von Kues) としてであった——同時代の人々は彼のことを日常的にはこう呼んだのである[31]。

そして、人が彼にその肩書とそれにふさわしい社会的評価を与えたとき、彼はそれをどれほど誇りに思ったことであろう。というのも、ローマ教会の枢機卿は、当時の礼法・儀式では諸侯に匹敵したのである。一四四七年ニコラウス五世を教皇として選出した教皇選挙の会場からは、このドイツ人も得票を得たといううわさが流れた[32]。彼のローマの同僚たちは、幾分かの好奇心もあって、サン・ピエトロ・イン・ヴィンコリの枢機卿〔クザーヌス〕の明らかな比類のなさを常に高く評価していた。というのも、当時、ドイツ出身の枢機卿は、白いカラスのようなものだと言われたものであった[33]。それほどまれなことだったし、またドイツ出身の枢機卿というものは、魅力的ではあっても、一種のいかがわしい存在と見なされていたのである。われわれは、このモーゼル出身の枢機卿に関して、ある種、積極的な意味でもこのことを確認できよう。そこで、われわれは彼のいわゆる出世についてあらためて考えなければならない。

まばゆいばかりの知力、練達した機敏な精神、非常に迅速な思索の創造性、それらは、同時代の人々がそれから目を離すことのできないような、強く引き付ける魅力をこの若き成功者に与えた。何よりも、彼は膨大な知識を持っていた。後に教皇ピウス二世となった人文主義者エネア・シルヴィオ・ピコローミニはこのドイツの友人について簡潔にこう記した。「歴史的知識に関しては、(公会議の席上では) 貴方以上に信頼のおける人はいませんでした[34]」。

周知の通り、古代の著作家たちの作品を渉猟することは初期ルネサンスの人文主義者たちの根本的情熱を形成していた。この若き「トリーア人」(Treverensis) はそれらを提供した。[35] われわれは、彼自身の時代を超えて彼を見がちであるが、しかし、たとえば、彼がドイツの図書館において発見した資料によって教皇庁で利益を収めたことからも、彼がその時代にどっぷりとつかっていたことを、われわれは心に留めておかなければならない。だが、もしわれわれがこのことをただそれだけのことと見なすなら、彼を不当に取り扱ったことになろう。クースの養老院にある類まれな図書館は、普遍的な知性が写本によって伝承されていることを示す非常に質の高い数々の代表例で満たされており、彼が写本の偉大な精通者であり、それのみならず、写本の愛好家であったことも告げている。[36] 枢機卿、そして今や教皇特使である彼が、一四五一–五二年にドイツを巡察旅行したとき、彼はたびたび図書館に案内され、貴重な写本が閲覧に供された。[37] 当時の人は誰を目の前にしているのかを知っており、しかも、こうすることによって、今や権勢を持ったこの人に費用をかけないで取り入ることができることを承知していたのである。こうすれば明らかに彼の顔は喜びに輝き、その結果、誰もが喜びを共にしたのである。

けれども、これらはすべて彼の時代の流れに対応する代価を要求した。執拗に苦しめる邪悪な敵対者が、まさしく知識階級、とりわけ、時流にまったくついていけなかった人々のあいだにいた。そして、ニコラウスもすでに政治家であった以上、当然、政治的闘争が予測された。彼はただ偉大な思想家のままであったほうがよかったと、われわれが彼に望むべきだろうか。しかし、このことは彼にふさわしいことだろうか。というのも、われわれは、あらゆる留保をつけながら、それでもやはり、この人物を、ルネサンスの自己理解という意味で一種の万能人間 (Uomo universale) であると躊躇せずに呼ぶのだから。明らかに、彼の伝記自体が——われわれは、さしあたり一四四八–五〇年の枢機卿に昇格する時点までしか読んではいないが——その後の時代において人間的にも実に問題の多い、時に慎重を期して表現されたとして「悲劇的な複合性」へと展開していったのである。そこでは、何が起きたのだろうか。

二　一四五一―六四年　悲劇的な複合性

人生の半分が過ぎていた。三つの道程、三つのかなり異なる活動領域が、続く一四五一年から彼の死の一四六四年まで連なる。彼の人格を理解する通路をさらに開いて行こうとするならば、われわれはこの三つをそれぞれ簡潔に定めておかなければならない。

その第一は、すでに触れられた教皇特使としての大旅行であり、彼はこれを教皇ニコラウス五世の命により一四五一―五二年にドイツで遂行した(38)。

教会の統一の回復が一四五〇年、その聖年とともに、教皇によって盛大に祝われた。霊的刷新がこの聖年の目標であるはずだったが、広範囲にわたり、物質化された信心への堕落が見られた年であった。枢機卿はこの霊的刷新を、改革事業をとおして彼の故郷ドイツで、いわば現場に立って、進めようとした(39)。肝心なことは、それが宗教改革以前の最も包括的な改革の試みだったということである。しかしまた同時に、性急で、余りにも短期間に構想された、余りにも熟成の足りない努力でもある。改革されるべき者たちのこの改革者に対する抵抗も小さくはなかった。定まった習慣や因習的な法に彼が介入すれば、ローマ教皇庁への提訴が当然予想された。事実、ドイツ国内の多くの教会組織は、ローマの助けによって、クザーヌスのしかるべき指示が取り消されることをねらったのである(40)。こうして残ったのは、とてつもない騒擾ならびに一種の歴史的な警告であり、そして、ここかしこで、文書にも歴然と記されているように、実際の改革が必要であるとの多様な意識であろう。官吏と同様、信者も過大な要求をされると、結局、その組織構造が余りにも堅固であることが証明されたのである。そのため、特使はますます厳しくなり、しかし、いらだちも増した。(41) われわれがことを形式ばらずにコメントするならば、多くの場所で、彼は「座礁」させられたということである。いずれにせよ、この旅行がドイツの歴史における一つの偉大な出来事だったことに変わりはなく、それは同時代の反響においても、記憶においてもそうである。(42)

第二には、一四五〇年、教皇特使が旅行に出立する前に、ニコラウス五世が彼をブリクセンの司教に任命したこと。(43) ここでは明らかに政治的な課題が与えられた。当時、育ちつつあった近代的な国家は、総じて、全般的管轄権の要求を掲げて、支配区域の教会をも手中にしようとしていた。国家教会制また領邦教会制への動きが、スペインからドイツの一二の侯国に及ぶまで、開始したのである。権勢をもった隣人、ティロール伯、ブリクセンの教会の管理者でもあった大公ジギスムントが、まさにこれを実行に移そうとしていた矢先である。精力的な枢機卿はこの干渉をはねつけることになるが、それは事後に、教皇による彼の任命の根拠として教皇が口述筆記させたとおりであった。(44) というのも、ブリクセンの司教座聖堂参事会がその選挙権を行使したとき、このブリクセン公爵〔ジギスムント〕は、単なる比喩的な意味ではなく、自ら扉の前に立っていたのである。(45)

ところが、ニコラウスはブリクセン司教として、自らこの小さな領土の領主であり、その福利のために配慮せねばならなかった。(46) 実際の事情は、歴史的現実において幾重もの層をなしている。彼はこれを司教区の改革という霊的課題に結び付けた。それとともに彼はティロールの聖職者の秩序を正した。どこにでも姿を現わし、巡回、訓練、監督したが、それは埋葬が規定通りに行なわれているか等々にも及んだ。(47) 祝日暦から鉱山の採掘の収益まで、(48) 霊的課題と政治的課題がさらに一層密接に絡み合っていった。大公およびティロールの貴族たちと、彼らの領土に支配者として送り込まれたモーゼル出身の男との劇的な戦いが始まった。一四六〇年、ジギスムント大公がブルーネック城にこの司教を包囲攻撃したときがその終わりだった。そして間髪を入れず降伏協定。[49]

教皇庁に退避した後もジギスムントとの長期の係争は続いた。私が着手したことは間違ってはいなかっただろうか、当時、クザーヌスは、親しいアイヒシュテットの司教に宛てた手紙の中で尋ねている。これほどに暴力がエスカレートしてまでも、私は教会の物質的・経済的側面での独立を守るべきだったのだろうか。[50]彼は主張する。彼にとっていつでも重要なことはその教会の権利であった。彼自身のことはまったく重要ではない。歴史的に見るならば、むろん、この問題は少しも解決しなかった。

彼がもし、司教としての自分自身と同一視したブリクセンの教会を守らなかったとしたら、彼は悪しき領主であったろう。けれども、アイヒシュテットの友人に対する質問は次のようにも理解できる。自分は本来の意味での司教として、つまり羊飼いまた司牧者〔魂の配慮者 Seelsorger〕としてであれば、法律家とは異なり、別の行動の取り方もあったのではないか（しかし、彼はとにかくも法律家であり、実際、極めてすぐれた法律家であった）。ブリクセン時代、彼が法的権利の証明、歴史的に証明されるブリクセン教会の諸権利の研究——具体的には、またもや資料研究——につぎ込んだ時間と労力とは膨大であり、今もなお包括的な解明を待っている状態である。[51]他方、それに劣らず、広範囲に渡って彼が与えた司牧的な衝撃は、私の知る限り、少なくともドイツにおいては彼の同僚の司教のうち誰ひとり与えることができなかったほどのものだけに、これはわれわれの気持ちを慰めてくれる。しかも、司牧と法の立場の両者について、彼自身は前者により重きをおくように行動したのだから、そのまま受け取るべきである。無論、彼がその後、死までの四年間にわたって、ブリクセンで彼に譲渡されなかった権利を巡って争ったからといって、——この間、ブリクセンには聖務執行停止が命じられ、救いの恩恵に支障をきたしたが——

彼が空しい努力をしたわけではない[52]。

第三に、すでに一四五八―六〇年には、彼はブリクセンから身を転じ、一四六〇年以後はずっとローマ教皇庁のために尽力したこと。一四五九年、ピウス二世が、トルコとの戦争準備のためにマントヴァで開催されるヨーロッパ諸侯の会議に出かけて不在の際には、クザーヌスがローマと教皇領とを統治した[53]。彼はピウス二世の腹心の部下として活動し、事実、オルヴィエトの町の改革にあたっては、まさに彼にうってつけの教会的課題が委ねられた[54]。けれども、自分たちの慣習を侵害されたと感じる市民たちの抵抗にあった。それがどのようであったにしろ、また枢機卿がこの地で指名した代理人が明らかに力量不足であったにしても、ここで注目すべきことは諦念であり、そのことが、彼のもとに苦情を訴えたオルヴィエト市民に宛てた返書に表れている（これはそもそも彼が保存していた最後の手紙である）。「御承知の通り、正しく支配することのできる人を見つけることは、どれほど困難でしょう。……それゆえ、あなた方に勧めます。私たちがそうしているように、泰然としていて下さい、そうすればいまわしい事どもは収まります[55]」。

かなりの人がそれで納得できるかもしれない。しかし、この場合、われわれは無慈悲でなければならない。確かに、全体としてみるならば、結論は次のように言わざるをえない。こうしたすべてのことにもかかわらず、たとえ彼の積極的、個人的な尽力を考慮しても、あるいは、まさしくそのゆえに、彼は卓越した政治的指導者ではなかったのである。もしかすると、彼はやり過ぎたのかもしれない。一四五九年に彼が起草した、ローマ教皇庁の全面改革の構想は、どのみち実現されることのない理論に終ったのである[56]。

ある日、彼は自分自身とオルヴィエトの人々に望んだ、あの姿勢をまったく失った。すなわち、枢機卿会議で彼は激昂して思わず、「ここで進められていることはどれも私には気に入らない。誰一人私の言うことに耳を傾けない」と叫んだのである。しかし、続く「私が教皇であって、貴殿ではない」というピウス二世の叱責は、なおのこと失望感を深めた。(57) やはり、実践家が情熱的に大きく歩幅を踏み出そうとすることは、――おそらく行き過ぎだったのだろうが――それに劣らず身を入れて取り組んできた、そしてとりわけ、大胆に歩みを広げようとする思考の活動を、同時に当然のごとく補完するものとはなり得なかったのだろうか。それゆえ、われわれは再度そこに話題を戻すことにする。そして、もしかすると、両者は、彼の人格がもつ、まさに同一の包括的な豊かさによって規定されるのではないだろうか。

三　クザーヌスの世界像・人間像

彼にとって何が重要だったかを、われわれは、はっきりと思い浮かべることができる。教会の体制によって投げかけられた問題である。位階制――多元主義は教会的な場を越えて伸長する。すべての存在者の存立は、あるいは個は、プラトン的な意味での、普遍の分有としてのみ、それ自体の個性を持っていたのではないか。中世盛期以来ヨーロッパがあらゆる生活領域で体験してきた、多様に差異化する拡大――そして近代の歴史にとって、また最終的には世界史にとって決定的となった――この差異化する拡大が、閉じた宇宙的位階に量的にも質的にも疑問を投げかけたのである。明らかに、人が当初分かったと思った以上に、そしてまた、素朴な自然観察が解明を夢見た以上に、複雑な諸関連と諸結合が存在していた。

こうした問題の圏内でクザーヌスの諸原理は動いている。彼の目標は、差異化と拡大によって突如姿を現わした拡散と矛盾を解消することである。

まず第一に、個々の事物の価値は、明示的にも暗示的にも保証される。個々人の重要な発言は純粋に数学的な「数多性」(numerositas) によって封殺されるべきではない。[58] 数多性は、とりわけそれが、歴史的に確証される場合、ある時点の偶然の結果ではない場合には、確かに意味深い特質をもっている。[59] けれども、数多性は個々人の意志をそれ自身の内に取り込まなければならない。加えて、画一性はまったく神の意志に適うものではない。信仰の一致における儀礼の多様性は、この信仰を何よりも全面的に展開させるものである〔『信仰の平和』*De pace fidei*, c. I〕。人種、民族、才能のもつ個性は尊重されるべきである。[60] 個は全体へと向かっているのである。

ここから自然科学的な実験、計測、計量の意義が生じる。[61] それは調和を目指している。それゆえ、差異化は、全体的連関において理解可能なものとされうるのである。クザーヌスによると、被造物は、「多性」(pluralitas) を根拠づける「差異性」(differentia) と「一性」(unitas) を生み出す「協和」(concordantia) から構成されている。[62] 両者の結合から初めて比較の可能性が生じて来る。というのも、私が比較することができるのは、等しいと同時に等しくないものだけだからである。したがって、各々の事物の内に展開された「一性」(unitas) の程度を他の事物におけるそれと比較することができるのである。[63] しかし、計量の場合には、常により少ないか、より多いかである。絶対的な重さというものはない。当然、何ものも他と完全に同一であるということはない。秤がいつでも相対的な結果しかもたらさないという、まさにその理由で、その結果は事物の構造に正確に合致しているのである。そこで図表を作成することによって私は次第に確実な学問的命題に到達するが、しかし、一性における真理に接近したに過ぎないのである。[64] それは私が諸事物を絶対的なものとの関係ではなく、事物相互の関係で計測したからである。

もちろん、計測の目標は、計測されるものを結び付けている一性の認識である。実際、重要なことは差異化を絶対化することではなく、それを関係において理解することである。そのため、しかし、理解、つまり主体もまたそれに応じて差異化されねばならない。彼の著作『推測について』において、ニコラウスは四領域論を展開する(65)。それによると、四つの異なる認識能力、認識方法、確実性そして表現方法がある。感覚的認識はおおよその確実性にしか到達しない。悟性(ratio, Verstand)の領域は、数、すなわち、それ固有の所産と同時に関係する。計算によって私は数的な確実性を獲得する。しかし、数の本質はそれでもこの認識の地平を超え出る。こうしてそれは知性の領域に開かれるのである。悟性の領域には、このようでもあるか、それともあのようであるかということ(das So-oder-So)、つまり、矛盾律が妥当するが、知性(Intellekt)の領域においては対立物は一致する。数の理念は偶数と奇数を包含する。しかしながら、肯定的にも否定的にもなりうるような陳述が存在するのである。第四の、これらの上にある、完全な一性の領域、神においては分離も結合も存在しない。それゆえ、感覚的な知は常に推測的、近似的な知である。それは計測によって悟性の領域で獲得されるが、その場合、確かに、他の理解の方法へとではあるが、しかし、不確かなことからより確実なことへと移行するのである。彼の晩年の著作である『可能現実存在』(*De possest*)において、彼は単刀直入に述べる。「われわれの知識の中で、われわれの数学ほど確実なものをわれわれは持ち合わせていない——すなわちわれわれが自分でそれを創始したのだから(66)」。精神の形式は自然現象の多元性(Pluralismus)を悟性的法則の一性に変形させるのである。

その場合、精神は全面的に推測の意識の中で振る舞う。精神は近似値に甘んじる。これは実際、非中世的である。実験に対する懐疑は、つまりは、それが不正確であるという理解にこそ根拠をもっているのである。人は——正当にも——正確に計測できるかどうかを疑う。しかしそうなると、中世の見解では、もはやいかなる学問性もないのである。「後の物理学においては自明のことになる、おおよその尺度、すなわち、近似値、許容誤差と丸められた値による計算は、スコラ哲学にとって学問の威厳に対する重大な違反と思われたのだろう[67]」。

それゆえ、人間は数えることによって秩序づける者となり、しかしまた、秩序づけることによって創造者となるが、もちろん、新しい実体の創造者ではなく、新しい認識の創造者となるのだ。諸事物を理解しやすくするために、計算を使用するということこそ、人間が真の創造的本質であることを示している。彼は論理的構築物を生み出し、彼は言語で定式化する。すなわち、彼は一性を樹立するのである。それによって、一種の神性のごときものが彼の特色となる。プロタゴラスが、人間を万物の尺度として名づけたときに、彼は偉大な何かを語ったのだ、とクザーヌスはその著作『緑柱石』(*De Beryllo*) において特に力を込めて強調している[68]。

この洞察をクースのニコラウスは、恣意の容認としてではなく、いわば、真理に対する人間の責任として理解した。彼は――エウゲニウス四世の側に移った後も――以前と変わらず、社会的領域において一致の理論を主張したが(たとえば、教皇の意志は教会の様々な意志に取り入れられなければならず、ここには恣意は存在しない[69])、これに応じて、理性の諸根拠による一致が学問の世界を規定しなければならないのである。自然科学の実験を詳細に取り扱った、彼の『無学者考』(一四五〇年)の第四巻において、彼はすべての人間に、協同して学問をするように勧める。世界の偉人たちが各々の国で研究成果を記録し、その後、それらをすべて世界のどこか一箇所に集めることが促進されたら、それによって、個別的な研究成果だけでは獲得できない真理を、協同でつきとめることになろう[70]。

この学問を組織化しようとする願望は、当然、教育に関する強い楽観主義から活力を得ている。ニコラウスは彼の対話を故意に「無学者」と行ない、学者とは行なっていない。各人は自由なだけでなく、才能にしたがって、「精神」(mens) により「計測し」、計量し、探求し、実験することができるのである。必要なのは適切な指導だけである[71]。「この世界がそれを探求する者にとって役に立たないとしたら、それを探求しようとする目的をもった人間は、空しくこの世界に送り込まれたことになろう。したがって、この世界は、それを探求する者に助けを与え、探求者はこの世界にも、彼が設計したすべてのもののうちにも、「自分に似た」(simile ei) ものが存在しないことを知るべきである」[72]。しかしこの道をさらに進まなければならない。「最後に、君はこの道のりすべてから何も見出さないだろう」「しかし万物の上に神々の神ご自身、そしてすべての王たちの王がおられるのである」(sed super omnia ipsum deum deorum esse et regem regum omnium)[73] しかし、これらの王たちとは誰のことであろう。

理性的本性の王とは悟性的諸事物の支配者である。悟性的本性の王とは、感覚的領域で支配する者である。さらに、感覚的本性の王は、感覚的に知覚可能なものの世界において支配する者であり、この世界でもまた視覚、聴覚、味覚、触覚、嗅覚が王たちとして率いているのである。「これらすべては王たちであり、判定し、監視し、理論化する者たちであり」(Omnes isti reges sunt, descernentes, speculantes, theorizantes)「王たちの中の王、すべての支配者たちの主にいたるのである。すべての王たちを支配下におく、かの王たちの中の王から、すべての王たちは、彼らが持っているもの、つまり、権力、美、存在、快適 (amoenitatem)、喜び (laetitiam)、生命 (vitam) そしてすべての善 (et omne bonum) を得ている」。さらにまた純朴、『無学者考』でははっきりと「純朴な者」(der »simplex«) と言われている者も彼なりに王であり、その尊厳その地位にふさわしく振る舞うように呼びかけられているのである[74]。

つまり、根本的には万物がそれぞれの仕方で全体を含んでいるのである。「差異性」(differentia) と「協和」(concordia) の原理に従うと、確かに、いかなるものも互いに区別されるが、しかしそれぞれの内に世界全体が現存するのである。「太陽の中に太陽、月の中に月、人間の中に人間がある」。そして逆に、人間は宇宙であり、小さな無限である。万物は万物と関係しており、「それゆえ万物が万物の中にあるのである」[75]。

人はこの世界像、この人間像を、膨大な世界経験と人間の経験からの報告としてとらえて初めて確実に理解することができるだろう。これらはクザーヌスの特定の表現によって確証されることがなかったとしても、この同じ人物の普遍的な教養、広範囲に及ぶ個人的な活動がその中に結露しているのである。

彼の晩年には、自分自身についても、極めて控え目で、あきらめたような判断が現れる。それらのうちの幾つかはすでに触れた。そこには、彼の世界像および人間像の裏面ともいうべきもの、すべての人間の行動の推測的性格とその不完全性の洞察があらわれる。そうした行動は理性的論理の確実な領域でなされるものではなく、したがってまた、近似的な仕方でしか完全ではあり得ないからである。ここから、神学者の視界に、仲保者そのものであり、神人である救済者が、彼の行為の理想的関係点として、普遍的な知性的、形而上学的原理ではなく、一つの位格、個である偉大な一性の創立者として、入ってくるのである[76]。彼は、クザーヌスの定式化を非常に強く貫通する逆説的知恵を、可能な限り凝縮された仕方で具現化してはいないだろうか。人間が王であると同時に罪人であることは、しかし、やはり彼の最小性のうちに同時に偉大なものが存在しうるということではないか。

絶えず途上にあるということが彼の思想の本質であった。しかし、これは絶えず取り上げられるべき同じ主題である。その際、それらは新たな定式化、新たな視点を含んでいる。幾らかは先に進められるのである。しかし、他方で、そのつど基礎となるのは一四四〇年頃に書かれた彼の力のこもった著作『知ある無知』と『推測について』の根本的洞察である。それゆえ、肝要なことは、かつてヨーゼフ・コッホが定式化したように、「そこで定められた諸原理のもつ負担能力を確かめてみよ[77]」ということである。クザーヌスの思想は、極めて強く常に確かな支柱を求めるものであると言ってもよかろう。彼自身、かつて『緑柱石』の中で、「対立の結合に自己をしっかりと基礎づけることは、偉大なことである[78]。」と述べている。

けれども、彼はいかなる体系も残していない。むしろ、彼は問題に臨んで思索する思想家である。だから、彼が自分の思想を言葉で説明するために、断言的な論文形式から対話形式へと移っていることもそれほど不思議なことではない[79]。彼の思想の創造的な事柄が展開し、それは読者にとっても、その度ごとに、あたかも共に展開するかのようになる。教授するという姿勢が後退し、たとえ本物の討論になっていないとしても、彼は共に考えること(das Mitdenken)を求める。広場でニコラウスを話しに引き入れたローマの無学者のように、対話の相手が虚構の人物の場合もあれば[80]、フィレンツェの数学者トスカネッリのような学者の場合もある[81]。一方は無名の人、他方は優れた著名な学者である。あるいはさらに、『玉遊びについて』(*De ludo globi*)の二つの対話にはヴィッテルバッハ侯の息子が登場する[82]。だが、三回も賞賛された村、クース出身の誰かをこの中に数え入れるべきではないだろうか。

結語　再び一枚の地図へ

ことによると、ここに彼の最後の対話相手の一人を入れることができるかもしれない。控えめながらも、彼らのうちから、長年の秘書、エアケレンツ出身のペトルス・ヴィマールが質問者として姿を現わす。一四四九／五〇年に枢機卿に仕えたとき、彼は若者であった[83]。一四年にわたって――とクザーヌスは『観想の頂点』(*De apice theoriae*)で記している――ペトルスは彼の言葉を傾聴した。今や、彼は司祭となっているのだから、語ることも質問することもできるのである。ペトルスは非常に慎み深くそれを行ない、主導権は彼の師にある[84]。確かに、これまでにわれわれが知るところでは、彼に卓越した思想家また知的生産性をもった頭脳を見出す理由を、われわれは持ちあわせていない。彼は著作の書写と編集の仕事を注意深く行なうことに努力し、最後には、彼の主人によって創設された養老院の院長として、困難な状況でも、その財産を維持したのである。

けれども、エアケレンツのペトルスは——それがあまりに見事な偶然であっても——まったく個人的にわれわれのこの講演に自分を紛れ込ませているのである。クザーヌスの時代の中央ヨーロッパの地図がクースを記載することは、すでにほのめかされていたように、残っている地図のすべてにあてはまるものではない。一四九一年に作製された、印刷版のいわゆるアイヒシュタット地図にはモーゼル河畔のこの同じ場所に標をつけているだけで、名称は欠けている。その代わりに、そこからさらに北に行ったところには場所の標と共に「エアケレンツ」(Erkelenz) という地名が加えられているのである。[85] われわれもまた、クザーヌスのこの世界を探索し、生涯と著作を解明し、対話の相手としてそこに記帳するように、たとえわれわれ自身は直接的に誘われたと感じてはいなくても、そして「最も小さい者たち」(minimi) としてであれ、招待されていると言ってよいのかも知れない。[86]

(矢内義顕訳)

(1) あまたある文献の中からここでは以下のものを例示する。A. Herrmann, *Die ältesten Karten von Deutschland bis Gerhard Mercator* (Leipzig 1940) Textheft 8-13 und Tafeln I-4 und 6 ; P. H. Meurer, Die Deutschlandkarten des Cusanus-Typs. Überlegungen zu ihrer Systematik aus der Sicht der rheinischen Landeskunde, in : *Kartographische Nachrichten* 33 (1983), 219-225 ; T. Campbell, *The Earliest Printed Maps 1472-1500* (Berkeley und Los Angeles 1987) 35-55 (Literatur). P. H. Meurer によるより包括的で進んだ研究成果の公刊が待たれる。

(2) *De doct. ign.*, n. 263. 新約聖書「ヤコブの手紙」一・一七、参照。この箇所の解釈については、例えば以下を参照。H. G. Senger, in : *Nikolaus von Kues, Die belehrte Unwissenheit.* Buch III. Lateinisch-deutsch, (Hamburg 1977) 157 sq. 海上での

周知の体験については以下の妥当な解釈を参照。Josef Koch, *Die Ars coniecturalis des Nikolaus von Kues* (Arbeitsgemeinschaft für Forschung des Landes Nordrhein-Westfalen. Geisteswissenschaften. Heft 16), (Köln und Opladen 1956) 13.

（3） これについては以下を参照。AC I/1 Nr. 294-296 ならびに I/2 Nr. 295a, 299-302, 306-310, 312-320, 323-334, 338-345. 公式には、彼はバーゼル公会議の「少数派」の委任で旅立ったが、実際には、ギリシア人にエウゲニウス四世教皇を売り込むことに成功した。以下も参照。W Krämer. Der Beitrag des Nikolaus von Kues zum Unionskonzil mit der Ostkirche, in : MFCG 9 (1971), 34-52.

（4） *De doct. ign.*, n. 264 : "Complevi in Cußa 1440 XII. Februarii."

（5） AC I/2 Nr. 849.

（6） すなわち一四三九年一一月五日。以下を参照。J. W. Stieber, Amédée VIII－Félix V et le concile de Bâle in : *Amédée VIII－Félix V. Premier duc de Savoie et pape (1383-1451). Colloque international Ripaille－Lausanne 1990* (Lausanne 1992) 339-362.

（7） AC I/2 Nr. 727. この昇格は、おそらくエウゲニウス四世が一四四六年一一月一六日に実施した最後の任命との関連で生じたであろう。エネア・シルヴィオの報告によれば、その後まもなくの一四四七年三月五日に実施された教皇選挙でクザーヌスも一定の票を得たという。AC I/2 Nr. 740.

（8） 一四四八年一一月二〇日。AC I/2 Nr. 776-781, 784, 787 sq.

（9） AC I/2 Nr. 849 への前文でこう推測している。これが、同時代の諸例を参考にして証拠付けられることは以下の文献を参照。H. Boockmann, Über Schrifttafeln in spätmittelalterlichen deutschen Kirchen, in : *Deutsches Archiv* 40 (1984), 220.

（10） E. Meuthen, *Das Trierer Schisma von 1430 auf dem Basler Konzil. Zur Lebensgeschichte des Nikolaus von Kues* (Buchreihe der Cusanus-Gesellschaft I) (Münster 1964) ; H. Heimpel, *Die Vener von Gmünd und Straßburg* (Veröffentlichungen des Max-Planck-Instituts für Geschichte 52) (Göttingen 1982) 455-610.

（11） トリアの教会分裂ではこう強調された。基本的文献として、P. E. Sigmund, *Nicholas of Cusa and Medieval Political Thought* (Cambridge (Mass.) 1963) ; M. Watanabe, *The Political Ideas of Nicholas of Cusa with Special Reference to his De concordantia catholica* (Travaux d'Humanisme et Renaissance LVIII) (Genf 1963).

(12) A. J. Black, *Monarchy and Community. Political Ideas in the Later Conciliar Controversy 1430-1450* (Cambridge 1970).

(13) J. W Stieber, The "Hercules of the Eugenians" at the Crossroads : Nicholas of Cusa's Decision for the Pope and against the Council of 1436/1437—Theological, Political, and Social Aspects, in : *Nicholas of Cusa in Search of God and Wisdom. Essays in Honor of Morimichi Watanabe*. Ed. by G. Christianson and Th. M. Izbicki (Studies in the History of Christian Thought XLV) (Leiden etc. 1991) 221-255 ; Th. M. Izbicki, Auszüge aus Schriften des Nikolaus von Kues im Rahmen der Geschichte des Basler Konzils, in : MFCG 19 (1991), 117-135. 否定的な判断の諸例収集は P. Orth, Nikolaus von Kues im Urteil seiner Zeitgenossen, in : *Geschichte in Köln* 27 (1990), 6-8.

(14) E. Meuthen, Nikolaus von Kues : Dialogus concludens Amedistarum errorern ex gestis et doctrina concilii Basiliensis, in : MFCG 8 (1970), 40-66. 今では以下も参照。E. Meuthen, Nikolaus von Kues und die deutsche Kirche am Vorabend der Reformation, in : MFCG 21 (1994), 48.

(15) 一四二八年と一四三五年。AC I/1 Nr. 64 und 235.――法律家としての彼の評判については、ケルンの神学教授ヨハネス・ティンクトーリスが、修道院に入る際の支払いに関するクザーヌスの態度表明（一四五一年）について記している。以下を参照。AC I/3 Nr. 1742. ここには、何度も紹介されているがまだ印刷されたことがないヨハネス・ティンクトーリスの論争文書が証拠として挙げられている。さらに以下を参照。K. Emery, *Dionysii Cartusiensis Opera selecta. Prolegomena* (CC CM CXXI) (Turnhout 1991) I, 172, 204 sq., 213, 215.

(16) F. Nagel, *Nicolaus Cusanus und die Entstehung der exakten Wissenschaften* (Buchreihe der Cusanus-Gesellschaft IX) (Münster 1984).

(17) Nikolaus von Kues, *Die mathematischen Schriften,* übersetzt von J. Hofmann, mit einer Einführung und Anmerkungen versehen von J. E. Hofmann (Schriften des Nikolaus von Kues in deutscher Übersetzung 11), [2]Hamburg ; 1980, 268 の "Kreisquadratur" の語のところに。

(18) 彼が simplices, communes（単純な人々、普通の人々）という刻印を帯びていることを排除するものではない。以下を参照。h XVI/0 p. xiii およびそこに挙げられている例証。Sermo XXII (h XVI/4 335 n. 6) で彼は聴衆を「熟練者」、「普通の人」

「瞑想家」に分類している。説教の「普通の人」たちに向けられた部分（n. 31-41）で彼は、明らかに彼らに知的な驚きを求めている。これに対して、より平易な内容は下の（注25）で言及されている説教であろうが、これらは彼の草稿帖には収められていない。

(19) R. Haubst, Nikolaus von Kues im Dialog, in : J. Helmurath u. a. (hg.), *Studien zum 15. Jahrhundert. Festschrift für Erich Meuthen* (München 1994) (以下 *Studien*) 293-309.

(20) 一四四一年三月二九日の自分の演説について報じる、チェザリーニ枢機卿宛ての四月三日付け書簡（AC I/2 Nr. 482、特に一〇三行目以下）。

(21) このように論争相手のセゴヴィアのファンが（AC I/2 Nr. 476 Z. 70 sq.）。またCornelius von Zandvliet もその *Lütticher Chronik* でクザーヌスについて記している。E Martène-U. Durand, *Veterum Scriptorum Amplissima Collectio* V, (Paris 1729) 476, および、その他の写本の伝承情報も含む以下も参照。：AC I/3, Nr. 974.

(22) AC I/1 Nr. 16.

(23) *Chronik des Hartung Kammermeister* の一四五一年六月六日の報告（AC I/3 Nr. 1362）。エアフルト写本（Stadtarchiv, 5/100-2, p. 632）は二万人としているが、この写本の他の箇所では明らかに誤った数字を記している。

(24) カピストラーノ自身は、少なくとも六万人と見積もっている（J. Hofer, *Johannes Kapistran. Ein Leben im Kampf um die Reform der Kirche* II (Heidelberg 1965) 168）。これらの数字は控え目に扱うべきであろうが、それにもかかわらず、クザーヌスに対して充てられている数と　カピストラーノに充てられている数との間の相違は明白である。

(25) 既にJ. Koch, *Cusanus-Texte I. Predigten 7. Untersuchungen über Datierung, Form, Sprache und Quellen. Kritisches Verzeichnis sämtlicher Predigten* (SBH Jg. 1941/42. 1. Abh.) (Heidelberg 1942) 89-113, は、ドイツ査察旅行中の十五ヶ月のために、四十五篇の草稿として伝承されている説教の他に、該当する報告からのみ知られている十二篇の確かなものがあると推測している。これはさらに補充されうる。以下を参照。AC I/3 Nr. 992 ; AC I/3 Nr. 1321.

(26) AC I/2 Nr. 1345 ; AC I/3 Nr. 1348 ; AC I/3 Nr. 1214. 彼の草稿帖にラテン語で走り書きされている説教のなかのいくつかは、俗語でも話されたようだ。文字ではラテン語草稿となっている四篇の説教が、一四五一年七月のヒルデスハイム滞在のためにこれにあたる（Sermones XCII-XCV ; 以下を参照。Koch, Cusanus-Texte I, Predigten 7（注25）97 sq. ; AC I/3 Nr.

1470, 1472, 1494 und 1499). Peter Dieburg によれば、この教皇特使は少なくとも三回俗語で説教した（AC I/3 Nr. 1520）。これで、草稿で伝承されているもの以外に三篇（のみ）であるということにはならないであろう。Cornelis Block が伝えているクザーヌスのユトレヒトで「民衆に対してした」説教が、（Koch, *Cusanus-Texte I. Predigten 7* の一〇二頁の注2が想定するように）Sermo XCIX (Koch Nr. 94) と同一であるかどうかは、未確定となる。Koch が考慮していない文献によれば、クザーヌスはユトレヒト滞在の間に Sint-Jan の墓地で三回も俗語で説教したという（AC I/3 Nr. 1704）。

（27）特に美しいのは、アウグスティヌス修道会首席司祭 Johannes Busch が一四五一年六月一〇日にハレでこの教皇特使と行った会談の報告である（AC I/3 Nr. 1371）。

（28）以下を参照。バッハラッハの司祭 Winand von Steeg が二五歳のクザーヌスについて、「前途有為な青年」という人物評価を彼に依頼された際の人物描写（AC I/1 Nr. 33）。同様に、一四五一年九月に査察旅行中のクザーヌスと親密な関係をもった Frederik von Heiloo の著書 *Liber de fundatione domus Regularium prope Haerlem* に（AC I/3 Nr. 973）。E. Vansteenberghe, *Le cardinal Nicolas de Cues (1401-1464). L'action–la pensée* (Paris 1920) 462 における、S. Pietro in Vincoli にあるクザーヌスの記念碑上のクザーヌスの人物表現についての繊細な描写はまったくふさわしい。

（29）AC I/1 Nr. 204. これは Johannes von Segovia の *Gesta Synodi Basiliensis* による。ここではバーゼル公会議での議長職が問題となっている。（訳注）本書所収のクリスチャンセン論文「三　主宰の権限」参照。

（30）少数派使節団の中心はディーニュの司教ペトルスとポルトの司教アントニウスであった（AC I/1 Nr. 294）。彼らはエウゲニウス四世教皇によって、コンスタンティノープルの総主教と皇帝に対して、フランス国王とポルトガル国王のバーゼル公会議における oratores（代理人）として報告される（AC I/1 Nr. 313）。タランテーズの大司教マルコスとコロンの司教クリストフォロスも紹介されている。

（31）例えば以下を参照。AC I/1-2 Nr. 148, 152, 158, 428, 463-465, 511, 564.

（32）エネア・シルヴィオによるフリードリッヒ三世王に対する一四四七年三月五日付けの報告（AC I/2 Nr. 740）。もちろんここで留意しておくべきことは、効率のよい候補者発見のために、一八人の枢機卿のなかの誰もが三票を与えられたということである。

（33）クザーヌスについてこのように、アルベルト・クランツがその死後一五一九年に刊行された以下の書物で。*Wandalia*

(Köln 1519), f. N iiii^{v} (Libri XII cap. XXIIII) ; M. Freherus－B. G. Struvius, *Rerum Germanicarum scriptores aliquot insigne hactenus incogniti* II, (Straßburg 1717), 183 : "Nicolaus de Cusa cardinalis, Teutouicus (quod est monstrum corvo rarius albo)". 以下の文献も参照。E. Meuthen, Eugen IV, Ferrara－Florenz und der lateinische Westen, in : *Annuarium Historiae Conciliorum* 22 (1990), 219-233 ; Meuthen, Nikolaus von Kues und die deutsche Kirche（注14), 44-46. この件は、ノイヴェルクのアウグスティヌス修道会聖堂参事会律院副院長 Hermann Reyd von Rhenen が一四五一年六月一〇日にハレでこの教皇特使歓迎のためにおこなった演説で主題とされている (AC I/3 Nr. 1370)。さらに以下も。AC I/3 Nr. 1515.

(34) このように、以下の自著で。*Libellus Dialogorum de generalis concilii authoritate e gestis Basileensium,* in : A. F. Kollár, *Analecta Monumentorum omnis aevi Vindobonensia* II, (Wien 1762), 706 A. 以下の文献も参照。E. Meuthen, Nikolaus von Kues und die Geschichte, in : MFCG 13 (1978), 235-237. そのほか歴史とクザーヌスの関係は、この論文の二三四－二五二頁。

(35) AC I/1-2 Nr. 34 sq., 48, 62 sq., 66 sq., 70, 73, 146, 154, 157, 244, 292, 297, 344.

(36) J. Marx, *Verzeichnis der Handschriften-Sammlung des Hospitals zu Cues,* (Trier 1905) という写本カタログは、その後更新が必要となっており、その作業が待たれる。貴重書については、とくに以下の文献参照。P. Volkelt, Der Bildschmuck der Cusanus-Bibliothek in : MFCG 4 (1964), 230-253 ならびに図版 1-13 ; G. Heinz-Mohr und W P. Eckert, *Das Werk des Nicolaus Cusanus. Eine bibliophile Einführung,* (³Köln 1981 ; 1. Aufl. 1962) ; F. Ronig, Illuminierte Buchseiten aus den Handschriften der Bibliothek des St. Nikolaus-Hospitals, in : H. Gestrich (Ed.), *Zugänge zu Nikolaus von Kues. Festschrift zum 25jährigen Bestehen der Cusanus-Gesellschaft,* (Bernkastel-Kues 1986) ; H. Gestrich, *Nikolaus von kues 1401-1464. Leben und Werk im Bild,* (Mainz 1990). クザーヌス写本の写本伝承における意味の一例として、Hinkmar von Reims の *Opusculum LV capitulorum* を含む Cod. Cus. 52 が挙げられる。以下の文献参照。R. Schieffer, Nikolaus von Kues als Leser Hinkmars von Reims, in : *Studien* 341-354.

(37) この点は、例えば、Salzburg の大聖堂と St. Peter 教会で（AC I/3 Nr. 1022)、Göttweig から（Nr. 1083 Anm. 2)、Freising で（Nr. 1134)、Rohr で（Nr. 1146 Anm. 4 : コーラン翻訳一篇)、Egmond bei Haarlem で (Nr. 1721)、Trier 郊外の St. Matthias で（Nr. 1921)。かつてエアフルトの Amplonianus に属していて、現在ではオックスフォードの Bodleian

Libr., Lyell 54となっている、クザーヌスに由来すると推測されていたメモは、クザーヌスの手になるものではない。以下を参照。AC I/3 Nr. 1367 Anm. 2.

(38) J. Koch, *Der deutsche Kardinal in deutschen Landen. Die Legationsreise des Nikolaus von Kues (1451/52)* (Kleine Schriften der Cusanus-Gesellschaft 5) (Trier 1964) Nachdruck in : J. Koch, *Kleine Schriften* I (Storia e Letteratura. Raccolta di studi e testi 127 (Rom 1973) 476-500 ; E. Meuthen, Die deutsche Legationsreise des Nikolaus von Kues 1451/1452, in : *Lebenslehren und Weltentwürfe im Übergang vom Mittelalter zur Neuzeit* (Abhandlungen der Akademie der Wiss. in Göttingen. Phil-Hist. Kl. Dritte Folge. Nr. 179) (Göttingen 1989) 421-499 ; Meuthen, Nikolaus von Kues und die deutsche Kirche（注14）.

(39) 以下を参照。J. Koch, *Nikolaus von Cues und seine Umwelt.* Untersuchungen zu Cusanus-Texte IV Briefe. Erste Sammlung (SBH Jg. 1944/48. 2. Abh.) (Heidelberg 1948) III, 45-78 : "Kirchliche Reform".

(40) 以下の簡潔な文献を参照。Koch, *Der deutsche Kardinal*（注38）, 27 sq. または翻刻版 499.

(41) 彼が増しつつある抵抗を書き留めた時に、聖職者妻帯に対してますます厳しい布告を出したことについては、以下を参照。Meuthen, Deutsche Legationsreise, 467-469.

(42) すでに Hartung Kammermeister の名前が挙げられている、（注23）参照。クザーヌスについて特に詳述している年代記作者が、以下のように、AC I/3 Nr. 973-977 に抜粋または証言としてまとめられている：Frederik von Heiloo, Cornelius von Zandvliet, Johannes Busch と Adriaan von Oudenbosch. さらに地方史レベルの年代記から何十という報告が付加されるだろう。同時代の他の反響については、Orth, Nikolaus von Kues im Urteil der Zeitgenossen（注13）参照。

(43) AC I/2 Nr. 872-878.

(44) 一四五〇年一〇月三一日付けのニコラウス五世による、トリエント市内の、ならびにトリエントとクール司教区内のエッチュ川の谷間のすべての聖職者ならびに俗人に宛てると共にブリクセン司教区のすべての住民に宛てた書簡（AC I/2 Nr. 940)。

(45) 一四五〇年二月二六日の Röttel 司教の死後、三月一四日に司教座聖堂参事会は大公の顧問官である Leonhard Wiesmayr を選任した。これについてはニコラウス五世が（注44）で。三月七日まではインスブルックにいた証拠がある大公は三月一二日にはブリクセンにいる。これは目前の選挙のためにここに来たのであろう。ACI/2 Nr. 940 Anm. 14。参事会による教皇への選挙告示は、通例の会議場所として「市壁の中の」ヨハンネス礼拝堂を二度にわたり挙げている。また以下も参照。Hallauer, Nikolaus von Kues（注46), 289.

（46） 現在、この問題で基礎となる文献は以下のもの。H. Hallauer, Nikolaus von Kues als Bischof und Landesfürst, in : MFCG 21 (1994), 275-311. 彼のことをこのように皇帝フリードリヒ三世が一四五一年一一月八日付けの書簡で表現している（AC I/3 Nr. 198la)。

（47） H. Hürten, CT, V. Brixner Dokumente. Erste Sammlung Akten zur Reform des Bistums Brixen (SBH Jg. 1960. 2. Abh.) (Heidelberg 1960) ; Hallauer, Nikolaus von Kues（注46), 276-287.

（48） Hallauer, Nikolaus von Kues（注46), 292 sq. また以下も参照。H. Hallauer, Zur Gewerbepolitik des Nikolaus von Kues, in : N. Grass (hg.) *Cusanus. Gedächtnisschrift*（以下 *CG*） (Innsbruck/München 1970) 497-502.

（49） H. J. Hallauer, Bruneck 1450. Nikolaus von Kues—Der Bischof scheitert an der welthchen Macht in : *Studien* 381-412.

（50） このしばしば引用される一四六〇年六月一一日の手紙（複写は München, Staatsbibl., clm 19697 f. 145r-146r）はまだ印刷されたことがない。それの主要部分は以下に詳細にドイツ語訳されている。A. Jäger, *Der Streit des Cardinals Nicolaus von Cusa mit dem Herzoge Sigmund von Österreich als Grafen von Tirol* II (Innsbruck 1861) 60-62. また以下も参照。Hallauer, Bruneck（注49), 411 sq.

（51） N. Grass, Cusanus als Rechtshistoriker, Quellenkritiker und Jurist, in : *CG* 130-138 および各所、I. Müller, Die Kopien der Kaiserurkunden für Disentis aus St. Blasien und Brixen, in : *Archival. Zs.* 66 (1970), 33-49 ; N. Grass, Das Hochstift Brixen, die Abtei Disentis und Nikolaus von Kues, in : *CG* 627-637 ; W Baum, Eine Denkschrift des Nikolaus von Kues zur Geschichte der Vogtei des Bistums Brixen, in : *Tiroler Heimat* 50 (1986), 69-99 ; id., Eine Denkschrift des Nikolaus von Kues über die Rechtsgeschichte von Buchenstein, in : *Der Schlern* 61 (1987), 92-113 ; Hallauer, Nikolaus von Kues（注46), 294-298.

（52） Jäger, *Streit*（注50)、I 317-376 und II 全体、Vansteenberghe, *Nicolas de Cues*（注28), 188-211 ; W Baum, *Nikolaus*

Cusanus in Tirol. Das Wirken des Philosophen und Reformators als Fürstbischof von Brixen (Bozen 1983) 375-424 ; id., *Sigmund der Münzreiche. Zur Geschichte Tirols und der habsburgischen Länder im Spätmittelalter* (Bozen 1987) 177-250 ; さらに Hallauer, Bruneck（注49）, 381 Anm. 1.

（53） E. Meuthen, *Die letzten Jahre des Nikolaus von Kues. Biographische Untersuchungen nach neuen Quellen* (Wiss. Abhandlungen der Arbeitsgemeinschaft für Forschung des Landes Nordrhein-Westfalen 3) (Köln und Opladen 1958).

（54） Meuthen, *Letzte Jahre* 110-125.

（55） Meuthen, *Letzte Jahre* 302 sq. Nr. LXXXXIII.

（56） St. Ehses, Der Reformentwurf des Katdinals Nikolaus Cusanus, in : *Hist. Jb.* 32 (1911), 274-296 ; E. Iserloh. Reform der Kirche bei Nikolaus von Kues, in : MFCG 4 (1964) 54-73.

（57） この時に問題となっていたのは，一四六一年末の枢機卿任命，とくにアラスの司教であるフランス人 Jean Jouffroy の任命であった。ピウス二世はこの騒動を以下の書物に描写している。*"Commentaril" ; Pii II Commentarii rerum memorabilium que temporibus suis contigerunt. Ad codicum fldem nunc primum editi ab A. van Heck* (Studi e Testi 312) (Citta del Vaticano 1984) 446-448 ; Papa Pio 11 (Enea Silvio Piccolomini), I commentarii. Ed. ... a cura di L. Totaro (Classici 47) (Mailand 1984) 1432-1438. ニコラウス五世がクザーヌスに委託したフランクフルト教区問題の訴訟に関わる一四五二年の訴訟文書において，彼を指して以下のように，「特使閣下は教皇ではない」（AC I/3 Nr. 2159）。

（58） こう彼は一四四一年に訴えた。Meuthen, Nikolaus von Kues, Dialogus（注14）, 103. 更なる証拠として以下も参照。E. Meuthen, Konsens bei Nikolaus von Kues und im Kirchenverständnis des 15. Jahrhunderts, in : *Politik und Konfession. Festschrift für Konrad Repgen* (Berlin 1983) 18 sq.

（59） Meuthen, Konsens（注58）, 19. 以下の文献で，歴史的合意のことが（現実的な「水平的合意」と区別して）「垂直的合意」と表現されているのは，必ずしも好ましく思えない。H. J. Sieben, Der Konzilstraktat des Nikolaus von Kues : De concordantia catholica, in : *Annuarium Historiae Conciliorum* 14 (1982), 204, 207, 226 ; 翻刻は H. J. Sieben, *Traktate und Theorien zum Konzil vom Beginn des Großen Schismas bis zum Vorabend der Reformation (1378-1521)* (Frankfurter Theolog. Studien 30) (Frankfurt 1983) 88, 91, 109. 他の点でもこの研究は教えられるところが多いことを指摘しておきたい。

(60) このように以下の文献で。*De coni.*, II, 5, n. 146-154 下の（注62）.

(61) Nagel, *Nicolaus Cusanus*（注16）；この八三頁以下では、量的規定から質的現象に接近することがクザーヌスの目的であるとする。

(62) この根本原理としての differentia-concordantia についての詳細なクザーヌスによる取り扱いは、*De coni.* II, 3, n. 87-89. ここに関して、n. 87 Z. 2 には、クザーヌスの全著作の並行資料が典拠とともに、また、シャルトルのティエリーの *Lectiones in librum Boethil De trinitate (Quae sit)* I, 35 が原典として示されている。これの人間論的な適用は、*De coni.* II, 15, n. 146-154 および Annotatio 44 ad n. 146, 3 sq. p. 222 を参照。この章についての適切な解釈として以下の文献がある。K. Bormann, "Übereinstimmung und Verschiedenheit der Menschen" (*De coni.* II, 15), in : MFCG 13 (1978), 88-104 ; さらに MFCG 14 (1980), 62-68。

(63) Nagel, *Nicolaus Cusanus*（注16）, 12-17 ; この一二頁には、「被造物の存在論的基本性格は相関性である」と。以下を参照。*De doct. ign.*, I, 1, n. 2 ; n. 3.

(64) Koch, *Ars coniecturalis*（注2）, 84.

(65) Ibid. ; Koch, Der Sinn des zweiten Hauptwerkes des Nikolaus von Kues De coniecturis, in : Facoltà di Magistero dell' Università di Padova IV. Nicolo da Cusa. Relazioni tenute al Convegno interuniversitario di Bressanone nel 1960 (Florenz 1962) 101-123. 翻刻版：Koch, *Kleine Schriften*（注38）, I, 599-616.

(66) h XI/2 n. 44, I sq. ; n. 43, 7-12 ; *De theol. compl.* ; n. 2, 1 sq.

(67) A. Maier, *Metaphysische Hintergründe der spätscholastischen Naturphilosophie* (Storia e letteratura 52) (Rom 1955) 398 und 402.

(68) h XI/1 n. 65. 類似したものが n. 69 にも。n. 6, Z. 1 のための注に記されている並行箇所も参照。Alberti や Filarete のようなルネサンスの理論家たちもプロタゴラスに賛同して引用している。以下を参照。P. Burke, *Die Renaissance in Italien* (Berlin 1984) 206.

(69) 例えば以下を参照。AC I/2 Nr. 481 Z. 138-141 ; Z. 160-163. ここについては以下も参照。Sigmund, *Nicholas of Cusa*（注11）, 271 sq.

(70) h V, n. 195.

(71) 例えば以下を参照。h V n. 57, 3-6. そこには、Z. 5 に関するクザーヌスの他の著作からの並行箇所の中に mentem－mensurare に対する証拠が挙げられている。

(72) *De quaer.*, I, n. 18.

(73) Ibid., n. 27. 次の引用も同所。

(74) 'simplex' という語で *Idiota* 篇におけるような哲学的理解ではなくて、(例えば Vaterunser-Predigt (h XVI/4) Sermo XXIV n. 1, 4, 8, 21 ならびに n. 9, 3 でのように)「単層的」ということが意味されている場合には、私はこの語がもっている二重の意味で用いているのは当然である。しかしこの意味の二重性で言葉遊びをするつもりはない。第二の意味での 'simplicitas' は、*De stat. exper.* n. 193, 25 にもある。さらに上の（注18）も参照。

(75) *De doct. ign.*, n. 115 とそれに続く章 *Quodlibet in quolibet* n. 117-122.

(76) この点については、以下のような Rudolf Haubst による適切な研究がある。*Die Christologie des Nikolaus von Kues* (Freiburg 1956) ; *Streifzüge in die cusanische Theologie* (Münster 1991). ここでは、*De doct. ign* の最後の章におけるクザーヌスによる示唆に富む指示を挙げるにとどめる。n. 254-262.

(77) J. Koch, Über die Universalität des Nikolaus von Kues, in : Koch, *Kleine Schriften*（注38）, 620.

(78) n. 32.

(79) Haubst, Nikolaus von Kues im Dialog（注19）, 293-309. 以下も参照。Meuthen, Dialogus（注14）, 66-77.

(80) *De sap.*, I, n. 1, etc. 対話は無学者から始まる。第二巻の対応箇所では逆である (II, n. 28, etc.)。つまり無学者が学者をいわば始めに活性化するのである。

(81) *Dialogus de circuli quadratura* におけるクザーヌスの対話相手。以下を参照。*Nikolaus von Kues. Mathematische Schriften*（注17）, 143-150 ; 240-242. 最近の Toscanelli ついての文献としては、P. Moffitt Watts, *Nicolaus Cusanus. A Fifteenth-Century Vision of Man* (Studies in the History of Christian Thought XXX) (Leiden 1982) 212 ; P. Castelli, Matematici e astrologi tedeschi alla, corte' dei Montefeltro, in : *Die Kunst und das Studium der Natur vom 14. zum 16. Jahrhundert* (Weinheim 1987) 239 und 242 ; P. Moffitt Watts, Notes on Cusanus, Toscanelli, Columbus, and the

Renaissance Recovery of Ptolemy, in : *American Cusanus Society Newsletter* 8/2 (1991), 11 sq.

(82) Nikolaus von Kues. *Vom Globusspiel. De ludo globi.* (Übersetzt und mit Einführung und Anmerkungen versehen von Gerda von Bredow (NvKdÜ 22) (Hamburg 2000). ここで言及されているヴィッテルスバッハ家の王子の同定については以下を参照。E. Meuthen, Nikolaus von Kues und die Wittelsbacher, in : *Festschrift Andreas Kraus* (Münchener Historische Studien, Abt. Bayerische Geschichte 10) (Kallmünz 1982) 111-113.

(83) E. Meuthen, Peter von Erkelenz (ca. 1430)−1494, in : *Zs. d. Aachener Geschichtsvereins* 84/85 (1977/78), 701-744.

(84) h XII (2) n. 1. ここでも枢機卿ではなくて対談の相手が話し始める。

(85) Meuthen, Peter von Erkelenz（注83）, 708 ; Meurer, Deutschlandkarten（注1）, 224 sq. ; Campbell, Earliest Printed Maps（注1）, 51.

(86) 私がこの地図をある種の枠組みと表現したとき、もちろんクザーヌスの後を追っているのである。彼は *Comp.*（h XI/3) n. 22 sq. で homo cosmographus（宇宙誌家）が地図の中に書きこむことで認識獲得の際に同一の表象を利用しているのである。彼（宇宙誌家）はこのようにして印の中の真理を悟るのである――「世界建立者」conditor mundi にして「万物の製作者かつ原因」omnium artifex et causa と同様に。すると以下のことも妥当するだろう。「(地図作成者）は、たえず新たな地図の構想を立てることによって、世界の諸原理に少しずつ近付いて行けるであろう。しかし彼は自己のあらゆる行為において自己自身に関係づけられたままであり、従って、彼の認識もこの関係性という方法で遂行されるのである」(Nagel, *Nicolaus Cusanus*（注16）, 24）また Moffitt Watts, *Nicolaus Cusanus*（注81）, 212 も。

ニコラウス・クザーヌス　学生から枢機卿へ

――中世後期知識人の人生行路と活動世界――

マンフレート・グローテン

一　勉学

エトムント・ファンステーンベルゲ[1]やエーリヒ・モイテン[2]によって伝記が刊行され、アクタ・クザーナ（*Acta Cusana*［クザーヌス文書集］[3]）が入念に編纂された後では、ニコラウス・クザーヌスについてまだ何か新しいことが言えるであろうか[4]。私が本稿で取り組まなければならない課題は、歴史家の目からみたクザーヌスについて述べることである。

ここで読者に、ニコラウス・クザーヌスの人物についても学問的業績についても語るつもりはない。中世後期の史料は、たとえニコラウス・クザーヌスの場合のようにきわめて豊富だとしても、その人物に関するより深い洞察を可能にするものではない。また、クザーヌスの神学、哲学、そして自然科学的な業績を評価する資格も、私にはない。

したがって、別の方法を採りたいと思う。初めからクザーヌスの独特の個性に目を向けるのではなく、いわば一歩退いて、ニコラウス・クザーヌスをある集団の一員、すなわち中世後期の知識人集団の伝記に加えられる者として考察することにする。このような見方をするならば、ニコラウス・クザーヌスの人生がどの程度に同輩集団の典型的な経歴と合致するか、個々の独自な事柄からどのような点でクザーヌスの異例な人生の歩みが理解できるのかが、わかると思う。そこで、彼が一四四九年に枢機卿に昇格する以前の時期に焦点を絞ることにする。人生の道を指し示すことになる様々な決断や出来事がこの早い段階にみられるからである。つまり、一四一七年から一四三七／三八年までの丸二〇年間が私にとって問題となる。

ニコラウス・クザーヌスは、一四〇一年モーゼル河船主の息子としてクース村に生まれた。この村は、モーゼル河の南側対岸にあるトリーア選帝侯の都市ベルンカステルに所属していた。彼の家族は富裕な上層市民に数えられる。二人の姉妹がトリーア市の参審人の家族に嫁しているからである。しかしながら、身分制社会では貴族があらゆる生活領域で指導的な地位を要求していたので、ニコラウス・クザーヌスは富裕な市民層の出自を狭苦しく感じたと証言している。(5) 彼の名誉欲は、並外れた知的能力を意のままに用いて、出生によって負った制約を絶えず克服するよう駆り立てた。このような態度から、クザーヌスは強さも弱さもすべて併せ持つ出世者タイプの代表的実例となっているのである。

ニコラウスが父親の商人としての生活様式から離れる最初の決断をしたのは、一四一六年のハイデルベルク大学への入学であった。(6) もちろん、大学に進学するからには、それ以前にラテン語学校で学んでいたことになる。勉学への決断の背景は、われわれに不明のままである。最近の研究では、中世の大学進学は、普通、ひとつの社会的ネットワークに組み入れられることであることが強調されている。若い学生たちは先達となる年上の親族や後援者にしばしば面倒をみてもらった。だが、ニコラウス・クザーヌスがどの様な手本に従ったのかは明らかになっていない。また、ハイデルベルクにおける彼の社会的環境もわからない。

故郷の近くでの勉学は、ニコラウス・クザーヌスの時代には、丸一世代前からようやく可能になった。つまり、一三八五年にハイデルベルク大学が創設されてからのことであり、続いて一三八八年にはケルン大学も創設された。一五世紀の始め、ドイツの大学は飛躍の段階にあった。一四一六年に神聖ローマ帝国では、一二〇〇人そこそこの学生たちが入学者名簿に登録していた。(7) ハイデルベルク大学は、第二の規模の大学で、ウィーン大学とエルフルト大学には大きく差をつけられていたが、ニコラウスの故郷に最も近かったのである。その学芸学部は、唯名論の学風に従うよう義務づけられていた。それに反してケルン大学は、実在論の学風をとっており、トリーア大司教区の学生たちが勉学地に選ぶことは実に稀であった。

ニコラウスは既に一四一七年にパドヴァ大学に移っており、一四二三年にそこで教会法博士の学位を取得した。(8) 一四一六年の時点では、彼は故国の大学の——学生数はともかく数千人に達していたが、帝国の全人口からみれば——消え入りそうな小さな学生集団の中で活動していたのに、一四一七年には、ヨーロッパ中にその名を知られた教育施設に通うドイツ人の中のエリート集団に入っていたのである。異郷で六年間の学業を積むには、高額の財政的出費が必要だったが、明らかにニコラウスはそれを払うことができた。それどころか、彼は留学中に本を買うお金すら自由にできたのである。(9) もっともこの投資には、多大の利益が約束されていた。パドヴァ大学で教会法を学ぶことによって、修業者には諸侯やその他の為政者に仕官して輝かしい地位を得る資格が与えられたのである。その他の道として、博士号取得者には大学に残るコースも開かれていた。とりわけ、仕官した先に大学がある場合、この二つの経歴をある程度は両立させることができた。そういうわけで、例えば、ケルン大学の教員がケルンの教会や近隣諸侯の宮廷の職に就くこともできたのである。

大学に行くことで得られたのは、学問上の資格だけではなかった。共に学ぶことによって、互いに助け合い励まし合うことを求めうる生涯の友ができたのである。このような形で、全ヨーロッパに広がる人的関係の複雑なネットワークがつくられた。例えば、ブリジッド・シュヴァルツのような新しい研究は、この「張り巡らされた綱」の分析に捧げられている。[10] ニコラウス・クザーヌスも、パドヴァで人々との貴重な関係を結んだ。彼の後の経歴は、この関係なしには考えられない。ここでは彼が、ジュリアーノ・チェザリーニやドメニコ・カプラニカの知遇を得ていたことだけを想起しておこう。この二人は、一四二六年に枢機卿に叙階された。[11]

二　最初の聖職禄

学業を終えた後、一四二四年にニコラウスはローマを訪れた。[12] 教皇庁で地位を得ようとしたのかどうかは分からない。いずれにせよ、彼がローマで地位を築くことはなかった。そうせずに故郷に帰り、トリーア大司教オットー・フォン・ツィーゲンハインに仕えることになったのである。ニコラウスは自らの活動に対する報酬をその時代の慣習に従って得ることになった。すでに一四二五年一月三一日、大司教は彼に年金として年間四〇グルデン、一フーダーのワインと四マルターの小麦を与えることにした。その他、大司教はニコラウスに、アルトリヒの教区教会を任せることとし、この教会は年間一〇マルクの収入をもたらした。[13] この年金とアルトリヒの教区司祭の地位は、ニコラウス・クザーヌスが生涯で得た四つの聖職禄のなかで最初のものであった。[14]

中世後期の聖職禄制度、特に聖職禄の掻き集めは、長い間手厳しい批判にさらされてきた。聖職禄を追い求めて教会の職や地位を巡って相争い、訴訟を起こすことは、聖職者という立場に求められるものとは相容れない、と非難されてきた。しかし一方で、中世の経済事情では、聖職禄によって暮らすことが聖職者たちの生計を立てる普通の方法であるという認識も広がっていた。聖職者には確かな給与も、年功昇進も、定まった経歴もなかった。聖職者は自分の力で生活を保障し、暮らしていかなければならなかったのである。できるだけよい俸禄を得ようと努めることは、この時代の大多数の者の見方では、道徳的な汚点とはならなかった。ニコラウス・クザーヌスはこの方法を一貫して地でいく振る舞いをしたのである。彼ができるだけ実入りがよく格の高い聖職禄を獲得し、保持しようとして、野心的に、またしばしば執拗に争ったことは、どう言いつくろっても弁明のしようがない。聖職禄を持つことは、単に物的な保証を与えるだけではなく、同時に聖職者自身のステータスを測る尺度、すなわち経歴の上での業績となったのである。彼が一四二五年に獲得した俸禄は、この若い博士がまだまだ出世階段の下の方にいたことを、はっきり示している。出世欲に燃える聖職者たちにとって、教区司祭の職は好ましいものではなかった。なぜなら、教区司祭職を持つと、その任地に縛られ、司牧の義務を負わなければならなかったからである。その上、ニコラウスのように低い叙階しか受けていない者は、司祭に叙階されることが義務づけられていた。しかし、一四二五年当時、ニコラウス・クザーヌスは、まだこうした道に踏み込むつもりがなかったのである。

このような状況の中で、ニコラウスは自分と教皇庁との関係を活用した。彼の請願に対し、教皇マルティヌス五世は一四二五年五月二三日付けで、彼が大学か教皇庁にとどまる限り、向こう十年間、司祭への叙階を免除することにしたのである。

翌年ニコラウスは、更にもう一歩進めて、教皇から改めてアルトリヒの教会を授けてもらった(15)。すなわち、この第二の請願によってニコラウスは教皇庁の「聖職禄市場」と呼ばれるシステムに関わったわけである(16)。この概念は、中世後期に教皇庁が、本来の聖職任命権保持者の頭ごしに、個々の教区教会の聖職禄を活発に取引していたことを、暗に示している。しかし実際のところ、この主導権は原則として請願者の方にあった。もっとも、教皇庁の事務手続きを熟知し、教皇庁との関係を利用できる場合にのみ、請願者は成功を期待できた。ドイツ人聖職者のうち、こうした条件に当てはまる者はほんのわずかであった。ニコラウス・クザーヌスがこのグループに属していたことは、驚くにはあたらない。

マルティヌス五世の一三年間の在任期間について、『レペルトリウム・ゲルマニクム』(*Repertorium Germanicum*［ゲルマニア目録］）には約一万五千の人々や施設に関わる四万三千の文書要録が含まれている。[17] しかし、この途方もない数は誤った印象を与える。請願書には教皇の同意の印が押され、請願書台帳に載せられるが、これは教皇庁における事務手続きの最初の段階に過ぎず、それではまだ効力がないからである。教皇勅書が――しばしば競合する特許状に対抗して――発給され、その請願が満たされるまでには、さらに遠い道のりがあった。大抵の請願書は、この道のどこかで引っかかってしまう。多くの請願者は、自分の企てをそれ以上は追い求めなかった。なぜなら、その間に状況が変化したり、その物件が高くつくものになってしまったからである。請願者は、希望の聖職禄から見込まれる初年度の収入の半分を支払わねばならず、それが上納金台帳に登記されて初めて、その聖職禄に関する教皇勅書を作成してもらうことができたのである。したがって、請願者のうち約一〇パーセントから二〇パーセントしか教皇勅書を取得できなかったと推定されている。[18]

ニコラウス・クザーヌスもまた、一四二六年に提出した自分の請願を取り下げている。前もって大学に入ることはしなかったにもかかわらず、同様に聖職者の地位に就くことを決心した弟のヨハネスのために、彼はアルトリヒの教区司祭の地位を断念したのである。[19] さもなければ、学位がないのでその経歴は極めて限られたものになったはずである。成功した兄の引き立てがあってはじめて、弟はより高い職と地位を得られたのである。[20] ヨハネスは一四二六年に自分でも教皇の聖職禄給付を求めて働きかけを行なったが、それを発給してもらえなかった。[21] その間に、ニコラウスは新たな聖職禄を獲得した。それは、トリーアの聖ジメオン律修院（Stift St. Simeon）の聖職禄が付いた聖堂参事会員の地位であった。[22] ほとんど義務のない聖堂参事会員の地位が与えられたのは、トリーアの大司教がニコラウス・クザーヌスの勤めぶりを高く評価した証拠である。

一四二五年の初めまで、ニコラウス・クザーヌスの経歴は全く型通りに進んだ。この時点まで、彼は知的で野心的な聖職者法律家であり、同じ地位を持つ他の仲間とほとんど異なることはなかった。しかしその後、突然に不安定な動きがはっきりと現れた。そこで一四二五年に、ニコラウス・クザーヌスの生涯で決定的な転機が訪れたとみてよいだろう。

三　ケルンのクザーヌス

一四二五年の三月から六月の間、ニコラウスはケルン大学に在籍した。その際、彼の人物に敬意が払われ、学籍登録料が免除された。[23] 彼はこの時、私たちには知りえない理由から、法律の実務から離れて大学での経歴を求めたのだろうか。ドイツの大学所在地から遠く隔たったトリーアに滞在したことは、単なる通過点であったのだろうか。ニコラウスは故郷の教区で、教師としての活動を開始するための物質的基盤を得ようとしただけだったのだろうか。一見そのようにみえる。しかしこの解釈に対して、もっともと思える反論がある。まず何よりも、ニコラウスは諸侯への仕官の道を捨ててはいなかった。彼はその後も大司教オットー・フォン・ツィーゲンハインとのつながりを持ち続け、それゆえ一時的な休暇を与えられたにすぎなかったのである。更にそれに加えて、ニコラウスがケルンで行ったといわれる講義については何も知られていないのである。[24] こうした点を考えると、ニコラウスが一四二八年と一四三五年の二回にわたって、ルーヴァン大学の教授職を断ったという事実も理解できる。[25] 主として、前もって定められた教科書の説明を求められる大学教師の職が、彼の性向に合わなかったことは明らかである。大学は彼の幅広い精神活動に決して有用な場ではなかった。ニコラウス・クザーヌスは、中世後期の大学にほとんど何も寄与していない[26]。しかし、彼は自分の仕事に必要なものを大学から獲得したのである。大学に対するこの関係は、全く個人的なものであった。

ニコラウスは、なぜ基礎的な勉学を終えたハイデルベルク大学とは全く違う教育方針をとるケルン大学に行ったのであろうか[27]。分かっているのは、パリで教育を受け、ケルンのアルベルトゥス哲学を流布させるのに貢献した神学者ハイメリクス・デ・カンポの講義を聴いたことである[28]。一四二八年、クザーヌスはこのハイメリクスと共に、パリでルルス写本に取り組んでいる[29]。したがって、神学の諸問題の体系的な検討を始めたことが、はっきりしている。このような精神世界の拡大は、学位を取った教会法律家にとって、もはや典型的なことではなかったのである。

一四二五年以降、ニコラウス・クザーヌスの文献収集熱も、ますます目に付くようになった。彼はケルンやそれ以外のところで、希少な写本を飽くことなく探し求めた[30]。彼の関心は、公的なコレクションに含まれていない法律文献を探索することにとどまらなかった。神学関係の著作の他、古代の作家が書き残した著作にも注意を払った。自分の写本の知識を繰り返し活用し、ポッジョ・ブラッチョリーニのような優れた人文主義者と関係を結んだ[31]。しかし彼自身が、人文主義研究に特別な関心を持っていたわけでないことは確かである。むしろ、あちこちに刺激を求めていたような印象を受ける。

一四二五年にニコラウス・クザーヌスをとらえた知的な焦燥のなかで、もう一つの面を示すのが自然科学的・数学的な試論である。それは、まずもって天文学的な観察と占星術により判断される世界史の把握となって表れている[32]。彼は先ずこの領域で、著作家としての活動を試みたのである。

一四二七年、ニコラウス・クザーヌスはかつての仕事を精力的に再開した。この年、彼はトリーア大司教の命を受けて、ローマの教皇庁へと旅立ったのである。[33] 一四二七年八月、教皇マルティヌス五世からトリーアの聖ガンゴルフ教区教会を委ねられ、オーバーヴェーゼルの聖母律修院の首席司祭（Dekanei）の地位を約束された。[34] この二つの聖職禄には司牧の義務が付帯していたが、ニコラウスは依然としてそれに必要な叙階を受けてはいなかったのである。それに加えて、霊魂救済の義務を伴う聖職禄を複数所有することは許されないという問題も残されていた。しかし、この両立しないはずのものについて、マルティヌス五世は彼に免除特権を与えたのである。

それどころか、まもなくニコラウスはもう一段進んだ。一四二七年九月に彼は教皇に年三〇マルクの収入のある、コブレンツの聖フローリン律修院首席司祭の地位を願い出たのである。[35] この昇進のためには、トリーアの教区教会を放棄するつもりであったが、オーバーヴェーゼルの律修院首席司祭の地位まで失う気はなかった。この二つの律修院首席司祭職のため、上納金を支払うことを義務づけられた。[36] 次の年ニコラウスは、新たに七年間の叙階免除を獲得した。[37] 一四三〇年には聖フローリン律修院首席司祭の地位に加え、この律修院の聖職禄が付いた聖堂参事会員の地位も手に入れた。[38] カルデンの聖カストル律修院の聖職禄が付いた聖堂参事会員の地位を巡っては、あるもう一人の聖職者と争いを起こしている。[39] 一四三〇年にはトリーアの聖パウロ律修院首席司祭館にある聖マウリツィウス祭壇の代理司祭の地位を得た。[40] その代わりにコブレンツの印璽局が五〇ライングルデンの年金を支払うことと引き替えに、オーバーヴェーゼルの首席司祭の職を放棄している。[41]

首席司祭の職には、司牧だけではなく、管理の役目も伴っていた。マルティヌス五世時代における『レペルトリウム・ゲルマニクム』の要録を部分的に検討したエルケ・フォン・ベーゼラーガーによれば、首席司祭の職に関係する請願は、わずか二・三パーセントにすぎなかった。[42] 従って教皇庁の後押しでこれらの職を得たことは、まさしく彼が高位聖職者の世界に通じる出世階段を登りつつあるとみなせるだろう。聖フローリン律修院首席司祭の職には、一四二〇年以来リンツのティルマン・ヨエル教会法学博士が就任しており[43]、この職は十五世紀に聖堂参事会から完全に分離していた。ニコラウス・クザーヌスは、この律修院首席司祭の義務を、その生涯の中で管掌したあらゆる責務の場合と同様に、終始熱心に果たした。一四三〇年には律修院の聖堂参事会に対して自分の立場を強化する目的で、彼は教皇に聖フローリン律修院規約の変更を乞うたのである[44]。

四　トリーア大司教座の分裂

ニコラウス・クザーヌスの生涯における第二の転換点は、外の世界の出来事によって定まった。その最初の衝撃はトリーア大司教座の分裂で、一四三〇年に大司教オットー・フォン・ツィーゲンハインが死去した後に起こり、一四三六年まで続いた[45]。一四三〇年二月二七日トリーアの司教座聖堂参事会は、司教座付属学校長ヤーコプ・フォン・ジールク[46]を大司教に選出したが、他方で司教座聖堂参事会長フリードリヒ・フォン・クレフは、大司教領の騎士やフィルネブルク伯ループレヒトと組んで、ケルンの司教座聖堂主席司祭であるウルリヒ・フォン・マンデルシャイトを選出したのである。このように二重選挙が起こったため、教皇の裁定が必要となった。マルティヌス五世はどちらの候補者も却下し、一四三〇年五月二七日にシュパイエル司教ラーバン・フォン・ヘルムシュタットを指名した。トリーアの競争相手たちは妥協して、ヤーコプ・フォン・ジールクに断念させた。それに対しウルリヒ・フォン・マンデルシャイトは一四三〇年九月一〇日、司教座聖堂参事会員たちによって、改めて選出された。トリーア司教裁判所長でオーバーヴェーゼルの聖母律修院長でもあったヘルヴィッヒ・フォン・ボッパルトと並んで、ニコラウス・クザーヌスも就任宣言の証人となった。(47) ウルリヒ・フォン・マンデルシャイトの要求を通すことがその後の数年間もっとも差し迫った課題となり、ニコラウス・クザーヌスはそれに尽力した。これが非常に厄介な問題となり、破門の危険すらあったにもかかわらず、ニコラウスが粘り強くとった姿勢には、彼の人格の新しい面が現れている。それは一四三〇年以前の気まぐれさとは、いささか対照的である。ここでニコラウスは相反した人格の持ち主として現れている。もっとも、この相反した面は融和的であり、そこには形成途上の、ただその場その場で企てられたことが、既に成就したことと並存しているのである。

ニコラウス・クザーヌスの生涯が新たな段階に入ったことは、彼が新たな形で人前に現れたことからわかる。おそらく一四三〇年のクリスマス以降、ニコラウスは説教を行うようになった。それらの説教は、説教集の中に残されている。(48) こうした説教活動は、他の教会法学者も繰り広げていた。ここでクザーヌスに比較的近い範囲にいた人として、バッハラッハの司祭であり、(一四三九年以降)コブレンツの聖カストル律修院首席司祭にもなった教会法博士ヴィナント・フォン・シュテークだけを挙げておこう。(49)

五　バーゼル公会議

ニコラウスはウルリヒ・フォン・マンデルシャイトを支援したことで、次第に故郷の地を越えてゆき、ヨーロッパの政治の桧舞台に登るようになった。それは彼の名前を、ヨーロッパに知らしめる役割を果たしたのである。一四三一年二月のニュルンベルク帝国会議においてニコラウスは、被選出者ウルリヒの件で国王ジギスムントを味方につけることに成功した。(50) しかし、一四三一年二月二〇日のマルティヌス五世の死去によって、マンデルシャイトの立場は急激に悪化した。なぜなら、エウゲニウス四世の名で知られる新教皇は、トリーアの二重選挙の再調査に関わり、ウルリヒの選出を却下することを進言した枢機卿ガブリエル・コンドゥルマーその人であったからである。

トリーアの司教座を巡る争いは、一四三一年六月二九日のバーゼル公会議の開催によって新たな局面を迎えた。バーゼル公会議は、ニコラウス・クザーヌスと同世代のヨーロッパ知識人にとって、キーポイントとなる経験であった。中断を重ね、会場を変えながらも一四四九年まで続いたこの公会議は、教会の会議以上のものであった。それはヨーロッパの総会であり、「理念の坩堝《るつぼ》」であった。「そこでは中世後期の本質的な要素と緊張が一点に凝縮されたかのようにみえた。しかし同時に、近代的な発展の芽も少なからずみられた」とヨハネス・ヘルムラートは断じている。[51] 三三〇〇人以上の人々が、さまざまな時点でこの公会議に参加したのである。

その中には、ニコラウス・クザーヌスもいた。彼はウルリヒ・フォン・マンデルシャイトによって、トリーアの聖マティアス修道院長と一緒に全権代理としてバーゼルに派遣され、そこで一四三二年二月に公会議議員に加えられた。[52] 確かにニコラウスは、本来の使命を果たすことに失敗した。なぜならウルリヒは、一四三六年、遂にラーバン・フォン・ヘルムシュタットに屈しなければならなかったからである。しかし、トリーアの大司教座を巡る争いが重荷となっていたにも関わらず、ニコラウスはバーゼル公会議の最初の局面でもっとも活発に動き、影響力の大きかった人々の一人に数えられ、利益を得た。彼がある程度関わったテーマを簡単に挙げるだけでも大変な作業であり、ここでそれはできない。

公会議の精神的気運に動かされ、ニコラウス・クザーヌスは実務面での活動を越えて、理論的な面から教会と国家の権力に取り組んだ。彼は一四三三年に小さな著作の他に、最初の大作『普遍的協和論』を書き上げた。この著作には広範囲にわたって、この公会議とトリーアの教会紛争での経験が反映されている。それ以来、実践と理論の対話がニコラウス・クザーヌスの著作の特徴となった。彼はこのことによって、神学的・哲学的問題と革新的に対決する道を歩まなかった大多数の同時代人から、今や決定的に一歩抜きん出た存在となったのである。

公会議での仕事と著作家としての活動は、ニコラウスが以前から慣れ親しんだやり方で物的な生活保証を得ることの妨げとはならなかった。ウルリヒ・フォン・マンデルシャイトを支援したことで、当然、彼は教皇庁と対立していた。そこでウルリヒの敗北がはっきりしてはじめて、一四三五年五月、ニコラウスは請願書を携えてエウゲニウス四世に近づくという賭に出たのである。(53) 彼の関心は、自分がミュンスターマイフェルトの司教座聖堂主席司祭に選出されるよう保証を乞うことだった。この職の収入は、七〇マルクになると見積もられていた。ニコラウスは、自分の他の聖職禄は四〇マルクであると評価していた。一四三五年十一月にバーゼル公会議も、彼の司教座聖堂主席司祭への選出を保証した。(54) その上、公会議はベルンカステルの教区教会がニコラウスに任されるよう進言した。この時ニコラウスはまだ司祭ではなかったが、彼はその後まもなく、いずれにせよ遅くとも一四四〇年までには叙階を受けた。(55) 枢機卿ヨハネス・セルバンテスは、一四三六年八月一二日にラーバン・フォン・ヘルムシュタットに対して、ニコラウスを許し、彼がこの故郷の教区教会の職を得るために助力するように要請している。(56) この出来事は、大司教にとって厄介な問題であった。なぜなら、彼の法律代理人のフーゴ・ドッレもこの職を要求していたからである。

一四三七年、ビザンツ帝国との合同公会議が計画され、その開催地の設定を巡ってバーゼル公会議出席者とエウゲニウス四世が対立し、公会議が分裂するという事態に至った。五月七日、公会議の出席者のうちの少数派が教皇と妥協して、イタリアのどこかの都市で開くことに賛成する。一方で多数派はアヴィニョン、バーゼルあるいはサヴォア地方のある都市で開くことに賛意を表明した。この状況の中、ニコラウス・クザーヌスは少数派に味方した。

彼が『普遍的協和論』で公会議の考え方を代弁したことを思えば、教皇への方向転換には驚かざるを得ない。こうして自分の立場を新たに定めたことによって、ニコラウス・クザーヌスは人生でもっとも重大な決断をしたのである。このため、彼にはいかがわしさがつきまとわざるを得なかったとしても、結局、彼に赤い帽子［枢機卿の地位］を授けたのはこの決断であった。

ニコラウスは一四三七年以降、以前にウルリヒ・フォン・マンデルシャイトを支援した時と同様のしぶとさで、エウゲニウス四世の問題を弁護した。公会議の多数派に背を向けたため、彼個人の立場は非常に危険なものになりかねなかったが、ニコラウスは大胆にもそれを買ってでた。一四三八年に公会議は彼の聖職禄を没収する訴訟を起こし、一四四〇年に彼は窮地に追い込まれた。[57] 訴訟の効力は結局生じないであろうということを、ニコラウスはあらかじめ知りえなかった。そして、あろうことかバーゼル公会議は、一四三九年六月二五日にエウゲニウス四世の廃位を宣言し、サヴォア公アマデウスをフェリックス五世として対立教皇に選出したのである。この人物は一四四九年四月七日までその地位にとどまっていたが、ここではそれに触れない。

六　枢機卿への昇進

一四三七年五月一七日、公会議の少数派はディーニュとポルトの両司教、それにニコラウス・クザーヌスに信任状を与え、使節として皇帝ヨハネス八世パレオロゴスのもとに送った。[58] ニコラウスが選ばれた理由は、他のことも勘案された上に、ギリシア語の知識を自由に使えたことが有利に働いたものと思われる。出発の前、彼はボローニャでエウゲニウス四世によってマクデブルク司教座聖堂主席司祭の職を授けられる。もっともこの職はまだ全くの空席ではなかった[59]。この請願によって、ニコラウスは初めてトリーア〔大〕司教区の境界を越えて職を求めたことになる。そこに、彼の聖職禄獲得政策の新たな戦略が現れている。トリーアとリェージュの両司教区出身で、彼の個人的な従者であった聖職者三人のために、彼は教皇庁から特許状を得たのである[60]。ニコラウスはここで初めて、自分の派閥を構成する親しい人々のグループを保護する者として姿を現わす。今や彼は出世階段の上で、人を引き立てる段階に来ており、中堅となったわけである。この階段を上れば上るほど、彼の派閥は大きくなっていった[61]。彼は枢機卿として、教皇庁の中でドイツの聖職者を引き立てる最も重要な人物になる。

ニコラウス・クザーヌスは、コンスタンティノープルでの使命を首尾よく果たした。それによってフェラーラとフィレンツェでの公会議および一四三九年六月五日の東西両教会合同がようやく実現されたことから、彼は一挙に教皇庁外交官のトップグループに昇進したのである。ビザンツ皇帝や東方教会の長たちと関係をもったことにより、彼の精神的な地平線は広がった。特に緊密だったのは、後の枢機卿ベッサリオンとの交流である。また、東方への旅行で受けた印象はニコラウスに根本的体験を引き起こし、それによって彼の思索に「知ある無知」の認識が生じ、それとともにその神学的・哲学的活動は頂点に到達したのである。

東西教会合同公会議の終了後、ニコラウス・クザーヌスは、初め教皇の使節として、また一四四六年からは全権を持つ教皇特使として、エウゲニウス四世とその後継者たちを認めさせようと、十年ものあいだ帝国の中で奮闘した。ジギスムントの後継者たち、すなわちアルブレヒト二世とフリードリヒ三世、それにドイツ諸侯たちが教皇にも公会議にも与せず、中立を保っている状態を克服することが重要であった。

エウゲニウス四世は、その闘士たちをほとんど経済的に援助できなかった。それゆえニコラウス・クザーヌスにとっては、引き続き聖職禄の獲得とその交換がきわめて重要になった。彼の所有した聖職禄は絶えず変ったが、ここではそれを一つ一つ辿るわけにはいかない。一四四六年一二月一六日、エウゲニウス四世は遂にこの教皇特使を非公式に枢機卿に推挙した。[62] これによってニコラウスは、西方教会の最高首脳陣への昇進を目の前にしたのである。それどころか一四四七年三月のエウゲニウス四世死去後の教皇選出にあたり、後継者を巡る議論の末席に連なることになった。[63] 教皇選挙によって新たな教皇として出現したのは、ニコラウスの友人トマゾ・パレントゥチェリ、すなわちニコラウス五世である。

一四四八年二月一七日ニコラウス五世とドイツ国民の間の宗教和約がウィーンで締結され、それにニコラウス・クザーヌスも大いに関与した。[64] これによってローマ教皇支持派の勝利が決定した。一四四九年四月七日に対立教皇フェリックス五世は退位し、翌月バーゼル公会議は解散した。長年の奉仕への感謝として、一四四八年一二月二〇日ニコラウスは正式に枢機卿に昇格させられ、一四四九年一月三日にサン・ピエトロ・イン・ヴィンコリを名義教会として与えられた。[65] エネア・シルヴィオ・ピッコローミニが祝賀状で強調したように、ドイツ人の教会関係者で赤い帽子を授けられるのは本当に稀れなことであった。[66] ニコラウス以前には、一四三九年にアウクスブルク司教ペトルス・フォン・シャウムベルク（一四六九年没）が枢機卿になっている。[67] 一四六〇年になってようやく皇帝フリードリヒ三世の斡旋により、もう一人のドイツ人であるザルツブルク司教座聖堂参事会主席司祭のブルハルト・フォン・ザルツブルクがそれに続いた。彼は一四六一年に、ザルツブルク大司教に昇格している。[68]

一四四九年一〇月二一日、ニコラウスはクースで長わずらいの父そして弟ヨハネス、妹クララに別れを告げた。[69] 彼は一四五〇年の聖年をローマで過ごした。[70] 一四五〇年一二月二四日、ニコラウス五世は教皇特使として彼を帝国に派遣した。[71] ニコラウス・クザーヌスは聖年の贖宥状を施し、ドイツの教会を改革する任務を与えられた。一四五〇年三月二三日、教皇はニコラウスにブリクセンの司教座を与えた。これはウィーン宗教和約の規定が破られている状況のもとでは、きわどい措置であった[72]。ちなみにこの新しい職は極めて不安定な状況にあったので、彼はこれまでの聖職禄からの収入を引き続き得ることが許された。ブリクセン司教として、市民階級の子ニコラウス・クザーヌスが、いわば帝国諸侯のような身分に登ったのである。もっとも、ニコラウスはティロール大公ジギスムントの激しい敵意を買い、一四五八年にはその圧力に屈しなければならなかった[73]。とはいえニコラウスは、この時代に貴族出身でない唯一の帝国司教というわけではなかった。ここでは、ハノーファー出身のリューベック司教ヨハン・シェーレ（一四二〇–三九）だけを挙げておこう。ニコラウス・クザーヌスはバーゼル公会議で彼と知己を得ている[74]。

ブリクセンを追われたあと、ニコラウス・クザーヌスは晩年の数年を教皇庁での勤務に費やす。彼は二度と故郷に戻ることなく、一四六四年八月十一日にトーディで死去し、ローマにある自分の名義教会に埋葬された。そこにある大理石の墓石に、人は今でも感嘆するであろう。ニコラウスの心臓はクースに運ばれ、彼がそこに設立したニコラウス養老院の中に葬られている。

（小倉欣一・皆川卓 訳）

（1） Vansteenberghe 1920.
（2） Meuthen 1964a.
（3） *Acta Cusana.*
（4） 紙幅の関係で、注は最小限に必要な指示に限定する。
（5） 例えば、*Acta Cusana* : 849 (sanctam Romanam ecclesiam non respicere ad locum vel genus nativitatis ［神聖なるローマ教会は出身地や素性を顧慮するものではなく］) を参照せよ。

(6) Toepke 1884 : 128 (=*Acta Cusana* 11).

(7) Schwinges 1986 : 31.

(8) *Acta Cusana* 18.

(9) *Acta Cusana* 12.

(10) Schwarz 1998, Schwarz 1999.

(11) Meuthen 1964a : 13f., Capranicia については、*Lexikon des Mittelalters* 2 : 1488 (Erich Meuthen), Cesarini については *Lexikon des Mittelalters* 2 : 1639f. (Erich Meuthen) を見よ。

(12) *Acta Cusana* 20.

(13) *Acta Cusana* 22, 28.

(14) Meuthen 1962.

(15) *Acta Cusana* 30.

(16) このテーマについての近年の論考のなかで、Schwarz 1991, Schwarz 1993, を参照。Ulbrich 1998 は、この現行の用語を奇妙な概念 Pfründenschalter〔聖職禄売買窓口〕と置き換えたがっている。

(17) *Repertorium Germanicum* IV.

(18) このテーマについての最新の著作は、Boeselager 1999 の講師資格取得論文である。

(19) *Acta Cusana* 31.

(20) Meuthen 1964a : 7.

(21) *Acta Cusana* 31.

(22) *Acta Cusana* 30.

(23) Keussen 1928 : 277 (=*Acta Cusana* 25).

(24) 教鞭をとったと想定するのは Keussen 1934 : 452, Meuthen 1964b : 79, Grass 1970 : 106f. であり、それにより慎重なのは Meuthen 1988 : 189 である。

(25) *Acta Cusana* 64, 232.

(26) それはクースにおける養老院の設立規定と、その養老院と結びついた学校教育への資金援助に明瞭にあらわれ、この学校は大学の立地に設立されてはならない、とはっきり定められている。Marx 1906を参照。また、クザーヌスがトリーア大学創設の運動に参加していないことも証明されうる。Matheus 1999を参照。
(27) ケルン大学の教育方針については、Meuthen 1988 : 170-202, Tewes 1993 : 332-367. を参照。
(28) *Acta Cusana* 26. Heymericusについては、Meuthen 1988 : 187-189, Tewes 1993 : 48を参照。
(29) *Acta Cusana* 59, なお61を参照。
(30) *Acta Cusana* 27, 65.
(31) *Acta Cusana* 34, 35, 48, 62, 63, 66, 67, 70, 73.
(32) *Acta Cusana* 23, 24.
(33) *Acta Cusana* 40.
(34) *Acta Cusana* 38, Diederich 1967 : 255.
(35) *Acta Cusana* 40.
(36) *Acta Cusana* 50-52.
(37) *Acta Cusana* 60.
(38) *Acta Cusana* 74.
(39) *Acta Cusana* 75-76.
(40) *Acta Cusana* 74.
(41) *Acta Cusana* 95.
(42) Von Boeselager 1999 : 307.
(43) Diederich 1967 : 228.
(44) *Acta Cusana* 79, 258.
(45) Meuthen 1964b.
(46) この人物については、Miller 1983を参照。

(47) *Acta Cusana* 80.
(48) *Acta Cusana* 83, Haubst 1970.
(49) Schmidt-Heimpel 1977.
(50) *Acta Cusana* 85.
(51) Helmrath 1987 : 1.
(52) *Acta Cusana* 102.
(53) *Acta Cusana* 236.
(54) *Acta Cusana* 246, 248.
(55) Meuthen 1064a : 23（一四三六年と一四四〇年の間に司祭として叙階された）。
(56) *Acta Cusana* 278.
(57) *Acta Cusana* 337, 343, 347, 348, 391, 422.
(58) *Acta Cusana* 294.
(59) *Acta Cusana* 321.
(60) *Acta Cusana* 320.
(61) Schwarz 1988.
(62) *Acta Cusana* 727.
(63) *Acta Cusana* 740.
(64) Meyer 1986.
(65) *Acta Cusana* 776-781, 787-788.
(66) *Acta Cusana* 808（Rari ex Almania hoc dignitatis accipiunt［アレマニア［ドイツ］出身者でこの名誉ある地位を授かるのは稀である］）。
(67) *Hierarchia catholica* 2 : 8, *Allgemeine Deutsche Biographie* 25 : 462-464 (Wilhelm Vogt).
(68) *Hierarchia catholica* 2 : 13, *Neue Deutsche Biographie* 3 : 27f. (Herbert Klein).

(69) *Acta Cusana* 849.

(70) Meuthen 1964a : 83ff.

(71) *Acta Cusana* 952.

(72) *Acta Cusana* 872.

(73) Hallauer 1994.

(74) Schwarz 1998 : 36-51.

参 考 文 献

Acta Cusana I, 1 (1976).

———, I, 2 (1983).

———, I, 3a (1996a).

———, I, 3b (1996b).

Allgemeine Deutsche Biographie 25, Leipzig 1887.

Boeselager, Elke Freifrau von, (1999) *Fiat ut petitur. Päpstliche Kurie und deutsche Benefizien im 15. Jahrhundert,* MS Düsseldorf.

Cusanus, *Sermones I* (h XVI, 1ff.).

Diederich, Anton, (1967) *Das Stift St. Florin zu Koblenz* (Studien zur Germania Sacra 6), Göttingen.

Grass, Nikolaus, (1970) *Cusanus als Rechtshistoriker, Quellenkritiker und Jurist. Skizzen und Fragmente,* in : Nikolaus Grass (ed.), *Cusanus Gedächtnisschrift im Auftrag der rechts- und staatswissenschaftlichen Fakultät der Universität Innsbruck* : 101-210. Innsbruck/München.

Hallauer, Hermann Josef, (1994) *Bruneck 1460. Nikolaus von Kues-der Bischof scheitert an der weltlichen Macht,* in : Johannes Helmrath und Heribert Müller (ed.) *Studien zum 15 Jahrhundert* 1. Festschrift für Erich Meuthen : 381-412. München.

Helmrath, Johannes, (1987) *Das Basler Konzil 1431-1449. Forschungsstand und Probleme* (Kölner Historische Abhandlungen 32), Köln-Wien.

Hierarchia catholica medii aevi 2, Konrad Eubel (ed.), Münster 1914.

Keussen, Hermann (ed.), (²1928) *Die Matrikel der Universität Köln von 1389 bis 1559* I (Publikationen der Gesellschaft für Rheinische Geschichtskunde VIII), Bonn.

———, (1934) *Die alte Universität Köln. Grundzüge ihrer Verfassung und Geschichte,* Köln.

Marx, Jakob, (1906) *Nikolaus von Cues und seine Stiftungen zu Cues und Deventer,* in : *Festschrift des Priesterseminars zum Bischofs-Jubiläum Trier 1906* : 129-243.

Matheus, Michael, (1999) *Heiliges Jahr, Nikolaus V. und das Trierer Universitätsprojekt : Eine Universitätsgründung in Etappen,* in : Lorenz, Sönke (ed.) *Attempto-oder wie stiftet man eine Universität. Die Universitätsgründungen der sogenannten zweiten Gründungswelle im Vergleich,* Stuttgart.

Meuthen, Erich, (1962) *Die Pfründen des Cusanus,* in : MFCG, 2 : 15-66.

———, (¹1964a, ⁷1992), *Nikolaus von Kues 1401-1464. Skizze einer Biographie,* Münster. [酒井修訳『ニコラウス・クザーヌス』法律文化社一九七四]

———, (1964b) *Das Trierer Schisma von 1430 auf dem Basler Konzil. Zur Lebensgeschichte des Nikolaus von Kues* (Buchreihe der Cusanus Gesellschaft 1), Münster.

———, (1988) *Die alte Universität* (Kölner Universitätsgeschichte 1), Köln-Wien.

Meyer, Andreas, (1986) *Das Wiener Konkordat von 1448-eine erfolgreiche Reform des Spätmittelalters,* in : *Quellen und Forschungen aus italienischen Archiven und Bibliotheken,* 66 : 108-152.

Miller, Ignaz, (1983) *Jakob von Sierck 1398/99-1456* (Quellen und Abhandlungen zur mittelrheinischen Kirchengeschichte 45), Mainz.

Neue Deutsche Biographie 3, Berlin 1957.

Repertorium Germanicum. Verzeichnis der in den Registern und Kameralakten vorkommenden Personen, Kirchen und Orte des Deutschen Reiches, seiner Diözesen und Territorien IV : Martin V. 1417-1431, Fink, Karl August (ed.), Berlin 1943, 1957, 1958, Tübingen 1979, Nachdruck Hildesheim 1991.

Schmidt, Aloys-Heimpel, Hermann, (1977) *Winand von Steeg (1371-1453), ein mittelrheinischer Gelehrter und Künstler und die Bilderhandschrift über Zollfreiheit des Bacharacher Pfarrweins auf dem Rhein aus dem Jahre 1426* (Bayerische Akademie der Wissenschaften, Phil.-hist. Klasse, Abhandlungen NF 81), München.

Schwarz, Brigide, (1988) *Über Patronage und Klientel in der spätmittelalterlichen Kirche am Beispiel des Nikolaus von Kues,* in : *Quellen und Forschungen aus italienischen Archiven und Bibliotheken,* 68 : 284-310.

———, (1991) *Klerikerkarrieren und Pfründenmarkt. Perspektiven einer sozialgeschichtlichen Auswertung des Repertorium Germanicum,* in : *Quellen und Forschungen aus italienischen Archiven und Bibliotheken,* 71 : 243-265.

———, (1993) *Römische Kurie und Pfründenmarkt im Spätmittelalter,* in : *Zeitschrift für historische Forschung,* 20 : 129-152.

———, (1998) *Alle Wege führen über Rom. Eine „Seilschaft" von Klerikern aus Hannover im Spätmittelalter,* in : *Hannoversche Geschichtsblätter,* NF 52 : 5-87

———, (1999) *Hannoveraner in Braunschweig. Die Karrieren von Johann Ember* (†*1423*) *und Hermann Pentel* (†*nach 1463*), in : *Braunschweiger Jahrbuch für Landesgeschichte,* 80 : 9-54.

Schwinges, Rainer Christoph, (1986) *Deutsche Universitätsbesucher im 14. und 15. Jahrhundert.* Studien zur Sozialgeschichte des alten Reiches, Stuttgart.

Tewes, Götz-Rüdiger, (1993) *Die Bursen der Kölner Artisten-Fakultät bis zur Mitte des 16. Jahrhunderts* (Studien zur Geschichte der Kölner Universität 13), Köln/Weimar/Wien.

Toepke, Gustav, (1884) *Die Matrikel der Universität Heidelberg von 1386-1662* I, Heidelberg.

Ulbrich, Tobias, (1998) *Päpstliche Provision oder patronatsherrliche Präsentation? Der Pfründenerwerb Bamberger Weltgeistlicher im 15. Jahrhundert* (Historische Studien 455), Husum.

Vansteenberghe, Edmond, (1920), *Le cardinal Nicolas de Cues (1401-1464). L'action-la pensée,* (Bibliothèque du XVe siècle XXIV), Paris.

ニコラウス・クザーヌスと修道院テーゲルンゼー

ルードルフ・エンドレス

はじめに

一四五二年五月の最後の日ニコラウス・クザーヌスは、おそらくインスブルックからアッヒェン峠を通って修道院テーゲルンゼーへとやってきた。この枢機卿であるブリクセン新司教は、教皇特使としてボヘミアへ向かう途中であった。彼は同名の湖のほとりにある修道院テーゲルンゼーに、聖霊降臨祭の祝日の六月二日まで三日間とどまった。この有名な「すべての学問と知識において最も賢明な」神学者と修道院生活を共にすることは、修道院長カスパー・アインドルファーおよび他の修道士たちの大きな喜びとなった。クザーヌスは彼らと食堂で共に食事し、彼らと内陣に立ち、知的・霊的刺激を与えたのであった。そのなかで、とりわけ修道士たちは彼に、長い間なされているように癲癇病患者を緑柱石で焼いて治療することが許されるかどうか、という風変わりな質問を行った。修道士たちによれば、神学者や自然学者に尋ね、異なる解答を得たために、このやり方を放棄したというのである。しかし、クザーヌスはこの焼灼療法のやり方に賛同した。ただし、この石は自然の力をその内に秘めているのであり、それは何の不思議でもないことを患者に伝えるべきだと述べた。また、この治療法を修道院の外にも伝え、特別に有能な者にこれを行わせるべきであるといったのである。

三日間の滞在期間中、この枢機卿は修道院にさまざまな特典および特権を与えた。たとえば、民衆の敬虔な心の育成を目的に、大祝日や日曜日の説教に出席した場合に特別の免罪権を修道院に与えることがそれである。また修道院に所属するエーゲルン小教区にも免罪権を与えた。同じく修道院に滞在していたフライジング司教ヨハネス・グリューンヴァルダーも、ブリクセン司教の例にならって三つの祭壇の訪問者に免罪を与えた。ニコラウス・クザーヌスは、ボヘミアへの旅の途次にあったエーバースベルクでも、テーゲルンゼーにおいて病人用広間に収容される病人のための運搬可能な祭壇の建設や、その祭壇でのミサ挙行を許可した。このような特権付与に、クザーヌスは教皇特使として権限をもっていたのである。テーゲルンゼーの修道士たちは、これらの特権に感謝して修道士名簿にクザーヌスの名を記載した。

一 メルク修道院の改革とテーゲルンゼー

クザーヌスは、短期間の滞在で改革派修道院テーゲルンゼーでの修道院的・霊的生活および修道士の深い敬虔と霊性に強く心を打たれ、またほれ込んで、自分が寝起きした修室をそのままとっておかせた。実際、当時のテーゲルンゼー修道院は、模範的な改革派修道院であった。しかし、いつも模範的だったわけではない。ベネディクトボイレン修道院と同様に、テーゲルンゼー湖畔のベネディクト会修道院はバイエルンの重要な貴族家門フオシ家のアーダルベルトとオアトケル兄弟によって七四六年に創建された。アルプス山麓の土地においてキリスト教の伝道と開墾が、ザンクト・ガレン出身のベネディクト会修道士たちに任されたのである。バイエルン大公アルヌルフのもとでの世俗化によって、九二五年頃修道院は多くの土地を失い、没落を余儀なくされた。皇帝オットー二世が再びこれを梃子入れし、トリアーの聖マキシミン教会と結びつきをもたせた。その結果、テーゲルンゼーにおいて、ゴルツェ（クリュニー）改革が導入されえたのである。皇帝ハインリヒ四世は、テーゲルンゼーに対してさらに帝国直属修道院の諸権利を与えたが、やがて再び修道院生活の没落がはじまった。それには、その任に値しないバイエルン貴族出身の多くの修道院長に責任の一端がある。

当時フライジングの司教総代理職にあったヨハネス・グリューンヴァルダーが一四二六年ここを巡察してから、決定的な転機がおとずれた。ようやく二四歳になったばかりのカスパー・アインドルファーが修道院長に任命され、ただちにメルク修道院流の改革を導入した。彼は一四六一年までテーゲルンゼー修道院長職にあった。帝国大修道院の肩書は放棄され、市民・農民子弟も修道士として受け入れられた。たちまち、多くの者が修道士になろうと殺到した。一四一八年にテーゲルンゼーにはわずかに十人の修道士しかいなかったが、一四七四年には四四人にもなっている。とりわけ、ウィーン大学で勉強した多くの若い修道士たちがテーゲルンゼーへやってきた。何人かは、ドナウ川沿いのメルク修道院を経ていた。こうして、メルク改革はテーゲルンゼー修道院から他の上部ドイツの各修道院に広まったのである。たとえば、バンベルクのミッヒェルスベルク修道院、ベネディクトボイレン修道院、ディートラムスツェル修道院、シャイエルン修道院、ビーブルク修道院などがそうである。

メルク改革の根本要素は、巡察であった。改革者たち、そしてとくにニコラウス・クザーヌスが聖ベネディクトゥスの戒律に従って本来の修道士共同体を再生しようとした巡察は、どのように行われたのだろうか。まず、修道院長と修道士が広間で巡察使を迎え入れる。それから、巡察使の一人が任務書（Littera commissionis＝巡察の前に書き留められた書状）を読み上げ、引き続き修道院生活の刷新について勧告（Exhorte）が発せられる。これは、神の意志と名づけられた。その後、完全な意味では修道士や修道会総会の一員ではない参加者すべてが広間を去る。

それから、審問（Inquisitio）、訓告（Recitatio）、報告文書交付（Traditio cartae）という三段階において修道院生活の調査が行われる。

審問において巡察使たちは、あらゆる陳述を秘密にすると約束し、誰に対しても弁護する権利を与えた。修道院長と修道士は、巡察使の質問にありのままに答え、欠陥を発見することを宣誓する義務があった。巡察使の質問は、疑問形で行われた。

巡察の第二段階は、訓告であった。それは、修道士たちへの質問から判明した修道院の修道的・経済的状態に関する巡察使の助言からなっていた。そして、どの点で修道院生活がメルクの規律に合わせられるか、指令が出された。

第三に、すなわち最後に、集合した修道士全員に巡察記録（Carta visitationis）が読み上げられ、副修道院長に文書が手渡される。巡察のさいに発見された過ちに免罪を与えた巡察使たちは、修道院長と修道士が罪の許しを乞うたあとで、去って行った。

巡察使たちは、とくに以下の質問につき、修道院の構成員全員の考えをただそうとした。その質問とは、清貧（paupertas）、貞潔（castitas）、従順（oboedientia）、沈黙（silentium）、断食（ieiunium）、全聖務日課（divinum officium）、霊的読書（hora lectionum）、手仕事（opus manuum）に関するものだった。次の段階で、経済状況の正確な調査が行われた。というのも、かつての高位聖職者修道院での経験から、修道院内部での規律ある生活は整然とした経済基盤をもってはじめて展開しうることを知っていたからである。それゆえ、修道院の全所領およびその収入が記録され、保存のため修道院長に渡された。

巡察では、役職者たちにもことのほか注意が払われた。修道院長が修道生活の状態に主な責任を負うべきであり、霊的な事柄に関しては副修道院長および副修道院長代行がこれを補佐するべきであった。修練長や修道士長(Konversenmeister)は、修道士のそれぞれのグループの面倒をみた。総務長(Zellerar)には俗事の事柄が委ねられ、ヴェスティアリウス(Vestiarius 衣服係)と料理人が監督下におかれた。看護係は、病人の面倒をみた。聖具係や門番も、下級役職者であった。毎年、聖母マリアお潔めの祝日(二月二日)には役職者が会計報告を行い、このような役職者の再任ないし交代が行われた。頻繁な交代は不利になる可能性があったので、巡察使たちは修道院長にこれを警告した。巡察文書はベネディクトゥスの戒律と同じように、年四回、修道士に読み上げられ、命令が守り続けられるように図った。

修道院生活の更新をめぐる努力において、改革者たちは聖務日課に関する指令を重視した。新規則および同種の規則によって、個々の修道院の欠陥や独自の習慣が取り除かれるべきであった。祈禱文は、有意義な長さに縮められ、過度に技巧を凝らした唱歌はグレゴリオ聖歌の単純な旋律に作り直された。共通した聖務日課規則の遵守は、修道院がメルク修道院改革派に属することを示すものである。しかし、たまたま総会がない場合でもこれが統合に不可欠の役割を果たすはずであったにもかかわらず、メルク派修道院は統一性を獲得しえなかった。

ヴィルギル・レードリヒが証明したように、一五世紀前半においてウィーン大学が改革思想の主要な源泉であり、仲介者であった。メルク改革の歴史で重要なことを成し遂げた人々がすべてウィーン大学と結びついていたことは、ベネディクト会修道院において確実にいえることである。ペトルス・シュリットパッハー、ヨハネス・ケック、コンラート・ガイゼンフェルト、ベルンハルト・フォン・ヴァーギンク、パウル・フォン・エルヒンゲン、メルヒオール・シュタムハイム、アンゲルス・ルンプラーなどがその面々である。後継者を勉学のためにウィーンへ送り込んだすべての修道会の中で、ベネディクト会が二五〇人で最も多い。かつての学長ザイリンガーがメルク修道院長になって以降、メルク修道院自身もウィーン大学と最も強い結びつきをもった。またウィーン大学で多大の功績のあったニコラウス・フォン・ディンケルスビュールも、メルクで一四二二年から二四年にかけて講義を担当した。

メルクは、しかし新しい霊的生活と改革思想をさらにテーゲルンゼーにもたらした。これは、とりわけその伝記が死の直後テーゲルンゼーで書かれたヨハン・シュリットパッハーにあてはまる。彼は、一四〇三年にショーンガウで生まれ、二一歳でウィーンへ勉学に赴き、博士号を取得した。教育のために彼は一四三四年メルクを訪れ、そこが気に入って一年後に修道院に入った。彼を通して、カスパー・アインドルファーとコンラート・フォン・ヴァイルハイム両修道院長の下でのテーゲルンゼー修道院とメルク修道院との活発な関係が生まれたのである。なぜなら、シュリットパッハーはテーゲルンゼー宛ての多くの手紙が証明しているように、巡察使であり、また友人、文献収集の促進者、助言者、そして同時代の出来事の報告者だったからである。改革およびとくに巡察に重要なほとんどすべての文書は彼に発するものであり、少なくとも彼はそれらに手を加えている。一四五一－五二年に彼はバイエルンの二七の修道院を巡察し、その結果を包括的な報告にしてニコラウス・クザーヌス宛てに発送している。クザーヌスはこれに心から感謝しているのである。

両修道院間でより緊密な関係が生まれ、交流が行われたのは、メルク副修道院長コンラート・フォン・ガイゼンフェルトがテーゲルンゼーへ移りたいと希望したときのことである。彼もまたウィーンで学び、シュリットパッハーに非常に近い立場にあった。シュリットパッハーはガイゼンフェルトにベネディクト会の戒律についての広範な註釈を書くように勧めた。この註釈は、後にテーゲルンゼーの修道院長コンラート・アイリムシュマルツ・フォン・ヴァイルハイムの手で筆写された。しばらく往復を繰り返した後、ガイゼンフェルトはとうとう一四四五年にテーゲルンゼー修道院へ移り、直ちに副修道院長になった。彼は依然シュリットパッハーと頻繁に書簡と書物を交換した。このメルク宛て書簡の一通では、カルトゥジア会のディオニュシウスの神秘神学に関して行ったニコラウス・クザーヌスの註釈が扱われている。副修道院長ガイゼンフェルトは、クザーヌスの作品と彼の「神秘神学」に対する考えをより深く研究する端緒をつくった。非常に学識の深いマギステルであったガイゼンフェルトは一四五〇年にテーゲルンゼーの図書館係にもなり、ニコラウス・クザーヌスとの頻繁な文通も行うようになったのである。

テーゲルンゼーの修道院長カスパー・アインドルファーも、一四五一年以降にニコラウス・クザーヌスとしきりに手紙をやりとりするようになった。そのさい、修道院長は常に質問者であり、典礼および法的疑念の小さな事柄についてニコラウス・クザーヌスに教えを乞うたのである。修道院長がクザーヌスに深刻な神学上の質問をするときには、彼の告白によれば、いつも副修道院長ベルンハルト・フォン・ヴァーギンクか、修道士たちの他の学識深いマギステルを通じて行った。修道院長は、建築に熱心で、修道院付属教会、水車、修道院を保護するための防御施設の建築を推進した。アインドルファーは、しかしテーゲルンゼー修道院の改革にとって根本的意味をもっていた。彼は、尋常ならざる精神力と目的到達にさいして驚嘆すべき粘り強さをもっており、彼の個人的な敬虔さと父性によってすべての者を味方につける術を知っていた。もっとも、テーゲルンゼー修道院の霊性史において、明白に彼を凌駕していたのは、副修道院長ベルンハルト・フォン・ヴァーギンクであった。彼こそがブリクセン司教、すなわちニコラウス・クザーヌスの本来の文通者であり、それどころか信頼された修道士だったのである。

二　クザーヌスと副修道院長ベルンハルト・フォン・ヴァーギンク

一四〇〇年頃ヴァーギンクで生まれたベルンハルトも、ウィーンで学び、バカラウレウス（Baccalaureus）の学位を取った。その後彼はインダースドルフで一〇年間、司教座聖堂参事会員を勤めた。一四四六年にテーゲルンゼーへやって来たとき、彼はそこに厳格な規律だけではなく、模範的な共同体精神と学問探求への良好な可能性をみてとったのである。というのも、テーゲルンゼーは卓越した図書館を備えていたからである。誓願のさい、マギステルの称号をもつ副修道院長のヨハネス・ケックが彼に式辞を述べた。すでに二〇年間にわたって修道院を内にも外にも改革しようとした修道院長アインドルファーの中に、ベルンハルトはたちまち父親と友人を見つけたのである。

修道院長カスパー・アインドルファーが改革を開始した一四二六年に、テーゲルンゼー修道院の図書館史にも新しい一章がはじまった。この修道院長と後継者コンラート・フォン・ヴァイルハイムのもとで、年々修道士の筆写活動が盛んになり、俸給をもらう書記の数も増加した。また、多くの豊かな書籍の寄贈や修道士の死亡にともなう遺産贈与が加わった。とくに修道院長コンラート・フォン・ヴァイルハイムのもとで多くの揺籃期本《インキュナブラ》が購入された。修道院長アインドルファー自身は何も著さなかったが、かつての修道院図書館に由来するベルンハルトの写本がミュンヒェン州立図書館だけで四〇点以上もあるのである。ミュンヒェン州立図書館は、現在テーゲルンゼーの写本を二〇〇〇点以上、またテーゲルンゼー発・宛ての書簡も多く所蔵している。それらは、ごくわずかしか読まれていないのが現状である。書簡写本 19697Clm という目録だけでも、約五〇〇通の手紙が保存されているのである。

カスパー・アインドルファーは、渋々テーゲルンゼー修道院を去らねばならなかった。ニコラウス・クザーヌス宛ての手紙で、これは修道士の問題でもなければ、いわんや彼の問題でもないと書いている。なぜなら、彼は病弱のせいで外的活動ができなかったからである。それゆえ、様々な招きにはいつも副修道院長ベルンハルト・フォン・ヴァーギンクがその代行を務めなければならず、修道院長は彼の能力を認識し、常に父親のように彼を取り立てていたのである。ベルンハルトは、飽くことなく修道院改革に尽力し、その結果、上部ドイツを頻繁に旅するようになった。テーゲルンゼー修道士に対して、ベルンハルトは副修道院長であった一四五二年から六五年にかけて、最も強い影響力をもっていたようである。彼は毎日曜日に修道士たちと協議をし、彼の神学的知識を広め、自ら議論を引き起こさせもした。彼は修道士の受け入れや誓願儀式において式辞を述べ、テーゲルンゼー修道院の霊的生活と霊性を本質的に形づくったのである。

ベルンハルトの卓越した学識と個人的な誠実を、ニコラウス・クザーヌスはテーゲルンゼー修道院での滞在で直ちに認識した。クザーヌス自身も、ベルンハルトに度々助言や回答を求めた。したがって、ベルンハルトは彼の説教や修道会改革での疑念やためらいをクザーヌスのもとで拭い去ったにちがいない。それればかりか度々個人的な事柄を彼と相談したにちがいなかった。そして、クザーヌスは自身のまだ完結していない作品をベルンハルトに送り、批判と訂正を請うたのである。そのさい、クザーヌスはベルンハルトからの刺激を真摯に受け取った。というのも、彼はテーゲルンゼー副修道院長からの手紙を再三再四読んでいることを、後に述べているからである。クザーヌスはベルンハルトに次のような美辞を捧げている。「私のすべては、また貴方のすべてである」と。クザーヌスは、テーゲルンゼー副修道院長への深い愛着を隠すことがなかった。

テーゲルンゼーにおけるクザーヌスとベルンハルトとのより緊密な結びつきの契機は、一致の教えをめぐる論争であった。ベルンハルトは、この論争中、彼の精神の鋭さと議論展開の精度においてニコラウス・クザーヌスの優秀な学徒であることが判明したのである。クザーヌスが三巻本『知ある無知』を著し、これを一四五一年にベルンハルトが詳しく勉強したとき、テーゲルンゼー修道院では一つの新しい考えが地歩を固め始めた。その動きは、テーゲルンゼーからメルク、モントゼー、アッグスバッハ、ミュンヒェンの各修道院に広まった。ベルンハルトは、こうして『〈ドクタ・イグノランティア〉の讃美』を著した。

一四五二年九月にもテーゲルンゼーの修道士たちは、クザーヌスに次のような質問を行っている。すなわち、個々人の霊的能力はどの程度まで神との神秘的な合一と調和できるのか、と。スコラ学は制限なく悟性の優位を説き、理性の本性的な力による神の認識を教えていた。しかし、クザーヌスは愛と情動の運動性を強調した。純粋に知性的な道が人間を神との合一に導くのではない。なぜなら、動きのない合一は本質的にありえず、愛のない動きはありえないからである。悟性それ自体から神の認識に至るには不充分であるとするこの認識は、無知であると同時にまた最高知でもある。無知の知、知ある無知論は、対立の一致である。

クザーヌスは、これにより厳格なスコラ哲学と袂を分かった。カルトゥジア会修道士アッグスバッハのヴィンツェンツが純粋な主意主義者としてクザーヌスに反論し、それどころか彼を汎神論者として批判したとき、ベルンハルトがクザーヌスの見解に頑強に与した。ベルンハルトは、『〈ドクタ・イグノランティア〉の擁護』(*Defensorium doctae ignorantiae*)においてニコラウス・クザーヌスの見解に反対する者たちに強い調子で立ち向かった。テーゲルンゼー修道院図書館にはそれどころか『神秘神学についての論争』(*Strictilogium de mistica theologia*)が残されている。それは、きわめて明確で、詳しく、論争点と質問が要約されたものである。このベルンハルトの著作は、上部ドイツ中の修道院に広まり、読まれたものなのである。

クザーヌスが五〇年代に修道士たちと交わした頻繁な書簡のやりとりから、彼の最後の神学的・哲学的認識の究極的な深さが明るみに出る。彼は、再び彼の一致論の意味を詳しく論じているのである。理性の暗闇からは、我々はただ神についての否定的な認識を得るだけである。すなわち、神が無となる危険に陥る。しかし、我々はもはや肯定も否定もない所へ階段を一歩上らなければならない。まさに、そこに神が存在するのである。クザーヌス自身は、テーゲルンゼーの修道士たちの哲学的な真摯さや深い敬虔に感銘を受けたのである。

当時、大公ジギスムントとの全く不快な闘争に巻き込まれてしまっていたので、クザーヌスにとってテーゲルンゼー修道士たちとの精力的な書簡のやりとりは、とくに価値があった。それゆえ、クザーヌスは小冊子『神を観ることについて』を彼らのために書いた。この書物は神に至る最短の道を彼らに示したので、修道士たちに熱狂的に受け入れられた。彼らは、三度にわたりこの小冊子を筆写し、羊皮紙に書いた一部を敬愛する修道院長アインドルファーに捧げた。

クザーヌスとの神学的・哲学的邂逅によって、テーゲルンゼー修道院は後々まで彼の影響を受けた。それまで霊的生活と神学の根本的立場は、ウィーンからの影響を受けていた。すなわち、スコラ学が修道士たちの見解を規定していた。しかし、クザーヌスによって何か新しいものへの端緒が生まれた。なぜなら、クザーヌスによってテーゲルンゼー修道院は文献が豊富になったからであり、それは上バイエルンの修道院ではようやく半世紀後に可能になったことであった。これは、とくにディオニュシオス・アレオパギテス、聖ベルナルドゥス、アルベルトゥス・マグヌスの神秘的著作や説教、および数学・天文学の文献について妥当する。

ベルンハルトは、テーゲルンゼー修道院においてクザーヌスとの書簡の交換や考えに触発されて、独自の著作『神を知ることについて』(*De cognoscendo Deum*)を一四五九年に発表した。その中で一致論論争の問題が改めて取り上げられ、より鋭く明確にされた。ベルンハルトは、その著作の中で思弁的神学の代表者としてよりも、実際の経験と慈善的な生活に密着した神学の代表者として自らを表現している。

このような基本的な考え方は、人々から求められた修道院改革者としてのベルンハルトの行動において実際に示されている。上部ドイツ修道院での規則正しい規律の遂行に、ベルンハルトは彼の人生の課題を見ていた。そのさい、彼はクザーヌスが自身のブリクセン司教区において完遂しようとしていたような暴力的な革新的試みに反対していた。むしろ、持続的な改革が内部から起き、とくにそれは新しい精神で育成された修道院の若者によって担われなければならない、と考えた。それゆえ、ベルンハルトは模範的な修道院をつくろうとしたクザーヌスの厳格で急激な改革手続きに対して明確な批判すら行なったのである。「最高位の人の情熱は節度のあるものにされなければならない。それは、聖ベネディクトゥスの言葉によれば、あまりに一所懸命に錆をおとそうとして容器を壊すことがないようにするためである〔『戒律』六四・12〕。巡察は、より謙虚に、そして大いなる分別をもって行なわなければならない。もしそうでなければ、何も得られないであろう。この点で、失敗例はいくつも見られるのである。自分自身が決して規則正しい生活を経験したことのない司教が、いかにして他者を規則正しい生活に導くことができようか。ここでは、ほかのすべての物事と同様に経験が語られなければならない。ただあまりに公正さを求めてはならない。なぜなら、最高の法は最高の不公正だからである」と。ベルンハルトは、規律遵守のための規律遵守を求めたのではなく、修道院に生活する人々を愛と平和に誘おうとしたのである。彼は次のように書いている。「貴方たちはいたずらに規則正しい生活を求めている。愛のないところには、規律遵守は存在しない」と。

かくして、ニコラウス・クザーヌスがブリクセン司教区の修道院改革のためにテーゲルンゼー副修道院長ベルンハルト・フォン・ヴァーギンクを手元におこうとしたことは、理解しやすいことである。クザーヌス自身が、ブルネック近郊のゾンネンブルクにあるベネディクト会女子修道院において貴族出身の修道女の抵抗にあい改革に失敗したあと、一四五三年十一月二七日にベルンハルトが呼ばれた。ベルンハルトは、ブリクセン司教区の司教総代理と共に巡察を行い、女子修道院長と修道女たちが全く修道会規則を知らず、また改革への意思のないことも知った。貴族出身の女性たちは修道院で好きなように生き、修道院禁域に留まっていなかった。それゆえ、ベルンハルトは女子修道院長ヴェレナ・フォン・シュトゥーベンを解任し、新しい共同生活の中核を形成しうる修養を積んだ副修道院長と修道女たちをザルツブルクの聖ペーター女子修道院から連れてくることを、クザーヌスに提案した。しかし、残念ながらザルツブルクのベネディクト会修道女たちはこの申し出を断った。

ゾンネンブルクの修道女たちは、彼女たちがいうところの「憎しみから命じられた」改革に対してなお抵抗し、彼らの親戚の貴族と通じてクザーヌスに対する陰謀を画策した。ベルンハルトは、ゾンネンブルクを男子修道院に衣替えさせることすら考えたが、クザーヌスはこれを拒否した。「私は多くの巡察を経験したが、ゾンネンブルクほど成功しなかったことはない」と、ベルンハルトはクザーヌス宛てに手紙を書いている。一四五八年に暴力的行動が行なわれ、これは後にグレゴール・フォン・ハイムブルクが「エネンベルクの暗殺」と悪評を立てることになった。結局ティロール大公ジギスムントが圧迫に譲歩し、抵抗を続ける修道女たちがほとんど餓死しそうになったあとで、ブリクセン司教区の司教総代理ミヒャエル・ナッツはバルバラ・シェーンドルファーを新女子修道院長に任命した。

ベルンハルトは、クザーヌスの命を受けてティロールのベネディクト会修道院ゲオルゲンベルクも巡察し、改革を行なった。ここでも彼はクザーヌスに宛てた書簡の中でひどく憤慨しているように、悲しい状況を目のあたりにしなければならなかった。彼は、変革の基本的前提として、断食の規則を守らず、無能で品位のない修道院長の解任を要求している。ベルンハルトが一般的な赦免を与えようとはしなかったので、ゲオルゲンベルクの修道院長と修道士たちは彼らの側でも他の巡察使による巡察をもう一度望んだが、クザーヌスに拒否されてしまった。最終的な成功に終わるまで、ゲオルゲンベルクでの改革の試みは二年以上にわたって続いた。

一四五五年二月にクザーヌスは、改革者ベルンハルト・フォン・ヴァーギンクをブリクセンへ呼んだ。このとき、ニコラウス・クザーヌスは大公ジギスムントとの闘争のためにブリクセン司教領国を放棄するかどうか、考えあぐねていたのである。クザーヌスは、彼のために修室が保持されてある模範的な修道院テーゲルンゼーへ入ろうとも考えていた。最終的に彼は司教としてもちこたえたのだが、このことにベルンハルトの助言があったことは疑う余地のないことであろう。

ベルンハルトは、クザーヌスのブリクセン司教区の修道院における完全な規律遵守と改革を望む発言をしばしば熟考した。それがいかなるものになるかは、クザーヌス自身もわからないであろう。しかし、真の修道士たちが共同生活を送ることほどクザーヌスが情熱的に望んでいたものはなかった。なぜなら、ニコラウス・クザーヌスは大公ジギスムントおよびティロール貴族との闘争、そしてまたブリクセン司教区の修道院での改革の試行における抵抗や不成功によってひどく動揺し、不安になっていたからである。

三　テーゲルンゼーの人文主義

クザーヌスは自らは遠方にいながらも、なおテーゲルンゼー修道院での霊的生活に決定的な影響力を及ぼし続けた。それはとくに人文主義の導入と発展にあてはまる。この過程において、クザーヌスは精力的な学者であった神学のマギステルであるヨハネス・ケックと知己になり、特別の文通相手になった。ケックは、一四〇〇年にギエンゲンの車大工の子として生まれた。彼もまたウィーンで勉強し、一四三四年にミュンヒェンへやってきた。そこで彼は、バイエルン大公夫妻の聴罪師となった。枢機卿ヨハネス・グリューンヴァルダーは一四四一年に彼をバーゼルに招聘し、公会議の説教師として活動させた。そのさい、ケックはイタリアの人文主義者たちと接触をもち、哲学および神学の著作から熱心に抜粋を作成した。

一四四二年にケックはテーゲルンゼー修道院に入り、ギリシア語からの初訳の書物をもたらした。たとえば、人文主義者レオナルド・アレティーノ（ブルーニ）による、バシレイオスの異教の作者たちに関する小論（*Ad adolescentes*『若人へ』）、またバーゼル公会議で行ったイタリアの人文主義者フゴリーノの講演がそれである。バーゼルにおいてケックはニコラウス・クザーヌスと知己になった。ケックは、一四五〇年に教皇ニコラウス五世のもとでローマの贖罪師となり、難しい問題が起きると常にクザーヌスに問い合わせた。ある一通の書簡から、どれほどクザーヌスが同時代人から名声を得、とくにケックが彼を尊敬していたかがわかる。クザーヌスは、とりわけ新しい事柄や古典語の卓越した知識で賞賛されている。ケックは、ラテン人やギリシア人やヘブライ人のもので学ぶべきものをクザーヌスを通じて知りたかったのである。ケックは次のように強調して書いている。「もし、貴方の精神が当時ヴェルチェッリ公会議に存在したのなら、まことに公会議は聖ディオニュシオスの書物の翻訳者であるヨハネス・スコトゥスに罰を科さなかったでありましょう。また、専門的な表現に極度に注意するばかりに、貴重な真理の意味をおろそかにはしなかったでありましょう」と。

ケックは神学者であり、ある写本が証明しているように、ギリシア語の知識を身につけていた。彼はそれを擬ディオニュシオスを読むために必要とし、これについて彼は多くの作品をバーゼルからテーゲルンゼーへともたらした。それどころか彼は、分からない文があるとテキスト自身を曇らせてしまうという明白な理由で、ギリシア語の単語小便覧を著した。ローマでテーゲルンゼー修道院のために書物を筆写させたケックは、もし一四五〇年にペストに罹病して死なければ、修道院の人文主義の浸透に多分もっと貢献していたであろう。

クザーヌスは、テーゲルンゼーでの文献的・人文主義的教育に長い間影響を与えた。テーゲルンゼーとの最初の出会いがすでに、クザーヌスの歴史的意義にとって重要かつ啓発的であった。一四五一年トリーアにおける教会会議において、ライン川沿いのノイスの女子修道院長は、彼女の修道院が聖クィリヌスの祝日を祝えるよう許可を願い出た。というのも、この聖人の墓の近くで多くの不思議なことが起きたからである。このとき、バイエルンから出席していた諸公は、その聖人はテーゲルンゼーに葬られていると説明した。彼らは、またクィリヌス油の治癒力とそのほか不思議な出来事を述べた。クザーヌスはしかしこれに不満で、最古の文献と写本に真実を求めなければならないと考えた。それゆえ、いかにして、またどこからこの聖人の遺体がテーゲルンゼーにやってきたのか修道士たちに報告を求めた。テーゲルンゼーの修道士たちは要望された写本を送り、その結果、クザーヌスは事の次第を知ることができた。

テーゲルンゼー訪問後、クザーヌスは幾度となく修道士たちや、とくに彼の友人ベルンハルトにギリシア語文献の偉大な翻訳者レオナルド・アレティーノとアンブロジオ・トラヴェルサーリの作品を紹介した。さらにクザーヌスは、トラーペツントのゲオルクによるエウセビオスの著作の新訳を送った。また逆にクザーヌスは、彼がアドモントで見たという、アリストテレスの著作『忠告と法』(*De consilio et legibus*)を探してくれるよう、修道士たちに頼んでいる。神秘神学についてのディオニュシオス・アレオパギテスの諸著作は、彼の友人であるトラヴェルサーリが翻訳したものだが、クザーヌスは修道士たちが筆写できるよう順番に従ってこれを送っている。

こうして新しい人文主義的・文献的教養世界がテーゲルンゼー修道院で展開された。というのも、早くも館外貸出目録を作成していた修士コンラート・フォン・ガイゼンフェルトが優れて教養ある修道士として図書館の運営を任されていたからである。残念ながら、この館外貸出目録は残っていない。ヴァティカン図書館の創立者であり、人文主義的教養を身につけた教皇ニコラウス五世のもとで強力に推進されたギリシア語文献の復活について、副修道院長ケックは夢中になってニコラウス・クザーヌスに宛てて手紙をしたためている。「現代的な教皇に賞賛あれ。彼の努力と驚嘆すべき熱意によって、これまで知られないままであったギリシアの知恵の宝庫が新たにラテン語に翻訳され、これによって全世界が開かれた」と。しかし、またケックはクザーヌスをも誉め讃えている。なぜなら、彼こそがいわば外界から切り離されて生活している多くの者――テーゲルンゼーの修道士たち――に貴重な文献を与え、示唆してくれたからである。

テーゲルンゼーの図書館がすでに一五世紀半ばに人文主義者の文献を数多く集めていた図書館の一例であるとするならば、これもたぶんクザーヌスの影響であろう。というのも、今日ミュンヒェン州立図書館に保存されている写本の一群は、イタリア・ルネサンスの古典風小文字で書かれているからである。ニコラウス・クザーヌスの演説と著作を収録した二冊の写本集も、とくに繊細で優雅な小文字で書かれている。同様にテーゲルンゼーの改革規約もルネサンスの優れた能書家によって書かれたものである。ニコラウス・クザーヌスの死後、テーゲルンゼーの修道士たちは、人文主義の写本、揺籃期本、書籍をアウクスブルク経由でとくにヴェネツィアから手に入れていた。テーゲルンゼーが文献的・人文主義的教養の中心となり、人を引きつけ、魅力を発散しえたのは、この修道院がとくにニコラウス・クザーヌスと友好関係にあったからにほかならない。

（佐久間 弘展 訳）

参考文献

Angerer, Joachim (1968) *Die Bräuche der Abtei Tegernsee unter Abt Kaspar Ayndorfer (1426–1461)*

=Studien und Mitteilungen der Geschichte des Benediktiner-Ordens und seiner Zweige, Erg. Bd. 14, Ottobeuren.

Faust, Ulrich (1999) Die Benediktinischen Orden, In : Walter Brandmüller (hrsg.) *Handbuch der bayerischen Kirchengeschichte,* Bd. 1, II : 539-552, München.

Flasch, Kurt (1998) *Nikolaus von Kues,* Frankfurt a. M.

Holzfurtner, Ludwig (1985) *Das Klostergericht Tegernsee,* Komm. für Bayerische Landesgeschichte, München.

Meuthen, Erich (1992) *Nikolaus von Kues,* Münster.

Niederkorn-Bruck, M. (1994) *Die Melker Reform im Spiegel der Visitationen* (=MIÖG Erg. Bd. 30), Wien.

Redlich, Virgil (1974) *Tegernsee und die duetsche Geistesgeschichte im 15. Jahrhundert,* Aalen.

Rossmann, Heribert (1978) Der Tegernseer Benediktiner Johannes Keck über die mystische Theologie, in : *Mitteilungen und Forschungsbeiträge der Cusanus-Gesellschaft* 13, S. 330-352.

Schneider, Bernhard (1974) *Abt Ellinger von Tegernsee,* Aalen.

——— (1974) *Studien zur Geschichtsschreibung des Klosters Tegernsee* (vom 11. bis zum 16. Jh.), Aalen.

Stift Melk (1983), In : *Geschichte und Gegenwart* 3 : 8-92.

Weissensteiner, Johann (1983) *Tegernsee, die Bayern und Österreich,* Wien.

普遍的な協和

調和と軋轢　法律・政治思想家としてのニコラウス・クザーヌス

渡邉守道

はじめに

本稿の読者に、ニコラウス・クザーヌスの生涯や彼の思想の意義・重要性について長々と議論する必要は全くないと思われる。

彼は十五世紀の生んだ最も独創的な思想家として広く認められてきた。特に近年になって、彼の哲学的、神学的著書は熱心に研究されているといえよう。彼の生誕六〇〇年祭が、日本ではこのように今年（二〇〇〇年）、ドイツ、フランス、アメリカその他の国では二〇〇一年に祝われる結果、彼の名声もより高まり、彼の思想もこれまで以上に知られるようになることは間違いない。けれども、私が本稿で強調したいのは、彼は元来、教会法学者となるべく教育を受けたということである。

1　教会法学者としての初期活動

ハイデルベルク大学在学約一年の後、若きクザーヌスは法律勉強のため、一四一七年にパドヴァ大学に入学した。(1)当時、ヨーロッパで最良の法律学校とみなされていた同大学の法律学校に七年間在学し、一四二三年には教会法博士（decretorum doctor）の学位を得て卒業した。法律学研究終了後、トリーア大司教ツィーゲンハインのオットー（一四一八―三〇年）に仕えている間には、司教区内のいろいろな法律係争問題に関係したことが知られている。一四二五年四月八日に、「トリーアの教会法博士」としてケルン大学に入学し、カンポのハイメリクスやライムンドゥス・ルルスなどの影響の下に哲学と神学の勉強を始めた後でも、彼はケルン大学で法律を教え、法的、教会的訴訟事件に携わっている。(2) 最も有名な訴訟事件の一つとして、一四二六年におこったバッハラッハ（Bacharach）の通行税に関するものをあげることができる。これについては、私も二、三度、他の著書や論文で議論したことである。(3) ハイデルベルクとケルンの大学の六八人の法律学および神学教授とならんで、若き教会法学者クザーヌスは、バッハラッハの聖ニコラス教会の葡萄園で産出された葡萄酒がライン河を下ってケルンのアンドレアス教会に送られる際に、それが通行税関で課税されるべきか否かについて法律意見書を提出したのであった。

彼の法律家としての名声が高まったので、一四二五年に創立されたルーヴァン大学が、彼に同大学で教会法学教授として講座を開くようにと一四二八年に招聘状を出したのも不思議ではない。同様の招聘状は、一四三五年にも出された。(4) クザーヌスが二度とも招聘を断ったのは、彼が教会法学に関心、興味がなかったからではなく、むしろ、学究的な研究生活よりは、実際的な法律事務により興味をもっていたからであると思う。

そのクザーヌスが、一四三〇年のトリーアの紛争化した大司教選挙にあたって、教皇マルティヌス五世が任命したヘルムシュタットのラーバンに対抗して、彼自身の擁護者のマンデルシャイトのウルリッヒの官房長官、弁護士としてウルリッヒを弁護するために、開催されて間もないバーゼル公会議（一四三一―四九）に一四三二年に登録した時、(5) 彼は有名な教会法学者としてヨーロッパの檜舞台に登場したといえる。

最初はバーゼル公会議信仰委員会の一員として、後にはボヘミア問題委員会のメンバーとしてフス派の神学問題に取り組まなくてはならなかったことは事実であり、その結果として、彼は『聖餐の慣行について　ボヘミア人誤謬論駁小論』を著している。[6] 後で検討するように、またG・クリスチャンセン教授の論文で多分言及されるように、フス派の問題に関するクザーヌスの態度は、単に神学的のみならず、教会政治的意味も含んでいたのである。

バーゼル公会議で教会法学者としてのクザーヌスが直面した最も重要な問題は、教皇と公会議の間の正しい関係に関することであった。このことに関してはこれまで色々と議論、分析がなされてきたので、読者の方々には、これについての適当な著書などを参照していただきたい。[7]

一四三三年か一四三四年にクザーヌスが完成した『普遍的協和論』は、私も含めて多くの研究者によって分析・解釈がされてきた。[8] けれども、『普遍的協和論』の以前、または少し後に出たクザーヌスの他の著作、書類、およびそれらに関連する二、三の書類がこれまでのクザーヌスの法律・政治思想の研究にあたって十分に利用、吸収されてきたとはいえない。

2　法律・政治的著作・書類

我々が注目すべき著作と書類のうち、四つは一四三三／三四年の『普遍的協和論』の以前に書かれたものである。

1 『ヴィットリッヒの控訴』(Wittlich Appeal) 一四三〇年九月一五日

2 『ベルンカステル判決例』(Bernkastel Judicial Sentence〔Weistum〕) 一四三一年八月二一日

3 『聖餐の慣行について　ボヘミア人誤謬論駁小論』(*De usu communionis : Opusculum contra Bohemorum errorem*) 一四三三年三月四日

4 『教皇権に対する聖なる公会議の権限の優位について』(*De maioritate auctoritatis sacrorum conciliorum*

supra auctoritatem papae）一四三三年四月五日

それらにつづいて、『普遍的協和論』と一四四〇年の『知ある無知』の間に完成されたものは次の三つである。

1『全体会議における議長の権限について』（*De auctoritate praesidendi in concilio generali*）一四三四年

2『暦の更新について』（*De correctione calendarii*）一四三五年

3『マインツの受諾』（Acceptance〔Acceptatio〕of Mainz）一四三九年

『知ある無知』以後に書かれ我々が特に注目すべき二つの著作は

1『アメディストたちの誤謬に関する対話』（*Dialogus concludens Amedistarum errorem*）一四四一年二月四日

2『アレバロのロドリゴ・サンチェスへの手紙』（Letter to Rodrigo Sánchez de Arêvalo）一四四二年

さて、このへんで、上に挙げた著作や書類について簡単に説明すべきと思われるが、それは後でそれぞれの著作に言及する際にして、ここでは二、三のコメントをしたい。

一四三〇年九月一五日のヴィットリッヒの控訴、というより宣言といった方がよいかもしれないが、これについて著者がクザーヌスであったという確証はない[9]。ただ、内容の点から見て、クザーヌスが書いたということはほとんど確かであるとされている。

最近、E・モイテン教授によって完全写本が発見された『教皇権に対する聖なる公会議の権限の優位について』は、クザーヌスが『普遍的協和論』を書くのと同時に、というよりは、その準備ないし下書きとして書いたものであろうとされ、E・モイテンの詳細な研究が一九七〇年に発表された[10]。

一四三五年の『暦の更新について』は、クザーヌスの法律、政治思想の研究に関してはほとんど注目されて来なかったが、無視することはできないと思う[11]。一四四〇年の『知ある無知』の後に出た一四四一年の『アメディストたちの誤謬に関する対話』と『アレバロのロドリゴ・サンチェスへの手紙』、特に後者は、クザーヌスが一四三七年に公会議側から教皇側に転向したことに関連して、これまで、かなりの注目を浴びて来た。[12]

前置きが大変長くなったが、本稿の目的は、上述の著作や書類を比較・分析することによって、一四四〇年完成の『知ある無知』以前、または直後の頃に、クザーヌスの法律的、政治的、教会政治的思想がどのようなものであったかを、「調和」と「軋轢」の概念に焦点をあてて検討しようとするものである。それらの著書、書類のうち、『普遍的協和論』が最も包括的で重要なものであることは明白で、当然、同書に言及することが多くなると思う。以下の分析・議論にあたって、十五世紀の公会議主義運動の二大支柱と広く見なされてきた同意と代表の概念に特別の注意を払う必要があることは明瞭である。[13]

3　初期法律・政治思想の発展について

クザーヌスの法律、政治思想を調和と軋轢の観点から評価する前に、二つの点について簡単に述べることにする。まず第一に、クザーヌスの最初の、最も重要な哲学書『知ある無知』がクースで完成されたのは一四四〇年二月一二日のことであった。つまり、クザーヌスは一四二三年にパドヴァ大学で法学の勉強を終了して以来、十七年間を地方ないしはもっと広範囲の問題や事件に関与した法律顧問・弁護士として活躍し、そのあとで、哲学的、思索的問題に真剣に取り組んだということである。一四四〇年以前においては、パドヴァにおける一四一七年から一四二三年にわたる七年間の法律学研修の方が、一四二五年から一四二七年の二年間のケルン大学での哲学学習よりも多分、より重要な意味をもっていたことと思われる。H・G・ゼンガーが彼の著書『一四四〇年以前のクースのニコラウスの哲学』(*Die Philosophie des Nikolaus von Kues vor dem Jahre 1440.* Münster 1971) に記述したように、一四四〇年以前には、クザーヌスの体系的哲学書は一つも現れていない。ほとんど四十歳に近い『知ある無知』の著者は、当時の、またはいつの時代の標準から見ても、決して若い人であったとは言えない。その彼が、一四四〇年から一四六四年の後半生にあれほど多くの哲学的、神学的また数学的著作を執筆することができたのはまさに驚異的であるといえよう。

第二に、一四四〇年以前ないしは直後にクザーヌスが教会法学者として著述した本や書類を点検してみると、彼は彼の議論を弁護ないしは発展させるにあたって、歴史的資料や歴史的事実を援用していることが明らかになる。(14)『普遍的協和論』においてだけでなく、その他の著述においても、いろいろな公会議における事件とか、ある教皇たちの行動について議論をしている。もちろん、教会法学者であるから、他の教会法学者たち、特にホスティエンシス（一二七一年歿）やバイシィオのギドー（一三一三年歿）などの見解に触れている。(15)これに関して興味深いのは、彼が援用した教会法学者はふつう過去の人たちであったが、例外としては、「当時の最大の教会法学者(16)」といわれたフランシスクス・ザバレラ（一三三九／六〇―一四一七）がいる。そのザバレラもクザーヌスがパドヴァ大学に入学した一四一七年に亡くなっている。

クザーヌスは彼の歴史的方法とでも言われるべきものを、原典、原資料にさかのぼるというやり方で、さらに強化した。彼は『普遍的協和論』の結論で誇りをもって次のように述べている。

「私は古い修道院の倉庫に長いこと埋もれていた原資料を多数収集してまいりました。ですから〔この本にある〕諸事実をお読みになる方々は、私がそれらを簡略された蒐集本からではなくて、古い原資料から引用していることを御了承いただきたい(17)」。

ここで、クザーヌスが原典に帰ることの重要性を強調した人文主義（ヒューマニズム）の影響の下にあったかどうか、そしてそれはどの程度であったかを議論するのは本稿の目的外なので立ち入らないことにする。[18]

一　公会議主義理論の基本概念

十四世紀、十五世紀においてヨーロッパがその政治的、社会的、宗教的思想に深い影響を及ぼしたいろいろな出来事を経験したことは周知の事実である。前に述べたように、当時の問題で最も重大で緊急のものは、教皇と公会議の関係はいかにあるべきか、ということであった。当初は二人、後になって三人の教皇が教会に存在すると言う異常な事態の結果、またはその反動として起こった公会議主義運動は、クザーヌスの教会法学者としての成長・発展を理解するのに重大な事件であった。[19] 現代カトリックの歴史家のうちで最も著名な一人であったフーベルト・イェディンはクザーヌスの『普遍的協和論』を公会議原理の最善で最も明瞭な論述と呼んでいる。[20]

カトリック教会に関する公会議理論を検討すると、前に述べたように、同意と代表についての二つの理論がその二大支柱をなしていることが明らかになる。それゆえ、まず第一に、法律、政治思想家としてのクザーヌスが、これらの公会議主義理論二大支柱をどのように理解したかを理解するのが我々の次の課題となる。

まず同意の概念から始める。一四三〇年九月一五日に発表されたいわゆる『ヴィットリッヒの控訴または宣言』は、教皇によって任命されたヘルムシュタットのラーバンに対抗して、トリーア大司教に選ばれたマンデルシャイトのウルリッヒを支持するために、ヴィットリッヒの大司教別荘「オッテンシュタイン」で発表されたものであるが、クザーヌスが起草したものと信じられている。[21] 同宣言では完全同意と神法・自然法に訴えつつ、クザーヌスはウルリッヒが全く合法的に選挙されたし、トリーアの教職者と人民によって合法的に選ばれたトリーアの司教は、過去においていかなる教皇も拒絶したことがなかった、と主張している。[22]

さらに、早期にクザーヌスが著した最も包括的な政治・法律論である『普遍的協和論』において、教会法の理論に従って、クザーヌスは人間は生まれながらにして平等で自由であり、また、人間社会が組織化され正当化されるには、被統治者の同意がなければならないと説いたのである。

「なぜならば、人間は生まれつき自由で、すべての統治形態は、成文法によるものであろうと、君主の人格によって発展可能な法によるものであろうと、人民の諒解と同意によってのみ存在することができる。なぜなら、もしも人間が生まれながらに権力に関して平等であり、また平等に自由であるならば、一人の共通な君主による正しく組織された権限というものは、彼が権力に関しては他人と同等であるのだから、他人による選挙か同意によってのみ設立されうる。また法も同意によって打ち立てられるのである[23]」。

クザーヌスは『普遍的協和論』の他の箇所でも、すべての人間に共通した天賦平等権、平等自然権の理由から合意が必要となる、としている。[24]

これらのクザーヌスの言明を読んで、クザーヌスのこの理論を、現代的な意味の「民主的」と見なす性急な現代の学者も現れた。[25] しかし、E・ジグムンドは次のように警告を発している。「しかし、彼（クザーヌス）の自然的自由と平等に基づいた同意理論から、一般投票を含む現代民主的結論を引き出すのは間違いである[26]」と。クザーヌスの同意理論が、もっと伝統的な、中世の教会法理論による人間平等・自由の考えに基づいていることは明白である。教会法学者クザーヌスは当時の文献に見られた人間性と社会に関する法律、政治思想を援用していたに過ぎなかったのである。

次に、代表の概念に関しては、クザーヌスはこれまた当時の教会法学者や法学者が用いたのと同じような意味で使っていた。

クザーヌスの主張するところによれば、正しく召集された集会は、全体の団体を代表し、それに取って代わるのである。『普遍的協和論』においては、彼は普遍公会議は教会をより確実に代表するから、教会を極めて漠然としか代表しない教皇に比べて優位するという立場を取っている。[27] けれども、多くの批評家がこれまで指摘したように、教会法学者クザーヌスの使用した中世的代表概念は簡単なものでなく、複雑であった。結論的に言えば、それは個人の代表だけを意味したのではなく、もっと有機体的、系統的な、代表理論であった。彼は代表理論を個人代表(impersonation)とし、この意味のみならず、意識的に個人を選抜し、他の個人また他の団体のために行動する結果としての代表という意味——すなわち委任(delegation)——にも使ったのである。[28] 例えば、クザーヌスは「司教は公の人として教会を代表し象徴化している(figurat)[29]」と述べている。

したがって、我々が一四四〇年以前の彼の生涯の前期における法律・政治思想を注意深く検討してみると、彼は中世の法律・政治思想の影響を深く受けた教会法学者として行動したのだといえると思う。けれども、我々がここでよく認識しなければならないことは、クザーヌスの生涯の前期にあってさえも、人間と社会に関する平等主義的、一見〝民主主義的〟見解だけが、彼の唯一思考レベルであったのではなくて、教会法的見解が、宇宙、人間社会、人間に関する宇宙論的、階級制度的理解に結合され、もしくは従属させられた結果として、彼の政治、法律思想がより完全に展開されたということである。

二　宇宙論的、階級制度的理論との関係

彼の宇宙論的見解は、彼の人間、社会、教会に関する教会法的理解の分野を乗り越えていったのであって、E・モイテンは、その現象を一論文で"Überstieg"（氾濫、充満）および、他の箇所では"Retheologierung"（再神学化）[30]と表現している。かの有名な教会法研究者B・ティアニーはこういった発展について、「教会法理論への教会とキリストの神秘な体についての旧来の教義の漸進的な同化」と性格づけた。[31]たしかに、以上のような現象は、若き教会法学者が書いた『普遍的協和論』に存在したといえる。事実、クザーヌスが彼の「最初の宇宙論的連鎖関係」に言及したのは『普遍的協和論』の最初の部分であった。彼の「同意理論」が展開されたのはその第二部に入ってからのことである。

このような現象の背後にあるのは、なんといってもクザーヌスが一四四〇年以前に、直接ないしは間接に、五世紀のシリアのかの有名な新プラトン主義者ディオニュシオス・アレオパギテス、マイスター・エックハルト（一二六〇頃―一三二七／二八年）、ジャン・ジェルソン（一三六三―一四二九年）やその他の神秘主義的、新プラトン主義的著者の思想を知っていたからである。以上に述べた現象をクザーヌスの法律的政治的思想の「氾濫」「再神学化」または「精神化」などと呼ぶにせよ、このことによって彼の思想体系が、より満ち溢れた、豊かなものになったことは間違いない。その結果として、宇宙自体の一部を構成する社会と教会に関するクザーヌスの概念は、非常に精巧綿密に組織化されたものとなった。教会を教会法的法人としてみるだけでなく、階級制度的、宇宙論的組織の一部として吟味するようになったのである。

多くの研究者はこういった彼の思想の展開に、特にディオニュシオス・アレオパギテスの影響があったとみなすが、クザーヌスが彼の著書『教会位階論』を読んだのは、一四三三年／三四年に『普遍的協和論』を完了する以前であったことが知られている。[32] クザーヌスの法律・政治思想における神法・自然法概念の一層の強調は〝再神学化〟の一つの結果であった。

三　同意と代表の概念

そのような彼の法律、政治思想の再神学化が、どのように同意と代表の概念に変化を与えたかを次に検討したいと思う。

まず第一に『普遍的協和論』を取りあげたい。『普遍的協和論』では、たしかに自然的平等理論に基づいた多数決原理についてしばしば議論がなされている。けれども、教会法理論を基礎とした人間の平等・自由の説は教会の宇宙論的、階級制度的観念との関連において理解され始める。クザーヌスの公会議説にとって重要な同意の理論も、教会の性格の理解と解釈の新方法の一部となることによって、新たな次元（水準）を得るようになるといえよう。ある学者は、これを「同意思想の教皇論的叙述[33]」と呼んでいる。このような新しい、より神学的叙述によれば、同意とは神の霊感を受けた承諾を意味する。このような変化の過程で、人間平等、自由の観念は強調されなくなり、不平等の観念によって取って代わられるようになる。

クザーヌスによれば、同意と承諾がある時には、いつも和合と調和がある。和合は聖霊の業の証・現れである。[34]『教皇権に対する聖なる公会議の権限の優位について』においても、同意、調和、和合についてそれほど強調されないとはいえ、[35]本質的に同様な結論が展開される。同書においては、「調和」(concordantia)と「公会議の全員一致」(unanimitas synodi)が強調されるのである。クザーヌスによれば、もしも公会議の統一と和合を脅かす会員の大多数があれば、少数派であっても、その少数党に従うことが大切である。聖霊は数学的に「多数の部分」(pars maior)よりも「より賢明で健全な部分」(pars sanior)に見出されるのである。

こういったクザーヌスの議論に'pars sanior'と'minor'に関する教会法理論の反響を明らかに聞くことができるといえよう。しかし、彼の全議論は以前に比べてもっと神学的音調を帯びてきている。[36]このようにして発展させられた同意の概念は、E・モイテンの言う、少数党に見出される〝愛の同意〟(Konsens der Liebe)[37]とも言われるべきものである。ある学者は、クザーヌスはその時にはエリートの一員となっており、バーゼル公会議における多数派の台頭を自分の地位に対する脅威ととらえ、その結果、一四三七年に公会議多数派から教皇支持少数派に転向したのであると論じている。[38]

第二に、クザーヌスの『普遍的協和論』の中の代表理論も、古来の、構成中心主義的、階層制度的な見解に基づいたより深い意味をもつようになっている。上述のごとくに、クザーヌスによれば、普遍公会議は教会を代表する。それに比較して、教皇は単独では教会を極めて乱雑に(confusissime)[39]しか代表しない。しかし、公会議が正当なものであるためには、キリストの神秘な体であるところの全教会の和合と同意が必要である。[40]公会議や教会に軋轢や不同意がある場合には、聖霊がそこに存在しないことが明らかである。軋轢や不一致が存在すれば、そこには真の教会(ecclesia vera)は存在しない。[41]教皇と公会議を含めて、教会の組織と役職は、統一と和合を保つために設立されたのである。教皇庁は統一を保つためにキリストによって打ち立てられたのである。[42]

クザーヌスの他の書類や声明に目を転じてみると、同じような観念が表現されていることに気づく。すでに一四三一年にトリーア司教区のどこかでなされた第三説教（Hoc Facite）や、同年にコブレンツで彼が行なった第四説教とか、一四三〇年代の彼の早期説教や、[43] 後に一四三五年に著した『暦の更新について』[44]においても、クザーヌスは教会内における統一と和合の重要さを強調していたのである。しかし、彼が統一（unitas）と調和（concordantia）は非常に重要であるから、教会に不一致をもたらすものはその真のメンバーであるとみなすことはできないと主張したのは、『普遍的協和論』II. 26 に引用してある[45]一四三三年の『聖餐の慣行について』においてである。教会の統一に従わない者は誰でも教会の外にある、というのである。[46] 教職者のみならず平信徒もパンと葡萄酒の聖餐（communio sub utraque specie）に与かることができるという有名なフス派の教理に対するクザーヌスの態度は峻厳なものであった。

彼によれば、儀礼の統一（unitas rituum）を保つために、正統な教理に一致しない儀礼は同意なしには許可されないものであった。[47] 教会はキリストの神秘な体であって、その ecclesia に対する服従はどうしても維持されなくてはならない。[48] そのように彼の議論では教会の平和と統一（pax et unitas ecclesiae）がその中心舞台を占めていたのであった。H・ハラウアーは、この議論中クザーヌスは一言も公会議の教皇に対する優位などについては言及しなかったと指摘する。[49] 一四五三年著の彼の有名な『信仰の平和』において、クザーヌスは各宗教間の関係においては、変化した儀礼をもった一宗教（una religio in rituum varietate）が可能であるとして、割に寛容な態度をとったが、[50] フスの教理に従った不従順なキリスト教徒に対する彼の態度はずっと厳しいものであった。

四　多数派対少数派理論

バーゼル公会議が、特にギリシア正教会との合同公会議をどこで開くかという問題に関して、明らかに多数派と少数派に分裂することが極めて明らかになった時、教会法学者のクザーヌスは、以前に述べたように、教会における和合と軋轢に関する問題を、多数派（pars maior）と少数でより分別のある派（pars minor et sanior）の対立との観点から検討したに違いないと思われる。いくらかこじつけた比較かもしれないが、ある意味では、彼の考えは、アレクシス・ド・トクヴィル（一八〇五―五九年）が一八三五年に著した『アメリカの民主主義』で議論した「多数党の暴政」に類似したものがあると言えるのではないだろうか。クザーヌスによれば、キリストの神秘な体である教会の和合と一致に反対し、それから分裂したバーゼル公会議の多数派の人々は、実は、異端者だったのである。後にピウス二世となったエネア・シルヴィオは、多数派の行動を「酒場での泥酔者の振舞」[51]になぞらえている。多数派の急激化とバーゼル公会議における軋轢の拡大は、クザーヌスをして教会の内における和合の維持と追求のために多数派を回避するように強いる事態となったのである。そのようなわけで、教皇庁と共にこそ最もよく教会の統一が保たれるとの確信に従って、クザーヌスは一四三七五月二十日、教皇少数派の一員となりバーゼル公会議から離脱したと解釈できよう。

クザーヌスが公会議派から教皇派に転向したことについては、昔から多くの人に批評され、批判されてきた。[52]けれども、一四三〇年代に教会法エキスパートであった若きクザーヌスは、教会内における驚愕すべき出来事のために一層哲学的、神学的になり、また、その結果として、一四三〇年代の末には、教皇側への転向をしただけでなく、教会政治上や世俗一般の事件に対しても態度を改めるようになったのではないだろうか。

神聖ローマ帝国の選帝侯たちが、一四三八年三月に開かれたフランクフルト帝国議会において、五日にわたる秘密交渉の結果、教皇と公会議間の教会政治的紛争に関する中立保持の宣言をなしたときに、[53] 教皇エウゲニウス四世（在位一四三一－四七）は、教皇側のために奮闘するようにとクザーヌスを同帝国会議に派遣した。ついで一四三九年三月二六日には、マインツ会議がバーゼル公会議で採択された二六の改革条例を採択し、『マインツの受諾』（Acceptatio）といわれる公正証書を発行した。[54] クザーヌスはこの証書の作成に直接関係しなかったし、また証書は選帝侯の中立宣言に真正面から反対するものではなかったので、彼にとって事態が悪化したということはなかったといえよう。しかし、バーゼル公会議が、サヴォアの公爵アマデウス八世を一四三九年十一月五日に選挙して、教皇フェリックス五世（在位一四三九－四九）と称した時、クザーヌスは『アメディストたち、すなわちアマデウス八世支持者たちの誤謬に関する対話』[55] を書いてアマデウス支持者を批評した。その『対話』の中で、クザーヌスは権威は決して数的には理解できない、正統派の少数党は尊敬されるべきである、また重要なのはその党派の質の問題と、少数派ならばその階級的地位である、と論じている。[56] 公会議が多数派と少数派に分裂した時には、聖霊がそこにもう存在しないから、公会議の同意はありえない。もしも同意が存在しなければ、その公会議は教会を代表することができないのである、[57] とクザーヌスは論じた。

一四四二年にクザーヌスがアレバロのロドリゴ・サンチェスに書いた有名な手紙を読めば、それが教会における和合と統一に関心をもった教皇支持者によって書かれたものであることは明らかである。クザーヌスは言う。

「分別のある教会が分別のある頭首をもつことは適当なことである。そして、その理由で、教会の分別のある頭首は人々から選ばれた教皇である。彼においてこそ、最初のキリストの告白と同じように、包含的な形で教会が存在するのである」[58]。

五　クザーヌス思想初期の根本問題

クザーヌスの哲学的、神学的、教会政治的思想の発展を議論したその著、『同意と受諾――バーゼル公会議主義における憲法（基本法）原理』（一九八〇）において、W・クレーマーは、初期教会政治観の第一期、一四三七年以降の教皇側への転向の第二期、一四四〇年以降の哲学追求の第三期、そして後期教会政治観時代の第四期と区別した[59]。本稿においては、クザーヌスが教会法博士として活躍し、『普遍的協和論』とか、他の著書において公会議優位説を支持した第一期に特別の関心を払ってきたわけである。しかし、前に見たように、クレーマーのいう第一期においてでさえ、再神学化の過程はすでに進行していたのであった。その結果として、クザーヌス思想の教会法学的性格は宇宙と教会に関する宇宙論的、階級系列的観念に包含されたのである。

クザーヌスの宇宙論的な思想と無限性に関する思想は深遠であって、多くの研究者・批評家によって議論されてきたけれども[60]、本稿では彼の教会に関するより狭い観念と、十五世紀の諸問題を彼の法律・政治思想を理解するために中心問題としてきたのである。これに関連して、最も重要なポイントの一つは、「教会の造成」（aedificatio ecclesiae）という概念が、彼の第一期終わりの時期の最大の関心事として、強調されたということである。この観点から見れば、一四三七年、コンスタンティノープルからの帰途、「光の父の最大の贈物」を受けたあと[61]、クザーヌスが一四四〇年にクースで彼の最も有名な哲学書『知ある無知』を完成し、クレーマーのいう第三期を開始したことは理解に難くないといえよう。

むすび

一四四〇年に『知ある無知』を著した後、クザーヌスはもう政治、法律思想家ではなくなったのであろうか。彼の関心事は制度的、教会関係的テーマから完全に思索的なものに移動してしまったといえるであろうか。

これに関連して、記憶すべきことは、クザーヌスは『知ある無知』以後には、一冊も教会法または政治に関する著書を書かなかったことである。その上、彼は後半生になって、『普遍的協和論』を敬遠していたように見えることも注目しなければならない。一四三九年一月六日に行なった説教において、一度だけ彼は『普遍的協和論』をあげているが、間違ってか、その題を『教会政治協和論』(*De concordantia ecclesiastica*)としている。[62] 老後に、クザーヌスは自分の著書全体を収集し、それらは、現在、クースのホスピタル図書館にある写本二〇〇と、大英博物館にある写本ハーレイアナ三七一〇の二つの写本に収められている。[63] しかし、『普遍的協和論』はそれらのいずれにも含まれていない。また、一四八八年にストラスブールで出版されたクザーヌス全集の第一版にも収められていない。一五一四年になって人文主義者ルフェーブル・デ・タープルがはじめてそれを取り入れ、出版したのである。

それで、前述した質問を違った形で表現してみると、クザーヌスが教会法実務家として多忙であった一四二三年から一四四〇年にいたる第一期間と違って、彼はその後には全く哲学者、形而上学者、神学者となってしまったのであろうか。この質問に対する答えは間違いなく〝ノー〟である。一四四〇年以後に彼が著したのはめざましい程の数の哲学的、神学的、数学的著作であるにもかかわらず、また、彼の多忙な生涯の後半に教会法的、教会政治的著作を一冊も出さなかったにもかかわらず、彼が法的、政治的思想家でなくなってしまったということはなかった。

クザーヌスはその後半生において帝国議会で教皇の立場を弁護し、一四四八年以後は枢機卿として、また一四五〇年からはブリクセンの司教として非常に多忙な毎日を過ごしたのである。彼は彼の法律的専門知識を必要とする実務政治問題と事件に深く関与していたので、法律的、政治的思想や方策についての著作者ではもうなく、それらの実行家になっていたともいえよう。クザーヌスの批評家、批判者であるK・ヤスパースも、クザーヌスは多忙な実生活に深くかかわっていた唯一の大哲学者だったのではなかろうかと認めている。(64)

本稿では、その第一期における政治、法律思想家としてのクザーヌスの思想と活動を調べるのが目的であったから、彼が後半生に経験した出来事や問題について詳細に述べることはしなかった。けれども、すべてのことを考慮に入れた場合、ニコラウス・クザーヌスは、彼の最も包括的な法律、政治的著書『普遍的協和論』を完了した以後も、緊急な、差し迫った政治、教会政治の諸問題に深く関わりながらも、十五世紀の最も独創的な哲学的、神学的思想家の一人となった人であったと結論することはできるであろう。

(1) クザーヌスの生涯については、Vansteenberghe 1920 : 1963 ; Meuthen 1992 参照。
(2) Meuthen 1992 : 26.
(3) Watanabe 1981 : 168–73 ; Acta Cusana (以下 AC と略す), I, 1, no. 33, pp. 11–2.
(4) MFCG, 4, 1964, 39 n. 13 ; AC, I, 1, no. 64, p. 23.
(5) 一四三〇年のトリーア大司教選挙に関しては、Meuthen 1964 ; Watanabe 1970 : 299–316 参照。
(6) AC, I, 1, no. 171 : 102–3.
(7) 注1に記した書物に加えて、Helmrath 1987 も参照。
(8) 例えば、Sigmund 1963 ; Watanabe 1963 ; Sieben 1982 : 172–226 ; Lücking-Michel 1994 を参照。

(9) Palm 1963 : 214-22 at 216.

(10) Meuthen 1977 : 42-87.

(11) Nicolai Cusae cardinalis opera, II, Paris, 1514 ; reprint, Frankfurt am Main, 1962, fol. xxii-xxix. AC, I, 1, no. 289, p. 195. Reparatio kalendarii cum historiographicae astrologicae fragmento は Nicolai de Cusa Opera omnia, X, Opuscula II, 4 で出版準備中である。また、Honecker 1940 : 581-92 ; Die Kalendarverbesserung. De correctione kalendarii 1955 も参照。

(12) Sigmund 1963 : 262, 266-69 ; Watanabe 1963 : 106-8 ; Izbicki 1933, B : 206-14.

(13) Sigmund 1962 : 180-97.

(14) Meuthen 1972 : 147-70 ; Meuthen 1978 : 234-52 参照。

(15) Lücking-Michel 1994 : 39.

(16) Meuthen 1983 : 14.

(17) *De conc. cath.*, I, Praefatio 2, p. 3 ; Sigmund 1991 : 3.

(18) おそらく、この問題に関する最も有名な論文は、今日でも Meister 1896 : 1-21 であろう。現在では、改訂され、拡張されなければならない。例えば、Seidlmayer 1959 : 1-38 ; Watanabe 1970 : 302-4 ; Watanabe 1974 : 177-202 参照。

(19) Sigmund 1963 : 11-20, 304-14 ; Watanabe 1963 : 23-8, 187-90 ; Meuthen 1998 : 63-79.

(20) Jedin 1957 : 22.

(21) AC, I, 1, no. 80, pp. 31-5 ; テクストは pp. 32-5 参照。

(22) Watanabe 1970 : 311.

(23) *De conc. cath.*, II, xiv, 127, p. 162 ; Sigmund 1991 : 98.

(24) *De conc. cath.*, III, iv, 331, p. 348 ; Sigmund 1991 : xxvi.

(25) Sigmund 1962 : 180-81.

(26) Sigmund 1991 : xxvi.

(27) Sigmund 1991 : xxvii. Biechler 1997 : 96 は、'confusissime' を 'in a very uncertain way' と訳している。

(28) Sigmund 1991 : xxvii.

(29) *De conc. cath.*, I, vi, 37, p. 58 : 'Et sic episcopus eos figurat et repraesentat, quia publica persona quoad istum concursum' ; Sigmund 1991 : xxvii.

(30) Meuthen 1972 : 168.

(31) Tierney 1955 : 246. Cf. Oakley 1981.

(32) Sigmund 1991 : xxi, 22-26, 145. Cf. Baur 1941.

(33) Izbicki 1933, A : 196.

(34) Biechler 1997 : 91.

(35) Meuthen 1971 : 29.

(36) Meuthen 1983 : 19 ; Biechler 1997 : 95, 103.

(37) Meuthen 1983 : 28.

(38) Biechler 1975 : 5-21 at 17.

(39) Sigmund 1991 : xxvii. Cf. n. 27.

(40) Izbicki 1993, A : 189. Cf. Sigmund 1991 : xxvii.

(41) Izbicki 1993, A : 191. Cf. Sigmund 1991 : 195.

(42) Sigmund 1962 : 189.

(43) *Sermones* I (h XVI), 1, 41-56, 56-72 ; MFCG, 7, 1969, pp. 38-44.

(44) 注11参照。

(45) *De conc. cath.*, II, xxvi, 211, p. 253 ; Hallauer 1971 : 53-75 at 55 ; Sigmund 1991 : 163.

(46) Biechler 1997 : 95.

(47) Hallauer 1971 : 56.

(48) Hallauer 1971 : 55.

(49) Hallauer 1971 : 56.

（50） *De pace fidei.* (h VII) I, 6. ‘una religio rituum varietate’ に関する多くの研究については，例えば，Decker 1953 : 94-121 ; Seidlmayer 1954 : 145-207 ; Gandillac 1971 : 92-105.

（51） Sigmund 1991 : xxxii n. 15 : ‘ ... ut modestiores in taberna vinaria cernas bibulos.’

（52） Watanabe 1963 : 97-8 ; Biechler 1975.

（53） 一四三八年の中立性の宣言については，Deutsche Reichstagsakten, XIII^{1} 1925, pp. 216-19 参照。

（54） Hürten 1959 : 42-75 ; Watanabe 1992 : 137-47.

（55） Meuthen 1970 : 11-114, テキストについては，特に 78-114.

（56） Meuthen 1983 : 18, n. 41-2.

（57） AC, I, 2, no. 468, p. 308 : ‘Ubi vero deesset consensus, nemo umquam dubitavit concilium illos non representare....’ Cf. Meuthen 1983 : 16.

（58） Izbicki 1993, B : 209.

（59） Krämer 1980.

（60） 例えば，Hoffmann 1929-30 : 3-40 ; Koyré 1957 ; Lai 1973 : 161-67 ; Harries 1975 : 5-16.

（61） AC, I, 2, no. 334, p. 224 : ‘in mari me ex Graecia redeunte, credo superno dono a patre luminum, a quo omne datum optimum, ad hoc ductus sum....

（62） Sermones 1 (h XVI) (1430-1441) : Fasc. 3, 322. Lücking-Michel 1994 : 48-9.

（63） MFCG. 12, 1977, pp. 44-58. Lücking-Michel 1994 : 39.

（64） Jaspers 1964 : 15 ; Jaspers 1966 : 116.

参考文献

Acta Cusana. I, 1. (1976), Hamburg.

Baur, Ludwig, (1941) *Nicolaus Cusanus und Ps. Dionysius im Lichte der Zitate und Randbemerkungen des Cusanus,* in : *Sitzungsberichte der Heidelberger Akademie der Wissenschaften,* Phil.-hist. Kl., 4, Heidelberg.

Biechler, James E., (1997) *The Conciliar Constitution of the Church : Nicholas of Cusa's Catholic Concordance,* in : *Open Catholicism : The Tradition at Its Best. Essays in Honor of Gerard S. Sloyan,* ed. David Efroymson and John Raines, eds, Collegeville, MI, pp. 87-110..

——, (1975) *Nicholas of Cusa and the End of the Conciliar Movement : A Humanist Crisis of Identity,* in : *Church History,* XXXXIV, 1, pp. 5-21.

Cusanus, Nicolaus, (1959 ; 1970) *De pace fidei. Cum epistola ad Ioannem de Segobia,* (h VII), Hamburg.

——, (1963) *De concordantia catholica,* I (h XIV, 1-4) Hamburg.

——, (1970) *Sermones,* I, 1 (h XVI, 1), Hamburg.

Decker, Bruno, (1953) *Nikolaus von Cues und der Friede unter Religionen,* in : *Humanismus, Mystik und Kunst in der Welt des Mittelalters,* ed. Josef Koch, Leiden.

Deutsche Reichstagsakten, XIII^1. (1925) : Göttingen.

Gandillac, Maurice de, (1971) *Una religio in rituum varietate,* in : MFCG, 9, pp. 92-105.

Hallauer, Hermann, (1971) *Das Glaubensgespräch mit den Hussiten,* in : MFCG, 9, pp. 53-75.

Harries, Karsten, (1975) *The Infinite Sphere,* in : *Journal of the History of Philosophy,* 13, pp. 5-16.

Haubst, Rudolf, (1971) *Der Leitgedanke der representatio in der cusanischen Ekklesiologie,* in : MFCG, 9, pp. 140-65.

——, (1971) *Wort und Leitidee der 〉representatio〈 bei Nikolaus von Kues,* in : *Der Begriff der Repraesentatio im*

Mittelalter : Stellvertretung, Symbol, Zeichen, Bild, [Miscellanea Mediaevalia], 8, Berlin/NY, pp. 139-62.

Helmrath, Johannes, (1987) *Das Basler Konzil 1431-1449. Forschungsstand und Probleme,* Köln.

Hoffmann, Ernst, (1929-30) *Das Universum des Nikolaus von Kues,* in : *Sitzungsberichte der Heidelberger Akademie der Wissenschaften,* Phil.-hist. Kl., 3. Abt., Jg. 1929-30, pp. 3-40.

Honecker, Martin, (1940) *Die Entwicklung der Kalendarreformschrift des Nikolaus von Cues,* in : *Historisches Jahrbuch,* 60, pp. 581-92.

Hürten, Heinz, (1959) *Mainzer Akzeptation von 1439,* in : *Archiv für mittelrheinische Kirchengeschichte,* 2, pp. 42-75.

Izbicki, Thomas M., (1993, A) *The Church in the Light of Learned Ignorance,* in : *Medieval Philosophy and Theology,* 3, pp. 186-214.

———, (1993, B) *Nicholas of Cusa's Letter to Rodrigo Sânchez de Arêvalo,* in : *Medieval Philosophy and Theology,* 3, pp. 206-14. [This translation is a part of the preceding article].

Jacob, E. F., (1949) *The Bohemians at the Council of Basel, 1433,* in : *Prague Essays,* ed. R. W. Seton-Watson, Oxford, pp. 81-123.

Jaspers, Karl, (1964) *Nikolaus Cusanus,* München.

———, (1966) *The Great Philosophers,* II, New York.

Jedin, Hubert, (1957) *A History of the Council of Trent,* I, tr. Dom E. Graf, St. Louis.

Die Kalendarverbesserung. (1955) Deutsch von Viktor Stegemann. Unter Mitarbeitung von Bernhard Bischoff, Heidelberg.

Koyrê, Alexandre, (1957) *The Sky and the Heavens : Nicholas of Cusa and Marcellus Palingenius* in : his *From the Closed World to the Infinite Universe,* Baltimore.

Krämer, Werner, (1971) *Die ekklesiologische Auseinandersetzung um die wahre Representation auf dem Basler Konzil* in : [Miscellanea Medievalia], 8, Berlin/N. Y., pp. 202-37.

———, (1980) *Konsens und Rezeption. Verfassungsprinzipien der Kirche im Basler Konziliarismus,* Münster.

Lai, T., (1973) *Nicholas of Cusa and the Finite Universe, in : Journal of the History of Philosophy,* 11, pp. 161-67.

Lücking-Michel, Claudia, (1994) *Konkordanz und Konsens – Zur Gesellschaftstheorie in der Schrift 'De concordantia catholica' des Nicolaus von Cues,* Würzburg.

Meister, Alois, (1896) *Die humanistischen Anfänge des Nikolaus von Cues, in : Annalen des Historischen Vereins für den Niederrhein,* 63, pp. 1-21.

Meuthen, Erich, (1964) *Das Trierer Schisma von 1430 auf dem Basler Konzil. Zur Lebensgeschichte des Nikolaus von Kues.* Münster Westf.

——, ed., (1970) *Nikolaus von Kues : Dialogus concludens Amedistarum errorem ex gestis et doctrina concilii Basiliensis,* in : MFCG, 8, pp. 11-114.

——, (1972) *Kanonistik und Geschichtsverständnis. Über ein neuentdecktes Werk des Nikolaus von Kues : De maioritate auctoritatis,* in : *Remigius Bäumer, Von Konstanz nach Trient,* München.

——, ed., (1977) *De maioritate auctoritatis sacrorum conciliorum supra auctoritatem papae,* in : *Abhandlungen der Heidelberger Akademie,* Phil.-hist. Kl., Jg. 1977, Abh., Heidelberg.

——, (1978) *Nikolaus von Kues und die Geschichte,* in : MFCG, 13, pp. 234-52.

——, (1983) *Konsens bei Nikolaus von Kues und im Kirchenverständnis des 15. Jahrhunderts,* in : *Politik und Konfession : Festschrift für Konrad Repgen zum 60. Geburtstag,* ed. Dieter Albrecht et al., Berlin, pp. 11-29.

——, (1986) *Zwei neue Handschriften des Dialogus concludens Amedistarum errorem ex gestis et doctrina concilii Basiliensis,* in : MFCG, 17, 142-52.

——, (1992) *Nikolaus von Kues 1401-1464. Skizze einer Biographie,* 7th ed., Münster.

Nicolai Cusae cardinalis opera, II. (1514 ; 1962), Paris ; Frankfurt am Main.

Oakley, Francis, (1981) *Natural Law, the "Corpus Mysticum" and Consent in Conciliar Thought from John of Paris to Matthias Ugonis,* in : *Speculum,* 56, pp. 788-810.

Palm, Valentin, (1963) *Nikolaus von Kues und sein Vater im Bernkasteler Weistum des Jahres 1431,* in : MFCG, 3, pp.

214-22.

Seidlmayer, Michael, (1954) >*Una religio in rituum varietate*<. *Zur Religionsauffassung des Nikolaus von Cues*, in : *Archiv für Kulturgeschichte*, 36, pp. 145-207.

———, (1959) *Nikolaus von Cues und der Humanismus*, in : Koch, *Humanismus, Mystik und Kunst*, pp. 1-38.

Senger, Hans Gerhard, (1971) *Die Philosophie des Nikolaus von Kues vor dem Jahre 1440. Untersuchungen zur Entwicklung einer Philosophie in der Frühzeit des Nikolaus (1430-1440)*, Münster.

Sieben, Hermann Josef, (1982) *Der Konzilstraktat des Nikolaus von Kues : De concordantia catholica*, in : *Annuarium Historiae Conciliorum*, 14, pp. 171-226.

Sigmund, Paul E., (1962) *Cusanus' Concordantia : A Reinterpretation*, in : *Political Studies*, 10, pp. 180-97.

———, (1963) *Nicholas of Cusa and Medieval Political Thought*, Cambridge, Mass.

———, ed., (1991) *Nicholas of Cusa : The Catholic Concordance*, Cambridge.

Thomas, J. (1958) *Der Wille des Cusanus in seiner Stiftungsurkunde vom 3. Dezember 1458*, in : *Trierer Theologische Zeitschrift*, 67, pp. 363-68.

Tierney, Brian, (1955) *Foundations of the Conciliar Theory : The Contributions of the Medieval Canonists from Gratian to the Great Schism*, Cambridge.

Vansteenberghe, Edmond, (1920 ; 1963) *Le cardinal de Cues (1401-1464) : L'action-la pensée*, Paris ; Frankfurt a. M.

Watanabe, Morimichi, (1963) *The Political Ideas of Nicholas of Cusa with Special Reference to his De concordantia catholica*, Genève.

———, (1970) *The Episcopal Election of 1430 in Trier and Nicholas of Cusa*, in : *Church History*, 39, pp. 299-316.

———, (1974) *Humanism in the Tyrol : Aeneas Sylvius, Duke Sigmund, Gregor Heimburg*, in : *Journal of Medieval and Renaissance Studies*, 4, 2, pp. 177-202.

———, (1981) *Nikolaus von Kues – Richard Fleming – Thomas Livingston*, in : MFCG, 6, pp. 168-73.

———, (1992) *Nicholas of Cusa, the Council of Florence and the Acceptatio of Mainz (1439)* in : *The Divine Life, Light, and Love : Euntes in mundum universum : Festschrift in Honour of Petro B.T. Bilaniuk,* eds. Renate Pillinger and Erich Renhart, Graz, pp. 137-47.

クザーヌス、協和、そして係争

ジェラード・クリスチャンセン

序

新たなミレニウムを迎えようとする境界に立って、おそらく、クース出身のこの人物が成し遂げた最も喜ばしい貢献の第一は、彼がわれわれを一堂に集めたことであろう。生誕後六百年を経て、彼は幾つかの国々――特にドイツ、日本そしてアメリカ合衆国――から研究者たちを引き寄せたが、ちょうど六〇年前にはこうした会議を開催することなどは不可能であった。けれども、その後「光の贈り物」が日本からアメリカに届き、以来、渡邉守道氏のアメリカクザーヌス協会の会長時代と時を同じくして、この国におけるクザーヌス研究は急速に拡大したのである。

ニコラウス・クザーヌスが、このように多様な背景をもったわれわれを、一堂に集める力をもっていたことは偶然の一致ではない。われわれが彼に魅了されたのは、彼が哲学者、神学者、数学者、政治理論家、改革者、説教家、神秘家等々であったというだけでなく、彼が世紀を越えた平和の人としてわれわれに語りかけているからである。だが、われわれと同様に彼もまた、次第に多様性を増していく世界の中にあって、協和への願望と係争に対する不安を抑えることとの間で逡巡した。

この多様性の諸次元は、現代においてある種の深刻な反省を促した。一九世紀においては多元論者の問題は、英国国教会聖職者、ケンブリッジ大学講師であったジョン・ネヴィル・フィッギスに歯切れのよい代弁者を見出した。フィッギスは、オットー・フォン・ギールケとF・W・メートランドに影響を受け、市民は、自発的な共同参加によって均衡のとれた、しかし、多様で、共同的な存在を最上の仕方で達成できると主張したのである。産業の発達したブリテンのダイナミックな変化の内部の一例として教会を取り挙げ、フィッギスは、平和と調和の内に共に生きるために、宗教とイデオロギーの幅広い多様性を容認しかつ促進する寛容の状態を提唱したのである。(1)

一世紀後に、ロバート・パットナムが、Bowling Alone : America's Declining Social Capital' (1995) という論文において、イタリアにおける調査と合わせて、論証しているのは、西欧社会がその「社会資本」を失いつつあるということだった。この「社会資本」とは、フィッギスが記述したように、市民生活を支え、活性化する自発的社会参加を幅広く評価し、それと積極的な関わりをもつことである。(2)

本稿においてわれわれはこうした問題について、クザーヌスから何を学ぶことができるのかを問うが、これらの問題が関わるのは、係争の最中にある協和、画一性のない統一、様々な境界と寛容の限界、そして同じであるとか優っているとかいう名目で抑圧されることのない個々のアイデンティティを賞揚することである。

とはいえ、歴史家は個別の事例から出発するので、われわれもクザーヌスの教会論に焦点をあてて取り組むことになろう。これはわれわれの主題に関する彼自身の諸考察の中心であり、彼がバーゼル公会議（一四三三―三七）滞在期間中に、苦心して練り上げたものだからである。(3)

現代人の目からすると、クザーヌスの政治思想には顕著に現代的な道筋が見えることもあるが――主権在民などがその例――、この同じ目で、彼がこれらの諸原則を係争の具体的諸状況に適用する場合を見ると、それほど進歩的ではないと思われることが判明し、しばしば失望を隠せない。新たな世紀のためにニコラウスの意味を評価しようとするわれわれの共同の試みにおいて、必要なことは、ニコラウスの初期の三つの著作に挑むことによって、ヘルマン・ハラウアーの言う[4]「謎」に取り組むことである。この三つはどれも、様々な出来事の、ときに嵐のように荒れ狂う、同じるつぼの中で絡み合っている。すなわち、『普遍的協和論』(*Concordantia Catholica*)、二種の聖餐の慣行（utraquism）に関するフス派への小論（*Opusculum*）、そして『全体会議における議長の権限について』(*De auctoritate praesidendi in concilio generali*) という論考である。[5]

理念と行動、理論と現実とのコントラストを強調すると同時に、以下の検討を特徴づける仮定は、ニコラウスが教会に関する理論を展開する以前に、彼は、古い言い回しを使うと、「教会人」(a man of church) であり、彼が卓越した哲学的論文を執筆する以前に、彼は、長い年月、一致と多様性との葛藤に苦しんだ個人的経験を持っていたということである。テクストの解明に携わる歴史家にとって、周知の通り、「経験」(experience) という語はとらえどころのないものである。「前提」(presupposition) という語がよく好まれるけれども、「個人的な生と出会いにおける何か」そして「人が観察し、出会ったことから獲得された知識ないし実践的知恵」としての「経験」が強調するのは、人とその活動の形成を助ける生きた文脈の相互性である。

クザーヌスがわれわれに提供する手がかりは、教会が「一、聖、公同、使徒的」(one, holy, catholic, and apostolic) であるという信条の主張である。概念としても個人的な必要としても、共同体とその公同性は、これらの伝統的カテゴリーの中心にある。公同性（普遍性）は、『普遍的協和論』の標題に登場する。けれども、公会議の係争が混乱する中で焦点は移動する。ボヘミア人との交渉の中で、聖性への情熱に直面し、またバーゼル公会議が教皇エウゲニウス四世と争う中で、真の使徒性への関心に直面し、クザーヌスは、一致を強調することを一貫して選択することになろう。

一　普遍的協和

著者の意図を推測するには、標題が示す以上に深入りする必要はない。*Concordantia Cathorica*（『普遍的協和論』）という標題は、一一四四年頃にグラティアヌス（一一七九年没）によって書かれた中世の傑作 *Concordantia disconcordantium canonum*（『教会法矛盾教令義解類集』＝『教令集』）をまねたものである。このグラティアヌスは、十分な内的秩序を獲得するための中世教会の巨大な闘争を要約すると同時に、教会法研究に新しい方向を与えた。

ブライアン・ティアニーは、前世紀の半ばに、次のことを明らかにすることで、自らこれらに関する研究を新しい方向に進めた。すなわち、フィッギスは公会議理論を近代の立憲政治に関係づけた点では正しい理解を与えたが、他方、彼（そして他の人々）はその起源について誤解を与えたということである。つまり、公会議理論は、せいぜい良く見ても、大分裂（一三七八―一四一七）への実際的な対応であり、最悪の見方をすれば、オッカムのウィリアムおよびパドヴァのマルシリウスと関係したことに対する罪責感の犠牲であるとしたことである。ティアニーが論証したことは、中世法学の伝統、特に、周知のとおり、グラティアヌスの『教令集』（*Decretum*）を直接的に註釈した教会法学者たち（the Decretists）と、その後の教皇教令を研究した教令学者たち（the Decretalists）が、一五世紀の「公会議理論」の豊穣な基盤だったということである。[6] この理論に関する半世紀におよぶ集中的研究の最後で、フランシス・オークリーは諸々の結果を次のように適切に要約した。

「その核心に横たわる信念は、教皇が絶対君主ではなく、ある意味で立憲的な支配者だということ、彼は教会の益のために彼に委託された代理的な権威を持っているだけで、教会の最終的権威は（少なくとも、ある危機的な場合には）教皇にではなく、信徒の総体（the whole body of the faithful）にあること、そしてこの権威は、全体会議（a general council）に集められた彼らの代表者によって行使されるということである。[7]」

ポール・ジグムンドと渡邉守道が、この研究を利用して、同じ年（一九六三年）にクザーヌスの政治理論に関して二つのスタンダードな所論を提供したことで、われわれは『普遍的協和論』が二つの極から成り立っていることを学んだ。すなわち、ニコラウスの新プラトン主義的位階への愛好、そしてフランシスクス・ザバレラとジュリアーノ・チェザリーニのような偉大な法学教師のいる環境のもと、パドヴァ大学で教会法律家として彼が受けた訓練である。このクザーヌスの恩師チェザリーニが、今やバーゼルで議長そして教皇特使の任務を果たしていた。[8] 一四三三年二月、この若き法律家も、トリーアにおいて無効の異議申立てがなされた選挙に関して、依頼人マンデルシャイトのウルリッヒ（Ulrich von Mandersheid）の代理としてこの地に到着し、ここで『普遍的協和論』を執筆する。彼が第一巻と第二巻とを書いたのは、公会議がフス派と教皇エウゲニウス四世の代表者たちとの問題に同時に携わっていた最中であり、教皇は依然として公会議の合法性を承認することを拒絶していた――これらは彼の初期の代表作に影響を与えた論争である。だが、『普遍的協和論』におけるニコラウスの方法は、彼特有の哲学的確信によって、教会法と歴史、とりわけ、古代の公会議の歴史からの先例に基づいており、彼の目標は――普遍的協和を理想としたシステムを建て上げること――政治的であると同時に神学的である。[9]

この著作における、中心的原理にまでなるような、教会法の五つの群がこの見解を支え、また、クザーヌス的な教会論と言えるようなものの予備的な素描をも提供する。それらは、異端的教皇の審理、教皇の人格と職務の区別、二つの関連した法的公理――「教会の繁栄」（status ecclesiae）と「万人に関するものは、（万人によって承認されなければならない)」(quod omnes tangit, ab omnibus approbetur)、代議員による代表制、そして共同体論である。これらはすべてキリストの神秘的体の教理によって豊かにされた。

おそらく、『普遍的協和論』を支える原動力は、――実際には平和、調和、協和の共同体の確立することに熱意を燃やすのだが――「コリントの信徒への手紙 一」一四章一二節および「コリントの信徒への手紙二」一〇章八節に基づく、教会の繁栄である。クザーヌスが抱く教会の繁栄とは法的であると同時に司牧的、秘跡的である。最大の関心は、法人(a corporate body)とみなされる教会における民衆と聖職者に関する彼の確信である。この法人へのニコラウスのアプローチの根源は彼の同意の理論にある。その論証の中心は、彼が「幸福な思想」と呼ぶもので、すべての力は「潜在的に民衆の内に」隠されており、他方、「上からの形成する光」が共働し、この潜在的力を「存在」させなければならないということである。(11)

同意という概念は現代人の感覚に直接的に訴えるものではあるが、クザーヌスにとって、それは目的、――協和を特徴とする公同性という目的のための手段であった。おそらく、法人の支配権の問題のために、彼は、教皇と位階制により広い自由裁量を与えざるをえなかったのだろう。アウグスティヌスは強制的な管轄権の必要性を人類の堕落した本性、その結果である自己愛への傾向に基礎づけたが、クザーヌスは、人間本性が独力では無知で、何も考えず、愚かであると考えたのである。(12)

それゆえ、われわれはクザーヌスの同意の理論を、彼が教会の繁栄のために聖職者の職務に与える同程度に根本的な役割から孤立させることはできない。司祭職のみが特別な秘跡的権威を保有しているのである。さらに、宇宙における位階的順序に基づくと、共同体の首長は、普通、至上権(the plenitude of power)を行使するが、司祭の会議は個々人の集団より、むしろ全体としてとらえられた教会をより忠実に「かたどっている」ので、教会の繁栄（status ecclesiae）に関わる諸問題を法的に処理する権能を有しているのである[13]。

もしスコット・ヘンドリックスが正しいとすると、クザーヌスは全体の同意と神的に制定された、司祭の指導権との思いもよらぬバランスを提示しただけでなく、公会議理論に新たなひねりを付け加えたことになる。ヘンドリックスはこれを「聖職者による公会議至上主義」（clerical conciliarism）と呼ぶが、司祭たちの公会議が、教会法に則って選ばれた位階組織によって導かれ、「教会におけるこの甘美な協和という彼のヴィジョンに本質的な[14]」一致と改革という一対の目標を最もよく達成できると、クザーヌスが考えたからである。

教会法の独創的な取り扱いと似たような仕方で、ニコラウスは豊かな構想力を駆使して歴史的源泉を利用する。一四三四年二月の演説において、――後にここに戻るが――クザーヌスは枢機卿チェザリーニが古代の公会議の古い書物を、あたかもユダヤ教のタルムードのごとくに携えていたことに触れている[15]。ニコラウスがこうした観察を行なったことには十分な理由がある。というのは、彼もまたこれらの記録（acta）を調査しており、『普遍的協和論』の序文で述べているように、それらが本書のオリジナルな源泉であって、「抜粋集のようなものではない[16]」からである。

これらの総大司教会議との関係で、われわれはニコラウスの初期の経歴における決定的特徴に達する。すなわち、緊急の係争、とりわけ不和をもたらす係争に直面し、聖霊が普遍的協和と確実性を提供するさいの様々なしるしを同定することへの関心である。他方、確固たる「公会議理論」はなくとも、解釈者が自分自身の能力に応じて具体化することのできる諸原理の共通で、しかし融通の効く、豊かな貯えはあったので、クザーヌスは情況が求めるに応じて彼の『普遍的協和論』から幾つかのテーマを拾い上げることができたのである。にもかかわらず、公会議的教会論のこの筋道の通った、構想力に富んだ要約において、クザーヌスは教会の公同性に関する彼のヴィジョンを表現しただけでなく、彼自身の経験にとって、少なくとも暫定的には、釣り合いのとれた、安定した中心を見出したのである。

二　聖体拝領の慣行

一四三三年一月、フス派がバーゼル公会議に来たとき、ニコラウスはまだ到着していなかったが、しかし、一度論争に加わり、関わるようになると、彼の運勢は急速に上向きになった。チェザリーニと公会議は、ローマのあからさまな反対にもかかわらず、フス派の「四箇条」について討論するために使節を派遣するようフス派を説得した。この四箇条が掲げたのは、（1）聖体拝領において、一般信徒にもパンと杯［葡萄酒］が配餐されること、（2）神の言葉が自由に説教されること、（3）聖職者から世俗的支配権が取り上げられること、（4）合法的に立てられた諸権威が［聖職売買などの］大罪を禁止すること、[17]という要求であった。これらの根本原則がもつ歴史は長く、コンスタンツ公会議で処刑された改革者ヤン・フスを越えて溯るものであった。［対フス派］十字軍を効果的に斥け続ける過程で、枢機卿チェザリーニによって導かれた結末は、「四箇条」がボヘミア人の血によって鍛練された一種の信条としての役割を獲得したのである。[18]

デーヴィッド・ホルトンとトマス・ファッジによる最近の研究のおかげで、二種の聖餐（utraquism）、つまりパンと葡萄酒の聖餐に関する第一条項が、たとえそれがフス派の説教の中心ではなかったとしても、フス派の信仰にとって中心となり、彼らの芸術、文化、そして神話を生み出すに至った理由について、われわれはより適切な情報を持っている。この研究が示していることは、公会議理論が、後に『普遍的協和論』に与えたのと同様に、コンスタンツでフスを断罪した者たちにも擁護した者たちにも、逆説的な影響を与えたことである。それはまた、ボヘミアにおける典礼の展開が、杯がフス以上にフス派の中心的シンボルになった理由を説明することをも示している。[19]

人類学者は文化的アイデンティティの確立における食物の重要性を認めるが、[20] 杯の中心性も福音に関するフス派的知覚について何らかのことを例証する。それが提示するのは、「純粋な」使徒時代への回帰に基づく教会と秘跡の実在性の新しい見方であり、救いの確かさを提供するパンと葡萄酒において触知的に得られる知覚である。こう解釈されるなら、フス派の敬虔が聖体拝領を十全に経験することを抑制されるはずはなかった。この経験はすべての信徒が頻繁に聖体拝領に与ることを回復するよう促進することに始まり、――これはストシーブロのヤコウベクが、一四一四年のコンスタンツへのフスの不幸な旅の後に開始した慣行である――次いで間もなくそれ以上の革新（あるいは復興）、つまり子供と幼児の聖体拝領、そしてそれと密接に関係づけられたパンと葡萄酒の両方の配餐という慣行にまで至ったのである。こうした諸慣行に遅れて、神秘的体の一致が、「真の体」(corpus verum)、「神秘的体」(corpus mysticum) だけでなく、「信徒の集い」(congregatio fidelium) からも派生したのである。[21]

これらの慣行の支持者たちは、グラティアヌスの『教令集』、初期の教父たち、――両者の背後にある――聖書などの諸権威に関する膨大な書類を積み上げたが、それらは、われわれの期待できるほどに、ウィクリフおよびフスを含まず、むしろニコラウスが『普遍的協和論』において参照したのと同類のものであった。この一連の文書を作り出した人々は、決して狭隘な精神の「聖書人」ではなく、古代の慣行の、抜け目なく、充分に武装した擁護者であった。この異端の強固な敵であったカピストラーノのジョヴァンニも、数年後のクザーヌス宛ての書簡でそれを認めたのである。

「私は通常の仕方でのチェコ人との論争は絶えず避けていた。というのも彼らは、自分たちの異端説を聖書と古代の慣行によって正当化するために、実によく研究を重ねていたからである。それ以上に、彼らは両形質の聖体拝領に賛成する数多くのテキストについて完璧な知識を持っていたのである。[22]」

一四三三年、バーゼルでニコラウスがこの討論に参加したということに関しては、彼の演説と著作の正確な日付が明瞭でないために、複雑に込み入っている。おそらく、一月四日にボヘミア人たちが到着した際、クザーヌスはまだコブレンツにおり、一月一六日から一九日にかけて二種の聖餐に関わる第一条項についてロキツァナのヤンが行なった擁護の弁論を聞いてはいなかったであろう。[23]にもかかわらず、一四三三年二月二九日にニコラウスが公会議に参加した際、[24]たとえ公会議がこうした記録の公開を認めなかったとしても、彼はロキツァナの演説を手に入れていたように思われる。彼はそれに註釈を加え、その後に答弁を作成する。この二つは三月に一緒に出版されたようである。[25]彼は、『普遍的協和論』の第二巻で、自分が『聖餐の慣行について　ボヘミア人誤謬論駁小論』（*Opusculum contra bohemorum errorem : De usu communionis*）を執筆したと述べ、その論証の要約を行なっている。[26]

ニコラウスが応答することになる演説の中で、ロキツァナは、フス派の立場の簡潔かつ直截な解釈によって第一条項の擁護を始めた。すなわち、二種の聖体拝領は主御自身に由来すること、そして、健全な慣行でもあると共に救済にも不可欠だということである。ロキツァナの簡潔さは公会議の指針に従っていただけではない。すなわち、自分が諸権威を引き出した文書がその論証を支持している以上、公会議はその論証の妥当性を認めるだろうと、彼は考えていたように思われる。[27]

ロキツァナの演説が提起した問題、および教会は「神の法」を改変できるのかという議論にとって、中心点は権威であった。この問いを撃退するためにロキツァナがフス派の文書を活用したことは、それに対する反論を提出するために公会議が任命した学識あるドミニコ会士ラグーザのヨハネスへの挑戦状となり、一月三一日、反論が開始される。彼は、負けてはならじと、テーブルを持ち込み、そこに多くの書物を積み上げ、できるかぎり多くの諸権威を列挙するよう計らったので、フス派の忍耐も限界を越えることがしばしばであった。彼は初期の時代における二種聖餐に関する証拠を認めるが、しかし、その同じ時代に、教会が洗礼の作法に変更を加えたように、聖体拝領の慣行を変更することもできたことを論証した。それゆえ、ラグーザが否定したのは、一般信徒の杯の合法性ではなく、ロキツァナの文書のテキストのどれもがこの慣行を必然的なものにするという点である。[28]

ラグーザの長時間にわたる発表の間、この公会議の後援者であるバイエルン公のヴィルヘルムが、ラグーザのラテン語、またおそらく彼が頻繁に言及する資料について行けず、クザーヌスに助けを求めたとき、われわれはニコラウスの足跡を見出すのである。[29] 若き法律家にとってまさしく「好機到来」、決して見過ごすことのできない出世の好機であった。この立場で、彼は公会議とボヘミア人、中でも二種聖餐派との討論の行方を変えるような妥協案を提出した（あるいは提出するよう求められた）。三月十三日、交渉を委託された委員会に彼が提出したのは、もしフス派が、残された、そしてより根本的な他の三条項を合同の誓約の下に公会議の決定に実質的に従わせるよう協議することに同意するならば、公会議はボヘミアにおける二種聖餐に関する第一条項を認めるということであった。[30] プラハ国会で相談するためにボヘミアに帰還し、そしてリパニにおける会戦を招いた激論の後、ついに勝利した二種聖餐派とその同盟者たちは一四三六年七月に『協約』(Compactana) として知られる四条項の改訂版に調印したのである——これは部分的にはクザーヌスの妥協案によって促進された一連の出来事の掉尾を飾るものであった。

これらの交渉のある時点で、クザーヌスは彼の『小論』を提出する。[31] この著作の難問は、それが折衷案を提出しているわけでもなく、またその言葉づかいが必ずしも同一の精神を示しているわけではないということである。この著作は『普遍的協和論』の主題を告知する寛容な調子で始まる。すなわち、教会は信仰において一つであり、慣行上のある種の多様性がその調和を損なうことはないということである。彼の特別な関心である平和と一致について、著者は、その前にロキツァナ（フス派の文書を利用する）とラグーザが行なったように、歴史を振り返る。古代教会の杯に関する証拠に異論を唱えることができた者はいない。しかし、この慣行の復興を認める代わりに、クザーヌスは複雑な論証を開陳する。すなわち、歴史が示すのは慣行の多様性であるから、フス派は単一の慣行の必然性を主張することはできない。さらに、諸慣行は多様化し、どれ一つとして本質的ではない以上、誰もが教会の権威に従うべきである。彼の同意の理論の一側面に言及しながら、彼は、信仰者が「多数の、より賢明な部分[32]」の言葉ないし行為において承認された慣行によって結合されていることを論証する。

さらにまた、フス派の注意を、よく似た状況である四世紀のドナティスト論争に向けさせる一方で、キリストが秘跡の真の執行者である以上、ドナティストによる洗礼は有効であり、彼らの内のある者がカトリック教会に復帰した場合でも洗礼は繰り返されるべきではないというアウグスティヌスの原理を、ニコラウスが強調することはない。その代わりに、ニコラウスが強調するのは、カトリック教会外での洗礼が信仰者の全体との一致の恩恵をもたらすことはなく、信仰の一致と使徒座との一致を欠いているがゆえに良い実を結ぶこともできないという、補足的なアウグスティヌスの命題である。

「あなた方は、教会の体から分離された命を追求することによって秘跡に関する真の信仰を保持してはいない。教会の頭、キリストは、その頭と一体化された肢体だけを活かす命を与えるのである。[33]」

教会の平和と一致の外に立つことにより、ボヘミア人が受けるのは「死の裁き」だけである。

この観点から、クザーヌスがボヘミア人に勧告することは、二種聖餐の慣行と彼らの反抗的な態度はキリスト教界に分裂の種を播き続けることになるということである。聖餐は平和の秘跡であると同時に一致の秘跡でもあるから、クザーヌスは、彼らに自分たちが説教していることを実行してくれるようにと願う。[34]

ハラウアーの結論が強調するのは、クザーヌスの対話における積極的な諸点であり、そこでは、「われわれは、高貴な寛容、知的な率直さと義務および秩序への忠誠心との間における彼の内的葛藤に立ち会う」。[35]だが、彼の後年の有名な定式、「多様な儀礼の中の唯一の宗教」(religio una in rituum varietate)[36]をそれとなくほのめかすとはいえ、われわれは、この若き法律家が一致(unity)と画一性(uniformity)を同一視していると考えるかもしれない。しかし、二種聖餐に関する彼の論考が明らかにするのは、「寛容の原則」が、より重大な争い、とりわけ、慣れ親しんだ境界を脅かし、絶交を迫るようなそれと直面したときには、二次的な位置に留まっているということである。[37]フス派が教会の聖性と使徒性を強調することに彼がどれほど共感を抱いているとしても、こうした状況では、彼は一性(oneness)を教会を定義する特徴として選択するのである。

三　主宰の権限

一四三四年二月、会議の議長たちを指名するための、公会議と教皇の相互的権利について会議が討論した際、再度、クザーヌスの教会論を脅かす係争が生じた。けれども、今回は公同の教会の一性、聖性、使徒性へのクザーヌスの関心が五分五分のかなり厳しい試験に直面することになった。すなわち、強情なボヘミア人のグループとではなく、教会それ自体の内における意見の相違である。結果は以後のクザーヌスの経歴に響くことになった。

敵対者たちの反抗を避けるためのローマからの逃亡も含め、新たな不幸に次々と見舞われた教皇エウゲニウス四世は、二年間の対決と交渉の末、一四三三年、ついにバーゼルの合法性を認めた。しかし教皇は新たな戦略を採用した。枢機卿チェザリーニと並んで公会議を主宰するために四人の新たな議長を指名したのである。目標としたのは、使徒座に対してこれまで以上に責任を負うことになる委員会による会議の主宰であった。[38]

しかしながら、問題は個々人を超えることであった。最も重要と思われることは、教皇の行動がまさしくコンスタンツの教令『ハエック・サンクタ』(Haec sancta) に違反していること、つまり、公会議はその権威をキリストから直接的に受け取り、そのため、教皇すらも服従しなければならないというその主張に違反していることであった。非常に実際的ではあるが、より広い言い方をすると、中心となった問題は、教会が分裂していない場合に、異論の余地のない教皇を伴う通常の基盤の上で、つまり、一三七八年に突然起こった大分裂以来、どちらの側も十分に試したことのない条件に立って、最終的に合法的であると認められた公会議が、どのように機能することができるかということであった。

ラグーザのヨハネス、トルケマダのフアン、フアン・ゴンザレス、そしてチェザリーニとニコラウスを含む最良の知性をもった者たちの中から直ちに発言が上がった。この公開討論の手だてとして、すぐさまチェザリーニは高位聖職者から選ばれた五一人のメンバーで構成された特別委員会と常任委員たちを招集し、彼自身が議長となった。チェザリーニのお気に入りだったクザーヌスは、信仰の代弁者 (the Deputation on Faith) の代表として指名された。委員会には三つの選択肢があった。議長団を全く拒否することも、彼らを受け入れることも、あるいは条件付きで受け入れることもできたのである。委員会は四対一の票差で拒否に賛成したが、チェザリーニは条件付き受入れに賛成した少数派を引き入れた。[39]

クザーヌスはどちらの側についたのだろうか。この時点での難題は、通常ならば信頼のおけるはずの公会議史家セコビアのフアンが、委員会でのニコラウスの演説を要約した後、クザーヌスはあの集団の「多数派」に同意したと主張していることである。にもかかわらず彼の演説、彼の投票とこの問題について彼が執筆した論考との間にはくいちがいがある。おそらく、ニコラウスは二月二三日に委員会で演説をし、そしてセコビアのファンによると、「ひょうきんに」（drolly）彼の「注意深い聴衆」の耳をとらえ始めたのである。こうした演説の冒頭には、枢機卿チェザリーニが古代の公会議についての権威ある書物を「ユダヤ教のタルムードのように」取り扱い、そこからしばしば引用したという観察も含まれている。すでに見たように、クザーヌスもまた彼の『普遍的協和論』でこれらの公会議を引き合いに出していた。この演説の中で彼が示そうとするのは、最初の五つの総大司教座の各々が以下のような異なるタイプの会議を有していた事である。すなわち、監督区会議、管区会議、首都大司教会議、民族会議、総大司教会議、最後に全総大司教が参加する普遍公会議。この歴史的分析に基づいて、ニコラウスが述べることは、ローマ教会会議が首都大司教会議であって、全体会議ではないということであり、理由は、そこに集まった司教たちがローマ総大司教だけに服従していたからである。しかしながら、この同じ総大司教、教皇は真の全体会議に服従しなければならない。もし彼がそうしない場合には、彼は服従される必要がないのである[40]。

この論争に参加した幾人かは自分の考えを書き留める道を選び、その中にはニコラウス自身もいた。彼の寄稿した論文『全体会議における議長の権限について』（*De auctoritate praesidendi in concilio generali*）は、おそらくこの演説後に執筆され、演説の準備中のものではないが、セコビアの要約に関する幾つかの変更も含め、好奇心をそそる若干の点を提供している[41]。この著作はまず『普遍的協和論』に言及し、それゆえ、議長が「公会議を主宰する」権利を有するかどうかという目下の事例に、著者の偉大な著作の諸原則を適用するための、最初の、少なくとも非常に初期の好機を彼に提供している[42]。

この論考を読み進めるや否や、直ちにわれわれが気づくことは、専門的な言葉の背後に、再度ニコラウスが意味深長な共同体の目標を追求しているということである。『普遍的協和論』と異なり、この論考は、自然法ではなく、二箇所の聖句を引用することから始まる。一箇所は「マタイによる福音書」一八章二〇節「二人または三人がわたしの名によって集まるところには、わたしもその中にいるのである」、もう一箇所は「マタイによる福音書」十六章一九節「わたしはあなたに天の国の鍵を授ける。あなたが地上でつなぐことは、天上でもつながれる。あなたが地上で解くことは、天上でも解かれる」である。『ハエック・サンクタ』および大グレゴリウスの手紙を含め、公会議の教令からの証拠を支えにし、彼は自分の中心的論証に到達する。すべての人間のうちで誰がキリストに代わって主宰するのか、という明瞭な問いに答えるにあたり、彼は、三つのもの、すなわち司祭、秘跡、民衆だけが永遠に存続するだろうと宣言する。彼の『普遍的協和論』で明確に表明された位階と同意に関する彼の確信を適用し、それに加えて、彼の言う「聖職者による公会議至上主義」という主張を支えとして、クザーヌスは司祭職のみがその統治する権能を「キリストの遺贈と信者の同意から」得ていることを論証する。他方、位階の目的は、派生的でありまた機能的である。分裂を回避し、統一を維持するために「教会の仲介を通して」キリストにより叙階されるので、位階は「教会の存在のために不可欠なのではなく、その安寧のために不可欠なのである」。こうした事情で公会議は、異端というだけでなく、無能力、怠慢という理由でも、「それがよしとするいかなる方法によっても教皇を退位させること」ができるのである。彼はこの権威を、公会議は教会に「より近く」、他方、教皇は「より離れている」という、今や彼にとって馴染みとなった原理に訴えることで確定するのである。[43]

位階が教会の存在（esse）のためというより教会の安寧（bene esse）のためであるから、彼は議長たちを拒否するために論証を行なったと、人は期待するかもしれないが、彼はこの道はとらない。その代わりに、いつものように教会の一性を強調することにより、――もちろんこれの実現のためには位階と同意とが期待されるが――彼が提案することは、議長たちが承認されること、そして、全員が一人の教皇を代表するのであるから、全員が平等に主宰すること、しかし「暫定的判断によって指図するという職務」を越えるような特別な権威を帯びるものではないということである。もし彼らが強制する権能を帯びているなら、「公会議のために不可欠な必要条件、すなわち審議の自由が、強制による妨害を通して奪われることになろう」[44]。かなりの反対にもかかわらず、チェザリーニの指導力のおかげで、この立場が会議を制した。公会議は、もし議長たちが合同の宣誓をし、いかなる強制的な裁判権も行使しないならば、議長たちを認めることに同意したのである[45]。

ニコラウスは議長の側についたにもかかわらず、最初は公会議内では少数派であり、その状況が好転することはなかった。新議長たちは、公会議が『ハエック・サンクタ』を更新した時、「第十八部会」に出席することを拒否し、さらに一年後、主要な教皇税である初年度収入税の停止に対して抵抗したが無駄であった。ギリシア人との一致を討議するために、教皇会議の場所をめぐって参加者が分裂したとき、チェザリーニとクザーヌスは再び少数派についた。増大する悪意、そしてしばしば無秩序に陥る騒がしい会議の中で、彼らは教皇によるフェラーラでの新たな会議の招集を支持した。そして一四三七年三月二〇日、少数派の決定を携えた使節と共に、彼はバーゼルからコンスタンティノープルに向かう途上にあった[46]。

ここでもまた一致は重要な意味をもつ語である。彼の初期の経歴からわれわれが吟味してきた資料を前提とするかぎり、彼の一致への希求は、彼がバーゼルを離れたのは、主としてマンデルシャイトの一件で敗れたためであるという主張よりもはるかに深い奥行をもっている。最も広い視野からすると、この希求が包含しているのは、フス派との討論における秘跡の一致、主宰論争における聖職者制の一致を含み、そして彼のバーゼル離脱の決定におけるーーもし教皇が、教会の仲介的権威を通してであって、直接的にキリストによって立てられたのではなくとも

――位階制を基礎にした教会の一致である。

クザーヌスが、聖書的、哲学的、教会法的原理に基づいて公にした自らの確信を反映するような他のいくつかの道を選択することもできた以上、彼の選択は、変化しつつ次第に挑戦的になってくる世界における実在の経験を表現しているのであって、そうした中であるからこそ、ぐらつくことなく、安心を与えてくれる共同体が、彼に聖域を提供できるということであろう。一方で彼の決断は、「位階と改革」との間の一般的な中世の闘争を反映しており、そしておそらくは、一五世紀の教会が内向きになり、慣れ親しんだ慣行を堅持する傾向にあったという可能性をも反映しているが、直接的な状況は、キリスト教世界における教会の不慣れな役割であり、そこでは疑問の余地のない教皇が新たに活気づいた公会議と新たに台頭する民族国家に対して、その同一性を保持するために格闘するのであった。この文脈の中で、ニコラウスは教会の聖性と使徒性とを共に保持する手段として教会の一致を強調しようとしたが、他方を犠牲にして一方を強調する必要に迫られることもしばしばであった。

以後のことはさして驚くこともなく展開する。新たな地平が彼をコンスタンティノープルに招き寄せたとき、そして「光の父」が恵み深く彼に「船上の体験」を許したとき、彼は、教会の一致に関する疑問を超えて、宇宙とその創造者との一致を観想することのできる新たな知的地平を構想し始めたのである。こうして人間の思想における新たな一章が開かれたのである。

『普遍的協和論』に新たな命をもたらした前世紀の研究のおかげで、クザーヌスの初期の代表作は、位階と同意に関する驚くべきバランスと立憲的共同体に関するそのモデルによって、依然として興味をそそり、啓発的であることを止めてはいない。同時に、ニコラウス・クザーヌスの人間的な顔と、一なる、聖なる、普遍的そして使徒的共同体における人格的協和をどのように達成するかということに関する彼の不確かさは、意義深い魅力を提供している。われわれが触れた「バーゼルの数年間」における他の同じく人格的、社会的テーマもまた、あらたな千年が始まろうとしている時、重大かつ遠大な問題を照らすそれらの有効性のゆえに、われわれにとっては驚きである。すなわち、境界の諸問題、包含性、多元主義。そして、「他者」を傷つけたり、抑圧することなく、個々人の同一性と文化的同一性をわれわれが追求することができるというような多様性をわれわれが祝福できる場としての一致。われわれが自分たちの過去から逃れたり、それを捻じ曲げるのではなく、むしろそれを認めることができるような人間的共同体。そしてそこでは人道的、人文主義的努力を支えるためのわれわれの「社会資本」を絶えず新たにすることができるのである。われわれが見てきたのはニコラウス・クザーヌスの部分に過ぎないが、こうしたすべてのことに直面して、われわれは確固とした勇気を必要とするだろうということを学ぶことができるのである。

（矢内義顕訳）

（1）Nicolls 1994. in Figgis (reprint) 1998 : 41 参照。フィッギスの主張によると、分裂、異端、改革というような場合に、教皇に対する公会議の優位を宣言したコンスタンツ公会議の『ハエック・サンクタ』（Haec sancta）は歴史上最も革命的な文書であったが、しかし二〇世紀の最近の研究は、フィッギスが近代の多元主義と公会議の思想に関する中世の伝統との間の関係を確定できていないことを指摘した。『ハエック・サンクタ』の最近の解釈および詳細な文献については、Prügl 1999 : 72-143 参照。

（2）Putnam 1995 : 67-78. 一般的な標題ではあるが、Christianson 1997 : 18-20 がパットナムの論点と主要な批判を要約している。

（3）その他については、Hendrix 1976 : 347-378 が、コンスタンツおよびバーゼル公会議から宗教改革を経てトレント公会議に至るまで、十五世紀の「改革公会議」における教会論の重要性にわれわれの注意を向けさせる。同時に、ヘンドリックス同様、Krämer 1980 は、バーゼルの教会論、とりわけラグーザのヨハネス、セコビアのフアン、そしてニコラウス・クザーヌスの教会論に関して好意的かつ論争的な取り扱いを提示した。クレーマーは、これらの教会論の真正性と公同性に関する日付を定めるために強力な論証を提出した。さらに、ヨハンネス・ヘルムラートが、その網羅的な文献学的研究（Helmrath 1987）を出版した時、彼は公会議の無謬性と審議における聖霊の役割を強調した。加えて、特にニコラウスに関しては、最近の二つの研究 Thurner 1998 : 485-510 ; Bendel 1997 : 87-162 が形而上学および教義に関する考察について、それぞれニコラウスの教会論を実りあるものとして描写している。ここでの私の論文は、Stieber 1994 : 87-162 の歴史的文脈における関心により近い。最近の研究 Kuhaupt 1998 は、教会論の問題が宗教改革時代におけるプロテスタントとローマ・カトリック教会を横断していることを詳細に論じている。

（4） Hallauer 1971 : 53-75 ; ここでは 56。

（5） これらの三つの著作と並んで、ニコラウスは、『教皇権に対する聖なる公会議の権限の優位について』（*De maioritate auctoritatis sacrorum conciliorum supra auctoritatem papae*）という小論を寄稿したと思われる。エーリッヒ・モイテンは、ニコラウスが著者であることを支持し、この小論の執筆時期を一四三三年の三月か四月とするが、ヴェルナー・クレーマーは、これがボッパルドのヘルヴィッヒの著作に依拠するものと考える。*Nicholas of Cusa, The Catholic Concordance,* ed. Paul Sigmund (Cambridge, 1991), pp. xvi-xvii 参照。また *Acta Cusana,* Vol. 1. Part 1 (1401-1437), ed. Erich Meuthen und Hermann Hallauer (Hamburg, 1976), no. 174.［以下 AC 1/1 で引用］も参照。

（6） Tierney 1955 ; expanded, new rev. ed., 1997. Tierney 1982 参照。

（7） Oakley 1995 : 1-19 ; ここでは、p. 3.

（8） Watanabe 1963 ; Sigmund 1963.

（9） Christianson, 1985 : 7-19 参照。

（10） Ibid.

（11） *De conc. cath.* 2 : 14 ; 2 : 19 ; 2 : 34.

（12） *Ibid.* 2 : 16 ; preface.

（13） *Ibid.*, preface ; 1 : 4 ; 2 : 18 ; 3, preface.

（14） Hendrix 1996 : 107-126 ; ここでは 120。

(15) MC 2 : 605.
(16) *De conc. cath.*, preface.
(17) MC 1 : 147.
(18) 簡潔な概観については、Christianson 1979, Chap. 4 参照。Alois Krchňák, *Cechové na Basilejském Snemu* (Svitavy, 1977) については筆者未見。
(19) Fudge 1998 ; Fudge 1996b : 49-72 ; Holeton 1996 : 23-47 ; Fudge 1986 : 15-40 ; Fudge 1981 ; Fudge 1984 : 207-225 ; Fudge 1995 : 51-67 ; Fudge 1987 : 87-96 ; Fudge 1989. すべてのボヘミア人が教会との分裂を望んでいたわけではない。プラハ派として知られる中道的グループはローマの支配を拒絶し、悪弊に満ちた教会を脱することを望んだが、しかし歴史的教会との連続性は保つことを望んだ。ターボル派と孤児派（オレープ派）のような他のグループは教会を改革不可能と見なしたが、いずれも原始教会と「使徒言行録」に提示されている共同体の模範に訴えた。フス派（the 'Hussites'）という現代の慣用表現もかかわらず、この運動の一般的自己呼称は「二種聖餐派」（Utraquist）である。しかし、クザーヌス自身は彼の論敵を単にボヘミア人とだけ呼んでいる。
(20) 例えば、McGowan 1999, esp. Chap. 2 ; Elwood 1999 : esp. 7 参照。
(21) Holeton 1996 : 36-37.
(22) Fudge 1998 : 112 に引用。
(23) AC 1/1, no. 100-102. 演説は MC 1 : 264-268.
(24) MC 2 : 21 ; AC 1/1, no. 104.
(25) Hallauer 1971 : 54-56, 72-73 ; AC 1/1, no. 169-171.
(26) *De conc. cath.* 2 : 26 ; AC 1/1, no. 202. 最初の伝承はこの著作をカピストラーノのジョヴァンニに帰し、また一五一四年のパリ版は、それを誤って『書簡II』および『書簡III』と同定した。Hallauer 1971 : 56, 72.『書簡』は別として、この著作は『聖餐の慣行について』（*De usu communis*）ないし『二種の聖餐について』（*De communione sub utraque specie*）としても知られていた。
(27) MC 1 : 264-268.

(28)　MC 1 : 275-284. Holeton 1996 : 38. 部分的にはこの発表から生まれた、ラグーザの後の『教会論』（*Tractatus de ecclesia*）の最近の分析に関しては、Vrankie 1998 : 287-310（および詳細な文献表）を参照のこと。

(29)　MC 1 : 287-288.

(30)　AC 1/1, no. 164-166 ; MC 1 : 328-331. Hallauer 1971 : 55 がこれを「転換点」と考えていることは適切であるが、この妥協案は、彼が示すように、単に他の三つの案を抑える代わりに一つの案に合意するというものではなかった。

(31)　Nicolaus de Cusa, *Opera* (Basel, 1565), 829-846. Gandillac 1942 : pp. 354-358 は部分的なフランス語訳を提供している（ただし日付については誤って一四五一年としている）。蓋然的な日付は一四三三年三月ないし四月であるが、Hallauer 1971 : 54-55 ; Sigmund, 1991, xv-xvi ; AC 1/1, no. 171 参照。また、Watanabe 1970 (reprint 2001) による文脈に沿った、洞察に満ちた分析も参照のこと。

(32)　*De conc. cath.* 1 : 14 ; 2 : 4 ; 2 : 26.

(33)　*Opera,* p. 830.

(34)　Ibid., 830, 832.

(35)　Hallauer 1971 : 70.

(36)　『小論』の一節（*Opera,* p. 830）'... remanente unitate varium posse rituum esse sine pericula nemo dubitat.'（儀礼の多様さが危険なく存在し得るのは、統一性が継続することによってであることを誰も疑わない）は『信仰の平和』を予想させる。

(37)　フス派の場合と同様、ニコラウスの場合もこの問題について、学者の見解は大きく相違する。例えば、Holeton 1996b : 44 は、「宗教的多元性に関する寛容（限度内での）は極めて顕著であったし、確かに、ヨーロッパの他の場所では教会生活にとって特徴的ではなかった」と結論する。他方、Frantisek Smahel, in Patschovsky/Zimmermann 1998 は、この平和を維持するために、諸権威がこの寛容を強制したことを論証する。ニコラウス自身については最近の二つの研究が役に立つ。Nederman 1999 : 59-74 ; and Bocken 1998 : 241-246.

(38)　Christianson 1996 : 87-103 ; ここでは 88-90 を参照。

(39)　MC 2 : 605-606, 608, 610, 614-615, 617.

（40） MC 2 : 612-613.

（41） CT II, Traktate I : *De auctoritate praesidendi in concilio generali* (Heidelberg, 1935-1936) ; 英訳は Bond/Christianson/Izbicki 1990 : 19-34.

（42）『全体会議における議長の権限について』の蓋然的な日付は一四三四年一一月一三日であり、一四三三年四月と『普遍的協和論』に関する以前の日付の間である。AC 1/1, no. 202-203 ; Sigmund, CC, xv, xviii.

（43） Bond/Christianson/Izbicki 1990 : 24-32 ; cf. *De conc. cath.* 2 : 4, 2 : 9, 2 : 15, 2 : 19, 2 : 34.

（44） Bond/Christianson/Izbicki 1990 : 33-34.

（45） MC 2 : 632-634, 645-647, 649-650.

（46） Christianson 1996 : 97-98 参照。ニコラウスもその論敵が彼の『協和』と『主宰する権威』からの抜粋を用いて彼に対抗していることを知っていた。Izbicki 1997 : Chap. 17.

参 考 文 献

Bendel, Rainer, (1997) *Nikolaus Cusanus Kirchenverständnis in der Auseinandersetzung mit den Böhmen,* in : *Kulturzeitschrift Sudetenland* 39.

Bocken, Inigo, (1998) *Toleranz und Wahrheit bei Nickolaus von Kues,* in : *Philosophisches Jahrbuch* 105.

Bond, H. Lawrence/Christianson, Gerald/Izbicki, Thomas M., (1990) *Nicholas of Cusa : 'On Presidential Authority'* (an English Translation of Nicholas of Cusa's *De auctoritate praesidendi in concilio generali,* in : *Church History* 59.

Christianson, Gerald/Izbicki, Thomas M. (1996) *Nicholas of Cusa on Christ and the Church,* Leiden,

Christianson, Gerald, (1979) Cesarini, The Conciliar Cardinal : *The Basel Years (1431-1438),* St. Ottilien.

——, (1985) *Cardinal Cesarini and Cusa's 'Concordantia',* in : *Church History* 54.

———, (1996) *Nicholas of Cusa and the Presidency Debate at the Council of Basel, 1434,* in : Christianson, Gerald/ Izbicki, Thomas M. 1996 : pp. 87-103

———, (1997) *Will Torch Go Bust as Boomers Age?* in : *The Torch* 71.

Elwood, Christopher, (1999) *The Body Broken : The Calvinist Doctrine of the Eucharist and the Symbolization of Power in Sixteenth-Century France,* New York.

Figgis, J. N. (reprint 1998) *Studies in Political Thought from Gerson to Grotius, 1414-1625,* New York ; reprint, Bristol.

Fudge, Thomas, (1981) *Infant Communion? Then and Now.* Bramcote.

———, (1984) *The Communion of Infants and Hussitism,* in : *Communio Viatorum* 27.

———, (1986) *The Communion of Infants : The Basel Years (1433-1437),* in : *Communio Viatorum* 29.

———, (1987) *Sacramental and Liturgical Reform in Late Medieval Bohemia,* in : *Studia Liturgica,* 17.

———, (1989) *La Communion des tout-petits enfants : Étude du mouvement eucharistique en Bohême vers la fin du Moyen-âge,* Rome.

———, (1995) *The Evolution of Utraquist Liturgy : A Precursor of Western Liturgical Reform,* in : *Studia Liturgica* 25.

———, (1996) *The 'Law of God' : Reform and Religious Practice in Late Medieval Bohemia,* in : Holeton 1996.

———, (1998) *The Magnificent Ride : The First Reformation in Hussite Bohemia,* Aldershot.

Gandillac, Maurice de, (1942) *Oeuvres choisies de Nicholas de Cues,* Paris.

Hallauer, Hermann, (1971) *Das Glaubensgespräch mit den Hussiten,* in : MFCG 9, Mainz.

Helmrath, Johannes, (1987) *Das Basler Konzil, 1431-1449 : Forschungsstand und Probleme,* Köln.

Hendrix, Scott, (1976) *In Quest of the Vera ecclesia : The Crisis of Late Medieval Ecclesiology,* in : *Viator* 7.

———, (1996) *Nicholas of Cusa's Ecclesiology between Reform and Reformation,* in : Christianson, Gerald/Izbibicki, Thomas M. (ed.), (1996) *Nicholas of Cusa on Christ and the Church.*

Holeton (ed.), (1996a) *The Bohemian Reformation and Religious Practice,* 1, Prague.

———, (1996b) *The Bohemian Eucharistic Movement in Its European Context,* in : Holeton 1996a.

Izbicki, Thomas M. (1997) *Auszüge aus Schriften des Nikolaus von Kues in Rahmen der Geschichte des Basler Konzils,* in : *Friars and Jurists : Selected Studies,* Goldbach.

Krämer, Werner, (1980) *Konsens und Rezeption : Verfassungsprinzipien der Kirche im Basler Konziliarismus,* Munster.

Kuhaupt, Georg, (1998) *Veröffentliche Kirchenpolitik : Kirche im publizistischen Streit zur Zeit der Religionsgespräche (1538-1541),* Gottingen.

McGowan, Andrew, (1999) *Ascetic Eucharists : Food and Drink in Early Christian Ritual Meals,* New York.

Nederman, Cary, (1999) *Natio and the 'Variety of Rites' : Foundations of Religious Tolerence in Nicholas of Cusa,* in : Laurensen, John (ed.), *Religious Toleration : 'The Variety of Rites' from Cyrus to Defoe,* New York.

Nicholas of Cusa, *De auctoritate praesidendi in concilio generali,* in : CT II, Traktate I (Heidelberg, 1935-1936).

Nicholls, David, (1994) *The Pluralist Ideas of J. N. Figgis and His Contemporaries,* Oxford.

Oakley, Francis, (1995) *Nederman, Gerson, Conciliar Theory and Constitutionalism : Sed contra,* in : *History of Political Thought* 16.

Palacký, Frantisek, et al. (ed), (1857-1935) *Monumenta conciliorum generalium seculi XV,* 4 vols., Vienna [MC と表記].

Patschovsky, Alexander/Zimmermann, Harald (ed.) (1998) *Toleranz im Mittelalter,* Sigmaringen.

Prügl, Thomas, (1999) *Antiquis iuribus et dictis sanctorum conformare : Zur antikonziliaristischen Interpretation von Haec sancta auf dem Basler Konzil,* in : *Annuarium Historiae Conciliorum* 31.

Putnam, Robert, (1965) *Bowling Alone : America's Declining Social Capital* in : *Journal of Democracy* 6.

Sigmund, Paul (ed.), (1991) *Nicholas of Cusa, The Catholic Concordance,* Cambridge.

——, (1963) *Nicholas of Cusa and Medieval Political Thought,* Cambridge.

Stieber, Joachim (1994) *Der Kirchenbegriff des Cusanus vor dem Hintergrund der kirchenpolitischen Entwicklungen und Kirchentheoretischen Vorstellungen seiner Zeit,* in : MFCG 21, Trier.

Tierney, Brian (ed.), (1955/²1997) *Foundations of the Conciliar Theory,* Cambridge, expanded, new rev. Leiden.

——, (1982) *Religion, Law and the Growth of Consitutional Thought,* 1150-1650, New York.

Thurner, Martin, (1998) *Kirche als Congregatio multorum in uno nach Nikolaus von Kues : Versuch einer transzendental-philosophichen Deduktion,* in : Weitlauff/Neuner (ed.) 1998 : pp. 485-510.

Vrankie, Petar, (1989) Die Grundzüge der Konzilstheologie des Johannes von Ragusa, in : Annuarium Historiae Conciliorum 30.

Watanabe, Morimichi, (1963) *The Political Ideas of Nicholas of Cusa, with Special Reference to his De concordantia catholica,* Geneva.

———, (1970) *Nicholas of Cusa and the Idea of Tolerance,* in : *Nicolo Cusano agli inizi del mondo moderno* (Florence, 1970) ; reprint, in : Izbicki, Thomas M./Christianson, Gerald (ed.), (2001) *Concord and Reform : Nicholas of Cusa and Medieval Political and Legal Thought,* Aldershot.

Weitlauff, Manfred/Neuner, Peter (eds.) (1998) *Für euch Bischof—mit euch Christ,* St. Ottilien.

慣習は神の属性ではない

――アベラルドゥス、ルルス、クザーヌスにおける宗教の対話の意図――

ヴァルター・A・オイラー

はじめに

「昔、北インドに一人の王がいた。彼はその召し使いに、『都に住む生まれつきの盲人を全員一つの場所に集めなさい。』と命じた。盲人たちがやって来ると、王は彼らの前に一頭の象を連れて来させた。王は一人の盲人に象の頭を触らせ、『これが象だよ』と言った。他の者たちにもそれぞれ、耳、牙、鼻、胴体、脚、尻、尻尾、尻尾の毛を触らせた。そうした上で王は『象とはどのようなものかね』と尋ねた。頭を触った者は『頭のようのものでした』、耳を触った者は『穀物をふるう箕のようでした』、牙を触った者は『犂の先のようでした』、胴体を触った者は『穀物倉のようでした』、脚を触った者は『太い柱のようでした』、尻を触った者は『臼のようでした』、尻尾を触った者は『杵のようでした』、尻尾の毛に触った者は『箒のようでした』と答えた。そして彼らは『象とはこういうものなんだ、そんなものじゃない』と叫びながら、互いに拳で殴り合い、王を楽しませた[1]」。

この盲人と象の寓話の初出はパーリー語仏典（*Udana*『ウダーナ』六・四）である。史的ブッダがその中でこれを語ったのは、際限なく哲学的論争を続ける遍歴修行者たちに用心するよう自分の弟子たちに警告するためであった。後代、アジアにおいてこの物語は、しばしば宗教批判の皮肉を込めて広く伝承された。諸種の宗教もこの盲人たちと同じである。彼らは真理の名において互いに争うが、その真理はいかなる人も宗教共同体も捉えることができないのだから、彼らにも蔽い隠されているのである。

西欧においてこの譬え話に匹敵するのはユダヤ起源の三つの指輪の寓話だが、ここで取り上げるのは、ゴットホルト・エーフライム・レッシングが、ジョバンニ・ボッカッチョを翻案した戯曲『賢人ナータン』(*Nathan der Weise*)の中で語っているそれである。ナータンは、本物の指輪はどれかという問いと同様に、三つの啓示宗教のなかで一体どれが真の宗教かという問いには決定な答えができないことを、対話の相手であるサラディンに説明する。サラディンはこの回答をいぶかしく思い、三つの宗教は衣服や食物の習慣にいたるまで細かく区別され得るではないかと断言する。ナータンはこれに答えて言う。

「さように申しますものの根本的には異なっておりませぬ。これらの宗教はいずれも歴史を、――つまり書かれたものにせよ伝承されたものにせよ、歴史を本《もと》にしているかと存じます。そして歴史は、とにかくそのまま受け入れられねばなりませぬ。さようではございませんか。そこでわたくし達が、いささかの疑いもなくそのまま受け取っているものは、どのような信仰でございましょう、――言うまでもなく自分の属している民族の信仰でございます。わたくし達と血の繋がりがあり、子供の時からわたくし達に愛を証拠だててくれた民族の信仰でございます。この愛は、欺かれるほうがわたし達の為になるような場合のほかは、かつてわたし達を欺いたことがございません。貴方さまがご先祖のことをお信じ遊ばすよりも、わたくしが自分の先祖を信じることのほうが薄いはずはございませぬ。またその逆も同様でございましょう。(2)」

レッシングの回答に従うと、諸宗教に関する真理性の問いには理論的に決定を下すことができない。すべての宗教は歴史、伝承そして慣習に基づいているからである。「偶然的な歴史の真理」と「必然的な理性の真理」との間に「醜く広がった溝」を跳び越えることができない、このようにレッシングは『精神と力の証明について』(*Über den Beweis des Geistes und der Kraft*) という小論において述べている。[3] それゆえ、諸宗教は神と隣人への実践的な愛だけに集中すべきなのである。[4]

上述の二つの譬え話で表明されている宗教の神学の立場は、疑いなく宗教間の寛容の思想を支持しているが、同時に、普遍的な真理と救いの主張をこぞって標榜するすべての偉大な宗教の自己理解に疑問を投げかけている。

キリスト教の場合、この主張は、「わたしは道であり、真理であり、命である」という「ヨハネによる福音書」(一四・六) のイエスの自己証言に典型的に表れている。テルトゥリアヌスは『処女のヴェールについて』(*De virginibus velandis*) においてこの発言を次のように補足する。「われわれの主、キリストはご自身を真理と呼ばれ、慣習とは呼ばれなかった」。[5] カトリック神学者ヨーゼフ・ラッチンガーはこのテルトゥリアヌスの文章を「教父神学の真に偉大な一節」と見なしている。これによってキリスト教は「きっぱりと真理の側に」[6] 立つのである。テルトゥリアヌスの発言は急速に西欧世界に広がり、『グラティアヌス教令集』(*Decretum Gratiani* D. VIII, c. 5) に取り入れられた。[7] 明らかにクザーヌスもこの文章を好んでいた。一四四四年の説教の一つで、彼はこれを神に転用し、引用しているからである。『説教二九』(*Sermo* XXIX) においてニコラウスは聴衆に向かって強く説き勧める。「さて、あなたがたは、神が真理であるということをよく考えてみなさい。『わたしは真理である』と語られた方は、『わたしは慣習である』とは仰らなかった。[8]」

つまり、慣習は神の属性ではない。とはいえ、人間は愛着をもった伝統や慣習に依存しており、このことはレッシングが挙げた理由から、宗教の領域で最も顕著である。これらの慣習は人間と宗教に等しく不和をもたらすが、他方、真理はそれらを統一へと導くことができるだろう。このような思慮は、諸宗教の代表の間でなされた中世における三つの虚構の対話の中心をなしている。以下でそれを考察することにしよう。この三つの対話とは、アベラルドゥスの『哲学者、ユダヤ人、キリスト教徒の対話』、ルルスの『異邦人と三賢者の書』、そしてクザーヌスの著書『信仰の平和』である。さらに、この三人の著者を手がかりにして、中世におけるキリスト教の側から、宗教比較の幾つかの根本的原則が示されることになろう。

一　アベラルドゥスの『哲学者、ユダヤ人、キリスト教徒の対話』

序文で素描した問題性をアベラルドゥスは、彼の息子アストロラビウスに贈った教訓詩の中で主題化している。

「一体、どれほど多くの信仰の諸派がこの世界を分割しているのだろうか。いずれの生活の道を歩むべきかはほとんど分からないと言われているとおりだ。

この世界にかくも多くの対立する信仰の教説がある上は、各人は自己の民族の伝統に従って振る舞うのだ。

結局、誰もこうしたことについて理性に尋ねてみようとはしないが、他方で、各人は平和のために生きようと努めているのだ。[9]」

この言葉は、アベラルドゥスがつけたのではない、『哲学者、ユダヤ人、キリスト教徒の対話』(*Dialogus inter Philosophum, Iudaeum et Christianum*)[10]という標題で知られる著作について、否定的な観点から定式化された題辞と理解することができよう。この著作は、標題で挙げられた人々の論争を取り扱うが、アベラルドゥスは彼らと夜の夢の中で出会い、彼らの仲裁者(iudex)を務めることになる。この三人は、次のように自己紹介をする。「私たちは、異なる信仰の教えを拠りどころとする者です。私たちは唯一の神を崇拝する者であることを、皆等しく告白しますが、その神に、別々の信仰と生き方によって仕えています。私たちの一人は異教徒で、哲学者と呼ばれる者たちに属し、自然の道徳律で満足しています。他の二人は聖典を所有しております。その内の一人はユダヤ教徒、もう一人はキリスト教徒と呼ばれています。けれども、わたしたちは、すでに長時間、自分たちの信仰の異なる見解について比べ合い、競い合ってきましたので、最終的にあなたに仲裁を委ねることになりました。(11)」

すでにこの著作の冒頭の言葉によって、本書が異なる精神的文化の出会いの記録であることが分かる。すなわち、「自然法」(lex naturalis)、理性によって認識できる道徳律および一神論に満足するいわゆる異教哲学、ならびにユダヤ教とキリスト教の出会いの記録である。だが、彼らの論争は開放的な鼎談でははく、二人ずつの対談が順次段階的に行なわれる。最初に哲学者とユダヤ人、次いで哲学者とキリスト教徒が討論する。ユダヤ人とキリスト教徒の討論は行なわれない。この注目すべき事態は、この『対話』の意図を推測するために重要な鍵を与えてくれる。ここでの論点は、簡単に言うと、啓示宗教であるユダヤ教とキリスト教は、自分たちに特有の真理と義務の主張が真実であることを「自然的宗教」に対して確証できるのか、それらの宗教は、すべての理性的人間によって熟慮され、追求されていることと比べた場合に、その内容と価値が実質的で、普遍的に妥当するものとして「より偉大なもの」であることを証明できるのかということである。

実際の論争を開始するに先立ち、アベラルドゥスは、宗教的な事柄の領域における慣習の優位に対し鋭い批判を哲学者に行なわせるが、これは上に引用したアストロラビウスへの詩の註釈として読むこともできる。というのも、長年にわたって行なわれてきた慣習は、ある意味で習い性となっており、人間は、子供のとき習い覚えた事は、大人になっても無反省に固執するからである。彼らは信じられている事柄を理解しようと努力せず、同時に、救いをもたらす唯一の真理を所有していると固く信じて疑わないのである。(12)

哲学者とユダヤ人の対話においては[13]、後になされる哲学者とキリスト教徒の対話よりも、上述の主要な関心事が一層あらわになっている。哲学者は、根本的には神と隣人への愛から成り立つ自然法に対して、ユダヤ教が実質的な進歩を示しているという主張を反駁する。というのも、すでにモーセ以前の時代においてアベル、エノク、ノア、そして族長たちのように多くの人物が、ユダヤ教の律法を遵守しなくとも神の前に義とされたからである。旧約の律法は、割礼の命令、食物や祭儀の規定のような外面的なものに固着し、しかも、それらを守っても、永遠の幸福ではなく、時間的、現世的な報酬しか約束しないのであれば、律法それ自体は不完全なものであろう[14]。

この批判にユダヤ人はほとんど対抗することができない。彼は、神が多くの世代を通じてイスラエルに啓示したトーラー（律法）への服従と信頼に対する応報の思想を見てくれと述べ[15]、律法の命令と禁止の内的、精神的次元を力説する[16]。両者の論争の論証に関する仲裁者（iudex）の評価はなされない。むろん、ユダヤ教に対する哲学者の異議がアベラルドゥス自身の異議であることは明白であろう[17]。しかしまた、このユダヤ人の姿は、彼らの悲しむべき離散の運命に対する同情に満ちて描かれている。ユダヤ人は言う。「これほどまでに抑圧され、弾圧された私たちにとって、私たちが生きていられるとしたら、そのこと自体がすでに奇跡なのです[18]」。ユダヤ人のファリサイ派的律法遵守による信仰的忠誠に、神が報いを与えないようなら、神はまことに残酷な方であるにちがいない[19]。

キリスト教徒と哲学者との論争の開始によって場面が変る。中心となるのは最高善（summum bonum）とそこに至る人間の道に関する問いである。両者ともに神を最高善（summum bonum）と呼び、徳は、膨大な道徳哲学的説明の助けを借りて、幸福に至る道として示される[20]。結局、人間にとっては神への大いなる愛が最高善であり、それによって来世で神を見ることが許されるのである。神に対する最大の憎悪が最高の悪であり、地獄における永遠の責め苦に導くものである[21]。

「最高善」(summum bonum) の本質的な特徴を展開する中で、キリスト教徒は精神的な主導権を握る。ユダヤ人を猛烈に攻撃した哲学者は、次第に守勢に追いやられる。一方で、古代の哲学者たちとキリスト教の間には最高善の問題に関して本質的な合致のあることが浮き彫りにされる。しかし、同時に、キリスト教は事柄の核心を、それ以前の哲学よりも明確に示し、その啓示は理性に新たな次元を開いたことを、キリスト教徒は強調する。それゆえ、キリスト教徒は、真の知恵、すなわちキリストから教えを受けた真の哲学者と呼ばれて当然であろう[22]。キリスト教の救いの約束は、自然的哲学のそれよりも具体的であると同時に包括的だからだ、というのである。

アベラルドゥスの関心は、キリスト教において、権威に基づいた義務の性格を伴う啓示への信仰と理性による方向づけとが矛盾しないことを示すことである。つまり、啓示への信仰が聖書の文字通りの理解に没頭することなく、可能性としての神的啓示がもつより高次な真理に対して理性が自らを開いているならば、両者は互いに調和するのである。

保守的な修道院神学者クレルヴォーのベルナルドゥスは、アベラルドゥスがキリスト教信仰の理性的根拠を追求して、その優れた点を疑おうとする、と非難したが[23]、アベラルドゥスは、『対話』において異論の余地がある彼の神学の理解を明確に弁護している。もしキリスト教徒が、自分たちの信仰について、信じない者もついて行くことのできる理性的論証を挙げる準備が整っていさえすれば、彼らは異なる思想との対話においても耐え抜くことができるし、また自分たちの宗教の真理の主張を語ることができるのである。いわゆる諸権威、つまり聖書と教父の伝統だけに寄りかかり、それらを批判的に吟味しない者たちは、迷信に対しても無力である。「偶像崇拝者たちが、石や木片、あるいは何か適当な被造物について、これが真の神だ、天と地の創造者だ、と言ったとしよう。あるいは、明らかにぞっとするような何らかのことを告げたとしよう。信仰に関して、理性では何も説明されえないとしたならば、誰が彼らを論駁することができるだろうか」[24]。これとの関連で、彼と同時代の多くの人々に革命的と思わせた、アベラルドゥスの神学の根本的アプローチが明らかとなる。彼は、これを『然りと否』(*Sic et non*)の序文で展開する。すなわち、ただ権威に基づくだけの論証は拒絶されるべきである。性急な判断と決定に対しては、「尋ねつつ探求すること」「学びつつ傾聴すること」が優位に立つべきなのである[25]。

「哲学者」と「キリスト教徒」との共演によって、アベラルドゥスは、ユダヤ教に対抗してその真理の主張を唱えることのできる、理性に基礎づけられたキリスト教信仰の理解を展開することができた。ある箇所で、哲学者についいて、彼がその先祖イシュマエルにならって十二歳の子供に割礼を施す民族の子孫である、と奇妙なことが述べられている[26]。アベラルドゥスの『厄災の記』(*Historia calamitatum*)が伝えるところによると、彼は数多くの敵を前にしてイスラムの地に逃亡しようと考えたことがあるが[27]、彼がこの「哲学者」を創作したとき、ひょっとしたらイスラムの思想家が念頭にあったのではなかろうか。この可能性は少ない[28]。この哲学者は特にムスリムの理解を代弁しているわけではないからである。イスラムへの関心は、アベラルドゥスの死後、彼の同時代人ペトルス・ウェネラビリスの提案でなされたコーランの翻訳と東方からの最初の報告が普及するとともに、次第に高まったのである。

この著作は、対話を取り仕切る「仲裁者」(iudex)の締め括りの発言がなされないままに終る。以前の研究は、この『対話』をアベラルドゥスの最後の著作と考え、死がこの著作の完成をはばんだと推定した[29]。そうこうするうちに、この見解は様々な点から疑問視されるようになった[30]。アベラルドゥスの諸著作の比較分析から、この『対話』が彼の最晩年のものではないということがかなりはっきりしたように思われる。それならば、たとえ奇妙なためらいを見せているとはいえ、仲裁者が対話の参加者に約束した判定が欠けているのはなぜだろうか[31]。われわれの手元にあるこの本の結末が、アベラルドゥスの意図した終りを示しているとするると、彼はその判定をこの著作の読者に任せようとしていたと推定せねばなるまい。したがって、彼がその証人となったこの虚構の対話の最終的な、そして本来の仲裁者は、読者である。仲裁者が、自分は性急に判断するよりも注意深く傾聴したい、と二度も強調していることは、この提案を支持する。(32) まさしくこの態度こそが、アベラルドゥスが彼の著作のすべての読者に勧めていることだと思われるのである。

二　ライムンドゥス・ルルスの『異邦人と三賢者の書』

アベラルドゥスとは異なり、ライムンドゥス・ルルスはキリスト教的西欧世界の辺境の出身である。彼の故郷マヨルカは、彼が誕生するほんの数年前にムスリムの支配から解放された。彼の在世中にはまだ多くのムスリムとユダヤ人とがこの島に住んでいた。(33) 彼の文化的背景は中世の大部分の神学者のそれとは根本的に異なっている。彼はもともと廷臣であり、結婚もした。十字架につけられたキリストの幻をたびたび見た末、三〇歳頃に、彼はそれまでの自分の生活を棄て、以後はユダヤ人とムスリム、後にはモンゴル人の宣教に一切を捧げる決心をしたのである。ルルスは知的な基盤に立ってキリスト教を広めようとした。そのために彼はアラビア語を習得し、イスラム神学を研究したのである。

彼が生涯に渡って主張し続けた確信は、異なる信仰を持つ者たちが偏見をもたずにキリスト教の本質的な信仰内容と取り組み、しかもそれが特別に訓練された神学者によって適切な方法で宣教されるならば、キリスト教の真理は理性的に証明されるということである。ルルスの伝道論によれば、キリスト教の宣教師は誰とでも対話を行なう心積もりがなくてはならず、さらに異なる信仰を持つ者たちが彼の論証に心を開くように、彼らを勇気づけなければならない。ルルスの著した虚構の宗教対話は[34]、キリスト教徒と他の宗教の信奉者との論争の模範であり、そこではルルスの諸原理が使用されることになろう[35]。

ルルスの本質的な関心は次のことにある。すなわち、対話の参加者が、真理と誤謬とを区別することを妨げる先入観と敵意から解放されることである。彼は次のように嘆いている。「人がその両親と先祖から受け継いだ信仰は、彼らの内にあまりにも深く根づいているため、説教や討論、人間が考えることのできるどんな手段をもってしてもその考えを改めさせることはできない。それゆえ、彼らと討論しようとしても、また彼らの陥っている誤謬を説明することができたとしても、彼らは語られたことをすべて即座に物笑いの種とするだろうし、自分たちは親と先祖が彼らに伝えたのと同じ信仰に留まり、そこで死を迎えたい、と言うだろう[36]」。この確認は明らかに諦めの響きをもっており、それは、ルルスが様々な討論において味わわねばならなかった苦い経験に基づいているのだろう。むろん、ルルスの場合、諦念が支配することは決してない。というのも、彼の伝道の努力に対するあらゆる反発にもかかわらず、彼は異常なまでの楽観主義に満たされていたからである。彼は次のように書いている。「真理は虚偽よりもしっかりと精神の内に根づいている。真理と存在とは、まさしく虚偽と非存在と同様、相互に一致しているからである。それゆえ、真理および多くの人間が虚偽に対して根気強く闘いを挑み続けるならば、必ずや真理は虚偽に勝利することになろう[37]」。

たった今引用した二つの相反する発言は『異邦人と三賢者の書』の序文に見出されるが、これは宗教の対話の問題に関するルルスの重要な作品である。一二七四年と七六年の間に書かれ、古カタルーニャ語とラテン語の版で伝えられているこの著作は[38]、宗教の神学の主題全般に、ルルスに典型的な方法で、詩的縁取りをほどこしたものである。

神も具体的な宗教も知らず、死の予感に絶望した一人の異邦人が森の中をさ迷っている。同じ時に、ユダヤ人、キリスト教徒、ムスリムの三人の賢者が、信仰の問題を議論するために出会う。彼らはこの目的のために森の中の泉のほとりにやって来て、五本の樹木の下に座る。樹木の花はその時々に二つの概念を含んでいる。「知性」(Intelligentia) という名の貴婦人が、賢人たちに樹木とその花の意味を説明する。ここで問題となるのは神の七つの属性の結合(善意、偉大さ、永遠、力、知恵、愛、完全性)であり、七つの被造的徳と七つの悪徳である。樹木は二つの前提に結び付けられている。1 神は、その本質と働きの点から、考えられる限り最大の威厳と完全性であると承認されねばならない。2 神的な徳と被造的徳とは相互に一致しなければならないが、他方、徳と悪徳とはできる限り対立するものと考えられねばならない。上述の前提は神を愛し、認識し、恐れ、神に仕えようとするという目的に沿うものである。この説明が終ると貴婦人は姿を消し、賢者たちは樹木の象徴に基づいて、彼らの宗教の内で一体どれが真の宗教かを討論することに決める。[39]

樹木の象徴は「ルルスの術」(ars lulliana) を単純化した形を示しており、ルルスの信念に従うと、ユダヤ人もキリスト教徒もムスリムも倫理的な一神教の信奉者として、同等にこの原理を肯定できるのである。形式的－理性的で、討論の参加者全員に受け入れられ、理解される方法に基づいた宗教の討論のほうが、種々の啓示宗教がもつ聖典の比較研究よりも有益であると彼は考えているのである。彼が繰り返し述べる見解によると、いわゆる権威に基づく証明が宗教間の一致に達することは不可能なのである。[40]

賢者たちが信仰の討論を始めようとしたその矢先、彼らは、さ迷い歩く異邦人を目にする。彼は賢者たちに自分の絶望を物語る。彼らは同情し、自分たちの対話を中断し、樹木の象徴に基づいて、まず口をそろえて神の存在と死者の復活の必然性とを彼に説明する（第一の書）[41]。異邦人は理解が得られたことを神に感謝し、祈りを捧げる。しかし、この時、彼は、賢者たちが信仰の問題について一致していないことに気づく。動転した彼は尋ねる。「どうしてあなた方は皆、一つの信仰と一つの宗教的戒律の下にいないのでしょうか[42]」。三人の賢者も、この点においては、自分たちの間に非常に大きな相違があることを認める。彼らの内の一人はユダヤ人、他はキリスト教徒、三人目はムスリムである。「あなた方の内では誰がより優れた宗教を持っているのでしょうか」と、不安げな異邦人は、三人に尋ね、救いをもたらす真理を自分に示してくれるように懇願する[43]。

こうして対話の参加者が解答を見出さなければならない決定的な問いが立てられる。彼らは一緒になって次のことを決める。すなわち、彼らの各々が自分の宗教の根本を異邦人に話す。その場合、歴史的に成立した順序に従い、まずユダヤ教、次にキリスト教、そして最後にイスラムの信仰が素描されることになる。ただ、異邦人はそのつど質問し、あるいは反論を申し立ててもかまわない。この著作の主要部分では（第二－第四の書）三人の各々が樹木と花の方法に基づいて自分の宗教を説明し、その信仰の真理性の諸根拠を挙げる。これはキリスト教徒だけではなく、ユダヤ人にもムスリムにも等しくあてはまり、彼らはルルスにとって周知のユダヤ教とイスラムの護教論の論証を述べるのである[44]。ルルスによって広められた論証の基盤は、固有の信仰命題を普遍的に妥当する哲学的発言として定式化することのできる宗教が真と見なされるということである。レッシングの言葉を借りるならば、ルルスの言う意味での真の宗教は、「偶然的な歴史の真理」と「必然的な理性の真理」との間に破壊できない架け橋を築くような宗教であると言うことができよう[45]。

異邦人がどの宗教をとったのかを、読者は知らされないままに本書は終る。ただ、彼が三つの宗教の中の一つを選択したことだけは語られている。しかし、賢者たちは、彼にその決定を打ち明けさせない。彼らはその選択に左右されずに、神の栄誉と平和と理性の掟を十分に満たす納得ずくの一致に到達するまで、さらに討論を重ねたいと思ったからである。(46)

序文、第一の書、結語において三人の賢者は共にルルスの確信を述べる。彼らがユダヤ人、キリスト教徒、ムスリムとして登場するところでは、キリスト教徒はルルスのキリスト教固有の見解を擁護し、ルルスの多くの著作から知られる方法で論証し、ユダヤ人とムスリムはそれぞれの宗教の神学者と同じように論証する。一方で、ルルスは三つの啓示宗教の間の共通性を強く主張し、そのために、無宗教の異邦人には、第一の書の最後までこの三人がただ一つの宗教の信奉者のように思われる。けれども、同時にルルスは次のことも確信している。すなわち、真であることができるのはこの三つの宗教の内一つだけであり、そのために、他の二つの宗教の帰依者は、終末論的な救いに関しては、宗教を持たない異邦人と決して区別されないということである。彼は真理および救いの排他主義を主張するが、それは、私の考えでは、この書物の形式的構造に適合していない。

ルルスは統一の理念に魅了されているのである。世界の創造者、主である神は一人であるから、世界の民族は唯一の民族にまとまるべきであり、ただ一つの宗教と神礼拝の形式だけが存在すべきであって、それによってすべての人間が救いに至ることができ、人間の憎悪と敵対は終るというのであろう。(47)ルルスにとって、人類のこの一つの信仰がキリスト教であることは自明のことである。キリスト教は、神の内的本質に関しても被造物におけるその現存との関連においても、三位一体と受肉の思想をとおして、神的属性をより高い完全性において考え、それゆえに、ユダヤ教とイスラムに優っているからである。(48)

三　ニコラウス・クザーヌスの『信仰の平和』

ニコラウス・クザーヌスの思想もまた、統一の理念によって決定的に規定されている。むろん、エウセビオ・コロマーが「同一的なものの硬直した同等性においてではなく、多様なものの生き生きとした一致において」と述べたように、クザーヌスはこれをルルスと対照的に求めたのではない。[49] このクザーヌスにとって独特のアプローチは、一四五三年のコンスタンティノープル陥落直後に執筆された『信仰の平和』（*De pace fidei*）に表現されている。ここで本書の内容を事細かに述べることはできないので、[50] 私の話は、われわれのテーマに関する本書の幾つかの重要な側面に限定することにしたい。

『信仰の平和』の導入的な章において、思考の流れは何よりも諸宗教の多様性の根拠への問いに集中する。そもそも、神は一人であるのに、なぜ多くの宗教が存在するのか、また、すべての宗教は同じく一人の神を崇拝するのに、なぜ多くの宗教が争うのか。この問題について天的諸力を通してもたらされる枢機卿の解答の中に、われわれはすでにアベラルドゥスとルルスの時代から周知の見解の幾つかに出会う。人間は原理的に神との連帯に達することができるよう神によって創造されたが、彼らは一時的なもの、究極にまで至らないものを絶対化し、慣行や慣れ親しんだことを唯一の真理と見なすことに次第に傾いてゆくのである。人間を相互に引き離す諸種の宗教的慣習は、時間の経過の中で人間にとっていわば第二の本性となる。[51] クザーヌスが『知ある無知の弁護』（*Aplogia doctae ignorantiae*）で指摘するように、[52] 人間はそれらを真理であるかのように擁護し、そのために殺されることさえあるのだ。すでに『推測について』（*De coniecturis*）においてニコラウスは、「敬神」（religio）が霊性と時間性

(spiritualitas et temporalitas) との間で間断なく揺れ動いていることを指摘している。[53]

少数の人だけが霊的なものに真っ直ぐに向かうことができる。むろん、彼らは神的な助力によって、最終的には一つの真理だけが存在すること、[54] そしてこの真理は種々の宗教においてそれぞれ固有の仕方で現れていることを認識することができる。クザーヌスは「多様な儀礼の中の唯一の宗教」(una religio in rituum varietate)[55] について語るが、これは、諸宗教がその前提を問われるときに明らかとなる。つまり、ここで重要なことは、ある一つの宗教が他の宗教と交換されることではなく、すべての宗教の統一的な根拠を露にすることであり、[56] この根拠のことを、クザーヌスは「一つの正統的信仰」(una fides orthodoxa) と呼んでいるのである。[57] この課題は、諸民族と諸宗教の代表である一七人の賢者に委ねられる。彼らは、神的御言葉との対話の中でペトロとパウロにすべての宗教の共通の内的核を語らせることを決定する。その主要な要素とは、唯一神教的－三位一体的神の理解、神の御子の受肉、永遠の命、そして信仰による義認である。[58]

本書の綱領的な中心思想、「多様な儀礼の中の唯一の宗教」は、さらに奥行をもった宗教の神学の含蓄をもっている。それがまず前提としていることは、非キリスト教的宗教も唯一の神を問題としており、他の宗教においても、すべての人間に本性上備わっている神認識と神の愛を求める志向が、力を発揮しているということである。[59] さらに、この思想が含意していることは、諸種の宗教がその目標において収斂すること、またこの目標の実現は諸民族と様々な時代に様々な仕方で現れるということである。儀礼と慣習の多様性は神崇拝を促進することに寄与するとまで評価されている。[60]

にもかかわらず、「多様な儀礼の中の唯一の宗教」というクザーヌスの理念が、諸宗教は宗教のもつ同一の本質の歴史的ないしは民族的現象形式に過ぎない、と考える宗教の神学の相対主義にまで進むものではないということは、本書の主要部分から明らかである。この宗教の対話がまさに得ようと努めているのは、すべての宗教に見出せる真の神への愛と認識という諸要素がキリスト教の啓示の核心的思想において収斂し、最も完全に表現されるということの証明である。[61] クザーヌスの宗教の神学の綱領は、すべての宗教が積極的にキリスト教信仰の教えに関わるという包含的な真理理解に基づいているのである。

ただユダヤ人に対してだけは、彼らがキリストを拒絶し、メシアの到来をこれから先の未来に待望していることから、明確な分離線が引かれる。[62] 意志表明の主要な相手であるイスラムを、その宗教理解において調和的に融合統一しようとするこの枢機卿の努力は、ユダヤ人に対する険しい態度と顕著な対照を示している。ほぼ七年後に書かれた『コーランの精査』(*Cribratio Alkorani*) において、ニコラウスはこの点について異なった判断を下す。確かに、彼はこの著作の第二巻でまず何よりも『信仰の平和』の理念に立ち返り、詳細にそれと取り組むが、しかし同時に、彼はそれを「敬虔な解釈」(pia interpretatio) つまり、コーランのキリスト教的解釈と呼んでいる。[63] これに対し、別の箇所で、コーランの本来の意図は彼のキリスト教的解釈とは相容れないという異なった見解を表明し、[64]『信仰の平和』では知られていなかった方法によって、ムハンマドとムスリムの聖なる書物を論駁する。

詳細に考察すると、「敬虔な解釈」、つまり、非キリスト教的な敬虔のしきたりをキリスト教的に解釈するという解釈学的原理は、後の『コーランの精査』よりもこの信仰の平和についての書においてさらに一貫して採用されているが、この用語は前者において始めて登場しているのである。この「敬虔な解釈」は、『信仰の平和』における論証が基づく一つの支柱であるが、他の重要な支柱は、キリスト教の中心的な信仰の教えの集中的な人間論的－形而上学的解釈であり、クザーヌスはこの教えの普遍的な拘束性をこの方法で基礎づけようと努めているのである。

宗教学的な視角から考察すると、彼のアプローチは、諸種の宗教をそれらの自己理解と合致するように説明するというルルスのアプローチと比較した場合、ある後退を示している。だが、同時に、神学的に考察すると、「多様な儀礼の中の唯一の宗教」というクザーヌスの中心思想は、ルルスのそれよりも大きな進歩を示している。この理念によって、非キリスト教的な敬虔と神探求の様々なしきたりを積極的にキリスト教に関係づけることができるのである。彼の宗教の神学の綱領は、カトリック神学の領域では第二ヴァティカン公会議でようやく取り入れられたが、しかし、それがすでに追い越されたとはとうてい言えない。すべての宗教が一なる神的な真理に誠実に関心を抱いているという洞察と、同時にキリスト教信仰の真理の主張を擁護するという神学的必然性との緊張は、クザーヌスにとっても今日の神学にとっても同様に特徴的なものである。この緊張を一面的に解こうとするあらゆる試みは、これまでのところ袋小路に突き当たってしまっている。

包含的な真理の理解は、信仰の平和に関する虚構の宗教対話の形式的構造と一致している。諸民族と諸宗教を代表する賢者たちは、本質的な事柄を非本質的な事柄から、宗教の不可変の核を可変的なしるしから区別することを指導され[65]、神との共同体に到達し、平和を促進するために必要な要素以上のことを求めることがないよう指導される。彼らは、神的御言葉、ペトロとパウロを通して語りかける永遠の理性に心を開いている。ついで第二段階で彼らは、天上における対話で獲得されたことを地上の生活の領域にあてはめ、自分たちの慣習に寄りかかっている人々を宗教の本来の統一的な真理に心を開くように、導かねばならないのである[66]。

結語

以上の報告で提示された三つの宗教の対話を相互に比較すると、まず注意を引くことは、中世という時代が下るに従って文化的−地理的地平が拡大していることである。まだキリスト教的西欧の内部空間にしっかりと根を下ろしていたアベラルドゥスは、すでに古代から知られていた状況に則している。つまり、それはユダヤ教とキリスト教との対話における哲学である。ルルスは彼の故郷スペインの三つの宗教に集中したが、後に旅行をとおして、彼の存命中にシリアまでやって来たタタール人、つまり、モンゴル人の存在に気づいたのである。最後にクザーヌスは、一三―一四世紀の東方旅行の報告に興味を抱き、全民族、宗教を代表する賢者たちの列に、少なくとも七人のアジア人を加えた。すなわち、アラブ人、インド人、カルデア人、ペルシア人、シリア人、トルコ人、タタール人である。同様にアジアに定位されるべきスキュタイ人は、古代の資料には出て来るが、クザーヌスの生きた時代には滅亡していた民族である。(67)

プラトンの対話編『メノン』の中でソクラテスは、事柄に即し、礼儀正しく真理を獲得しようと努力する「友人としての対話」を、自分の見解を主張することと対話相手に勝利することを第一の目標とするソフィストの論争から区別する。(68)こうした区別の意味からすると、上で素描したテキストは、まさしく模範とすべき典型的な友人としての対話であると考えられる。それは、一人の著者が自ら案出した、他者の思想と自問自答する文学的に彫琢された対話として、ソフィスト的論争に頽落する危険性を免れているのである。アウグスティヌスは、彼の初期の著作『ソリロキア』において自問自答の形式を選択したことを弁明して、次のように述べている。「一方で、真理を探究するには、問いと答えの形式ほど優れたものはない。しかし、他方で、対話において敗れた場合、恥ずかしさを感じない者はほとんどいないだろう。そして、申し分なく検討されて来た問題が、頑固さからくる支離滅裂な矛盾によって潰されることになり、しかもその場合、心の中の動揺は表面に出てこないのである」(69)。

アウグスティヌスの言葉はアベラルドゥス、ルルス、クザーヌスの努力を見事に正当化するものと考えることができる。さらに、彼らが創作した宗教の対話を記憶に留めることにより、われわれは、あの意地悪な王に惑わされて、互いに話し合うことなく、殴り合った哀れな盲人たちの失敗を繰り返すこともなくなるであろう。[70]

（矢内義顕訳）

（1）Glasenapp 1996：439-440.

（2）3. Akt, 7. Szene : Lessing 1920 a : 335.（訳文は邦訳一一二―一一三頁に拠る。また『デカメロン』（*Decameron*）第一日第三話も参照）

（3）Lessing 1920 b : 51-53.

（4）指輪の譬え話の要約である。Lessing 1920a : 337.

（5）I, 1 : Tertullianus 1954 : 1209, linn. 9-10.

（6）Ratzinger 1980 : 93（邦訳七六頁）

（7）Dupré 1975 : 172.

（8）Cusanus 1983 : 37, n. 9, linn. 2-3.

（9）引用文は、Abailard 1995 : 343 に拠る。

（10）この著作の写本は表題なしで伝承された。アベラルドゥスはこの作品を単に『対話』（Collationes）とだけ呼んでいる。今日普及している表題は、一八三一年の最初の刊本に由来する。この点については、Moos 1998 : 129. 参照。以下に引用するテキスト本文は、Abaelardus 1970 に拠る。

（11）Abaelardus 1970 : 41, linn. 5-11 ; 訳文は Abailard 1995 : 9 に拠る。

（12）Abaelardus 1970 : 45-46, linn. 107-138 参照。

（13）Abaelardus 1970 : 44-85 参照。

（14）例えば、Abaelardus 1970 : 53-62, linn. 332-565 ; 73-84, linn. 878-1164 参照。

(15) Abaelardus 1970 : 49, linn. 212-19.

(16) Abaelardus 1970 : 62-73, linn. 566-877.

(17) Abelard 1979 : 35 参照。

(18) Abaelardus 1970 : 51, linn. 284-86.

(19) Abaelardus 1970 : 50, linn. 252-54.

(20) Abaelardus 1970 : 85-138, linn. 1172-2594 参照。

(21) Abaelardus 1970 : 132-133, linn. 2437-449.

(22) Abaelardus 1970 : 92, linn. 1363-368.

(23) Bernhardus von Clairvaux 1977 : 41, linn. 10-12 参照。

(24) Abaelardus 1970 : 93, linn. 1385-388 ; 訳文は Abailard 1995 : 115-17 に拠る。

(25) Moos 1998 : 130-131.（大谷啓治訳『然りと否 序文』（『中世思想原典集成 7 前期スコラ学』古田暁編訳／監修、平凡社、一九九六、五〇一—二三頁、所収）

(26) Abaelardus 1970 : 68, linn. 730-32.

(27) Abérald 1959 : linn. 1221-1225（邦訳五六—五七頁）参照。

(28) Moos 1998 : 133 参照。

(29) この点については、Thomas 1966 : 27-29 参照。

(30) この点については、Mews 1985 : 104-07 ; Allen 1998 参照。

(31) Abaelardus 1970 : 84-85, linn. 1165-171.

(32) Abaelardus 1970 : 43-44, linn. 68-78 ; 84, linn. 1167-168.

(33) ルルスの伝記については、Euler 1995 : 42-48 参照。

(34) この点については、Colomer 1984 : 94-102 参照。

(35) Domínguez 1999 : 267, 282.

(36) *Liber de gentili et tribus sapientibus* : Raimundus Lullus, 1722/1965 : 113-114 ; 訳文は部分的には、Ramon Lull 1998 :

247 に拠る。

（37） Lullus 1722/1965 : 114 ; Lull 1998 : 247.

（38） 古カタルーニャ語版の批判版は、Llull 1993 である。

（39） Lullus 1722/1965 : 23-25.

（40） '... et eo quod per authoritates non possumus convenire, tentaremus utrum possemus concordare demonstrativis et necessariis rationibus' (Lullus 1722/1965 : 25).

（41） Lullus 1722/1965 : 26-40.

（42） Lullus 1722/1965 : 40.

（43） Ibid.

（44） Lullus 1722/1965 : 41-109.

（45） 注3参照

（46） Lullus 1722/1965 : 109-14.

（47） Lullus 1722/1965 : 25 ; 114.

（48） Lullus 1722/1965 : 92.

（49） Colomer 1984 : 107.

（50） 『信仰の平和』の内容については、Euler 1995 : 160-68 参照。（八巻和彦訳『信仰の平和』、『中世思想原典集成17 中世末期の神秘思想』小山宙丸編訳／監修、平凡社一九九二、所収）

（51） C. 1 : Cusanus 1959 : 4, lin. 19.-6, lin. 8.

（52） Cusanus 1932 : 6, linn3-7.

（53） II, 1 : Cusanus 1972 : 149, n. 149, linn. 8-9.

（54） C. 3 : Cusanus 1959 : 10, linn. 4-5.

（55） C. 2 : Cusanus 1959 : 7, linn. 10-11.

（56） C. 4 : Cusanus 1959 : 11, linn. 11-12.

(57) C. 3 : Cusanus 1959 : 10, lin. 6.

(58) C. 4-16 : Cusanus 1959 : 11-56 参照。

(59) C. 1 : Cusanus 1959 : 4, lin. 20-5, lin. 10 参照。

(60) C. 1 : Cusanus 1959 : linn. 11-12.

(61) Benz 1961 : 26 参照。

(62) C. 12 : Cusanus 1959 : 39, linn. 8-15.

(63) 「敬虔な解釈」(pia interpretatio) という概念は、『コーランの精査』において全部で四回登場する。その四箇所はみな第二巻に見出される。Cusanus 1986 : 72, n. 86, lin. 4 (II, 1) ; 95, n. 119, lin. 1 (II, 12) ; 99, n. 124, linn. 3-4 (II, 13) ; 125, n. 154, lin. 8 (II, 19).

(64) 例えば、Cusanus 1986 : 24, n. 23, linn. 14-18 (I, 1) ; 56, n. 64, linn. 10-12 (I, 14) 参照。

(65) C. 16 : Cusanus 1959 : 52, linn. 1-2 参照。

(66) C. 19 : Cusanus 1959 : 62, linn.. 20-21 参照。

(67) Gebel 1978 参照。

(68) 75 c-d (『メノン』藤沢令夫訳、岩波文庫、一九九四、二七頁) ; Westermann 1999 : 178-179 参照。

(69) II, 14 : Augustinus 1986 : lat. Text : 100, lin. 21-102, lin. 1 ; dt. Übers. : 101. (邦訳四〇六頁)

(70) この点についてはニコラウスが一四五四年一二月二九日にセゴビアのホアンに宛てた書簡も参照のこと。'...potius putem conferendum quam bellandum' (Cusanus 1959 : 100, linn. 13-14).

参考文献

Abélard, (1959) *Historia calamitatum,* texte critique avec une introduction, publié par J. Monfrin, Paris.（『アベラールとエロイーズ―愛と修道の手紙―』畠中尚訳，岩波文庫，一九六四）

Abailard, Peter, (1995) *Gespräch eines Philosophen, eines Juden und eines Christen,* lat-dt. hrsg. und übertr. v. H.-W. Krautz, Frankffurt a. M./Leipzig.

Abelard, Peter, (1979) *A Dialgue of a Philosopher with a Jew, and a Christian,* translated by P. J. Payer, Tronto.

Abaelardus, Petrus, (1970) *Dialogus inter Philosophum, Iudaeum et Christianum.* Textkritische Edition von R. Thomas, Stuttgart-Bad Cannstatt.

Allen, Julie A. (1998) On the Dating of Abailard's *Dialogus* : A Reply to Mews, in : *Vivarium* 36 : 135-151.

Augustinus, Aurelius, (1986) *Selbstgespräche. Von der Unsterblichkeit der Seele,* lat.-dt. Gestaltung des lat. Textes v. H. Fuchs. Einf., Übertr., Erl. u. Anm. v. H. Müller, München/Zürich.（『ソリロキア（独白）』清水正照訳，『アウグスティヌス著作集』第1巻，教文館，一九七九，所収）

Benz, Ernst, (1961) *Ideen zu einer Theologie der Religionsgeschichte,* Wiesbaden.

Bernhard von Clairvaux, (1970) *Epistola* 191 ; Opera, Bd. VIII, ed. J. Leclercq-H. Rochais, pp. 41-43. Roma.

Colomer, Eusebio, (1984) *Die Vorgeschichte des Motivs vom Frieden im Glauben bei Raimund Lull,* in MFCG, Bd. 16 : 82-112. Mainz.

Cusanus, Nicolaus, (1932) *Apologia doctae ignorantiae* (h II).

———, (1959) *De pace fidei cum epistula ad Ioannem de Segobia* (h VII).

———, (1972) *De coniecturis* (h III).

———, (1983) *Sermo XXIX* (h XVII/1 : 29-33).

——, (1986) *Cribratio Alkorani* (h VIII).

Domínguez, Fernando, (1999) *Der Religionsdialog bei Raimundus Lullus. Apologetische Prämissen und kontemplative Grundlage,* in : Jacobi, K. (ed.) *Gespräche lesen. Philosophische Dialoge im Mittelalter,* 263-290. Tübingen.

Dupré, Wilhelm, (1975) *Apriorismus oder Kausaldenken nach der cusanischen Auffassung von der Gotteserkenntnis?,* in : MFCG, Bd. 11 : 168-194. Mainz.

Euler, Walter Andreas, ([2]1995) *Unitas et Pax. Religionsvergleich bei Raimundus Lullus und Nikolaus von Kues,* Würzburg/Altenberg.

Gebel, Doris, (1978) *Die 'Sapientes Nationum' bei Nikolaus von Kues,* in : *Jahrbuch der Gesellschaft für niedersächsische Kirchengeschichte* 76 : 139-154.

Glasenapp, Helmut von, (1966) *Die fünf Weltreligionen : Hinduismus, Buddhismus, chinesischer Univerismus, Christentum, Islam,* München.

Lessing, Gotthold Ephraim, (1920a) *Nathan der Weise* ; Werke in sechs Bänden, Bd. II : 275-392. Berlin. (『賢人ナータン』篠田英雄訳 岩波文庫、一九五八）

—— (1920b) *Über den Beweis des Geistes und der Kraft* ; Werke in sechs Bänden, Bd. VI : 49-54. Berlin.

Lullus, Raimundus, (1722/1965) *Liber de gentili et tribus sapientibus,* Opera II : 21-114. (Mainz, Nachdruck : Frankfurt/M.) 頁番号は刊本の通し番号に拠る。

Llull, Ramon, (1993) *Llibre del gentil e dels tres savis,* Bonner, A. (ed.) Palma de Mallorca.

Lull, Ramon (1998) *Das Buch vom Heiden und den drei Weisen.* Übers. u. hrsg. v. T. Pindl, Stuttgart.

Mews, Constant, (1985) *On Dating the Works of Peter Abelard,* in : *Archives d'Histoire doctrinale et littéraire du Moyen Age* 60 : 73-134.

Moos, P. von, (1998) *Abaelard : Collationes (Gespräche eines Philosophen mit einem Juden und einem Christen),* in : Flasch, K. (ed.) *Interpretationen. Hauptwerke der Philosophie : Mittelalter,* 129-150, Stuttgart.

Ratzinger, Joseph, ([4]1980) *Einführung in das Christentum. Vorlesungen über das Apostolische Glaubensbekenntnis,*

München (Taschenbuchausgabe).（『キリスト教入門』小林珍雄訳 エンデルレ書店、一九七三）

Tertullianus, (1954) *De virginibus velandis,* ed. E. Dekkers, CCSL II : 1209-1226, Turnholti.

Thomas, Rudolf, (1996) Der *philosophisch-theologische Erkenntnisweg Peter Abaelards im Dialogus inter Philosophum, Iudaeum et Christianum,* Bonn.

Westermann, Hartmut, (1999) *Wahrheitssuche im Streitgespräch. Überlegungen zu Peter Abaelards 'Dialogus inter Philosophum, Iudaeum et Christianum',* in : Jacobi, K. (ed.) *Gespräche lesen. Philosophische Dialoge im Mittelalter,* 157- 197, Tübingen.

平和と創造力
――クザーヌス、モンテーニュそしてルネサンス哲学――

イニゴ・ボッケン

序

エラスムスは一五一八年の著作『平和の訴え』で、この時代には哲学においても宗教においても、平和が保証される場を見出すことが不可能になってしまったと嘆いている。(1) エラスムスは、人格化された〈平和〉(という女神)を造って、以下のようなディレンマに対決しているつもりでいる。すなわち、自然本性がわれわれに対してかくも多くの論拠をもって平和と協和の必要性を教えているのにもかかわらず、現実の諸関係――これには(哲学の)思考も関与している――は、平和の必要性が自己の足場を固めることができるであろう確固たる錨をどこにおいても提供していない、というディレンマである。かつては哲学と宗教が、平和と一致の見出されうる休息の場であったのに対して、今ではこれらは、解決不能な争いと――宗教がまさにそうであるように――血なまぐさいたえざる紛争によって特徴付けられている、というのである。人文主義者かつ神学者であったエラスムスがここで、当時の宗派間の市民戦争とそれがもたらしている政治的かつ精神的な混乱のことを考えていることは明らかであろう。この同じ文脈で彼が哲学についても言及していることは、大いに興味深いものがある。思考という静穏においてさえ、互いに争っている宗派が――少なくとも原理上では――もはや互いに宥和しうるはずの基礎を見出しえなくなっているのである。[2] 哲学の無力さを嘆くエラスムスのこの嘆息を理解するためには、彼の世紀における止まることのない宗教的多元主義という背景と、さらには、哲学というものの可能性に対して疑念が増大しつつあったという背景を考慮に入れる必要がある。この疑念はセクストゥス・エンピリコスの諸著作の再発見によって強化されたものであり、この諸著作は、R・ポップキンが「懐疑論的危機」と正しくも名づけた危機を惹き起こしたのである。[3] 戦争と平和という問題、すなわち、この見かけ上の不可能性を最終的な社会的かつ宗教的宥和へと導くという問題は、ニコラウス・クザーヌスにとっても、哲学の課題を新たに定式化しなければならないという要求を意味するのである。実はこれは哲学においても、真理の獲得をめぐる内的な闘争として特徴付けられるということにおいて、いっそうよく妥当するのである。[4] 哲学の歴史は、真理をめぐる多様でしばしば互いに矛盾する思想と理解の系譜である。真理は、その存在するとおりの姿では人間には到達不能である、とクザーヌスは結論付ける。このような真理の到達不可能性は、ニコラウス・クザーヌスにおける決定的な鍵となる思想である。この洞察がクザーヌスに到来したのは、哲学の歴史からのみならず、外交使節にして政治家、のちにはブリクセン司教としての自分の経験からでもある。さらに彼は、正義と正しさについての永続する決定的な尺度を見出すことは不可能であること、また、これらについての理解がたえず変化するということについて、ヨーロッパの歴史上初めての法史学者として、深い関心をもっていた。宗教の形式がたえず変化するということを描写する『推測について』の美しい一節は、よく知られている。「この世界の何らかの民族において、宗教または何らかの支配形式が永続的に存在しているように見えるとしても、正確にはそうではない。ライン河が昔から変わることなく流れているように見えるとしても、しかし決して同じ状態にあったわけではない。それは、時には騒がしく、時には澄んで、時には水かさが多く、時には水かさが少なく、流れるのである。……同様に宗教もまた、精神性と時間性の間で不安定に流れているのである。これとまったく同様に、支配もより大きな服従とより少ない服従との間でたえずゆれ動いているのである」[5]。

私はこの論文において、クザーヌスが、真理の到達不可能性という意識を基礎にして、いかに哲学の課題を新たに定義しようとしたか、すなわち〈推測的〉哲学として定義したことを明らかにしたい。彼はこの哲学において、現実性と真理の結合を、もはや（神学的に方向付けられた）存在の秩序によって考察するのではなく[6]、形式と形態についてそれ以上減らすことが不可能な複数性を帯びたものとしての人間のパースペクティヴが、〔真理に〕接近することは不可能である、ということから出発しようと試みるのである。〈推測〉con-iecturaという概念のいくつかの意味のうちの一つは、「集めること」であり、この意味において、クザーヌスにとって人間は「集める存在」であると言えるであろう[7]。

さらに私は以下のことも明らかにしたい。彼は実践的政治家であったにもかかわらず、どのようにしてこの新たな課題を、つまり、『精神についての無学者考』（一四五〇）〔以下『精神について』〕が示しているように、中世の体系的講壇哲学からは決定的に異なっているが、しかし、未だ近代の、トマス・ホッブズ、ジョン・ロックそしてインマヌエル・カントらの場合ほどには決定的に異なってはいないものの、この新たな課題を、〈政治的なるもの〉の助けを借りながら、いかに克服しようとしたか、を。むしろ彼は美的なものを頼りにするのである。すなわち、この推測の哲学はその核心において、伝統的キリスト教・プラトン主義的な特徴をもつ〈神の似像〉論の一変容であるのだ。

この点において、ハンス・ブルーメンベルクが、クザーヌスは近代の敷居に立っていたが、それを超えて行くことはなかったと論証したのは、至当である。実際、クザーヌスの哲学は過渡期の哲学と呼ばれてよいであろう。しかし、この表現は、この哲学の価値を引き下げる意味ではなくて、むしろ、実現されずに忘れられた可能性を近代の哲学の伝統に対して指示するものである限りで用いられるべきであると、私は考える。この意味において私は、一九世紀末から二〇世紀初頭の初期クザーヌス研究には擁護者を見出したものの、現在にいたるまで依然として議論が沸騰している以下のような命題について、断固たる支持者になりたいのである。その命題とは、もはや中世的な〈秩序〉思考の特徴において展開されえず、同時に〈conservatio sui〉（ブルーメンベルクの言う「自己主張」）への偉大な近代的転換もまだ実現してはいないものとしてのルネサンス哲学、それの代表者がクザーヌスに他ならない、というものである。私はこの命題を、近代の合理性一般の成立にとって本質的な役割を果たしたものとしての、戦争と平和という問題性を手がかりとして少し説いてみたい。まず始めに、クザーヌスが『信仰の平和』で展開した平和思想を、もう一つの近代の有名な平和構想と、すなわちカントがその『永遠平和のために』において大なる熱意と戦闘的鋭さをもって擁護したそれと対比させてみたい。そうすると平和の〈発見〉（クザーヌス）と平和の〈設立〉（カント）との間の相異が明らかになるであろう（第一章）。第二に、この注目すべき対照の背景を、クザーヌスの〈真理の到達不可能性〉という思想の中に探して、これを再び、もう一人のルネサンス期の重要な思想家であるミッシェル・ド・モンテーニュと対比してみたい。その際には、人間の非決定性についての多様で対照的な理解が問題となる。これは、ほとんど古典的でさえあるが、ピコ・デッラ・ミランドラの『人間の尊厳について』でも重要な役割を果たしているものである（第二章）。第三に、推測の哲学の根本構造としての〈神の似像〉論の意味を簡単に叙述する（第三章）。最後に、真理と平和の関係について若干の結論を述べたい（結語）。

一　平和の発見か、設立か

クザーヌスは彼の同時代の哲学史についてわずかしか知っておらず、わずかな知識しかもっていなかったのであるが、哲学史というものは彼にとって——後のエラスムスやモンテーニュにとってと同様に——、認識と真理把握に関する尽きることのない争いによって規定されており、これらが互いに宥和されることが極めて困難なものとしてとらえられていたことは、すでに見たとおりである。[8] 様々な哲学者によって、それ自体においていかに存在しているのかと探求されてきた真理が、人間の精神にとっては到達不可能なものであるということを、われわれは彼の第一の主著『知ある無知』（一四四〇年）において読み取るのであり、これと同じ前提はクザーヌスのすべての著作にわたって見出されるものである。

クザーヌスは第二の主著『推測について』（一四四〇－四五年）において、真理に関するいかなる陳述も推測であると言う。人間によるいかなる肯定も〈推測の集積〉であって、最終的な確実性をもつものではない。[9] また、われわれ人間はいかに努力しようとも、推測において思考し言表することなしに、多性を一性へと還元することは不可能である、という洞察に繰り返し出会うことになる。

このようなクザーヌスの主張に従うとすれば、一四五三年に書かれた『信仰の平和』というクザーヌスの手による平和のための書物のなかに見出される哲学的な思考の力に向けられた彼の信頼に、われわれは驚かされるかも知れない。時の要請に応じた著作として解釈されうるこの書物は、コンスタンティノープルにおける凄惨な闘争の報に接して書かれたものである。

この書物においてクザーヌスは、当時知られていたすべての宗教と民族の代表者を集めて対話をさせ、諸々の闘争が最終的に終息し、〈永遠の平和〉(pax perpetua) が実現されうるように導くのである。[10] 火と剣で戦争をしている様々な宗派がそれぞれにおいて護ろうとしている真理が、実は同一のものであるということを、対話の参加者達は洞察する。相異しているものは形式にすぎず、そこで一なる真理が認識されたり、生きられるのである (una religio in rituum varietate　儀礼の多様性のなかの一なる宗教)[11]。このことを洞察した人は、もはや武器をとることもなく暴力で真理を強制することもなくなるにちがいない。

〈儀礼の多様性のなかの一なる宗教〉という原理は、様々な民族の間に平和と一致が見出されうるということを前提にしているように思われる。人間のなしうる思考の助けをかりて、われわれは儀礼と慣習の感覚的で外的な形式から、それの精神的で内的な意味へと踏み入ることができる、とクザーヌスは言う。たとえこのテキストを同感をもって読むことが不可能であるとしても、次のように言うことは可能なはずである。すなわち、互いに戦っている民族や人間たちがいったん熟考してみようと決意するならば、平和はすでに達成されうるのである、と。

たとえインマヌエル・カントがその『永遠平和のために』において、平和は設立されるべきであると言明し、それの意味が、平和は人間本性との関係で廃止するのが困難な緊張関係に立っているものであるということだとしても、このケーニヒスベルクの人は、クザーヌスが真理の到達不可能性の洞察に応じて引き出しえたに違いない結論を、実際に引き出したのではないのだろうか。[12]『信仰の平和』と『永遠平和のために』は、形式上極めて類似した著作である。すなわち、共に深刻な争いに直面してそれを解決する方策を示すために書かれた、時の要請に応じて記された著作である。クザーヌスはまだもっていた最終的な宥和を見出す可能性への信頼感を、カントはもはやもっていないように見える。カントにとって戦争と平和は、人間の本性的傾向の表現であって、もはや哲学は、互いに戦っている人間同士の異なった立場を宥和する能力をもってはいない。互いに戦っている個人の間の平和を完成するものは、政治的、法律的および経済的関係であって、真理ではない。

この両者の間の対立が、クザーヌスの真理概念をより精確に考察する動機を与える。私のみるところでは、これについての考察を、中期の著作である『精神について』を出発点として展開してもよい充分な根拠が存在する。〔登場人物としての〕無学者の原理的意味が古典的講壇哲学の危機をはっきりさせているこのすばらしい書物の主題は、真理と人間の自由との間の根源的関係である。一人の学識深い哲学者と無学者との間でなされる対話において、形而上学的かつ認識論的洞察が伝達されているとしても、それは偶然の教授法的戦略ではない。すなわち、〔神的〕真理は、人間の実践以外の場に表現されることも反映されることもありえない、というのである。すでに『知ある無知の弁護』〔一四四九年〕においてクザーヌスは、哲学の歴史が止むことのない対立で特徴付けられていることをよく認識しており、『推測について』および『創造について』においてそうであるように、彼はくり返し、新たな哲学の思考法を探求する必要性に論及している。[13]『精神について』においても同様に、新たな哲学的パースペクティヴのみが、諸々の哲学の間の対立する主張の内部で、哲学の統一的で根本的な主題をふたたび明るみに出すことができる、ということが明らかにされている。プラトンとアリストテレスを互いに宥和させるという試みは中世のよき伝統の表現ではあるものの、これが『精神について』では新たな仕方で現われているのである。すなわち、あらゆる哲学的問題を真理に対する人間の関係へと戻して位置付けねばならないという必然性が、中心に進み出ているのである。名称というものは人間の悟性によって事物に付与されるものなのか〔周知のようにこれはアリストテレスの命題である〕、あるいは、本性的名称が事物に帰属しているものなのか、という問いが、ここでクザーヌスによって、人間の名称付与によってはけっして到達されることがないけれども、常にそれが試みられる対象としての神的名称というものに関係付けられることで解消される。たしかに、有限な名称と無限な神的名称との間には解消不能な緊張関係が存在するが、この緊張関係は人間の言語そのものの特徴なのである。ここには、まったく予想を超えた、弁証法的に根拠付けることが不可能な変化が成立しているように見える。すなわち、人間によって考案された名称は、到達不可能で神的な名称の表現であって、この到達不可能で神的な名称は、事物の精確性が到達不可能であることに対応しているのである。

この解消不能な緊張関係は、人間の言語が可能となる自由空間を創造するのだが、この点については、後に改めて論じる。しかしながらここで重要なことは、クザーヌスが、哲学史の矛盾的なアンティノミーを解消できるという希望をもちながら、人間のパースペクティヴに言及していることである。精確な名称つまり神の名称は、『精神について』では、人間にとっての意味の、到達不可能であるが同時に前提とされている目的でもあるという、人間の命名行為の一つの契機を提示している。この名称は、いかなる名称においてもすでに名指されているのである[14]――それが本来命名されるべきとおりに命名されうるということはないままに。新たな哲学の方法が試みられているのだ。すなわち、多様な哲学的把握が、人間の行為および人間の自己実現へと還元されるという仕方で、互いに宥和されるという方法である。このことは『知ある無知』の最初の文章で予告されている。そこにおいてクザーヌスは、人間の知ることを「本性的な希求」の表現と解釈しており、その希求とは、「いかなる本性も自己のうちにそれのための前提を保持しているものとしての、最善の仕方で存在することを求める」[15]という希求である。

最初から最後の著作にいたるまで明言され続ける真理の到達不可能性は、一方における人間の知および命名と、他方における真理との間の相異を指摘しようというものではなくて、知と命名の、すなわち人間の実存を規定するすべての活動の継続的契機なのである。それは、人間が行為し思惟するすべてのものに真理が現存しているということである。したがってクザーヌスは『知恵についての無学者考』において、知恵、真理のパースペクティヴにおける知は「広場や街路で」[16]呼ばわると言うのである。

つまり、この間しばしば言及してきた真理の到達不可能性とそれの遍在性との間には関係があることになる。クザーヌスはこの認識を『精神について』で展開しているのである、これが一つの隠喩に基づきながらいかに頻繁に成立するかと。クザーヌスは、神的真理を把握することの不可能性を、自己自身と自分の画法を模倣しようと試みる画家になぞらえる。クザーヌスは、画法としての画法を模倣することを自己の課題とみなしたロシアのマレーヴィチのような抽象画家たちに先立つこと何世紀も前に、すでにクザーヌスにとって絵画において重要なことは、外界の現実を（多分こう表現してよいだろうが）写真のように模写することではなくて、描くことそのものの本質を表現することであった。しかしながら、これは原理的に解決不可能な課題である。つまり、たとえある画家が画法を模倣することに成功したとしても、彼はそれを表現していないのである。なぜならば、この〔直前の〕描くことそのものはその絵画の中に描いてはいないからである。いかに彼がそれを試みようとも、彼と自分の目指す対象（描くことの原像）との間にたえず自分の〔描く〕という活動が残るのである。[17]この画家はけっして自分自身のパースペクティヴから抜け出ることができない。これと同じことが真理にもあてはまるのである。人間は、真理を表現したり思惟したりするゆえにこそ、それを完全かつ決定的に表現したり思惟したりすることができないのである。だからといってクザーヌスは、このことから、近代後期にそうであったと思われるような、真理の問題はあまり考察されても仕方がない（それについて語ることのできないことには、人は沈黙しなければならない〔ヴィットゲンシュタインの言葉〕）、という結論を引き出したわけではない。画法を描くという画家の目的が達成不可能であるという認識は、クザーヌスにとって、この課題を断念すべきであるということを意味するものではない。むしろ逆に、描くというあらゆる現実の具体的活動の中に画法そのものが常にすでに表現されている、ということが明らかになるのである。画家は、現実に自己の課題を達成するのに〔自分が〕邪魔になっている時に、すなわち具体的な絵画を描いている時に、自身の課題を達成するのに自分自身が邪魔になっているということを意識することができる。この課題の達成不可能であることは、これが具体的に遂行される限りにおいて見えてくるものである。これは不可能な課題であるという抽象的な認識に基づいて課題を断念することは、真理をそのようなものとして、つまり到達不可能な何かであるとして限定することを意味するであろう。

達成不可能なものとしての画法の完成は、把握や命名や思考のそれと同様に、けっして達成されることはありえない。この、〔確実な基準の探求という問題性との関係で〕『知ある無知』にもすでに存在するパラドックスは、以下のことを指し示していることになる。すなわち、到達不可能なものとしての真理は、人間の把握や表現において常にすでにその内部で働いているのであり、それは人間が現実の関係性の内部で自己が関連付けられていることを意識できるのと同様である。上の隠喩の枠組みに即して次のように言ってもよいだろう。真理の到達不可能は、真理を表現したいという人間による実際の試みの中に見出されるのである、と。

上述のようにこの隠喩はすでに、『知ある無知』で文章化されていた思想の形象的な表現である。この著作の冒頭の文章において、クザーヌスは人間の把握がもつ免れえない比較性に言及している。陳述されたり思考されたりすることは、確実な（certum）尺度と不確実な測定されたもの（incertum）との比較的な関係（mensurare）の内部にとどまっている。[18] 人間の視点からみる限り、尺度（mensura）と測定されたもの（mensuratum）とはけっして一致することができないという認識は、ただちに、真理がまったく不可知であるという懐疑論的命題につながるわけではなく、むしろ以下のような結論を得ることになる。すなわち、〔尺度と測定されたものという〕両者は分離不可能なかたちで相互に属し合っているのであって、人間の把握活動の総体がそれの内部で展開される一つの連続体の両方の極としてみなされうるのである。このmensuraとmensuratumとの根源的な共存在についてのあらゆる言明が、つまり、測定不可能であり比較不可能なものとしての真理についてのあらゆる言明が、この条件に結び付けられているのであり、この関係の連続体において成立するのである。すなわち、いかに抽象的に数学的に表現されているものであろうと、あらゆる形而上学的言明が、印と印で示されるものとの間の差異（『神学綱要』で述べられているように）、mensuraとmensuratumとの間の差異、一性と他性との間の差異等々の、架橋不可能な差異によって表示され続けるのである。いかなる陳述も、それが本来表現することを正確に表現することはなく、むしろ、その陳述においてはけっして表現し尽くされることが不可能なことの存在を指示するのである。人間はこの事態を説明するために、さらに他の陳述を指示することになる。これを『精神について』に由来する隠喩の枠組みにおいて表現するならば、一つの絵画の本来的意味を明らかにすることは、もう一つの新たな絵画を描くということを意味するのである。

この差異の根源性がクザーヌスを新たな思考に導く。すなわち、印と印で示されるものとの間の差異、mensuraとmensuratumとの間の差異は、それが（考える、話す、描く等々の）現実化の実践活動において考察されうる限り、人間のあらゆる現実化行為の原理的特徴としてのみ現われるのである。つまりそれは、真理問題が——たとえそれが否定性においてであろうと——姿を見せる前に、まず語られたり考えられたりしなければならないのである。この意味でニコラウスが唯名論的な傾向をもつ哲学に影響されていることは疑いがない——たしかに彼は様々な箇所において、普遍概念は人間の意味領域には留保されているはずであるという唯名論的命題を批判しているのではあるが。しかしこの批判は、根本的には唯名論をさらに根源的にすることであり、したがってそれを止揚することである。これと同じことが哲学史ではヘーゲルにおいてようやく見出される。すなわち、人間が関わることのできるすべてのことは人間的なものの枠組みの内に現われるのであるから、人間に可能な媒介によって語られることがないような領域について思考することは無意味である、ということになる。

おそらくクザーヌスは、唯名論と実在論との対立が止揚されているような哲学的取引関係を捜しているのであろう。このことは、クザーヌスが、signum（印）とsignificatum（印で示されるもの）[19]との間の差異、mensura（尺度）とmensuratum（測られるもの）との間の差異は人間の表現そのものの特色として捉えられるべきであると気づいたという転回において明らかになる。

真理についての思惟は、maximum（最大者）、後期にはnon-aliud（非他者）あるいはpossest（可能現実存在）をめぐって、この枠組み内で明瞭なアンビヴァレンツとして特徴付けられている。すなわち、それは一方において、人間の思考と言語と測定の限界、つまり把握と命名の到達不可能ではあるが前提されている完成を指示する。しかし他方において、この次元についてのあらゆる言及そのものが、人間精神の無数に可能な表現の内の一つでもある。この意味において、『知ある無知』と『推測について』の関係も理解されねばならないと、私は考える。クザーヌスは『知ある無知』において、人間の把握の比較的次元と真理の比較不可能性との差異を見出し、それをmaximum（最大者）という概念で表現した。しかし『推測について』においてクザーヌスは、この差異が人間のなすいかなる言明においても——それはたんにmaximum（最大者）のパラドックスにおいてだけではなく——見出されうるのであり、人間の創造性のための原理的開放性として見出されうるのだ、という意識から出発している（『知ある無知』の第二巻においてクザーヌスが、第二の主著〔『推測について』〕の構想を告知している段階で、すでに一つの発見が準備されているのである）。跳躍点はまず第一に、いかなる言明も神の名称でありうるということではなくて、神的真理の到達不可能性は人間のなすいかなる言明においても言明の内的意味に属しているということである。しかしながら、真理を語ることをめぐるアンビヴァレンツの問題は、この『知ある無知』と『推測について』の関係を指示したとしても解消されてはいない。

真理が——maximum（最大者）、その他どのように言表されようとも——解釈されうるものであるとすれば、例えば、おおよそ言表されたり考察されたりすることが可能であるすべてのものの到達不可能な前提であるとか、人間の用いる印と概念の特徴であるとか、con-iecturae（一緒に投げること・測定すること）である諸概念の内的開放性であるとかとして、すなわち、それの周囲に意味領域の全体が形成されうるものとしての各々の中心として解釈されうるとすれば、なぜこの真理の次元がもう一度それ自体において分節化されるべきなのであろうか。クザーヌスは形而上学を救い出すために闘っているのではないのか。なぜならば、彼はあの比較可能性と比較超絶性（最大者）との対立において真理の次元の機能を見出したのだからである。その場合に彼は、真理をめぐるアンビヴァレンツの両方の要素の間を動揺しているのではないのか——すなわち、多くの人間に可能な言明の中の一つとしてか、それとも人間の主張の、究極的で前提的ではあるが達成不可能な完成としてか、という。

クザーヌスは、ハンス・ブルーメンベルクが主張するように、近代性への最後の一歩を完遂することができたのだろうか。[20] それとも、彼は聖職者として、そこからは身を引いていたのだろうか。これは、本稿の範囲をはるかに超えた問いである。しかしながら、真理概念がどのようにしてクザーヌスに平和を保証できるのかという、この場で決定的な意味をもつ問いにとって、これはきわめて重要なものである。近代への過渡期におけるこの問いを歴史的に縁取ることが可能となるように、モンテーニュの有名な『レーモン・スボンの弁護』をここで手短かに参照することにしよう。すなわちモンテーニュも、真理の到達不可能性から出発するのであるが、クザーヌスとはまったく別の結論を引き出すのである。おそらくこの手短かな対照が、われわれをいくらか助けてくれるだろう。

二　クザーヌスとモンテーニュにおける真理の到達不可能性

一世紀後のミッシェル・ド・モンテーニュにおいても神的真理の到達不可能性は、人間が事物の確固たる本質を認識できるには非力であるということに結びついている。[21] それればかりか、真理把握と理論の複数性を一つの究極的な基準へと還元するような、現実の関係を超えたパースペクティヴを受け容れることは哲学的思考には不可能ではないかという意識がモンテーニュに当時たえず成長しつつあったが、宗派戦争の歴史的経験が、その意識に対して、重要な役割を果たしていることは明らかである。

われわれがそれを用いて真理を、神的真理と共に事物の真理を表現しようとする言葉というものは、モンテーニュが『レーモン・スボンの弁護』においてくり返し明らかにしているように、欺瞞的である。[22] 普遍概念が感覚的所与や道徳的見解の多数性を整えることは、――モンテーニュの眼の中で伝統的哲学がそう主張しているところでは――もはや不可能である。なぜならば、それは変化可能性と比較可能性を超越することができないからである。モンテーニュの批判は根源的である。なぜならば、それが究極的に目指しているのは、理念と思想のヒエラルヒーを廃棄した上で、クザーヌスが人間の把握にとって不可避的な比較可能性を弁護することにきっかけを与えたのと同じ思想をもって、この廃棄を根拠付けることだからである。いかなる思想も他のそれに向かい合っており、秩序付けられた宇宙あるいは価値体系にとって決定的な根拠が見出されうる場としての不動な点に到達することはけっしてない。[23] 言葉とものとの間の裂け目が『レーモン・スボンの弁護』ではきわめてラディカルになっているので、モンテーニュには、あらゆる人間にとって意味をもつものがたえざる変動の圧力にさらされているように見えているにちがいない。モンテーニュによれば、この意味においてわれわれ人間は自然的なものであって、けっして動物を凌駕しているわけではない。普遍概念の知に根拠をおいている人間の尊厳は力弱く欺瞞的であることが明らかになる。モンテーニュによれば、古典的形而上学にとって決定的な重要性をもつ諸概念のヒエラルヒーが証明されることは不可能である。なぜならば、いかなる証明も別の証明を必要とするからである。

一人の少女に恋をして、ある象を重要なライヴァルとみなさねばならなくなるという、アレクサンドリア出身の作家アリストファネスについてモンテーニュが語っている描写は美しい。アリストファネスは、象が花と小さな贈り物をもって少女を我ものとするのを眺めていなければならない。人間が優れているということはけっして根拠付けられていないのであり、それゆえにモンテーニュは、人間を万物の尺度であるとみなすプロタゴラスを笑いものにするのである。この尺度がいまだ確実ではないとすれば、どうしてこの思想家はこんなことを主張できるのだろうか。こうモンテーニュは自問するのである。変動可能性と比較可能性との果てしなく不安定な流れの中で、万物から抽象されたただ一つの尺度がそもそも存在可能なのだろうか。モンテーニュはプルタルコスを引用して言う。神のみが時間とも変動可能性とも競わされることがない。神は始めにして終わりであり、いかなる比較をも免れるそれ自身は測定されえない尺度である(24)。モンテーニュは、この認識から次のような結論を引き出す。この測定されえない神への信仰と献心においてのみ、人間は自然的関係を超越することができるのであると。このことは理性をもってしては不可能である。なぜならば、あらゆる思考が自然的プロセスに従っているのであり、たえざる動揺に脅かされるのだからである。理性は根本的な競争関係に引き入れられているので、この献心が理性によって完遂されることが不可能であることも明らかである。

以上のスケッチで明らかになったことは、モンテーニュがクザーヌスと類似した議論の構造を用いながら、まったく別の結論を引き出していることである。簡単にこの点を考察してみよう。

1　モンテーニュもクザーヌスも、哲学的思考は具体的諸関係について判断する裁判官として自己主張できるほどにそれらを超越することは不可能である、という前提から出発しているように見える。これは、すでにわれわれが見たとおり、クザーヌスの『無学者考』対話篇において明瞭に示されており、同様に『推測について』においても、理性的認識（intellectus）は一性と他性との比較関係を超越することができないことが明らかにされている。このことは結果として次のことにつながる。すなわち、このように考察され抽象化された真理への要求は、たえず相対化されうるのであり、相互に対立する主張の領野の事情に通じていなければならないのである。人間のいかなる概念も、まさにそれが人間の概念であるかぎり、もはやいかなる対立も含みえないほどに抽象的であることはできない。多くの人から近代哲学の創始者とみなされている[25]モンテーニュにおいても、あらゆる絶対性の要請は、それが有限な構成体であるかぎり、生命の自然的経過の内部でその正体を暴露される。しかしながらここでクザーヌスとモンテーニュの間に、われわれの問題設定に決定的な意味をもつかもしれない明瞭な相異が成立する。すなわち、モンテーニュはものの自然的な――ほとんど生物的な――経過を、人間の本来的な自然性と解釈しているように見える。この自然的なプロセスは、生成と消失によって、つまり不安定性と変動可能性とによって特徴付けられる。人間によって構想された普遍概念は究極的にはこの自然的生命の諸要素であって、この諸要素は、年齢によるささいな病気や、胃を病んでいる人がこうむるトイレに行かねばならないという困難、あるいは父から遺贈されたボルドー近くの財産の管理と同じような地平を動くものである。これに対してクザーヌスは、より内容の乏しい自然概念を前提にしている。すなわち、たとえ普遍概念がたえず事物や人間の本質を当てそこなうとしても、あらゆる認識の比較可能性から成立する知ある無知という批判的原理が、この自然的経過がその他のものと並ぶ一つの可能的な規定であることを露わにするのである。普遍概念も自然的なものの諸規定に属するのである。その理由は、それについての積極的な根拠が証明されうるからではなくて、事物の自然的経過でさえも、他のものと同様に、mensura（尺度）と mensuratum（測られたもの）とからなる比較的な宇宙において主題化され考察されることが可能なのだからである。

2　モンテーニュも『レーモン・スボンの弁護』において、無知についての知の中心的な意味について語っている。しかしながらこれは、上述の自然概念の帰結として、純粋に否定的な意味をもっている。すなわち、「無知とは、われわれを再び学識の腕の中に投げ入れることになる学識そのもののことであるということが、無知の栄誉にとっては大きな長所である」と彼は言うのである。[26] 双方の思想家とも、知ある無知の主題設定に向けて無限についての思想が表現することになるパラドックスから出発している。二人の著者にとって重要なことは、人間の思考をその限界まで導く数学的関係の無限化である。既に見たように、クザーヌスにとってこの限界は人間の認識の構成的契機であると共に、新たな洞察のための可能性と人間の側からの創造的結合のための可能性をもたらすものである。すなわち真理の到達不可能性は、それについての人間の把握の一契機である。他方モンテーニュにとっては、このパラドックスが、人間の理性に信頼をおきすぎるべきではないということの論証を提示するのである。

3　しかしながら最も重要なことは、唯一の確実な尺度としての神の思考の地位である。この点においてはクザーヌスとモンテーニュはまったく一致している。とはいえ、ここでも帰結は根源的に異なっており、それはふたたび二人の思想家の自然観がまったく異なっていることに由来しているのである。モンテーニュは次のように言う。人間は自然的関係を超越して思考することも生きることもできないので、人間が最終的尺度になることはできない。それゆえにこそ神が、たとえ人間には接近不可能であろうとも、唯一の尺度なのである。この神という尺度が接近不可能であるのは、人間が自己の同一性すなわち自己固有の尺度に自信がないからである。この深い（本来無限な）裂け目は信仰においてのみ架橋されうるのである。クザーヌスもまた、確実でよく知られていると思われている尺度が、人がそう希望してきたほどには確実でもよく知られているのでもないということを、人間の認識についての分析で発見した。認識することが、それを用いて未知なものを知るための正しい尺度を発見することを意味するのであれば、人は正しい尺度を発見したということを、どのようにして知りうるのだろうか。このようにクザーヌスは自問する。未知なものは、すでに知られている尺度との比較においてのみ、知られたものとして現われることができる。このことの帰結は以下のようになる。未知なものをよく知ろうとする試みの意味するところは、未知なものをよく考えるに先だって、すでに適用されている自己の尺度をたえずよりよく知ることである——たとえこの自己の尺度を完全に認識するだけの確実性はけっして手に入らないにしても。たしかにいかなる表現も変動可能性のこの尺度に従属しているのであり、変動の圧力の下にある。しかしクザーヌスは、モンテーニュとは異なり、この不確実性が現われるのは、このことが考察されうるのに先だって人間がすでに測定するものとして存在する限りであるとする。このすでに適用されている尺度の外側に自然を表象することは、クザーヌスにとっては無意味である。なぜならば、この表象も人間の尺度の諸条件に従属しているはずだからである。手短かに表現するならば、モンテーニュは、確実な尺度（神）とたえず変化する自然（人間の自然本性も含めて）との間の対立を主題化しているのに対して、クザーヌスはこの対立を人間の把握の根本的構成契機として提示しているのである。ある意味でここではクザーヌスの方がモンテーニュよりもラディカルである。なぜならば、クザーヌスはこの対立の外にパースペクティヴを受け容れる可能性を排除しているが、モンテーニュは受け容れているからである。思弁そのものさえもがクザーヌスによって思弁へと引き入れられている、と言ってよいだろう。たえざる変動可能性は人間の実存の本来的な自然性と第一義的に関係しているわけではなく、[27] それは、確実性と不確実性との本来的な結合性、既知のものと未知のものとの本来的な結合性と関係しているのである。これはまた以下のことをも意味する。すなわち、クザーヌスの政治家かつ法史学者としての経験も規定しているものとしての、このけっして止むことのない変動可能性と数多性が、クザーヌスにとってはモンテーニュとは反対に、不確実性の内部における、すなわち見かけ上は解決不可能な紛争の内部における、確かな尺度つまり神の実効ある臨在を保証する。この確実性と不確実性との関係は、現実関係の内部における人間の自由の可能性を保証するばかりではなく、自由の経験の内部でも真理の問いが見えやすくされうるということを示すのである。モンテーニュがくり返し自然の経過を信頼することを主張して譲らないのに対して、クザーヌスは、人間が不動の尺度を獲得することには無力であることを、むしろ人間の尊厳の印であると解釈する。

近代合理性の成立への問いとの関連で、[28] モンテーニュとクザーヌスの論証における明瞭な構造上の類似をいくらか敷衍するのは、意味のあることかもしれない。われわれの問いに対しても重要な相異が、より明瞭に対照化されるかもしれないからである。しかしここでは、直接的な自然への信頼（モンテーニュ）と人間の変動可能性における真理の実効性への信頼（クザーヌス）との対立を指摘すれば十分である。

以下で私は可能な限り、この相異が近代の主体性哲学の発展にとっていかに決定的であったかを示してみたい。

モンテーニュの意味での一つの帰結がどのようにして最終的に主体性を構成する必然性へとつながったかということは、極めて明白である。それ〔主体性〕は、自然本性によるたえざる脅威から自己を守らねばならないのである。私の見るところでは、本稿の始めを規定した平和の問題のカントによる解決は、（内的）理性によってではなく、外的で法律上の決まりによって抑制されねばならないという（『永遠平和のために』においてそうであるように）自然本性についての捉え方と直接的に関わっているのである。

三　推測、神の似像、そして自己認識

包括的で究極的なパースペクティヴを受け取ること（神を観ること）が不可能であるという意味での（唯名論的に方向付けられた）ラディカリズムのゆえに、クザーヌスがこの包括的なパースペクティヴを、把握、思考、言語等々の人間の意味世界の契機として写し出さなければならないということは、哲学史に見られる皮肉な諸次元に属する。したがって、真理をふさわしく表現しようという、クザーヌスの最後の著作まで続く試みは、古典的な〈秩序〉思考からまだ完全に脱出していない過渡期の一思想家の形而上学的残滓なのではなく、人間の思考の具体的つまり有限な諸条件に対するきわめて鋭い意識の表現なのである。

真理を表現する可能性において原理的に不充分ではあっても、人間の創造性は明らかである。この可能性は人間に対して、自分の世界を創造する必然性を示す。人間は予め与えられている尺度を見出すのではなくて、それを現実に明文化するのである。人間の認識の不確実性、事物についての認識のそれ、さらには自己認識のそれ（つまり自己同一性の不確実性）は、それの根源を一つの深い確実性に見出すのである。その場合に重要なことは、諸要素

の新たな結合を創造する能力である。

この意味において人間は神の似像（imago Dei）である[29]。それは、近代の唯名論的に方向付けられた哲学においてそうであるような、自然的諸関係の外に立った、したがって、世界を自己の意のままに秩序付けることのできる独立優越した主体であるのではない。たとえ人間は、この尺度を完全に見出すことができないとしても、それが存在するということは知っているものなのである。その結果、クザーヌスのパースペクティヴにおける人間は、すでに提示されている秩序へと方向付けられた存在であるのではない。古典的な〈秩序〉思考に対する唯名論的批判がすでに示したことは、この〈秩序〉がけっして人間の用いる印の外では主題化されえないということである。クザーヌスは、真理への問いを人間（humanum）の可能性（posse）と限界（terminus）への問いと解釈して、この思想をいっそう深めたのである。しかしこのことは、けっして真理問題の領域の限定を意味するものではない。いかなる思考も必然的に人間の思考であり[30]、人間的なものの諸条件の下で遂行されるのであるから、人間にとって到達不可能である限定不能な真理についての思想であっても、人間の思考の一つの可能性として解釈されねばならないのである。真理問題はクザーヌスによってくりかえし限界問題として提出され続けられる。この限界問題は、人間の思考とこの人間の思考そのものの真理との間の裂け目が克服不可能であることを、人間的なものの外側に立脚することが可能であるということは除外しながら[31]、主題化するのである。

人間はこの限界設定のなかで真理問題に基づきながら、人間に完全に接近不可能なものは存在しないということを発見する。限界設定、否定性は、同時に人間の思考の果てしない開放性である。否定性と開放性の両者、つまり知の可能性（docta ignorantia）は、人間的なものと現実の諸関係とのいわば欺かれえない結合の結果なのである。現実は人間的な方法によってのみ接近可能なのである[32]。このことは逆に、現実の諸関係が常にすでに人間的なものとして考察されねばならない、ということも意味する。[33] 現実の諸関係はけっして決定的に人間の自由になることはありえないので、到達不可能な真理は深く人間の本質に属しているのである。この意味において人間は、自己自身さえもけっして完全に自由にできるわけではない。あるものが人間的なものでなければ、人間がそれを思惟したり〈対－象〉として認めたりすることはけっしてできないという事実に応じて、人間は神の似像（imago Dei）である。つまり、神さえもまた、あるものを対象として認めることができないものである、と考えられねばならないのである。

近代の主体性理解とは反対にクザーヌスにおいては、現実界の秩序の究極的尺度を表現することが不可能であることは、人間のパースペクティヴの内実と現実の外見との間の架橋不可能な裂け目として結果するわけではない。[34] 〝内実〟も〝外見〟も、mensura と mensuratum との、また確実性と不確実性との、知と無知との架橋不可能な差異によって刻印されている。しかし、この深い差異が最終的に諦念につながるわけではない。むしろそれは、人間を神の似像として現わすものとしての、尽きることのないあらゆる人間的創造力の可能性の条件である。この人間的創造力が神のそれと区別される点は、『精神について』で言われているように、それがあらゆる可能的事物に自己を類同化可能であるということにある。[35] 人間の精神は、現実の諸関係総体の中に自分の道を探求しつつ、新たな関係を成立させる。人間はこの布置を離脱する可能性をけっしてもってはいない。しかし、この無力さは、同時に、未知の自然や現実がこの人間の探求と必然的に結合していることを意味する。人間と自然という、すでにモンテーニュにおいて出会ったことのある二分法は、クザーヌスにとってはある意味でまだ十分にラディカルにはなっていないであろう。

この意味において、なぜ秩序付け、平和、宥和が設立されねばならないか、ということが理解しやすくなる。むしろそれは、創造的行為において見出されるのである。人間相互の一致を、個々の人間を包括している不動の秩序から導き出すことは、もはや不可能である。しかし、それは、人間がそのなかに生きている根源的な戦争状態の内部で無理やり奪い取られるべきであるというものでもないであろう。むしろ、いかなる人間も〈ミクロ・コスモス〉として[36]自己の内に、万物の究極的な尺度を備えた廃棄されることのない〈創造的差異〉を見出すことができるのであり、それを見出さねばならないのである。そうすることで人間は自己同一性をよりよく理解でき、それをさらに発展させることができるのである。平和は存在するはずである。なぜならば、いかなる人間も、その固有の推測的世界の中にこの無限の差異を、自己の活動と理解の意味として発見しなければならないからである。この意味でクザーヌスにとって平和は、ホッブズやカントにおいてそうなるように、純粋に政治的概念ではなく、それ以上に人間学的で形而上学的意味をもっている。平和は、政治的平和さえも、真理なしには考えられえない。しかし逆のことも成立する。真理問題は、この人間的差異なしには、政治的な刻印を帯びた差異なしには現われることが不可能であり、さらに思考されることも不可能なのである。

　クザーヌスによれば平和は、尺度として他のあらゆる真理に妥当しうるような包括的な真理の前提の中に見出されるものではない。このような尺度を見出すことはもちろん不可能である。自分が理解できない他の人であってもそれぞれの推測的世界の創造者として理解されうるという意識の中に、それは見出されるのである。しかしこのことが可能であるのは、人間が自己同一性を関与させる程度に応じてである。つまり、自分がそれに従って世界で生きていて、自分には確かだと思われる尺度でさえも、不確実性において理解され生きられねばならないという事実を、人間が理解できる程度においてである。しかし、クザーヌスによって遂行された人間学的転回が意味するものは、主体性（sub-icere）への近代的な転回ではない[37]。また、中世的な〈客体的〉（ob-icere）な形而上学的〈秩序〉

思考の復権が問題とされているのでもない。クザーヌスによる思考は、むしろ根本的な‘con-icere’（推測）から出発しているのである。

結語

superlativum（最上のもの）としての真理は、まずもって知における無知の臨在を意味するのであるから、真理の思想は平和を保証するものであり、それは近代に展開された政治的、法律的平和関係の否定的基礎として解釈されうる。クザーヌスによって発展させられた平和のモデルは、平和を外的な政治的メカニズムで（ホッブズ）、あるいは法律的メカニズムで（グロティウスとカント）創り出すという近代の試みとは全く異なっている。

このモデルにおいて〈神の似像〉ということが意味するものは、人間が神なる原像をまねるべきであるということではなくて、人間が自分の芸術家的能力を信頼することができるということである。

人間の可能（Können）および操作（Machen）と、この可能および操作に現われているものとしての神なる原像との間の、全くの中世的というわけではないが、同様に全くの近代的というわけでもない関係が、一つの独自の思想伝統に帰せられうるのであり、これがルネサンスにおける多様な美的、道徳的、政治的そして形而上学的構想のうちで働いているのである。これが私の命題である。この構想においては、パースペクティヴ、修辞学そして調和の創造がキー概念となる。この意味においてクザーヌスの哲学は、ルネサンスの理想を「思想において把握している」ものである。このことはとりわけピコ・デラ・ミランドラにおいて明白である。彼が、人間は諸存在者のヒエラルヒーの中に定められた地位をあてがわれていないということが、まさに人間の尊厳を生み出している、と言う時に、彼は疑いもなくクザーヌスによって影響されている。人間は動物のように生きることも可能だし、天使のように生きることも可能だが、ほとんどの場合に、これらの間を動揺しているのである。[38] ルネサンスの平和概念は――この洞察はあまりにもしばしば軽視されてきているのだが――否定的な限定を提示しているのではない。むしろ絶対的真理が存在するのではなく、無限に多くの真理が存在するのであるという逆説的な事実を考慮しようとしているのである。クザーヌスにおける真理思想は、この意味において配分的であると呼ばれてもよい。無限な宇宙のいかなる点も、単に可能性としてのみならず現実的にも、全体の始めであり中間であり終わりである。それゆえに真理は、常に異なった仕方で提示されることが可能であるから、それは到達されえないのである。このことを人間の用いる方法で可能なかぎり示すのが、真理という最大者である。このような背景を常にくり返し形成するものは、われわれ人間が何を考え何を行為するにせよ、けっしてわれわれの人間性の外に歩み出ることができないという思想である。中世哲学は人間的なもののこの決定的な限界付けを見抜くことがなかった。近代哲学はこの限界を決定的に踏み越えることができると信じた。そして、まさにそれゆえに哲学の歴史の中で、落胆の意味においてであるが、有名な「哲学の終わり」ということがそうであるような事態がスローガンとなるに到ったのである。クザーヌスはこの最後の一歩を意識的に完遂しなかった。彼は、限りない創造力のための条件として人間的なもののもつ限界性を含意する別の道を進んだのである。

ポスト・モダン主義が議論されるという形で近代的合理性の限界が主題化されているまさにこの時点において、クザーヌスの思惟を背景に置きながら近代的操作可能性の有する一面性を解釈し直すことは意味のあることである。このようなパースペクティヴから見るならば、平和は政治的暴力によって強制されるものではなく、それ以上減らすことの不可能な諸々の差異からなる限りない多様性のなかに見出されるものなのである。

（八巻和彦訳）

(1) Erasmus 1995b : 360-362.

(2) Erasmus 1995a : 100 u. w.

(3) この危機は、つまるところ信仰の正統性の危機であった。カトリックとプロテスタントが互いに懐疑的な論拠をもってしのぎを削ったのである。以下を参照：Popkin 1979.

(4) 以下を参照。*Apologia doctae ignorantiae.*

(5) "Adverte etiam, quod etsi aut religio aut regimen aliquamdiu stabile videatur in aliqua mundi huius natione, non tamen in ipsa sua praecisione. Fluvius enim Rhenus stabiliter diu fluere visus est, sed numquam in eodem statu iam turbulentior, iam clarior, iam in augmento, iam in diminutione, (...). Ita et religio inter spiritualitatem et temporalitatem instabiliter fluctuat. Ita et de regimine, inter maiorem enim minoremve oboedientiam pendule perseverat." Cf. *De coni.*, II, 15, n. 149 (*Dupré* II, 166-167).

(6) 以下を参照。Spaemann 1963 : 50-64.

(7) 以下を参照。Bocken 2000 : S. 71-76 ; また以下も参照。Sloterdijk 1999 : 33.

(8) 以下を参照。*Apologia doctae ignorantiae,* (h p.3 ; *Dupré* I, 524).

(9) "Quoniam autem in prioribus doctae ignorantiae libellis multo quidem altius limpidiusque quam ego ipse nisu meo praecisionem veritatis inattingibilem intuitus es, consequens est omnem humanam veri positivam assertionem esse coniecturam" *De coni.* I, n.2 (*Dupré* II, 2).

(10) "Fuit ex his, quae apud Constantinopolim proxime saevissime acta per Turkorum regem divulgabantur, quidam vir zelo Dei accensus, qui loca illarum regionum aliquando viderat, ut pluribus gemitibus oratet omnium creatorem..." 以下を参照：*De pace,* I, n.1 (h p.3 *Dupré* III, 706).

(11) 以下を参照。*De pace,* I, n.6 (*Dupré* III, 710).

(12) 以下を参照。Kant : 234.

(13) “Scio enim hanc novarum indagandarum artium formulam in ruditate sua occumbere non posse...” 以下を参照：*De coni.*, I, 1. n.1 (*Dupré* II, 2) ; “Quales omnes licet discrepare in plerisque videantur, adverti uti prudentes in principali concurrere, licet modum non omnes ad litteram admittant ibidem narratum. Quorum omnium considerationem circa modum sic accepto, quasi sine sapientum varii conceptus inexpressibilis modi, non nisi me ad idem ipsum, quod quisque nisus est assimilatorie configurare, convertens et in eo quiescens.” *De Gen.*, II, n.160 (*Dupré* II, 412).

(14) 以下を参照。*De ven. sap.* 34 (*Dupré* I, 158).

(15) *De docta ign.*, I, 1, n.2, p.6 (Dupré I, 194).

(16) *De sap.*, I n.4 (*Dupré* III, 422).

(17) 以下を参照。*De mente* 13 n.148f. (*Dupré* II, 592).

(18) 以下を参照。*De docta ign.*, I, 1, n.2, p.6 (*Dupré* I, 194) ; *De mente*, 1, n.51 (*Dupré* III, 480).

(19) 以下を参照。*Comp.*, II n.3 (*Dupré* II, 684).

(20) 以下を参照。Blumenberg, 1976[2] : 107-108.

(21) 以下を参照。Gessmann 1997 : 128 e. v.

(22) Montaigne 1962 : 601.

(23) Ibid.

(24) Ibid. 586.

(25) 以下を参照。Starobinski 1989 : passim.

(26) *Apologie*, *Essais* II, 12, 437.

(27) モンテーニュにおいても同様であったようだ：*Essais* 428 ; 560.

(28) 以下を参照。Goebel 1996 : 168 e. v.

(29) 以下を参照。*De coni.*, I, 1, n.5, (*Dupré* II, 6) ; *De mente* 3 n.72f. (*Dupré* III, 502).

(30) 以下を参照。*De vis.*, n.19.

(31) Ibid.

(32) "Homo non potest iudicare nisi humaniter." *De vis.*, 6, n.19, 15f. (*Dupré* III, 114).

(33) 'veritas personalis,' (*De docta ign.* III, 12 n.216, p.161 (*Dupré* I, 512)).

(34) 近代の合理性に特徴的な，内実と外見との差異については以下を参照。Strasser 1998 : 221 u. w..

(35) "Si mentem divinam universitatem veritatis rerum dixeris, nostram dices universitatem assimilationes rerum, ut sit notionum universitas. Conceptio divinae mentis est rerum productio. Conceptio nostrae mentis est rerum notio." *De mente* III, n.72 (*Dupré* III, 502).

(36) "Homo etiam mundus est, sed non contracte omnia, quoniam homo. Est igitur homo microcosmos aut humanus quidem mundus." 以下を参照。*De coni.*, II, 14, n.143 (*Dupré* II, 158).

(37) Benz 1999.

(38) 以下を参照。Pico 1990 : 5-7.

参 考 文 献

Benz, Hubert, (1999) *Individualität und Subjektivität. Interpretationstendenzen in der Cusanus-Forschung und das Selbstverständnis des Nikolaus von Kues,* Münster.

Blumenberg, Hans, (²1976) *Aspekte der Epochenschwelle : Cusaner und Nolaner,* Frankfurt a. M.

Bocken, Inigo, (2000) *De verzamelende mens – De 'ars coniecturalis' van Nicolaus Cusanus als interpretatie van menselijke levensvormen,* in : *Wijsgerig Perspectief* 3.

Cusanus, Nicolaus, *Apologia doctae ignorantiae* (*Dupré* I).

——, *Comp.* (*Dupré* II).

———, *De coniecturis* (*Dupré* II).
———, *De docta ign.* (*Dupré* I).
———, *De genesi* (*Dupré* II).
———, *De mente* (*Dupré* II).
———, *De pace fidei* (*Dupré* III).
———, *De sapientia* (*Dupré* III).
———, *De ven. sap.* (*Dupré* I).
———, *De vis.* (*Dupré* III).
Erasmus, Desiderius, (1995a) *Enchiridion militis christiani,* in : *Werke,* (hrg, von. W. Welzig), Bd. 1, Darmstadt.
———, (1995b) *De querela pacis* in : *Werke,* Bd. 5, Darmstadt.
Gessmann, Martin, (1997) *Montaigne und die Moderne. Zu den philosophischen Grundlagen einer Epochenwende,* Hamburg.
Goebel, Wolfgang, (1996) *Die Subjektgeltung des Menschen im Praktischen nach der Entfaltungslogik unserer Geschichte,* Freiburg i. Ue. /Freiburg i. Br.
Kant, Immanuel, (1968) *Zum ewigen Frieden,* in : Weischedel (ed.), *Kant Werke,* Darmstadt.
Montaigne, Michel de, (1962) *Essais* in : *Œeuvres Complètes* (ed. A. Thibaudet et M. Rat), Paris.
Pico della Mirandola, (1990) *De dignitate hominis/Über die Würde des Menschen, Hamburg.*
Popkin, Richard, (1979) *The History of Scepticism from Erasmus to Spinoza,* Berkeley.
Sloterdijk, Peter, (1999) *Regeln für den Menschenpark,* Frankfurt a. M.
Spaemann, Robert, (1963) *Bürgerliche Ethik und nichtteleologische Ontologie,* in : *Spaemann, Reflexion und Spontaneität. Studien über Fenelon,* Stuttgart.
Starobinski, J., (1989) *Montaigne. Denken und Existenz,* Frankturt.
Strasser, Peter, (1998) *Journal der letzten Dinge,* Frankfurt a. M.

神・世界・人間

クザーヌスによる人間の理性（intellectus）の偉大さと限界

クラウス・クレーマー

〔人間の理性の偉大さについて〕

一　悟性（ratio）との区別

1　「あらかじめ感覚の中に存在しなかったものは、何ものも悟性の内には存在しない」（nihil est in ratione, quod prius non fuit in sensu）

クザーヌスは確かに、悟性（ratio）と理性（intellectus）とを常に厳密に区別しているわけではない。例えば、『説教一八九』（*Sermo* CLXXXIX（一八三））では、「われわれは、悟性的ないし理性的な永遠の生（vita perpetua rationalis seu intellectualis）以外に何ものも看て取ることはない」と語られている。[1] さらにこの数行後で、彼は以下のように述べている。「私の神よ、理性的生（vita rationalis）は、自らが生命であることを所有している源としてのあなたによって強められることが必要である。しかし、理性的生を強めるものが、もし理性的食物（cibus intellectualis）ではないとすれば、それは、過ぎ去ることのない食物、すなわち［それの側では］、私の精神を存在へと呼び出した御言葉である。したがって、かの御言葉とは、私のratio（理性）を無からratio（理性）としての存在へと呼び出した、無限のratio（理性）である。それゆえ、ただ知恵だけが、私のratio（理性）

をあらゆる滅亡と死から守ることができるのである。この知恵によって私は、私が現に在るところのものなのである。[2]」

ratio（悟性）とintellectus（理性）の用法に、このように少なからず混同が見出されるからといって、クザーヌスの目の中でintellectus（理性）が質的にratio（悟性）を凌駕しているということはない、と思い違いをしてはならない。上で引用した『説教一八九』では、冒頭に、「理性（intellectus）よりも高貴な魂の能力がないのと同様に、視覚（visus）よりも高貴な感覚はない」と述べられているのである。[3]

『精神について無学者の対話』（*Idiota de mente*）〔以下『精神について』〕は、「あらかじめ感覚の中に存在しなかったものは、何ものも悟性の内には存在しない」（nihil est in ratione, quod prius non fuit in sensu）[4]という命題によって、ratio（悟性）とintellectus（理性）との間に明確な区分を設けている。これに対して、悟性に属さないものは、何ものも理性に属すことはできないという仮定は、感覚の中にあらかじめ存在しなかったものは、何ものも理性の内には存在し得ない[5]、という結論をもたらす。けれども、これは、クザーヌスが述べているように[6]、受け入れがたい帰結である。にもかかわらず、あらかじめ感覚の中に存在しなかったものは、何ものも理性の内には存在しないという命題が、クザーヌスにおいて繰り返し裏付けられるとしたら[7]、これについて私が以前示したように[8]、言葉の上でトマスの『真理論』（*De veritate*）に依存しているのだと言えよう。この著作をクザーヌスは知っていて利用したのである。『神を観ることについて』（*De visione Dei*）においてクザーヌスは、intellectus（理性）に適用されたこの公理に関してより詳しい説明をしているが、そこでは、理性はその認識内容を感覚的経験から汲み取ることはない、と述べているのである。[9]

2　理性はもはや動脈魂を必要とせず、理性自体がそれの道具である

理性は、sensus（感覚）、imaginatio（表象力）そしてratio（悟性）とは異なって、もはや動脈魂の助力を必要とすることはなく、それ自体が道具として自らに仕えるのである。[10] したがって理性は認識の過程において、悟性のように感覚的事物と関係することはもはやなく、純粋形相に関係するのであるが、それは、純粋形相がもはや質料に浸ることなく、それ自身においてまたそれ自身によって存在するのと同様である。理性は事物の変化することのない本質を把握し、それによって類同化（assimilatio）を形成するのである。[11] 例えば、円を取り上げてみよう。円は、その中心からすべての直線が等しい長さでその周辺へと延びている図形である。精神の外部の質料のなかに設定された円は、決してこの規定を満足することはできない。すなわち、いかなる質料においても全く等しい二本の線分を見出すことは不可能であるし、また、このような（理想的な）円を図形として描くことはなおのことできない。したがって、精神の内における円は、床の上の円の真理の原型であり尺度である。それゆえ、事物の真理は、精神の内にあり、それも結合の必然性（in necessitate complexionis）の内に、すなわち、事物の真理が要求するような仕方で存在する、と言うことができるのである。[12]

3　理性は悟性の諸根拠を判定する法廷である

理性は悟性の諸根拠を判定するが、これに対して悟性は、決して理性の諸根拠を判定することはできない。『説教二八八』（*Sermo* CCLXXXVIII（一二八五））[13] で、人間の精神が不死か否かについての問いを説明するに際して、クザーヌスは次のように詳述する。「よく考えてみなさい。理性（inellectus）は、悟性の諸認識（rationes）を見つめ、そして、どの悟性認識が真であるか、どれが不死性を推論し、どれが推論しないかを判断するのである。し

たがって、理性がその不死性を見る（videre）のは、理性が、ある悟性認識が他の悟性認識よりも不死性の把捉に近づいていること、また、不死性が、ある悟性認識においては他の悟性認識においてよりも、より正確に（praecisius）反映され示されている、ということを見いだす場合である。だが、理性が自らの不死性を全く見ない場合には、理性はこの判断を持つことはできないはずである。……」。

『精神について』でクザーヌスは、プラトン的な同時創造的諸観念（notiones concreatae）を拒絶した上で、精神に備わる本性的に創造された判定能力（vis iudiciaria menti naturaliter concreata）を採用する。これは、悟性の諸根拠（rationes）を判断すると共に、何が善で、何が正しく、何が真であるか、を判定する（iudicare）力である。[14] 確かに、クザーヌスはこの判定能力（vis iudiciaria）を明確に「理性」と呼んでいるわけではないが、しかし、理性の能力の水準が言及されているのである。理性は、こうして裁判官（iudex）[15]ないし秤（statera）[16]の地位にまで昇進する。このような理性の悟性に対する裁判権は、もちろん『推測について』（*De coniecturis*）においても、理性が悟性の存在論的、認識論的根拠として証明されるときに、暗に示されている。すなわち、クザーヌスは次のように述べている。「したがって、探求する悟性（ratio）から生じるすべての問いが、それらの存在を知性（intelligentia）から得ているかぎり、知性に関する問いであって、かつその中に知性が前提として反映していることのない問いは立てられることがありえないのである。悟性が知性に関して探求を行なう場合、悟性はそれ（＝intelligentia）を感覚的しるしなしで把捉するのであるから、悟性は、自らを照らしてくれる知性の光の刺激なくして、どうしてこの探求を開始することができよう。したがって、知性の悟性に対する関係は、神自身の知性に対する関係と同じである」。[17] このことは、新プラトン主義から受け継いだ上昇と下降の図式からも説明されている。[18]

4　対立の合致と知ある無知

クザーヌスは一四五三年九月一四日付けでテーゲルンゼーの修道士に宛てて発信した内容豊かな書簡において、[19]——これについては後に考察することになるが——擬アレオパギタがティモテオスに宛てた『神秘神学』(*De mystica theologia*) を詳細に論じている。ディオニュシオスは、神学において神への肯定的道を用いることもあれば、否定的道を用いることもあると言う。件の著作で、彼はこの分裂を飛び超え、あらゆる除去 (ablacio) と措定 (posicio) をも超えて、除去が措定と一致し、否定が肯定と一致する所にまで到るのである。「これこそが、最も秘められた (secertissima) 神学であり、二つの矛盾する事柄は合致することはないという哲学の一般的な原理を固持する限り、いかなる哲学者といえどもそこには到達することはなかったし、また到達することができなかったのである。これに対して神秘的に神学する者は、あらゆる悟性と理性さえをも越え、……闇の中に身を投じるのである。そうすれば彼は、悟性 (racio) が不可能だと判断したこと、すなわち、存在と非存在が同時に存在することが必然性そのものであることを、見出すに違いない。実際、このような不可能性の闇と［このような］濃密性 (densitas) が見られることがないとすれば、かの不可能性に矛盾することのない最高の必然性が存在することもないであろう。むしろ、この不可能性こそが真の必然性それ自体なのである」。

ここで、理性 (intelligencia) をも超える上昇が何を意味するのかは、さしあたり考察の外に留めておこう。決定的なことは、悟性は対立するものの一致を不可能だと見なすが、逆に理性はそうとは見なさない、という確認である。他の箇所でクザーヌスは、対立の一致に対する悟性の無力を、再度、中心、円周そして中心から円周まで等しい長さの直線を構成要素とする円によって例証している。いかなる動物もそれ独自の推理の型を持っているものである。例えば、猟犬は、自分の感覚的経験によって与えられた痕跡に出会うと、自分に植え付けられた推理力を活用し、求めていた獲物に追いつく。これと同様で、人間の場合、彼に固有の推理力は論理にある。人間においてその資格をもつ法廷は、悟性である。そのようにアラビアの哲学者アルガザーリは教えている。論理は本性上われわれに賦与されている。すなわち、論理は ratio（悟性）の力である。[20] ratio（悟性）すなわち ratiocinatio（推理能力）には、探求することと推論すること（quaerere et discurrere）が帰属している。[21] クザーヌスは次のように説明する。「推理することとは、出発点と終着点の間で必然的に境界づけられており、この相互に対立するもの（adversa）をわれわれは矛盾と呼んでいる。……しかし理性は、一性の内に数が包含され、点の内に直線が、中心の内に円が包含されることを見るため、この理性（intellectus）の領域では、推理なしに精神が見ることによって、一性と多性、点と直線、中心と周囲の一致が触れられるのである。汝は、このことを『推測について』ですでに知ることができたのだが、そこで私が説明したことは、神は――ディオニュシオスによれば――諸々の対立の対立であるから、神は矛盾対立するものの一致すらをも超えている（super）ということである[22]」。

したがって、悟性は本質的に駆け回る（discurrere）ということで規定されているのに対して、理性は見る（videre）ということで規定されている。[23] この見ることにおいて理性は、矛盾の一致にさえも触れること（attingitur）ができるのだが、[24] それは、理性に対して知ある無知（docta ignorantia）が割当てられることと同様である。『弁明』（*Apologia*）の中で、弟子はヨハンネス・ヴェンクを念頭におきながら、師匠に対して次のことを顧慮するようにと警告している。すなわち、知ある無知は人を見ること（visio）にまで高めるが、この見ることは高い塔に上ったときに可能となる視界に似ているということである。「そこに立たされた人は、眼下の野原を様々な道を通って（discursus varius）痕跡を追いかけながら歩き回る人によって探されている当の獲物を見る。また彼は、追いかけている人が追いかけられている獲物にどれだけ近づいているか、どれだけ離れているか、をも見る。これと同様に、理性の高度な領域に存在するものとしての知ある無知は、推論的な思考の運動を判断するのである[25]。したがって、神への途上では、悟性の精神（spiritus rationis）は打ち負かされ[26]、ratio（悟性）は凌駕されて[27]、不可能性が現れる所で真理が探究されるのである[28]」。

二　先験主義と理性の創造性

1　先験主義について

「あらかじめ感覚の中に存在しなかったものは、何ものも悟性の内には存在しない」（nihil est in ratione, quod prius non fuit in sensu）という命題は、すでに述べたように[29]倒置することはできるが、intellectus（理性）にはもはや妥当しない。したがって、われわれの理性は、その内容を感覚的経験から汲み取ることはできない。理性を興奮させ刺激を与える、理性にとって不可欠な契機として、感覚的経験に理性がたえず依存しているということは、クザーヌスが倦むことなく強調することである。したがって、理性は、その内容を自分自身の内に持っていなければならない。というのも、理性は、『知恵の狩』（*De venatione sapientiae*）で述べられているように[30]、自分自身の内にあらかじめ見出すことのないものは何ものも把捉しないからである。この先験主義のためにクザーヌスは二通りの説明を提示する。一つは、すでに述べたような、プラトンの同時創造的諸観念（notiones concreatae）[31]とは異なる、精神に備わる本性的に創造された判定能力（vis iudiciaria menti naturaliter concreata）を援用した説明であり、他は、人間の精神（mens humana）を、永遠で無限な知恵の生きた記述（viva descriptio aeternae et infinitae sapientiae）としての人間の精神、すなわち、その力の内に万物の原型を概念的に包含している、ある種の神的な種子として示す説明である。[32] 私は、この二通りの説明が先験主義を裏付けていることを、一九九八年の拙論 "Das kognitive und affektive Apriori bei der Erfassung des Sittlichen"[33] において示したと思う。これらは相互に対抗させられるべきではない。それゆえにクザーヌスは、以下のように説明しているのである。「われわれの精神は（かの判断を）、それが万物の原型の模像であるということから得るのである。神こそが万物の原型である。そこで万物の原型は、真理が模像に反映するように、われわれの精神の内に反映するのであるから、精神は、自らが注意を向けるものを自分自身の内に持ち、それに従って外的事物に判断を下すのである（in se habet, ad quod respicit, secundum quod iudicium de exterioribus facit）。書かれた法が生命をもっているとすれば、それが生命をもっている以上、それは下すべき判決を自己自身の内で読むことになるだろう」[34]。

このような先験主義は、存在論的内容に限定されるべきではなく、倫理的内容にも拡張されねばならない。こうすることは、例えば memoria intellectualis（理性的記憶）についての言説を明らかにする。クザーヌスはこのことを以下のように理解している。すなわち、神の似姿として創られたわれわれの理性的精神（spiritus intellectualis）は、三層に段階づけられた天における王と見なされる。アウグスティヌスによると mens（精神）は memoria（記憶）に由来するのであるから、[35] 第一の天は memoria（記憶）という名称を持っている。したがって、この天は万物を模している。第二の天においては万物が測られる。それゆえに mens（精神）はその名を mentiri（測ること）から—— mens a metiendo ——得ているのである。第三の天は歓喜の天、また、たんに意志とも呼ばれる。さて、われわれの理性的精神の第一の天が第二の天に対して、かつて真理、正義、美を与えたことがないとすれば、われわれの理性的精神の第二の天は、何が正しく、真であり、美であるかを判断するためのものを持たないことになろう。これは次のことを意味する。すなわち、われわれは、倫理的善を判断するために、われわれ自身の内に先験的な倫理的尺度を持っているのであるが、その尺度は経験から獲得されたものではない。なぜならば、memoria intellectualis（理性的記憶）は、『説教二七三』（*Sermo* CCLXXIII（二七〇））で明確に述べられているように、経験から汲み取られるのではないのだからである。[36]

2　創造性について

そこで、クザーヌスにとっては理性の創造性も理性の先験主義から成立することになる。しかし、まず注意しなければならないことは、創造性という場合、クザーヌスはもっぱらmens humana（人間の精神）について、要するに人間について語るのが通例だということである。[37] しかし、理性自身に創造性が割当てられる箇所が無いわけではない。例えば、『緑柱石』（*De beryllo*）において、クザーヌスは、「人間は……理性を有しているが、これは創造することによって（in creando）神的理性の似姿なのである」[38]と述べている。また一四五七年の『説教二八二』（*Sermo* CCLXXXII（二七九））においてわれわれは、「それゆえ、理性的本性のすべての業の内に神の創造の類似が反映している（Unde in omni opere intellectualis naturae relucet similitudo creationis Dei）」[39]という言葉を聞く。また一四五四年一二月の『説教一六九』（*Sermo* CLXIX（一六二））においてクザーヌスは、次のような詳細な説明を行なっている。すなわち、神は全被造物の最後に、いわばある種の神的種子[40]として理性的本性（natura intellectualis）を「播種した」。このようにして人間は、全被造物の先頭に置かれたのである。神は息吹を与えるという仕方をとおして、人間の内に神ご自身の生きた像を生み出した。[41] さらに、原文では次のように言われている。「われわれはわれわれの内で、神的な種子としてのこの生命ある驚くべき力を、生命ある像として体験するが、その理由は、われわれ自身が類同化的創造者（creatores assimilativa）だからである。創造者である神が、真理を知解することによって（intelligendo）創造し（creare）形造るように、われわれは自分の理性（noster intellectus）から諸事物の類似性を生み出すのである[42]。さらに、神はその存在のうちに、現に存在する、ないし生成される可能性のある万物を、現実に（actu）包含している（complicare）のであるが、そのように、われわれの理性は、万物の類似性を力に応じて（in virtute）包含し、それらを類同化することによって展開するのであり、知解（intelligere）はそこにこそ成立するのである」[43]。

クザーヌスが神の理性と人間の理性との間に徹底的な境界を設けようとしたことは正しい。神の理性は存在そのもの、現実の世界（mundus realis）、つまり、現実の存在者（entia realia）を生み出すが、人間の理性は、概念的存在、可知的世界（mundus notionalis）、つまり、悟性による存在者と人工的形相（entia rationalia et formae artificiales）を生み出すのである[44]。しかし厳密には、中世において神にのみ留保された語creare（創造）は、前者による産出に対してだけ適用されるのである[45]。

三　認識と愛の両極性

理性のaffectus（情動）に対する両極性が度外視されると、クザーヌスにおける理性は確かに不十分なものとなる。両者は共通の根源を持っているのである。『説教一七二』（*Sermo* CLXXII（一六五））においてクザーヌスはこのことを、「精神（mens）はintellectus（理性）とaffectus（情動）の根源である。精神は、そこにおいて認識と愛とが合致する、純一で高貴な力である」[46]と、簡潔かつ的確に説明する。これによって、クザーヌスの著作における主要なモティーフが語られているのであり、このモティーフはこの私の研究の第二部でも重要な意味を持つだろう。「なぜならば、精神は欲求することなくして知解せず、また知解することなくして欲求することはないからである」[47]。いっさい認識されないものは愛されることがあり得ないからである。このことをこの枢機卿〔クザーヌス〕はわれわれに数え切れないほど何度もたたき込んでくる[48]。「理性は、ある種の高度な本性的愛に基づいて知ることを希求するのであるが（desiderare）、この欲求は、理性が自分自身の内に真理をもっているということの内に存在する。なぜならば、知ることを希求する者は、真理を知ることを希求するからである」[49]。すでに『知ある無知』の冒頭で、重要な言明が述べられている。すなわち、健全で自由な理性（intellectus）は、把捉された真理を愛の抱擁において認識する。理性の本性的な生の法則が理性自身のために、理性をして倦むことなくすべてを探求し尽くさせるのである[50]。このintellectus（理性）とaffectus/amor（情動／愛）の相互補完性なしには、理性の最も卓越した「対象」である神が求められて、見出されるということは不可能である[51]。理性認識に属する愛という要請は、クザーヌスが以下のように説明できるところまでに展開されている。「そして神は愛であるから、われわれの精神は神を〔同時に〕知っていながら愛さないということはできない。つまり、愛のないところには、神についての真の知は存在し得ない。したがって、すべての罪人において、神との関係での無知が見出されるのである」[52]。memoria（記憶）と共に、intellectus（理性）とaffectus（情動）はdentes spirituales（霊的歯）として解釈されるのである[53]。

四　理　性——神に最も近い似姿。神は、幕屋に住まうように、そこに住まう。

1　似姿性

『知恵について無学者の対話』〔以下『知恵について』〕において、クザーヌスは以下のことを強調する。「われわれの理性的精神（spiritus noster intellectualis）は、理性的存在の根拠を永遠の知恵から得ており、その存在はいかなる非理性的存在よりも知恵に類似している（conformius）」。[54] さらに、この著作の第一巻の巻末近くで、七つに分けた知恵の分有の段階、すなわち、かろうじて元素的な存在、鉱物的、植物的、感覚的、表象的諸存在、さらに悟性的、理性的存在までの七段階までを顧慮しつつ、[55] 最後の段階に関して単刀直入に、「そしてこの精神は最高の精神、つまり、知恵に最も近い像である」[56] と説明する。理性が味わいうるものは、感覚や悟性が味わいうるものを超えたものである。[57]『説教一八九』（*Sermo* CLXXXIX〔一八三〕）によると、知性的眼の感覚的眼に対する関係は、真理の類似性に対する関係と同様である。「いかなる感覚も視覚ほど高貴ではない。それと同様に、魂のいかなる能力も理性ほど高貴ではない」[58]。「無限の真理としての神的精神に帰属するものは、われわれの精神には、神的精神に近い（propinque）似姿として帰属するのである」[59]。

理性のこの似姿性は、断じて、純粋に存在論的－静的なものとして把握されるべきではない。もしそうなれば、クザーヌスの思想の本質的な標的の一つを見失ってしまうからである。『説教一六九』（*Sermo* CLXIX〔一六二〕）によれば、理性は非感覚的な視覚であり、これは生命ある視覚として、自分自身を見ると共に自分自身の内に万物を見るのである。理性は、自身がそれの似姿でもある真の生命を、自分自身において味わうことができる。この生命ある似姿は、この知性的生命に基づいて自己を似姿として認識することができるのであり、またそこ〔知性的生命〕において、自分に似姿としての存在を贈与してくれた真理、原型、形相を認識するのである。「そして、これが似姿の真の生命であり、これ〔真の生命〕は、真理が似姿の内にあるように、真理の内にあるのである[60]」。クザーヌスはさらに続ける。「次いで、自己を生命ある似姿として知解する理性は、神から力を得て、自分自身を〔絶えず〕自己の原型に同化させ、その『対象』、つまり知恵とのより大きな一致を持続的に〔絶えず〕目指すことができるのである。それによって理性は〔その内で〕喜びに憩うのである。なぜならば、自らを似姿として認識する似姿は、自らがそれの似姿であるところの真理の外に安らぎを見出すことはできないのだからである。もしそうなった場合には、似姿は誤謬と喪失、いやそれどころか死の中に〔すら〕いることになろう。なぜならば、それが生命ある理性的な存在を与えてくれるかの流入（influentia）から隔絶されてしまうのだからである[61]」。

われわれの理性による神へのこの終りの無い接近の道に関しては、――これは人間の行為、自己形成であり、認識として、それゆえ理論的かつ実践的本性をもったものとして把握されるが――一九九二年にまとめた私の長い論文[62]“Weisheit als Voraussetzung und Erfüllung der Sehnsucht des menschlichen Geistes”での議論と、『説教二八八』におけるクザーヌスの別の言葉を参照して頂きたい[63][64]。E・ホフマンは、一九四七年に次のように記した。「われわれは無限性そのものを手に入れることはできない。しかし私（ein Ich）となること、それがわれわれの無限な課題なのである[65]」。

2　神が幕屋に住まうように、われわれの理性の内に住まうことについて

神との関係で人間の理性を際立たせることは、次のことにも通じる。すなわち、クザーヌスの神は、万物の創造

の後に初めて、人間の理性という幕屋（tabernaculum）の内に安らぎとでもいうべきものを見出すことができるのである。旧約聖書の「シラ書」（＝「集会の書」）の解釈、特に二四章八節（＝ウルガタ訳二四章一二節）[66]の解釈において、クザーヌスは次のようなパラフレーズを行なう。「そこで、テキストの語ることに注目しなさい。『そして彼は私の幕屋に憩った』と書かれている。どのような仕方で父なる神は、知恵の幕屋に住まうのであろう。というのも、知恵の幕屋とは、知恵を使う能力のある被造物に他ならないからであり、そしてこれは知性的本性のことである。それゆえ、「創世記」は、神は最後に人間を創造し、彼に生命の息を吹き入れたと報告しているのである。そこで知性のみが本来の意味で生命の精神なのである。……知恵の幕屋としてのかの被造物の内に創造者が憩う。このことはモーセもまた目撃し、記した通りであり、創造者は、人間に精神を注ぎ入れるまでは、憩うことはなかったのである。この人間の内には知恵を使う能力が存在しており、それゆえ、人間は他の生物を治めることができるのである」[67]。たとえ場所それ自体（locus）は、場所によって受け入れられるもの（locatum）にとって偶有的であったとしても、理性的霊魂（anima intellectiva）という場所は永遠の知恵にとって相応しい場所であると、クザーヌスは説明する。それゆえ、『説教一二四』（*Sermo* CXXIV）によると[68]、知恵はそれ〔理性的霊魂〕の内に、その業の目的と完成の内に（tamquam in fine et complemento operum）憩うかのように、憩うのである。

五　神、すなわち人間理性の固有の「対象」としての、神と同一である知恵ないし真理

信仰が神に近づく唯一の道であるという、今日では多方面で受け容れられている立場とは異なりクザーヌスにとっては、理性もまた神への道を見出すことができるということは、ほとんど自明のことである。いや、それどころ

か、神は理性の固有の「対象」なのである。『知恵について』において無学者は[69]、理性だけが、知恵を味わうために自分を高めることに適している、と述べている。理性的諸本性には知恵の像が理性的生命において生きているからである。この生命にとっては自分自身から生命的な運動を生み出す力が固有である。「この運動は、認識を通して、絶対的真理であり、［また］永遠の真理である、それの固有の対象（ad proprium suum obiectum）に踏み入ることにある[70]」。一四四〇年に著された『知ある無知』とは異なり、一四五〇年の『精神について』で、神的精神とこの世界の個々の事物との間を媒介するものが、宇宙ではなく精神とされた後には、クザーヌスは以下のように断言できるのである。「神、すなわち神の御顔についての認識は、それの対象が真理である精神的本性（natura mentali）の内にのみ下降するのであり、さらには、精神によってのみ下降して、精神が神の像となり、それに後続する神のすべての似姿の原型となるのである[71]」。クザーヌスはすでに『精神について』の始めのところで、神に関する可能的な認識の源泉としての悟性を除外した[72]。必然的に悟性はその認識内容を感覚から汲み取らざるをえない（nihil in ratione, quod prius non fuit in sensu）。理性およびそれの固有の認識目標としての神についてのこのような分類の根拠は次の通りである。「真理に由来している理性は、真理へと傾けられている。理性の根拠すなわち真理は、それの対象でもある。もし色彩が視覚の創造者であるとすれば、色彩はまた視覚の対象でもあるのと同様である[73]」。このテキストの直前で、クザーヌスは、神からの存在は人間にとって知性的存在の内にあると述べる。というのも、神から生じるすべてのものは、本性の存在にしたがって（secundum esse naturae）存在しているからである。しかし、このゆえに、人間の内にそれの知性にしたがって存在するものすべてが、神に由来して存在しているというわけではない[74]。

『神の子となることについて』（*De filiatione Dei*）のある個所が示しているように[75]、理性の固有の対象としての真理という場合、必ずしもそれは、神と同一の真理として理解されねばならないわけではない。一四四四年の『説教三七』（*Sermo* XXXVII）は、トマス・アクィナスに基づきながら、[76]「確かに、理性の対象は真なるものである」（Verum enim est obiectum intellectus）と語っている。[77]

永遠の知恵すなわち絶対的真理が人間の理性の「対象」である、というクザーヌスの見解には、クザーヌスの思考の二つの根本的動機がそのまま現れている。第一は、クザーヌスだけの説ではない。すなわち、そこから何かが生じるところのものは、同時に、その生じたものの認識の目標かつ欲求の目標であるということである。磁石から何らかの仕方で生じる鉄の例をとりながら、クザーヌスは、このことを鉄が磁石を希求することにあてはめて、それを手がかりにして、知恵についてのわれわれの先駆的味覚が知恵そのものを希求することを説明する。[78]彼はさらにこのことについて、「つまり、われわれがそれに由来して存在するそのもの、そのものによってわれわれは育まれる」（Ex quibus enim sumus, ex illis nuturimur.）と述べている。[79]第二の根本動機は人間論的な根本的洞察である。すなわち、理性は、それが全く知解することがない対象によって満足させられることも、それが知解するもの（id quod intelligit）によって満足を得ることもあり得ない。[80]そうではなく、ただ、それが知解しないという仕方で知解するもの（quod non intelligendo intelligit）によって満足を得ることができるのである。[81]完全な満足を求める理性のこの無限の渇望の中に、人間霊魂の不死性の根拠の一つが存するのである。[82]

〔人間理性の限界〕

先験主義と人間理性の創造性について、また存在および表象力と悟性についての理性の考察について、神の、あるいは神的精神または神的理性の特別の似姿としての人間理性の優先権について、本来的認識の目的であり根本的志向の目的としての神へとそれ〔理性〕が向かっていることについて、これらのことについてのクザーヌスの詳細な説明は、理性に微妙な限界が内接しているという事実が存在しないかのように誤解させることはありえない。私はこの章で理性の弱点について語りたいのであるが、このようなタイトルは、あるいはこの論文の第一章で解明した理性の肯定的特異性を後退させるように見えるかも知れない。しかし、理性はあくまでも有限な力（virtus terminata）であり、有限な力が無限な力（virtus inifinita）を把握できないのは、『可能現実存在』に記されている通りである。[83] 理性は個々の場合に、以下のような限界を認識させる。すなわち、単に類同化的であってそのままのものではない創造性、存在と認識において必然的に設定されることになる神の知恵という前提、事物と神の本質をそれのある通りに（uti sunt bzw. uti est）把握することの不可能、つまり理性の認識の推測的性格（これは暫定的で克服可能なものではなく、何らか残存し続けるものであって理性の構造的徴表である）、理性の「無知の知」（docta ignorantia）への固着、神秘的直観（visio mystica）が遂行される際には理性が最終的に退却しなければならないという義務。

一 理性の類同化的創造性について

「類同化的創造者たち creatores assimilativi」という語はすでに論及された。[84] 認識一般は、まさに理性の認識も、類似化、類同化において存在している。『精神について』は、sensus（感覚）、imaginatio（表象力）、ratio（悟性）、intellectus（理性）のそれぞれについてこのことをみごとに示している。さらには、この書物および他のいくつかの書物で intellectus より上位に位置付けられている intellectibilitas も。[85]『説教一六九（一六二）』は、認識とは、理性がその能力のなかに包含している万物の類似を類同化作用によって展開するという事態に存在するものであると述べている。この類同化作用は、「事物の不変的何性」である純粋形相への類同化のプロセスと理解される。[86]『根源について』は、「創造者である理性 conditor intellectus」つまり神を、人間の理性としての「類同化を行う者である理性 assimilator intellectus」と対照させている。「創造者は存在授与者であり、類同化を行う者は認識する者である。創造者は万物を自己のうちに見る、すなわち、彼は自己を、万物の創造的あるいは形相授与的原型として見るのである。従って、彼の認識は創造である。類同化を行う者である理性は、創造者の類似であるが、これもまた自己のうちに万物を見る。すなわち、それは自己を、概念的あるいは形態規定的原型として見るのである。従ってそれの認識は類同化である。それゆえ、創造者・理性が、諸形相の形相、あるいは諸々のイデアのイデア（species specierum）[87]、あるいは形成されうる諸々のイデアの場であるのと同様に、[88] われわれの理性は、諸々の形態の形態、あるいはわれわれが自己をそれに類同化できるものへの類同化であり（assimilatio assimilabilium）、あるいは形態化されうる諸々のイデアまたは類同化の場である」。[89] 認識が類同化によって成立するということは、『精神について』では限定を付けずに、手短かに説かれている。[90]『知恵の狩』においても「認識は類同化である（Cognitio est assimilatio）」と繰り返されている。[91]

理性認識の類同化的性格は、もちろんそれの先験主義的立場を放棄するものではない。クザーヌス研究者たちは、クザーヌスによってたえず強調された感覚的経験の必要不可欠性とも結び付けつつ、この先験主義的立場の中にカントの認識論の立場に対する一定の類似性、接近あるいは先取りさえも見出してきた。テオ・ヴァン・ヴェルトーヴェンは今なお大いに読むに値する書物[92]において、必要な区分をしながら、コッホ、ガンディヤック、メンツェル－ログナー、そしてとりわけホフマンの名前を挙げている。ホフマンは、彼に先立つH・コーヘン[93]と同様に、クザーヌスに「ドイツ哲学の創設者」[94]を見出した。ホフマンにとってクザーヌスは、「〔カントと〕同様な仕方で、感性が内容を供給しない限り悟性は内容をもたない、という経験主義的命題を肯定し、〔カントと〕同様な程度まで、あらゆる認識が生得的観念の先験的形式に源を発する、という理性主義的命題を肯定した。彼〔クザーヌス〕は、認識がその内容を感覚から引き出し、その形式を理性から引き出すという、カントによって更新された綜合命題を、完璧な明晰性をもって実行したのである[95]」。

クザーヌスと並んでカントによって想定された、感覚を必須条件とする先験主義というこの説は、もちろんこの二人の親近性を強調したいという誘惑を引き起こす。しかしながら、ここには区別が必要である。E・ホフマンは上掲の書物において、繰り返しクザーヌスにおける悟性と理性の区別を指摘しているのであるから、[96]（1）すぐ上の引用の中の第一の命題に対しては、次のように言うことができる。すでにわれわれも見た通り、悟性は感覚による思惟内容の供給に頼らざるをえないのである。（2）しかし、理性については、事態はこの通りではない。なぜならば、理性はその認識材料をすでに自己のうちに包含しているのであり、それを経験からくみ取る必要がないのである――たとえ、それが感覚の側からの刺激を必要とするとしても。「神がその存在のうちに万物をその現実性に基づいて包含しているように、われわれの理性も万物の類似をその能力に基づいて包含しているのであり、そしてそれは、それら〔万物の類似〕を類似化作用によって展開するのである。そして、このことにおいて認識が成立するである」と、『説教一六九（一六二）』は説いている。[97]「人間が自ら獲得する認識の内容は、包含という仕方ですでに精神のうちに存在していたのである」。[98]たとえカントにおける単なる統制的理性理念と悟性の構成的カテゴリーとの間の相異は別にしても、次のように言うことができる。カントのカテゴリーは空虚な形相（形式）であって、それ自体は内容をもっておらず、感覚的経験から獲得した内容によって満たされねばならない。悟性に内在していて認識を規定する可能性の条件は、感覚によって提供された材料が秩序付けられる場としての形式（形相）よりも、明らかに作用力が大きい。[99]ホフマンによって語られた「内在的イデア」は、クザーヌスにとっては空虚な形式ではなくて、諸概念の材料的根拠であって、それに対しては精神が自己の内容の何物かを伝達するものである。

（3）従って、クザーヌスにおける感覚知覚は、単に刺激するという機能だけをもっているのであって、けっして知覚する者に材料を手渡す機関ではない。（4）近年、トリーア大学に提出された博士論文で明らかにされえたように、カントの先験論の背後には'acquisitio originaria'（原初的獲得）という表象が存在しており、これはカントの認識概念にとっての背景をなす理論として、極めて大きな意味を有している。'acquisitio originaria'[101]とは、（a）表象によって提供されたり植え付けられたりする存在ではなく、獲得物である。（b）それは、経験からの獲得ではなくて、認識能力そのものからの獲得である。（c）なぜならば、認識能力には一定の諸法則が植え付けられており（leges menti insitae）、カントはそれを、認識能力が本性的にそれに従って作用する諸法則として理解したのである。（d）精神のこのような諸法則から、感覚の対象にそれらを適用するに際して（occasione experientiae)、純粋表象力というものが獲得されるのである。[102] 表象力のこの獲得的性格と、一定の植え付けられた精神の諸法則に限定されることとは、クザーヌスにおける理性の先験性とはうまく折り合うことがない。(5)アルマンド・リゴベッロ[103]に続いてヴェルトーヴェン[104]も、もう一つの相異を指摘している。カントにおいては人間が悟性のカテゴリーに閉じ込められている。このカテゴリーが人間に感覚的印象の多様性に踏み入る道を開きつつ、人間がこれらを統一へともたらすのである。それゆえに人間が認識するものは、感覚的受容の生の材料と悟性の主観的形式とからつくられる生産物である。従ってそれは「現象」であって、けっして物自体ではない。「しかしながらクザーヌスの理解における〈包含〉とは、精神における存在者の内示的な現存であって、それ自体がわれわれの概念と判断の現実的内容を包蔵しているのである。この概念的包含を通して精神は現実と根源的な関係に立っている。なぜならば、この概念的包含は、自己のうちに存在の総体を包含する絶対的一性の分有だからである。このことによって人間は、自己の認識を超越する無限者が現実に存在することを肯定し、知ある無知においてこの無限者に触れうる可能性を自己のうちに見出すのである」。カントにおいては、もはやこのようなことはない。[105] クザーヌスは、理性の創造性に類同化という印章を授けることによって、彼はいまだ中世的思惟の地平を見捨てることがなかったのである——たとえ彼が中世的思惟に自己の肖像を刻印し、このことによってこの思惟を未来に向けて切り開いたとしても。

二　理性は、ただ神の知恵においてのみ万物を認識できる

理性の創造的能力と、人間は事物の尺度である(mensura rerum)[106]とするプロタゴラスの命題の、しかし正し

く理解されるべき形でのクザーヌスによる受容とは、人間およびその理性が依存的存在であるという事実を隠蔽することもできないし、またそれを欲しているわけでもないのである。この、より高い神的なものに依存しているということが、クザーヌスの直観においては、「永遠なる知恵のみが、あらゆる理性が認識活動をすることが可能となる場である」[107]という表現に通じることになる。万物の根源は「理性によっては触れられえない」とクザーヌスは主張するものの、しかし、万物の根源とは、「それによって、そこにおいて、それに由来して、あらゆる認識可能なものが認識される」[108]原理である。従って人間の理性は、単にその存在論的先験性のみならず、その認識論的先験性をももっているので、その結果、神の知恵についてのたえず調達される先行的認識がなければ、この世界では何ものも認識されえないということになる。これがクザーヌスの教えであり、それは『精神について』において表現されている通りである。[109]

三　神と理性によるそれの認識可能性

もし理性がその認識のために、神あるいは神の知恵についての何らかの認識を前提にしなければならないとすれば、またもし神が理性にとってのいわゆる固有の対象（proprium obiectum）であるならば、理性は、妨げられることのない神に対する糸口をもっているように見える。この、いかにも成立しそうな推論を、クザーヌスは寄せつけない。「なぜならば、万物の原理とは、それによって、それにおいて、それに由来して、あらゆる認識可能なものが認識されるものであるが、しかしそれ自身は、理性によって触れられえないもの（intellectu inattingibile）である」[110]からである。今のところはこのように見えるのであるが、そうだとすると、理性はけっして神に到達することがないのであろうか。クザーヌスは、一性、オンス、ペティトゥムにおける事情と同様であると説明する。一性は数によっては把握されえず、オンスは重さによって把握されえず、ペティトゥムは尺度によっては把握されえない。なぜならば、数と重さと尺度は、一性、オンス、ペティトゥムよりも後なるものであるからである。本性的により先なるもの（natura prius）は、本性的により後なるもの（natura posterius）からは獲得されえない[111]。「なぜならば、万物の原理とは、それによって、それにおいて、それに由来して、あらゆる原理づけられるものがその根源を得るものであり、しかしそれ自身は、いかなる原理づけられるものによっても到達されえないものなのである（et tamen per nullum principiatum attingibile）[112]」。

人間理性の固有の対象である神とは、それについての一定の瞥視があらゆるその後の認識の前提となっているものであるが、この神は、認識可能ではなく、触れられることすらも不可能なのだろうか。このような厳格な、またまさに矛盾する言表様式は、クザーヌスによって意図されているところではない。クザーヌスはこれとはいささか異なることを指示しようとしている。すでにみたように[113]、理性は、事物の純粋な形相への、すなわち本質への類同化を把握するのであって、純粋な形相そのものを存在する通りに把握するのではないから、このことは神認識にのみ妥当するのである。われわれは神を、それが存在する通りに認識することはない、しかし、それを似姿の他性においては認識するのである。クザーヌスの多くの陳述が目指していることは、神とは、把握されること（concipi）、考えられたり知られたりすること（cogitari/sciri）、言表されたり名称づけられたりすること（dici/nominari）が可能なものの彼方に存在しているのだ、ということである。神認識において理性がまったく機能しないというわけではない。それに対しては、神への「より真なる道」としてのdocta ignorantia（知ある無知）あるいはcomprehensibilis incomprehensibilitas（把握的な非把握性）というものが残っている。なぜならば、理性の「対象」としての真理である神は、それ自身においては最高に洞察され得るのであるが、それの卓越した知解可能性のために同時に洞察不可能なのである。[114] こうして次のような疑問が生じることになる。すなわち理性は、神秘的直観においても、厳密に言えば、それの実現においても、場所を占めるのだろうか。

四　クザーヌスの思惟における神秘的直観の限界付きの地位

すでに引用した一四五三年九月一四日の手紙においてクザーヌスは、神秘的直観（visio mystica）のことを「神との合一であり、それの蔽いなしの観（unio Dei et illa... sine velamine）」[115]と呼んでいる。一四五二年九月二二日のカスパー・アインドルファー修道院長宛ての手紙において、彼はこのような観（visio）との関わりで自己について以下のように記している。「今回は容赦されたい。もし神がそれ（直観、パウロの意味で生じる奪魂raptus）を与えてくださったならば、他の機会にこれについてより詳しく（emuleacius）[116]記しましょう。自分自身はこの道を歩んだことがないのにもかかわらず、風評によって別の道を真なる道と思いこんで他者に示してしまう人もありうるのです。しかし、〔風評によってではなく自らの〕視（visus）によってこの道に歩み入ったことのある人の場合には、より確か（certius）でしょう。私はと言えば、私が何かを書いたり言ったりするならば、それはいささか不確かな（incertius）ものとなります。私は〔主を〕まだ味わったことがありません、なぜならば主は喜びに満ち満ちた方であるのですから[117]」。

『神を観ることについて』でもクザーヌスは、神のこの観が彼には授与されてはいないということを、明白に述べている。[118] しかしながら彼も、神秘神学の極めて美味で実り豊かな宝（thesaurus）について理解していることは、

『神を観ることについて』の巻頭で明記している通りである。[119] 一四五四年二月一二日から一八日の間にしたためられた手紙の中にあるヴァーギンクのベルンハルトの言葉を、クザーヌスは unio mystica（神秘的合一）に関するいささか珍しく（rarum）貴重なこと（carum）とみなしている。[120] 彼は unio mystica の専門家とみなされているのである。[121] 彼は奪魂における錯覚について警告して、[122] 一四五三年九月一四日の極めて重要な手紙の中で大いに明瞭に説いている。「しかしながら、われわれがわれわれ自身を神秘神学へと連れてゆき、不可能性において必然性を、否定において肯定をあらかじめ味わうことができるということがいかにして成立するのか、それを説明するのは困難です。なぜならば、大きな喜びや愛なしには存在することが不可能であるあの試食は、この世界では完全に望まれることが不可能なものなのだからです[123]」。確かにクザーヌスはかなり遠くまで進むことができており、『知恵について』ではその巻末において次のような結論を出している。すなわち、知恵についての探求は、結局、永遠なる知恵において熟視することが許される全てのことを観るに至る、それは、「最も単純な直性と廉直さにおいて、最も真にして最も正確にして混乱なく最も完全に、それにもかかわらず、ぼんやりとした映像のような手段によってではあるのだが（licet medio aenigmatico）。なぜならば、神が、ぼんやりとした映像ではなしに、ご自身をわれわれに見えるようにしてくださるまでは、この世界ではこの手段なしには神の観（dei visio）は存在しえないのだからである[124]」。さらに、クザーヌスにとって unio mystica は彼を根本的に揺り動かすテーマではない、ということも付言しなければならない。なぜならば、彼は、この世界での生活に必要不可欠なものは、すでに神がわれわれに与えている、と考えているのだからである。『神を観ることについて』の巻末で彼は、このことを総括しているのである。[125]

かくして神は人間に対して、人間が、神へと続く道をそれによって見出すために、全部で六つの贈り物を与えたのである。すなわち、眼に見える世界、書物の総体、理性的諸精神、イエス、[126] 聖霊、そして栄光における生命の試食である。[127] もし、以上の議論をもってクザーヌスの神秘神学が放置されてよいのであれば、彼が神秘的合一（unio mystica）について重量感のある銘記的な陳述を展開することはなかったであろう。以下でわれわれはこれを検討しなければならない。

五　個々の場合の unio mystica における理性の役割

1　存在、悟性、理性、あらゆる知性体および自己自身の超越

「蔽いなしの神との合一」（unio Dei sine velamine）あるいは「引き寄せる知恵」（attrahens sapientia）との「合一」に向かう道は、『知恵について』に記されているように、[128] 感覚、悟性、さらには理性（intelligentia/intellectus）をも超えて続いていく。一四五三年九月一四日の書簡の中の該当するテキストは、すでに上で引用された。[129] 感覚と悟性、さらに想像力（imaginatio/phantasia）でさえも、事物におけるヴェールに蔽われたような神の認識で、既に機能しない。なぜならば、感覚と想像力は量（quantum）ではないものには触れることができないからである。[130] クザーヌスによって「感覚的能力の完成の頂点（supremitas perfectionis sensibilis virtutis）」あるいは「感覚的能力の頂点（supremitas sensitivae (virtutis)）」と表現されることもある悟性[131]（ratio）は、神の思惟に関してはまったく資格をもっていないのであり、[132] それゆえに、それは克服されねばならないのである。このことは、上掲の手紙[133]および『神を観ることについて』[134]が詳細に明らかにしている通りである。

極めて驚くべきことは、理性といかなる知性をも超越することである。[135] なぜならばクザーヌスは、神への上昇の

ための認識的構成要素にたえず大いに固執しているからである。クザーヌスはアッグスバッハのヴィンツェンツを非難して以下のように言う。彼によって描写される神への上昇の方法、つまり「情動に基づいて知性を放棄する（per affectum linquendo intellectum）」[136]方法は、伝えられることも知られることも不可能である。彼〔ヴィンツェンツ〕自身の主張によれば、彼自身でさえもはそれを経験したことがないという。愛する対象との合一へと上昇することを無知のうちで（ignote）欲する愛する人には、何らかの認識（cognicio qualiscumque）があらかじめ贈られていることが不可欠である。なぜならば、まったく未知なものは、愛されることも見出されることも、またたとえ見出されたとしても、把握されることもないからである。したがって、誰かが無知のうちに上昇することを試みるというあの道は、確かなものではなく、書物で伝えられることも不可能なのである、と。[137]しかし今やクザーヌスは、理性の超越[138]を要求するばかりか、いかなる知性的なものも、[139]さらには自己自身さえも放棄することを要求するのであるから、[140]このクザーヌスの歩みの特別の意味が問われねばならない――彼は無知のうちに上昇すること（ignote consurgere）を知性に関係づけるのであって、情動に関係づけるのではないからである。[141]いずれにしても、この歩みは必然的に知性の混乱（confusio intellectualis）[142]へとつながり、魂が無意味なものとされ（insanire facere animam）、[143]理性は無知となり（intellectum ignorantem fieri）、闇の中に歩み入らねばならないのである。[144]

2　クザーヌスにおける闇（umbra-tenebra-caligo-nebula-obscuritas）について

クザーヌスは闇の概念を以下の三種に区別している。

a　闇と無知の知（docta ignorantia）

は本質的には互いに緊密な関係にある。なぜならば、後者はわれわれに次のことを教えるからである。すなわち、物体的事物の認識に際して、われわれはけっして厳密性には到達することがないのであって、アリストテレスによれば、われわれは「本性において最も明らかなもの（in natura manifestissimis）についての認識においても、フクロウが太陽に向かうのと同様な状況に立ち至るのであり、もっとも好奇心旺盛な者であっても、自己に固有の無知において大いに知ある者として見出されるという以上に完全なことに、学問において到達することはないのである[145]。「真理の厳密性はわれわれの無知の闇の中に把握できない仕方で輝いている」と『知ある無知』第一巻の末尾に記されている。「これは、われわれが探し続けてきた知ある無知である」[146]。すでに述べられたように、神のありのままの姿（uti est）は、いかなる概念によっても、いかなる知識によっても、いかなる名称をもってしても、いかなる学問探求によっても獲得されえないとするならば、神についてのわれわれの認識は闇においてのみ遂行されうることになる。なぜならば、われわれはこれらの思考的な手段に頼らざるをえないのだからである。この無知の知（docta ignorantia）の闇は「極めて聖なる無知（sacratissima ignorantia）」[147]であって、それは絶対的な闇というわけではないのである。

b　否定神学の闇　第一の闇の概念と密接な関係にありつつも、否定神学によって与えられるもう一つの闇の概念がある。つまり、神に関するあらゆる述定を排除することから成立する闇（caligo）である。それは、神を探求している者に、何ものかというよりもむしろ無が出会うという形のものである（ut sic pocius nichil quam aliquid occurrat quaerenti）[148]。その場合には神が蔽いなしに（revelata）見られるわけではないと、クザーヌスは注記している。つまり神は、存在するものとしてではなく、存在していないものとして見出されるというのである。これに対して、人が神を肯定的方法で探求するならば、彼はまねび（imitacio）の方法の向こうに蔽われて（velata）見出されるのであって、蔽いなしにであることはないとされるのである[149]。

c　一致の闇　自分の意味する闇（caligo）[150]はこれではない、という否定神学に関するクザーヌスの注記によって、われわれは闇についてのクザーヌスにおける第三の闇の概念に出会うことになる。それは反対対立の一致、とりわけ矛盾的なそれによって与えられる闇の概念である。クザーヌスによれば、それは、人が否定神学と肯定神学の分離をディオニュシウスの意味において超えて、除去と措定の一致、否定と肯定の一致[151]にまで進み行くならば、そこに現われる闇である。そこでは、悟性には不可能性とみなされたものが最高の必然性として姿を現わすという。[152]「もし精神がもはや洞察（intelligere）しないのであれば、それは自ら無知の闇（umbra ignorancie）の中に位置することになるのであり、従って、もし精神が闇を感じたら（sentire）、それは、自分が探求している神がそこに存在するという徴候なのである。このようなことは、太陽を探している者にも生じる。もし精神が正しい方法で太陽に向かうならば、太陽の卓越性（excellencia）のゆえにその弱い視力の中に闇が生じるのである。従って、この闇が現われないのであれば、それは卓越した光に向けての正しい道を歩んではいないことになるのである」[153]。これと共に次のようにも言う。太陽そのものは闇であるのではなくて明るい光であるのと同様に、神もそれ自身は、太陽よりも限りなく優れたものであるのだから、闇ではなく純粋な明るさである[154]、と。

3　〈神秘的合一〉と〈無知の知〉と〈一致〉との合一

悟性、理性、そしてあらゆる知性的なものの超越と共に、神秘的合一（unio mystica）と無知の知（docta ignorantia）に与えられるものは、次のような本来的な無知である。一四五二年九月二二日付けの書簡でクザーヌスは書いている。「誰かがその中において自己を神へと運ぶような愛には、たとえ彼が自分の愛しているものが何であるかを知らないとしても、〔すでに〕認識が内在しているのである。こうして、これは知と無知との一致であり、すなわち知ある無知である」[155]。したがって神秘神学は、知ある無知との一致の中に存在していることになるのである。[156] クザーヌスは『知ある無知の弁護』（一四四九年）において、アリストテレス学派が異端とみなすこの反対対立の一致こそが神秘神学への上昇の始まりである（initium ascensus in mysticam theologiam）、と弁護している。[157] その結果、さらに先鋭化した次のような問題が現れる。すなわち、神秘的合一においても、つまり、それの成立過程においても、まだ何らかの認識機能が存続しているのかどうか――クザーヌスは闇を感じると語っているのである、[158] あるいは、クザーヌスが他の所で表現しているように、[159] 認識とは神秘的合一に先行する単なる一段階であるのかどうか。

4　神秘的合一においてもなお「認識」あるいは「観ること」があるのか

（a）　われわれの幸福は「神を観ること」あるいは「神を認識すること」に存在する

「神秘神学をする人」は理性と自己自身を放棄しなければならないと、われわれは一四五三年九月一四日付けの手紙で読んだことがある。[160] ヴァーギンクのベルンハルトは一四五四年の二月一二日から三月一八日の間に記したクザーヌス宛の手紙の中で、神秘的愛 amor misticus について語っている。[161] 一四五四年三月一八日付けの返書においてクザーヌスは、神秘的愛に対してよりも、むしろ「神的甘美さの味わい」(gustus suavitatis divine)[162] であるわれわれの幸福（felicitas）に対して理解を示している。キリストの教えに従えば、これは認識の中に存在するのだという。[163] 神は愛であるから、[164]「われわれの究極の希求は、絶対的愛を味わい見ること（gustare et videre）に存する」。[165] 愛である神は万物に存在するが、「まさにそれゆえに、たとえわれわれが彼をわれわれのうちに見る（videamus in nobis）としても、われわれはまだ幸福ではない」。[166] 神は知性の「対象」であるとともに意志の「対象」でもあるので、人は神の把握に際して合致に立ち戻らねばならない――たとえ、存在する通りの神は、洞察されるとともに愛される万物を超越することにおいてはじめて、触れられるのであるとはいえ。しかし、幸福があらゆる切望対象の究極のものであるならば、そして、幸福が神を認識することに存するのだとしたら、それが実際に存在するところでは、認識することは愛することであり、愛することは認識することである（ubi est felicitas, cognoscere sit amare, et amare cognoscere）、ということは否定されえない。[167] クザーヌスは同じ返書において、同様にキリストを引き合いに出しながら、われわれの幸福を「神を認識すること」に代えて visio dei（神を観ること）という表現でも記している。「神を観ること」は、最高の完全性であって、神に触れるための他のあるゆる様相を自己のうちに包含していることを意味する。なぜならば――とクザーヌスはさらに根拠付ける――われわれは、諸感覚の何かを越えてわれわれに到来するすべてを観ることを欲するのであるから、この観ることは、いわば知覚する感覚の最後の完成として、現われるのである。従って、この神を観ることも、神に触れる他のあらゆる方法の形相にして完成とみなされねばならない、ということになる。[168]

（b） 神秘的合一においても、神を認識すること、あるいは神を見ること（cognoscere bzw. videre Deum）があるのか

クザーヌスの意味での神秘的合一において、このような神を認識することあるいは見ることを、われわれはなおもつのであろうか。一四五三年九月一四日の手紙における簡潔な説明は、理性とならんで、[169] 理性の側における認識を、あるいは理性に典型的な見ること（videre）を排除している。神への上昇は、もちろんあらかじめ与えられる認識なしには生じないのであるが、[170] 愛される対象との合一は無知のうちに（ignote）生じるのである。なぜならば、たんに「学的に」（scienter）だけではなく「無知において上昇すること」（ignote consurgere）も、知性に関わるのであって、情動にかかわるのではないからである。[171]「知識と無知が見やるものは知性であって、意志ではない。

善事と悪事が見やるものは意志であって、知性ではないのと同様である」(Sciencia et ignorancia respiciunt intellectum, non voluntatem, sicut bonum et malum voluntatem, non intellectum) と、ごく簡潔にクザーヌスは説いている。この説明には、『神を観ることについて』の初めにある彼の以下のような叙述が符合する。すなわち、彼クザーヌスは、神秘神学についての説明においてすばらしいことを解き明かすことになるが、それはあらゆる感覚的な視、理性的視、知性的視を超えて明るみに出されることであるという。[172] これとまったく首尾一貫した形で、以下のような諸規定が存在する。もし神秘的合一の成立においては理性が置き去りにされねばならないのであれば、知つまり学問と概念は消え去ることになり、まだ何か (aliquid) が見られている限りは、それは探求している当の対象ではありえない[173]——たとえ闇の中に歩み入った者が、今自分は闇の中にいるということを知るとしても、また、自分は太陽に向かって近づいたということを知るにしても。彼がより大きな闇を知れば、彼は、闇の中でそれだけますます見えない光に真に触れるのである。[174] 一四五三年九月一四日付けの手紙では、「闇を知る (scire caliginem)」の代わりに「闇を感じる」(sentire caliginem) となっている。[175] 再び『神を観ることについて』ではまったく明瞭に、「たとえ (精神の) 眼が (一致の) 壁を超えて天国の中を見やることができるとしても、その壁はいかなる理性の力にとっても限界である。それが見るものを、それは名づけることも洞察することもできないのである」。[176] これと一致する形で『可能現実存在』においてもクザーヌスは、再び以下のことを強調している。神の名称としての「私はありてあるもの」(ego sum qui sum)[177] は、熟視する者をあらゆる感覚と悟性と理性とを超えて神秘的直観 (visio mystica) に導くが、その神秘的直観において、いかなる認識能力の上昇もその終わりを見出し、知られざる神の出現がその始まりを見出すのであるという。[178] この著作の終わり近くでも同様に記されている。[179] しかし、そこでは驚くべき規定に出会うのである。すなわち、神は、いかなる表象像からも解き放たれた最高の知性によって、存在するあらゆるもののうちのいかなるものでもないものとして見出される[180]――しかしながら、それは「洞察不可能なものとして、無知の仕方で、あるいは知解されない仕方で（inintelligibilis ignoranter seu inintelligibiliter）、影において、あるいは闇の中に、あるいは未知の仕方で（in umbra seu tenebra sive incognite）。神はそこで闇の中に見られるのであり、神とは、そこにおいては対立が合致するものとしての〈ものであるということ以上の、いかなるものであるのか、いかなる存在者であるのかは、分からないのである。……この観（visio）は闇の中で生じるのであるが、そこでは隠れたる神（deus absconditus）が自らをあらゆる知者の眼から隠しているのである[181]」。

5　理性と神秘的直観とについての考察の結果

闇の中でのこの直観は多様に描写されているのであるが、それらの表現を集めてみるならば、本質においてすでに挙げたような語群になる。すなわち、「闇を感じる[182]」、または「闇を知る[183]」、「闇が明るみに出す[184]」、「闇において触れる[185]」、「見やる[186]」、「見えないものを見ること[187]」、「それが何であるかに無知であること[188]」、「知られざる神の出現の始まり[189]」、「味わうこと」あるいは「試食すること[190]」、とりわけ「観ること[191]」。最後の表現については、H・G・ゼンガーの主張[192]とは反対に、クザーヌスにとって神秘的合一とは見ることであるので、神の神秘的な直観と壁の向こうでの神の直視とを区別するR・ハウプストの主張[193]が立証されるのである。同様に上で挙げた書物[194]におけるA・M・ハースの考え方も立証される。なぜならば、神の神秘的な観が闇の中で成立する[195]ということは、知られざる神の現われの単なる始まりであって[196]、このことは、「天国の入り口に配置された天使が監守している、反対対立の合致の入り口で、主よ、私は、あなたを観始めるのです[197]」ということ以上のことは容認しないのである。この観では、理性に固有の見ることはもはや意味されていないのである。なぜならば、理性はたしかに退却させられているか、超越されているに違いないからである。理性は、神秘的な観の成立の過程で挫折する。[198]「(精神の)眼で」[199]とか「あらゆる表象像から解き放たれた理性をもって」[200]という表現で意味されていることが何であるかを確定するのは困難である——その理性が天国の中へいわば初めての眼差しを投げかけることができるものであるとしても。[201]クザーヌスは、それについてこれ以上の説明を与えていない。パウロとの関係はもとより、[202]しばしばそれとは無関係にクザーヌスによって用いられている[203] rapere/raptus（奪う／奪魂）という語も、以下の文章が示すように、助けにはならないのである：Rapitur enim amorosus spiritus, in quo per fidem habit Jesus, usque ad visionem, quae est degustatio praeambula felicitatis aeternae, quam expectamus[204]（信仰によってイエスが住まう愛に満ちた霊は、あの直観へと奪い上げられるが、それは、われわれが待ち望んでいる永遠なる幸福の前触れとしての味わいである）。これがいかなる観であるのかは、不明のままである。

　クルト・フラッシュは一九九八年刊行の彼のクザーヌスに関する大著[205]において、クザーヌスにおける「神秘的」という語を冷静に理解することに賛意を示している。この態度に対しては私も、クザーヌスにおける「神秘的 mystisch」あるいは「神秘主義 Mystik」という語がいくつかの意味を想定できるということにおいて、[206]同調できる。フラッシュは正当にも、「神秘主義」というポピュラーな概念をクザーヌスに適用することに反対する。[207]さらには、まったくクザーヌスに合致する形で、「神秘神学の純粋に情動主義的解釈」に反対する。[208]彼の多くの注釈は、私がすでに[209]クザーヌスの思惟における神秘主義の限定された地位を指摘したことに符合している。より単純な理解がいっそうよく当てはまりそうな所で、神秘主義を語るべきではないだろう。[210]しかしながらフラッシュには、クザーヌスにおける現象としての神秘主義に適合しない註もある。[211]ましてや彼が、私に先立つA・M・ハースやR・ハウプスト、および私がここで試みたようには、クザーヌスの理解に即して神秘主義について詳細で正確な描写をなしていないのは残念である。それゆえに、フラッシュによるクザーヌスの神秘主義についての言明は、大きな欠陥をもっていることになる。

プロティノスについてクザーヌスは、カエサレイアのエウセビオスの『福音の準備』(*Praeparatio evangelica*) の中に引用されている僅かなものしか知らなかったのであるが、[212] プロティノスは神秘的合一の行為のために「理性的精神」(*νοῦς ἔμφρων*) を犠牲にした。しかし彼はそのために「愛する精神」(*νοῦς ἐρῶν*) を有効に作用させたのである。[213]

クザーヌスの意味での神秘的直観が恩寵による出来事であるということは、[214] ここでは扱うことができなかったが、少なくとも留意されておいてしかるべきであろう。

（八巻和彦訳）

(1) V_2, fol. 93vb. 以下の参照。*Sermo* CXXIV, n. 9, 16. 19。ここでクザーヌスは anima intellective のことを意図しつつも anima rationalis とも言う。さらに以下も参照。*De ludo* II, n. 103, 3 ; *De fil.* 1, n. 53, 1-15.
(2) *Sermo* CLXXXIX (183) : V_2, fol. 92va.
(3) Ibid. 92va.
(4) *De mente* 2, n. 64, 10f.
(5) Ibid., n. 65, 4-7.
(6) Ibid., 7-16 u. n. 66, 1-18. これについては以下も参照。Kremer 2000 in : MFCG 26 (2000) 103f.
(7) Ibid., 113-115.
(8) Ibid., 113.
(9) 本稿の〔人間の理性の偉大さについて〕二・1「先験主義について」も参照。

（10） *De mente* 7, n. 103, 5.

（11） Ibid., 3-5.

（12） Ibid., 6-12.

（13） V_2, fol. 279ra.

（14） *De mente* 4, n. 77, 23-n. 78, 6. さらに以下も参照。Ibid. 15, n. 158, 12f.; *De quaer*. 1, n. 25, 4-16.

（15） *De quaer*. 1, n. 25, 6 ; *De ludo* I, n. 58, 6 ; *Sermo* CCXLIII (240) : V_2, fol. 168vb = S. 36, 22-28 (Santinello) ; *Sermo* CCXLVIII (245) : V_2, fol. 183rb ; *De vis*. 22, n. 99, 2.

（16） *Sermo* CCXLVIII (245) : V_2, fol. 183rb : Est igitur intellectus...statera.

（17） *De coni*. I, 4, n. 24, 13-21.

（18） Ibid. II, 16, n. 159, 6-18.

（19） Vansteenberghe 1915 : 113-117, hier S. 114, 24-S. 115, 9. 悟性が一致の思想を理解できないことについては、以下を参照。*De coni*. II, 1, g. 76, 10-18 ; n. 77, 1-6 ; II, 2, n. 81, 4. 15-17 ; *De vis*. 9, n. 36, 1-9 ; 13, n. 53, 1-18 ; *De beryl*., n. 32, 6-11. Sogar im Zusammenhang von Papst und Kirche heißt es : Ratio enim contradictoriorum coincidentiam non admittit. In : G. Kallen, *De auctoritate praesidendi in concilio generali*, CT II, S. 109. 以下も参照。J. Koch 1956 : bes. 44-48.

（20） *Apol.*, S. 14, 1-S. 15, 4 (nn. 19-21). 動物についての議論は以下も参照。*De mente* 5, n. 83, 1-5.

（21） *Apol.*, S. 15, 4f. (n. 21). 悟性の discurrere についての該当箇所は以下の通り。Ibid. S. 14, 18-23 (n. 20) ; S. 16, 3-6 (n. 22) ; S. 28, 15-17 (n. 42) ; *De docta ign*. I, 4, S. 11, 16 (n. 12) ; *De fil*. 6, n. 85, 5 ; *De coni.*, II, 1, n. 73,-8 ; II, 2, n. 84, 1-4 ; II, 12, n. 131, 15-19 ; II, 16, n. 159, 2 ; II, 17, n. 177, 12 ; *De mente* 5, n. 84, 1-10 ; *De vis*. 22, n. 99, 1f. 7 ; n. 100, 2f. これと共に、もちろん concludere（結論付ける）ことも悟性に当てはめられる。例えば以下を参照。*Sermo* CCLXXXVIII (285) : V_2, fol. 279ra.

（22） *Apol.*, S. 15, 5-16 (n. 21). *De coni.* では、特に次の二箇所で語られている。I, 5, n. 21, 3 u. II, 1, n. 78, 13-15. 以下も参照。E. Hoffmann 1947 : 20, 40f.

（23） 理性に固有の「観ること videre」については、以下を参照。*De docta ign*. I, 4, S. 11, 16f. (n. 12) ; *Apol.*, S. 14, 14-18 (n.

20) ; S. 16, 1-6 (n. 22) ; S. 28, 15-17 (n. 42) ; *De coni.* II, 1, nn. 75-76 ; *De quaer.* 1, N. 25, 5f.; *Sermo* LXXI, n. 24 (h XVII として近刊) ; *Sermo* CLXIX (162), V_2, fol. 63rb : intellectus est quasi visus, non ut sensibilis ; *Sermo* CCLXXXVIII (285) : V_2, fol. 278va ; 279ra （上注(13)のテキスト参照。）さらに以下も。*Nota marg. in Cod. Cus. 184* (Met. d. Aristoteles), fol. 12 : Contemplatio vero theologica certior est, quia visio intellectualis ; illa nihil praesupponit nec arguit aut inquirit, sed est simplex intuitio. 観ることができるので，理性のことをクザーヌスは mentis oculus（精神の眼）(Apol., S. 14, 15 [n. 20]) あるいは oculus animae（魂の眼）と呼んでいる。*Sermo* LXXI, n. 24, 7 (h XVII として近刊). *Sermo* CCLXIX (266) : V_2, fol. 225ra.

(24) *Apol.,* S. 15, 10-13 (n. 21) ; *De coni.* I, 10, n. 52, 1f.; n. 53, 7-12. 以下も参照。J. Koch 1956 : 特に 44-48 ; H. G. Senger 1988 : 118 ; Velthoven 1977 : 36 ; Hoffman 1947 : 20, 40.

(25) *Apol.,* S. 16, 1-6 (N. 22) ; 以下も参照。*De vis.* 13, n. 52, 6-18 ; 16, n. 67, 12-15. E. Hoffmann 1947 : 41 ; J. Uebinger 1888 : 69 : Zuordnung von docta ignorantia und Vernunft.

(26) *De vis.* 9, n. 37, 8-10.

(27) Ibid. n. 36, 1-3. 悟性は神への道にはふさわしくない：*De docta ign.* I, 4, S. 11, 12-18 (n. 12) ; I, 10, S. 20, 4-11 (n. 27) ; *De coni.* I, 8, n. 34, 8-15 ; II, 3, n. 87, 3f.; II, 16, n. 162, 1-3 ; *De mente* 2, n. 67, 7-11 ; *De beryl.,* n. 32, 6-20 ; *De fil.* 6, n. 85, 4-6 ; *Sermo* XXII, n. 7, 1-4 ; *Sermo* LVIII, n. 30, 1-4 ; さらに以下の文献も参照。Kremer 1992 の注(161)（一三六頁以下）; E. Hoffmann 1947 : 20, 21 ; ders. 1935 : 256 ; J. Koch 1956 : 39, 41. *De coni* I, 8, n. 34, 8-15 では，homines rationales（悟性をもつ人間）とほとんど全ての同時代の神学者が，悟性の方法によって神について語ろうとしているとして批判されている。以下も参照。*De coni* I, 10, n. 53, 10-12. これについては Adnotat. 27 (S. 209 f.) も。さらに以下も。*De coni* I, 6, n. 24, 8f.; J. Uebinger 1888 : 75.

(28) *De vis.* 9, n. 36, 3.

(29) 上の1・1を参照。

(30) 29, n. 86, 7f. Vgl. さらに，*De beryl.,* n. 6, 7f.; *De non aliud* 13, S. 28, 17-20 ; *De docta ign.* II, 6, S. 81, 10f. (n. 126) ; *Sermo* CLXIX (162) : V_2, fol. 63rb ; *De fil.* 6, n. 86, 5f.

(31)　上の一・3も参照。

(32)　*De mente* 5, n. 85, 7f. u. n. 81, 6f. 神的種子としての理性については以下も参照：*De fil.* 1, n. 53, 3.

(33)　注(6)の文献の一〇二－一一五頁、特に一一一頁。

(34)　*De mente* 5, n. 85, 3-7. 内容的に同じでことが以下の箇所にも。*Sermo* CCXXXIII (230) : V_2 fol. 156ra, *Sermo* CCLXXIII (270) : V_2, fol. 234va（また、注(6)で挙げた拙論の注(32)と注(58)も参照。）

(35)　ここに関しては以下も参照。Kremer 2000 : Anm. 102.

(36)　V_2, fol. 234va : necesse est, quod intus respiciant oculi eius (scl. spiritus) in memoriam suam intellectualem non acquisitam ex sensibilibus, sed concreatam et quae est essentia eius, quia imago Dei. Kremer 2000 : 特に一一六－一二一頁を参照。

(37)　*De coni.* I, 1, n. 5, 3-13 ; II, 14, n. 144, 10-14 ; *De mente* 9, n. 116, 10f.; *De beryl.*, n. 7, 2-4 ; n. 55, 8-10 ; n. 56, 1-7 ; *De princ.*, n. 21, 4-9 ; *De non aliud* 24, S. 57, 25-29 ; *De ludo* II, n. 80, 7-12 ; *Comp.* 8, n. 23, 14-16. 以下も参照。Velthoven 1977 : 74-128, 131-149, 151-153, 176, 190f., 195 等々。mens humana（人間の精神）の創造性はクザーヌスによって vis, virtus および potentia に表現されている。以下を参照。Kremer 1978 : 23-57, 特に 32-38.

(38)　n. 7, 6f.――理性の下に位置付けられた悟性も創造的原理である。*De coni.* I, 2-4, n. 5, 2-n. 16, 9 ; I, 11, n. 54, 8-16 ; II, 1, n. 77, 6-11 ; II, 2, n. 81, 4-7 ; *De poss.*, n. 43, 7-21 ; *De ludo* II, n. 92, 1-3. 以下も参照。Velthoven 1977 : 134f., 138, 141f., 148, 151-153, 165^{148}, 176, 190f., 195 ; Koch 1956 : 26, 36, 40, 43.

(39)　V_2, fol. 268vb. 以下の例証も参照。*De theol. compl.*, n. 2, 23-25. 32f. 39-41. 52-57 ; *De beryl.*, n. 56, 11-15 ; *De princ.*, N. 21, 9-17 ; *Sermo* CLXIX (162) : V_2, fol. 63va. *Sermo* CLXXIII (166) : V_2, fol. 71ra.

(40)　この表現への例証は上の注(32)。

(41)　V_2, fol. 63rb.

(42)　Producimus. producere という語は、中世においていつも creare の同意語として使用された。例えば Thomas Aquinas, *S. TH.* I 45, 6, c.: Respondeo dicendum quod creare est proprie causare sive producere esse rerum. 以下も参照。*De poss.*, n. 5, Z. 7f.: Creare etiam cum sit ex non-esse ad esse producere... さらに次も参照。Kremer 1962 : 特に、三二一－二五（そ

こには別の例証もある)。

(43) *Sermo* CLXIX (162) : V_2, fol. $63^{\mathrm{rb-va}}$.

(44) 以下も参照。*De mente* 3, n. 72, 1-14 ; *De coni*. I, 1, n. 5, 2-15 ; *De poss*., n. 43, 5-13 ; *De ludo* I, n. 45, 11-15 ; II, n. 102, 11-16 ; *De Gen*. 4, n. 174, 9-15.

(45) 以下を参照。Velthoven 1977 : 98 ; 97[174] 以下のように対置される : creator artium – creator naturae ; creator notionalium-creator essentialium ; creator assimilativus – creator essentians. Thomas Aquinas, *S. c. G II*, 21, Amplius : Nulla substantia praeter Deum potest aliquid creare.

(46) V_2, fol. 69ra.

(47) Ibid. 他の例証は Kremer 2000 : 134[206].

(48) Ibid. 134[207].

(49) *Sermo* CCLXXXIII (280) : V_2, fol. 270vb. その他の例証は以下に Kremer 2000 : 133[205].

(50) I, 1, S. 5, 10-14 (n. 2). 以下も参照。*De sap*. I, n. 9, 3 ; n. 4, 15 ; n. 7, 5 ; n. 16, 8f.

(51) *De sap*. I, n. 12, 2-5.（強調は引用者）。

(52) *Sermo* CLXXII (165) : V_2, fol. 69ra. 以下も参照。*Brief* des NvK vom 18. 3. 1454 an Bernhard von Waging, in : Vansteenberghe 1915 : 135, 2-6 : Querere autem [Deum] sine intelligere et amare non est ... Amor igitur boni sine omni boni notitia non est ; et notitia sine amore non est.

(53) *Sermo* XII, n. 33, 19f. affectus については以下を参照。Kremer 2000 : 特に一三三―三八頁。

(54) *De sap*. I, n. 17, 1-3.

(55) Ibid. n. 26, 11-18.

(56) Ibid. n. 27, 1.

(57) Ibid. n. 10, 13.

(58) V_2, fol. 92va.

(59) *De mente* 3, n. 72, 9-11. さらに以下も参照。7, n. 99, 1f.; *De pace* 4, n. 12 ; S. 12, Z. 18-S. 13, Z. 2 ; *Comp*. 8, n 23, 13-

16 ; *De fil.* 6, n. 86, 3-6 ; *Sermo* CLXXXVII (181) : V_2, fol. 88vb. *Sermo* CCLXIX (266) : V_2, fol. 225ra : Sic verbum est sapientia Patris creatoris, quae facit intellectualem naturam, quae capit ipsum sibi conformem.

(60) V_2, fol. 63rb.

(61) Ibid.

(62) Op. cit., (Anm. 27) 133-136. さらに以下も参照。Bredow 1978 : 58-67 ; Steiger 1978 : 167-181 ; R. Haubst 1989 : etwa die Stichworte "Desiderium naturale", "Geist" u. passim.

(63) (285) : V_2, fol. 279va.

(64) Ibid.

(65) Op. cit., (Anm. 22) 52.

(66) Im *Sermo* CLXIII (155) : V_2, fol. 32ra.- *Vulgata* 24, 12 は以下の通り。Tunc praecepit, et dixit mihi creator omnium, et qui creavit me, requievit in tabernaculo meo. ドイツ語聖書 *Echterbibel* (Würzburg 1951) S. 64 では以下の通り。"Da gebot mir der Schöpfer des Alls, und der mich schuf, ließ mein Zelt zur Ruhe kommen" (24, 8).

(67) *Sermo* CLXIII (155) : V_2, fol. 32ra.

(68) h XVIII/1, n. 9, 15-20. 以下も参照。Kremer 1992 : 124.——この論文で私は、クザーヌスの幾つかの著作にあらわれて、Intellekt の上位に置かれている intellectibilitas は扱っていない。それについては以下の箇所を挙げたい。*De mente* 5, n. 80, 15-18 ; 8, n. 111, 9-14 ; 14, n. 151, 9-14 ; n. 152, 1-n. 153, 7 ; n. 154, 1-9 ; *Apol.*, S. 14, 15 (n. 20) ; *De ludo* II, n. 101, 11f.; N. 104, 13. 23 ; *Sermo* CLXXII (165) : V_2, fol. 69rb. *De mente* 14, n. 152, 3f. では以下の通り：heißt es : Ad creatoris imaginem respicimus, quae maxime est in intellectibilitate, ubi se mens simplicitati divinae conformat. この概念の翻訳には著者たちが苦労している。*De mente* からの上掲箇所は以下のように翻訳されている。M. Honecker u. H. Menzel-Rogner, in : NvKdÜ, H. 10 (Hamburg 1949) S. 81, 82, 85 : "einsichtiges Geistigsein", S. 81 : "reine Geistigkeit", S. 82f.: "ganz geistige Einsicht", S. 85 : "durchgeistigte Einsicht" ; R. Steiger, in : NvKdÜ, H. 21, S. 35 : "die zur geistigen Schau fähige Kraft", S. 69, 117, 119 : "Vernünftigkeit", S. 119 : "ganz Vernunft"; von W. Dupré, III, S. 513 : "schauende Kraft", III, 597 u. 599 : "(vernunfthafte) Einsichtigkeit", III, 599 : "einsichtig". *De mente* N. 151, 13 を Dupré は intellectibilitatem

ではなく intelligibilitatem と読む。*Apol.*, S. 14, 15 (n. 20) を Dupré (I, 547)は “vernünftiger Verständlichkeit” と訳す。Santinello II (Bologna 1980) S. 225 は “l'intelligibilità”と。*De ludo II* の上掲箇所は, Dupré, III, S. 333 : “vernünftig-einsichtig”, S. 337 : “einsichtig-schauend” ; von Bredow, in : NvKdÜ, H. 21 (Hamburg 1999) S. 117 : “geistig-schauend”, S. 123 : “Schauen”.-intellectibilitas のより詳細な理解のためには, 以下の箇所でのクザーヌス自身の説明が重要。*De mente* 7, N. 105, 1-N. 106, 17. 以下の文献も挙げておきたい。Hopkins 1996 : *De mente* に関する S. 500 Anm. 42 ならびに S. 504 Anm. 78 u. 80. この概念の由来については, 以下の文献を参照。Kremer 1992 : S. 137[163].

(69) I, n 25, 19-n. 26, 5.

(70) Ibid. n. 26, 5f.

(71) *De mente* 3, n. 73, 6-9.

(72) 上の注(27)参照。ratio は神の業の本質を把握することがない。*De mente* 2, n. 58, 12f.; n. 66, 14f.

(73) *Sermo* CLII (145) : h XVIII/2, n. 3, 8-12 : Unde, sicut intellectus est a veritate, ita inclinatur ad ipsam. Principium autem intellectus, scilicet ⟨veritas⟩ est etiam ⟨obiectum⟩ eius ; ac si color esset creator visus, sicut est obiectum eius. 以下も参照。*De coni.* I, 10, n. 52, 11-13 ; II, 16, n. 167, 19-22 ; *De docta ign.* III, 10, S. 149, 27-S. 150, 4 (n. 240) ; III, 12, S. 161, 4f. (n. 259) ; *Apol.*, S. 12, 9f. (n. 16) ; *De fil.* 3, n. 64, 7-10 ; *De theol. compl.*, n. 2, 44f.; *De poss.*, n. 2, 16-18 ; *Sermo* XXII, n. 9, 1-4 ; *Sermo* XXXVII, n. 7, 7 ; *Sermo* LVIII : h XVII, n. 10, 11f.; n. 26, 8-10 ; n. 30, 3 ; *Sermo* XCVII (92) : V_2, fol. 21ra ; *Sermo* CLXIX (162) : V_2, fol. 63rb ; *Sermo* CLXXXIX (183) : V_2, fol. 92va. *Brief* des NvK vom 18. 3. 1454 an Bernhard v. Waging, in : Vansteenberghe 1915 : S. 134, 24f.

(74) *Sermo* CLII : (demnächst) h XVIII/2, n. 3, 1-7.

(75) 2, n. 57, 9-13 ; vgl. auch 3, n. 63, 1f.

(76) 2, n. 57, 9-13 ; vgl. auch 3, n. 63, 1f.

(77) n. 7, 7. Vgl. auch *Brief* des NvK vom 22. 9. 1452, in : Vansteenberghe 1915 : S. 112, 40-S. 113, 1.

(78) 以下を参照。Kremer 1992 : bes. 110-116.

(79) *De sap.* I., n. 16, 1 ; *De ven. sap.* 1, n. 2, 5 ; 10, n. 27, 6 ; 20, n. 57, 6. 8. 11. 17 ; *De ludo* II, n. 70, 11-14 ; *Comp.* 2, n.

3, 10f.; *Sermo* CLXXIV (167) : V_2, fol. 71vb ; *Sermo* CLXXVIII (171) : V_2, fol. 77rb. この背後にはアリストテレスがいる。Aristoteles, *De anima* II 4 ; 416 a 29f.:「ある人々は、同様なものが同様なものによって養われる、と言う」。

（80） *De vis.* 16, n. 70, 3-5.

（81） Ibid. 6-14.

（82） 以下を参照。Kremer 1996 : 21-64, bes. 51-53.

（83） *De poss.* n. 17, 19.

（84） *Sermo* CLXIX (162) : V_2, fol. 63^{rb-va}. 上記注(43)のテキスト参照。

（85） 以下を参照。Kremer 1978 : bes. 44-50.

（86） *De mente* 7, n. 103, 3-5.

（87） species specierum については、以下を参照。*De non aliud* 10, S. 23, 19f.: Unde 'non aliud' formarum est forma sive formae forma et speciei species et termini terminus.

（88） 以下の文献も挙げておく。Feigl/Koch 1967 : Anm. 66 (S. 84).

（89） *De princ.* n. 21, 9-17.

（90） *De mente* 3, n. 72, 13f.

（91） 17, n. 50, 1.

（92） Op. cit., (Anm. 24) 109f.

（93） 彼にとってはクザーヌスは近代哲学の最初の創立者である。der "erste Begründer der neueren Philosophie", in : *Einleitung mit kritischem Nachtrag zur 'Geschichte des Materialismus'* von F. A. Lange (1896, ^{3}1914), Werke, Bd. V/2 (Hildesheim ^{5}1977) 20 ; 彼は、クザーヌスのことを「ドイツ人大哲学者の第一の人物」にして「ドイツ哲学の創立者」とも呼ぶ。*Logik der reinen Erkenntnis* (1902, ^{2}1914), Werke, Bd. VI (Hildesheim ^{4}1977) 32.

（94） Op. cit. (Anm. 22) 38 ; vgl. auch 19.

（95） Ibid. 54.

（96） Ibid. z. B. 20, 21, 40, 41, 46. Ders., in : NvKdÜ, H. 1 : *Der Laie über die Weisheit* (Leipzig 1936) Geleitwort, S. 3.

(97) V_2, fol. 63va. 上の二・1における別の例証も参照。

(98) Velthoven 1977 : 111.

(99) Kant, *Kritik der reinen Vernunft,* A 86, in : Kant 1968, Bd. 3 : 127.

(100) M. Oberhausen 1997.

(101) カントにおいてこの概念が文字通りに現われるのは、以下の書物に一度だけである：Johann August Eberhard に向けられた一七九〇年の論駁書。*Über eine Entdeckung, nach der alle neue Kritik der reinen Vernunft durch eine ältere entbehrlich gemacht werden soll,* in : Kant 1968, Bd. 5 : BA 71 (339). カントはここで、空間と時間の先験的直観形式の根源についての学説と、法律理論から借りた用語としての acquisitio...originaria を用いつつ純粋悟性概念の学説を表現しているのであるが、acquisitio...originaria を acquisitio derivativa に対立させている (BA 70)。Oberhausen 1977 : 19 が明らかにできたように、カントは自分の先験的表象の acquisitio originaria の理論を遅くとも一七七〇年の *Inauguraldissertation* では展開しており、これ以降、先験的表象の可能性を説明することに有効な場合には、繰り返しこの理論に依拠している。

(102) Die einschlägige Stelle in der *Inauguraldissertation* において適切な箇所は、§ 8, $A_2$11, in *Kant* 1968, Bd. 5 : 37f. である。そこの行文は以下の通り。Cum itaque in Metaphysica non reperiantur principia empirica : conceptus in ipsa obvii non quaerendi sunt in sensibus, sed in ipsa natura intellectus puri, non tamquam conceptus connati, sed e legibus menti insitis (attendendo ad eius actiones occasione experientiae) abstracti, adeoque acquisiti. さらなる資料としては Oberhausen の論文が引用されるべきである。

(103) *Contributo del dialogo cusaniano Idiota De mente alla precisazione di un problema teoretico,* in : RCIB (Firenze 1962) 243–251.

(104) Op. cit. (Anm. 24) 111f.

(105) フラッシュもまたクザーヌスに「超越論哲学の先駆者」を見ることはしていない (Flasch 1998 : 282 ; さらに以下の箇所も参照。283, 292（ヘーゲルとは異なり）、301, 459, 655. 301 :「しかしながら、それ (De-mente-Philosophie) は、超越論哲学的な認識論あるいは親概念の弁証法的理論へと展開されえたかもしれない要素を含んでいる」と。

(106) *De beryl.* n. 6, 1. これに関する注には他の例証の表示も。以下の文献も参照。Bormann 1999 : 特に 13f.

(107) *De sap.* I, n. 13, 10-12（強調は引用者）。

(108) Ibid. n. 8, 7-9.－強調は引用者。さらに n. 9, 5f. も。その他に *De coni.*, II, 16, n. 167, 12-14. この点についての他の例証および説明は以下を参照。Kremer 1992 : 109[24].

(109) *De mente* 10, n. 127, 11-14. これについては以下を参照。：Kremer 1993 : 145-180.

(110) *De sap.* I, n. 8, 7-9.

(111) Ibid. n. 6, 9-21.

(112) Ibid. n. 8, 5-7.

(113) 上の〔人間理性の限界〕－「理性の類同化的創造性について」を見よ。また以下も参照。*De fil.*, 4, n. 72, 12-26 :「確かに神は到達されえないものとして存在するが、すべての到達されうるものにおいて到達されるのである」。さらに以下も参照。Ibid. n. 73, 1-6 ; 5, n. 80, 1-3 : Deinde attendendum deum...non attingi, uti est ; 6 : n. 84, 2-9.

(114) *Apol.* S. 12, 9-13 (n. 16). 理性が vera mensura として悟性的なものの厳密性であるように、神と同一である真理が、理性の最高の厳密性である。*De coni.*, I, 10, n. 52, 11-13 ; 以下も参照。ibid., II, 16, n. 167, 12-22.

(115) In : Vansteenberghe 1915 : 114, 4f.; 以下も参照。*De poss.*, n. 15, 2, mystica visio. この videre については、個々での関係で以下の注(191)の諸箇所を参照。Unio については、以下も参照。*De fil.* 3, n. 68, 10f.: translationem ... de umbrosis vestigiis simulacrorum ad unionem cum ipsa infinita ratione.

(116) Vansteenberghe 1915 : 113, 3. ファンステーンベルゲの筆写には "emuleacius" という語が現われているが、ラテン語にはこの語は存在しないようである。写本を改めて校閲すれば説明がつくであろう。Baum/Senoner 1998 : 92-94 (*Brief v.* 22. 9. 1452), では、これを "cumulacius" と読んで、"ausführlich genug"（十分詳細に）と訳している。

(117) Vansteenberghe 1915 : 113, 3-7.

(118) *De vis.* 17, n. 78, 13-15 ; n. 79, 9-14.

(119) Ibid. n. 1, 6f.

(120) In : Vansteenberghe 1915 : 131, 23.

(121) Ibid. 110, 5-9 : *Brief* von Abt Kaspar Aindorffer von vor dem 22. 9. 1452 an NvK.

(122) Ibid. 112, 39f.: Sed in raptu multi decipiuntur, qui imaginibus inherent, et visionem fantasticam putant veram (*Brief* v. 22. 9. 1452). 以下も参照。Ibid. S. 115, 19-25 (*Brief* des NvK vom 14. 9. 1453).

(123) Ibid. 115, 37-41 : *Brief* des NvK v. 14. 9. 1453. ここに、「神秘神学」という語が神秘的直観に関する教説ではなく、神秘的経験そのものを意味している箇所の1つがある。例えば以下の箇所も参照。Ibid. 115, 3 : Mistice theolo (g) izantem ; 115, 41-116, 1 : tota ista mistica theologia sit intrare ... ; 113, 7 u. 10. クザーヌスにおける「神秘的」という語の多様な意味に関しては、下の注(206)参照。さらに以下も： Haas 1989 : Anm. 18, 13, Anm. 36, 15, 17. 'mystica experientia'（神秘的経験）という語はクザーヌスで使用されていないようだ。

(124) *De sap.* II, n. 47, 1-5. 類似したことは以下にも、*De beryl.* n. 53, 12-17 ; *De poss.* n. 31, 2f.; n. 54, 3-5.

(125) *De vis.* 24, n. 118, 10-n. 119, 11. ―強調は引用者。

(126) *Joh* 14. 6 を参照。

(127) 以下も参照。*De pace* 2, n. 7 ; S. 8, 2-S. 9, 11. ここで animalis et terrenus homo にとっての特別な補助として挙げられているのが以下のことである。預言者たちと、受肉、流血、人間のための養育という多様な段階にあった神の御言葉。そこで、「これらのことはすでに果たされている。生じることができてまだ生じていないことが何か残っているか」と説の末尾で言われている（Ibid. S. 9, 11f.)。さらに以下を参照。*Sermo* CLXIX (162) : V_2, fol. 63va : Sunt autem intellectuali naturae ... ad Hebraeos declarat. 多くの刺激として以下のものが挙げられている。gratuita dona, dona spiritus, gratiae, illuminationes, Spiritus Sanctus sive angelus, Filius (Dei). 以下も参照。*Crib. Alk.* I, 15, n. 67, 1-3, de quo (= Christo) omnes scripturae locutae sunt ... さらに以下も、*De sap.*, I, nn. 2-4 : われわれの知恵にとっての本性的食物は神の指で書きつけられた世界という書物の中に、つまりいたる所に見出されるのである。

(128) I, n. 17, 7f.

(129) 注(19)のテキストを見よ。また以下も参照。*De poss.* n. 15, 1-4 ; *De ap. theor.*, n. 4, 1f.

(130) *De poss.* n. 17, Z 3f.

(131) *De vis.* 22, n. 99, 8f.; n. 100, 3.

(132) 上の注(27)における例証を参照。

(133) In : Vansteenberghe 1915 : S. 115, 3.

(134) *De vis.* 9, n. 36, Z1-3 ; 以下も参照 : Senger 1988 : 115, 117, 110.

(135) In : Vansteenberghe 1915 : S. 115, 4f. u. S. 114, 7f. 従って K. Jaspers ²1988 : 103 の記述は反論されうる。「われわれが全てを断念するならば、われわれはこの断念において把握されない仕方で超越に触れるのである（つまり、思惟によってであって、忘我によってではなく、また神秘的合一によってでもなく、主観―客観―分裂の止揚によってでもなく）」。S. 250 も参照。S. 237 は正当である。「この諸概念は、それらが止揚されることにおいて絶対が臨在することになる道である」。

(136) *Brief* v. 14. 9. 1453, in : Vansteenberghe 1915 : 115, 28f. アッグスバッハのヴィンツェンツならびにクザーヌスの神秘主義一般については、以下の教えられるところの多い著作を参照。A. M. Haas 1989.

(137) *Brief* v. 14. 9. 1453, in : Vansteenberghe 1915 : 115, 14-21.

(138) Ibid. S. 115, 3f.: supra ... et intelligenciam ; vgl. auch S. 114, 5f. 9f.; *De vis.*, n. 1, 9-11 ; 9, n. 36, 3-6 ; 17, n. 75, 9-11 : Claudit enim murus potentiam omnis intellectus, licet oculus ultra in paradisum respiciat, id autem, quod videt, nec dicere nec intelligere potest.

(139) *Brief* v. 14. 9. 1453, in : Vansteenberghe 1915 : 114, 5-8 ; 115, 11f. 22-24 : 理性的なものは最高の形態においては神に類似する何かであるが、けっして神そのものではない。以下も参照。*Brief* vom 18. 3. 1454, in : Vansteenberghe 1915 : 134, 26-S. 135, 2 ; *Apol.*, 24, 12-22 (n. 35) ; *De vis.* 13, n. 51, 3-19.

(140) *Brief* v. 14. 9. 1453, in : Vansteenberghe 1915 : 115, 4. 31f.; 以下も参照。114, 8 ; *Apol.*, S. 20, 5-9 (n. 29) ; *De sap.*, I, n. 17, 10 ; *De poss.*, n. 15, 4f.; n. 17,. 17f.; *De ven. sap.*, 15, n. 45, 9-18, bes. 17f.

(141) *Brief* v. 14. 9. 1453, in : Vansteenberghe 1915 : 115, 32-36 : Ignote enim consurgere non potest dici nisi de virtute intellectuali, affectus autem non consurgit ignote, quia nec scienter nisi scienciam habeat ex intellectu. Sciencia et ignorancia respiciunt intellectum, non voluntatem, sicut bonum et malum voluntatem, non intellectum.

(142) *De vis.* 13, n. 52, 8 ; vgl. auch 6, n. 21, 1-23 ; *Brief* v. 14. 9. 1453, in : Vansteenberghe 1915 : 115, 13.

(143) *De sap.* I, n. 17,. 9.

(144) *De vis.* 13, n. 52, 8-18（とりわけ教えられる所が多い節である）。さらに n. 51, 3-19 も参照。

(145) *De docta ign.* I, 1, 6, 9-24 (n. 4) ; I, 17, 35, 1-12 (n. 51).——ここでは神をぼんやりした映像のように蔽われてしか見ることができない。*De vis.* 6, n. 21, 1f. 8-11 ; 9, n. 34, 1-5 ; 12, n. 47, 8-13 u. passim ; *De beryl.* n. 53, 12-15 ; *De sap.* I, n. 10, 13f.: 神の知恵は味わうことができないものであるが、遠くからは味わうことができるのである。*Apol.* S. 11, 11-26 (n. 15) ; *Brief* v. 14. 9. 1453, in : Vansteenberghe 1915 : 114, 22f.

(146) I, 26, 56, 13-16 (n. 89) ; 以下も参照。54, 12-14 (n. 86) ; *De fil.* 1., n. 53, 4-8 ; *De vis.* 6, n. 21, 8-11 :「われわれの眼が太陽の光を見つめようとすれば、それは先ず星と色彩とその光を分有しているあらゆるものの中に隠れてそれを見ようとしなければならない。これが、神の顔を見ようと欲する者の置かれる状況である」。さらに以下も参照。*Apol.* 35, 9-12 (n. 53) : ここには擬ディオニュシオス・アレオパギタへの依拠がある。Pseud-Areopagita, *De div. nom.* VII, 7 : PG 3, 872 A.

(147) *De vis.* 16, n. 67, 8f. 13.

(148) *Brief* v. 14. 9. 1453, in : Vansteenberghe 1915 : 114, 16-18.

(149) Ibid. S. 114, 21-23 ; 以下も参照 : *De docta ign.* I, 17, 35, 8-12 (n. 51).

(150) *Brief* v. 14. 9. 1453, in : Vansteenberghe 1915 : 114, 16-19.

(151) Ibid. 114, 24-31 ; s. auch 115, 41-116, 4 : Et michi visum fuit quod tota ista mistica theologia sit intrare ipsam infinitatem absolutam, dicit enim infinitas contradictoriorum coincidenciam, scilicet finem sine fine ; et nemo potest Deum mistice videre nisi in caligine coincidencie, que est infinitas. さらに *De vis.* 10, n. 40, 1-12 ; *De poss.* n. 74, 14-20 ; *De fil.* 6, n. 84, 11-20.

(152) *Brief* v. 14. 9. 1453, in : Vansteenberghe 1915. この注(19)については上のテキスト全体が例証として挙げられている。

(153) *Brief* v. 14. 9. 1453, in : Vansteenberghe 1915 : 114, 9-15 ; さらに以下も参照。*De vis.* 6, n. 21, 1-23.

(154) *Brief* v. 14. 9. 1453, in : Vansteenberghe 1915 : 115, 13f. さらには、*Apol.* 3, 2f.; (n. 3) ; 12, 9-11 (n. 16) ; 20, 2f. (n. 29) ; 28, 11-13 (n. 42) ; *De vis.* 6, n. 21, 8-23. この背景には、もちろん以下の聖書の箇所がある。*1 Tim* 6, 16 ; 1 *Joh* 1, 5.

(155) In : Vansteenberghe 1915 : 112, 3-6 ; 以下も参照 : *Apol.* 7, 24-28 (n. 10) ; 8, 5f. (n. 10) ; 19, 26-20, 6 (n. 29). それゆえに confusio intellectualis（上の注(142)-(144)を参照）には、caligo lux と ignorancia sciencia が存在している場としての確実性（certitudo）として、それが経験されるということも含まれる。*Brief* v. 14. 9. 1453, in : Vansteenberghe 1915 : 115, 13f.

Vgl. auch *De poss.* n. 15, 8-10 u. n. 75, 1f.

(156) *Apol.* S. 7, 24f. (n. 10) ; *De vis.* 13, n. 52, 1-18 ; *De poss.* n. 74, 14-17 ; *Brief* v. 14. 9. 1453, in : Vansteenberghe 1915 : 115, 12-14. 副修道院長 Bernhard, の *Laudatorium sacrae doctae ignorantiae* も参照。これは J. Uebinger 1888 : 69 に。

(157) 6, 7-9 (n. 7). 以下も参照。*De vis.* 10, n. 40, 1f.: Unde in ostio coincidentiae oppositorum, quod angelus custodit in ingressu paradisi constitutus, te, domine, videre incipio.

(158) *Brief* v. 14. 9. 1453, in : Vansteenberghe 1915 : 114, 10. 以下も参照。*De vis.* 6, n. 21, 18f.: si scit se in caligine esse, scit se ad faciem solis accessisse ; 20 : scit caliginem maiorem.

(159) *Brief* v. 14. 9. 1453, in : Vansteenberghe 1915 : 115, 17 : premittere ; 以下も参照。*Brief* v. 22. 9. 1452, Ibid. 112, 3-5.

(160) In : Vansteenberghe 1915 : 115, 3f.

(161) In : Vansteenberghe 1915 : 132, 6-12. 以下も参照。Haas 1989 : bes. 21f., 26f., 29f., 41, 43.

(162) *Brief* v. 18. 3. 1454, in : Vansteenberghe 1915 : 134, 16f.

(163) Ibid. S. 134, 17f.（*Joh* 14, 8 を引き合いに出しながら）

(164) *1 Joh* 4, 8.

(165) *Brief* v. 18. 3. 1454, in : Vansteenberghe 1915 : 134, 19f.

(166) Ibid. 23f. また、*De poss.*, n. 75, 9-11 : ここでは、神を面と向かって観ることだけがわれわれを幸福にする、と。そしてキリストへの依拠もある。さらに *De fil.* 3, n. 62, 1-10.

(167) *Brief* v. 18. 3. 1454, in : Vansteenberghe 1915 : 134, 24-135, 11.

(168) Ibid. 135, 18-23. 他の感覚に対する視覚の優位については、以下も参照。*Sermo* CLXXXIX (183) : V_2, fol 92[va] (s. oben Text zu Anm. 3).

(169) In : Vansteenberghe 1915 : 115, 3f.: supra...et intelligenciam.

(170) Ibid. S. 115, 17 ; さらに *Brief* v. 22. 9. 1452, Ibid. 111, 17-112, 13. ヴァーギンクのベルンハルトは、一四五四年二月十二日から三月十八日の間に記された書簡の中で（Ibid. 132, 9-12）同様に以下のように記している。Nichilominus credo amorem hunc misticum in hominis mente stare non posse sine Dei qualicumque cognicione, cum eciam amor naturalis nec

maneat, nec fiat absque omni cognicione coniuncta vel separata.

(171) *Brief* v. 14. 9. 1454, in : Vansteenberghe 1915 : 115, 27–36.

(172) *De vis.* n. 1, 9-11.

(173) Ibid. 6, n. 21, 1-14.

(174) Ibid. 20–23.

(175) In : Vansteenberghe 1915 : 114, 10f.

(176) *De vis.* 17, n. 75, 9-11.

(177) *De poss.* n. 14, 12 (Vgl. *Ex* 3, 14).

(178) Ibid. n. 15, 1-4.

(179) Ibid. n. 74, 8-12 : 三一なるものとしての神は、感覚的認識、表象的認識、理性的認識、さらには表象像に依存する認識のすべてを超越する、なぜならば、これらの認識では非物体的なものや精神的なもの incorporeum et spirituale は触れられえないからである。

(180) Ibid. 12-15. これと一致不能な箇所は、上注(176)で引用した *De vis.* 6, n. 75, 9-11 である。Ibid. 22, n. 99, 14f. でクザーヌスは、神的本性の下に位置する理性的本性 intellectualis natura は無数の段階を有していると言う。

(181) *De poss.* n. 74, 14–20.

(182) *Brief* v. 14. 9. 1453, in : Vansteenberghe 1915 : 114, 10.

(183) *De vis.* 6, n. 21, 18.

(184) Ibid. 7.

(185) Ibid. 20f.; 以下も参照 : *Brief* v. 18. 3. 1454, in : Vansteenberghe 1915 : 134, 27–135, 1.

(186) *De vis.* 17, n. 75, 10f.

(187) Ibid. 6, n. 21, 13 ; 13, n. 52, 17 ; 以下も参照。*Apol.* 7, 27f. (n. 10).

(188) *Brief* v. 22. 9. 1452, in : Vansteenberghe 1915 : 112, 3-6.

(189) *De poss.* n. 15, 3f.; 以下も参照。*De vis.* 10, n. 40, 1f.

(190) *De vis.* 17, n. 78, 14 ; *Brief* v. 22. 9. 1452, in : Vansteenberghe 1915 : 113, 7. Praegustare : *De fil.* 3, n. 68, 9.

(191) *Brief* v. 22. 9. 1452, in : Vansteenberghe 1915 : 112, 38f.; 113, 5 ; *Brief* v. 14. 9. 1453, Ibid. 114, 4. 13f. 20f.; 115, 6 ; 116, 3 ; *Apol.* 7, 27 (n. 10) ; 8, 6 (n. 10) ; *De vis.* 6, n. 21, 2 ; 10, n. 40, 2 ; 17, n. 75, 11 ; n. 79, 10f.; *De beryl.* n. 53, 15 ; *De sap.* II, n. 47, 4 ; *De poss.* n. 15, 2. 9 ; n. 74, 16. 19f.

(192) Senger 1988 : 119 :「従って、神秘主義的な活動は、自己を構造的には一致的な活動として提示するのである。その活動において、神的なものに関する無知と可能的な神の観 visio dei についての世界超越的「知」との一致が成立するのであるが、この神の観の本質的特徴は見ないということである」。

(193) *Die erkenntnistheoretische und mystische Bedeutung der Mauer der Koinzidenz,* in : MFCG 18, 167-191. ここと関連するのは 175f.

(194) Op. cit.,（注(136)）.

(195) *De poss.* n. 74, 18f.

(196) Ibid. n. 15, 3f.

(197) *De vis.* 10, n. 40, 1f.

(198) この限りにおいて私はホフマンに同意する。Hoffmann 1935 : 256 で彼は以下のように記している。理性においては、一者・絶対者との神秘的一致以外のことが問題となるのであり、理性は悟性の最高の段階でもなく、絶対者についての神秘的直観の段階でもない、と。さらに以下も参照。Ibid. 257 u. 259.

(199) *De vis.* 17, n. 75, 10 ; *Apol.* 8, 5f. (n. 10).

(200) *De poss.* n. 74, 12f.

(201) *De vis.* 17, n. 75, 10f. deificatio についてクザーヌスは次のように記している。*De fil.* 1, n. 54, 4f.: arbitror autem hanc deificationen omnem exire modum intuitionis.

(202) *Apol.* 5, 24f. (n. 7) ; 20, 8f. (n. 29) : モーセに関しては以下を参照。*De quaer.* 1, n. 17, 1f.; *De vis.* 17, n. 79, 7f.; 24, n. 107, 10f.; *Sermo* CCLXIX (266) : V_2 224vb, 225^{ra-rb}.

(203) *Apol.* 12, 4f. (n. 16) ; *De sap.* I, n. 17, 6 ; *De vis.* 16, n. 70, 1 ; 25, n. 119, 5f.; *Brief* v. 22. 9. 1452, in : Vansteenberghe

1915：112, 13f. 39；*Sermo* CCLXIX (266)：V_2, fol. 225^{ra-va}.

(204) *Sermo* CLXXXVII (181)：V_2, fol. 90vb.

(205) Flasch 1998. これについては、私の以下の書評も参照。*Theologische Literaturzeitung*, Jg. 124/4 (April 1999) S. 410–415；S. 412の上にフラッシュにおける神秘思想への言及あり。

(206) クザーヌスにおける'mystisch/Mystik'という語に、私は以下のような意味が見出した。

1 神秘神学のテーマに携わる神秘主義的神学者。*Sermo* IV, n. 33, 14f.；*Sermo* XIX, n. 5, 14；n. 26, 29：*Sermo* XXII, n. 10, 9. このような書物の著者が「神秘主義的」と呼ばれている。

2 否定神学と同一の神秘神学。*Crib. Alk.* Alius Prologus：n. 18, 2；II, 1, n. 86, 2；n. 88, 10f. 13f. 18f.（Flasch 1998：550に言及）。

3 Mystice（神秘的に）或いはmysterium（神秘）は、球遊びの本性的秘密を意味する。この点については以下の箇所が検討されるべきである。*De ludo* I, n. 54, 1. 17f.；n. 60, 1；特にII, n. 61, 13-15；n. 89, 2；n. 104, 14（Flasch 1998：577でもこの意味が言及されている）。

4 球遊びの秘密に関連して、キリストの誕生、磔刑、死或いはまた聖体も「神秘的」と表現されうるだろう。*De docta ign.* III, 6, 136, 2. 4 (n. 215)；III, 7, 139, 6 (n. 221)；III, 11, 151, 25 (n. 244).

5 既に注(123)で言及したように、「神秘的」は神秘主義的合一そのものと並んで、これについての理論も意味されうる。従って、'mystica theologia'という語は二重の意味をもっていることになる。

6 ヴァーギンクのベルンハルトの一四五四年二月一二日から三月一八日の間に記された書簡には、amor misticus（神秘的愛）とsapiencia mistica（神秘的知恵）というものについての論及があり、ディオニュシウスはこの語を万物の原因（omnium causam）と理解していたと。Vansteenberghe 1915：132, 9f. 15. この万物の原因として理解される神秘的知恵は、多弁なそれと簡潔なそれと言葉をもたないそれとの三種からなっている。

(207) Flasch 1998：例えば以下の箇所。52f, 126, 411, 414, 422. すでに類似したことは以下にも：Hoffmann 1947：78, Anm. 22.

(208) Flasch 1998：443.

(209) 本稿〔人間理性の限界〕四参照。

(210) Flasch 1998：例えば以下の箇所。161, 169, 319, 389, 400, 448, 532, 535.

(211) Ibid. 386；「今（*De vis.* において）彼は、彼の新たな哲学が、抽象的な講壇哲学を直接的神秘家の意図とを変換しつつ自己のうちに包摂できる力を有するものであることを明瞭に照明しようと欲していた」。412；「彼にとってそれ（神秘神学）は、否定神学と同一のものではなく、一致理論の別の用語である」。422；*De vis.* 7, n. 25, 1-3（胡桃の木の比喩）について彼は以下のように記している。「これは彼岸における直観を約束するものではなくて、われわれの世界観察を更新するものであり、この地上における自然哲学へと導くものである」。――クザーヌスにおける神秘思想に対するフラッシュの一九八三年の論文における比較的批判的な態度に対して、ハースは既に Haas 1989 において対決している。Haas S. 46f. 注(18)と S. 53 注(36)は Flasch 1973, 特に 194-204 に関連している。E. Hoffmann 1947：78, 注(22)では、諸方面から検討してみるに、クザーヌスとルターは、当時の修道僧たちにとって偶然にではなく圧倒的に緊要なできごとであった真正な unio mystica とは無縁であったと。

(212) 以下を参照。*Codex Cusanus* 41：Kues, Bibliothek des St. Nikolaus-Hospitals, fol. 155^{v}：問題となるのは、プロティノスの著作のエウストキオス版 IV 7, $1\text{-}8^{5}$と V 1 からエウセビオスによって抜書きされた部分である。これについての正確なデータは以下を参照。プロティノスの editio minor (Henry-Schwyzer) Bd. II zu IV 7, $1\text{-}8^{5}$ u. V 1. また H. R. Schwyzer の以下の論文も。*Plotinos,* in：Reca, Bd. XXI/1 (1951) 471-599, hier 488, 4-490, 53.

(213) これについては以下を参照。Kremer 1991.

(214) この点に関して、以下の論文も挙げておきたい。Haubst 1989：176^{60}. そこでは以下の諸箇所が引用されている。*De quaer.* 3, n. 39, 1-3；*De dato* 1, nn. 92f.; *Apol.* S. 20, 2-15 (n. 29)；*De vis.* 5, n. 15, 3-n. 16, 9. さらに以下のような多くの箇所も引用されてよい。ほか例えば、*De vis.* 5, n. 14, 1-9；12, n. 48, 2-6；17, n. 79, 1-14；*De poss.* n. 15, 4-10；n. 31, 2f.; *Brief* v. 22. 9. 1452, in：Vansteenberghe 1915：112, 35f. usw.――信仰の必要不可欠性については以下の箇所を例示しておきたい。*De docta ign.* III, 11, S. 153, 8-20 (n. 246)；III *Epist.,* S. 163, 19-S. 164, 3 (n. 264)；*De vis.* 24, n. 113, 1-n. 114, 13；*Brief* v. 22. 9. 1452, in：Vansteenberghe 1915：112, 16-40. 次も参照。Haubst 1991：336f., 338, 347f.

参考文献

Baum, Wilhelm/Senoner, Raimund (ed.), (1998), *NvK. Briefe und Dokumente zum Brixener Streit,* Wien.

Bormann, Karl, (1999), *Nikolaus von Kues : 'Der Mensch als zweiter Gott'.* Trierer Cusanus Lecture, H. 5, Trier.

Bredow, Gerda von, (1978), *Der Geist als lebendiges Abbild Gottes* (*Mens viva imago Dei*), MFCG, 13 : 58-67.

———, (übers.), (1999), *Nikolaus von Kues. Gespräch über das Globusspiel.* NvKdÜ, H. 21, Hamburg.

Cohen, Hermann, (1896, ^{3}1914), *Einleitung mit kritischem Nachtrag zur 'Geschichte des Materialismus' von F. A. Lange.* Werke, Vol. V/2.

———, (1902, ^{4}1972), *Logik der reinen Erkenntnis.* Werke, Vol. VI.

Cusanus, Nicolaus : *Apol.* (h II).

——— : *Comp.* (h XI/3).

——— : *Crib. Alk.* (h VIII).

——— : *De ap. theor.* (h XII).

——— : *De beryl.* (h^2 XI/1).

——— : *De coni.* (h III).

——— : *De dato* (h IV).

——— : *De docta ign.* (h I).

——— : *De fil.* (h IV).

——— : *De Gen.* (h IV).

——— : *De ludo* (h IX).

——— : *De mente* (h^2 V).

——— : *De quaer.* (h IV).

——— : *De non aliud* (h XIII).

——— : *De pace* (h VII).

——— : *De princ.* (h X/2b).

——— : *De sap.* (h^2V).

——— : *De theol. compl.* (h X/2a).

——— : *De ven. sap.* (h XII).

——— : *Sermo* IV ; *Sermo* XII ; *Sermo* XIX ; *Sermo* XXII (h XVI)

——— : *Sermo* XXXVII ; *Sermo* LVIII ; *Sermo* LXXI (h XVII)

——— : *Sermo* XCVII (92) (in : V_2).

——— : *Sermo* CXXIV ; *Sermo* CLII (145) (h XVIII)

——— : *Sermo* CLXIII (155) ; *Sermo* CLXIX (162) ; *Sermo* CLXXII (165) ; *Sermo* CLXXIII (166) ; *Sermo* CLXXIV (167) ; *Sermo* CLXXVIII (171) ; *Sermo* CLXXXVII (181) ; *Sermo* CLXXXIX (183) ; *Sermo* CCXXXIII (230) ; *Sermo* CCXLIII (240) ; *Sermo* CCXLVIII (245) ; *Sermo* CCLXIX (266) ; *Sermo* CCLXXIII (270) ; *Sermo* CCLXXXIII (280) ; *Sermo* CCLXXXII (279) ; *Sermo* CCLXXXVIII (285) (in : V_2).

——— : *Brief* des NvK vom 22. 9. 1452 ; *Brief* des NvK vom 18. 3. 1454 ; *Brief* des NvK vom 14. 9. 1453 (in : Vansteenberghe (1915) *Autour*).

Dupré, Wilhelm (übers.), (1964-67), *Nikolaus von Kues. Philosophisch-Theologische Schriften,* Vol. I-III, Wien.

Feigl, Maria/Koch, Josef, (1967), *Über den Ursprung. De principio.* NvKdÜ, Heidelberg.

Flasch, Kurt, (1998), *Nikolaus von Kues. Entwicklung seines Denkens,* Frankfurt a. M.

———, (1983), *Nikolaus von Kues,* in : *Exempla historica – Epochen der Weltgeschichte in Biographien,* Bd. 25, 65-85, Frankfurt a. M.

———, (1973), *Die Metaphysik des Einen bei Nikolaus von Kues,* in : SPAMP, Bd. VI, Leiden.

Haas, Alois Maria, (1989), *Deum mistice videre...in caligine coincidencie. Zum Verhältnis Nikolaus von Kues zur Mystik,* Vorträge der Aeneas-Silvius-Stiftung an der Universität Basel, Bd. 24, Basel u. Ffm.

Haubst, Rudolf, (1989), *Die erkenntnistheoretische und mystische Bedeutung der Mauer der Koinzidenz,* MFCG, 18 : pp. 167-191.

———, (1991), *Streifzüge in die cusanische Theologie,* Trier.

Hoffmann, Ernst, (1935), *Nikolaus von Kues. 1401-1464, Die großen Deutschen,* Vol. I : pp. 246-266, in : Die grosen Deutschen, hg. v. W. Andreas u. W. v. Scholz, Bd. 1, Berlin.

———, (1947), *Nikolaus von Cues. Zwei Vorträge,* Heidelberg.

Honecker, Martin/Menzel-Rogner, Hildegund, (1949), *Nikolaus von Cues. Der Laie über den Geist. Einführung,* NvKdÜ, H. 10 : pp. VII-LXII, Hamburg.

Hopkins, Jaspers, (1996), *Nicholas of Cusa on Wisdom and Knowledge,* Minneapolis.

Jaspers, Karl, (1964, ²1988), *Nikolaus Cusanus,* München.

Kallen, Gerhard (ed.), (1935), *De auctoritate praesidendi in concilio generali, CT* II.

KANT, Immanuel, (1968), Weischedel (Hg.), *KANT Werke in 10 Bden,* Darmstadt.

Koch, Josef, (1956), *Die ars coniecturalis des Nikolaus von Kues,* Köln/Opladen.

Kremer, Klaus, (1962), *Die creatio nach Thomas von Aquin und dem Liber de Causis,* in : *Ekklesia. FS für Bischof Dr. Matthias Wehr,* 321-344, Trier.

———, (1978), *Erkennen bei Nikolaus von Kues. Apriorismus-Assimilation-Abstraktion,* MFCG, 13 : pp. 23-57.

———, *Mystische Erfahrung und Denken bei Plotin,* in : Trierer Theologische Zeitschrift 100/3 (1991) 163-186.

———, (1992), *Weisheit als Voraussetzung und Erfüllung der Sehnsucht des menschlichen Geistes,* MFCG, 20 : pp. 105-146.

———, (1993), *Nicolaus Cusanus : 'Jede Frage über Gott setzt das Gefragte voraus' (Omnis quaestio de deo praesuponit quaesitum),* in : *Concordia discors. FS G. Santinello,* hg. v. G. Piaia, Padova.

——, (1996), *Philosophische Überlegungen des Cusanus zur Unsterblichkeit der menschlichen Geistseele,* MFCG, 23 : pp. 21-64.

——, (2000), *Das kognitive und affektive Apriori bei der Erfassung des Sittlichen,* MFCG, 26 : pp. 101-144.

Oberhausen, Michael, (1997), *Das neue Apriori. Kants Lehre von einer 'ursprünglichen Erwerbung' apriorischer Vorstellungen* In : *Forschungen und Materialien zur deutschen Aufklärung.* hg. v. N. Hinske, Abtlg. II, Monographien, Bd. 12, Stuttgart-Bad Cannstadt.

Schwyzer, Hans-Rudolf, (1951), *Artikel Plotinos, RECA,* Vol. XXI/1 : pp. 471-599.

Senger, Hans Gerhard, (1988), *Mystik als Theorie bei Nikolaus von Kues, Gnosis und Mystik in der Geschichte der Philosophie* : pp. 111-134, in : P. Koslowski (Hg.) (1988) : *Gnosis und Mystik in der Geschichte der Philosophie,* Zürich/München.

Steiger, Renate, (1978), *Die Lebendigkeit des erkennenden Geistes bei Nikolaus von Kues,* MFCG, 13 : pp. 167-181.

Uebinger, Johannes, (1888), *Die Gotteslehre des Nikolaus Cusanus,* Münster/Paderborn.

Vansteenberghe, Edmond, (1915), *Autour de la 'Docte ignorance'. Une controverse sur la Théologie mystique aux XVe siècle,* BGPhMA, Vol. 14/2-4, Münster.

Velthoven, van Theo, (1977), *Gottesschau und menschliche Kreativität. Studien zur Erkenntnislehre des Nikolaus von Kues,* Leiden.

神認識における否定と直視
――クザーヌスにおける神の探求をめぐって――

クラウス・リーゼンフーバー

一 クザーヌス思想の一貫性と発展

クザーヌスは、高齢の六一歳になって自らの思惟の道を振り返った際に、その思惟の出発点と根本的動機が「神の探求」の内にあったとみなしている。しかもそれは、同名の標題が付された初期の著作（『神の探求』[*De quaerendo Deum* 一四四五年]）に関してのことだけではなく、この主題に対する「憶測」(coniectura) ないし思索の試みとして展開された後年の著作に関しても言われていることであろう。「私はしばらく前に神の探求について考えたことを書きまとめ、その後も歩みを進め、さまざまな憶測を記してきた[1]」。「さまざまな憶測」と言われている以上、その試みは直線的な進展ではなく、むしろ――自らが考案した球戯の例によってクザーヌス自身が暗示しているように[2]――人間精神の洞察と隠蔽、真理と他性のあいだを揺れ動きながら、目的となるところ、すなわち現実の中心にして根底であるところへと螺旋状に接近していくものなのである。その際、思惟が不断に新たな仕方で試みられる中で、思惟の目指す目的への方向、すなわち神と呼ばれる第一にして一なるところの認識への方向が保持されるだけでなく、思惟はその展開を通じて、前の段階のさまざまな試みを――常に部分的な仕方によってではあるが――取り込むことによって、自らを豊かなものとしていく。そのため、真理を求めるこうしたさまざまな

「狩猟」は、思惟の継続的進行として、一つの体系に集約されることはないにせよ、クザーヌスが晩年の著作『知恵の狩』(*De venatione sapientiae* 一四六四年初頭)において試みたように、ある開かれた全体の内で緩やかな統一を成している。「私がこの高齢に至るまで、精神の洞察によって、より真であるとみなしてきた私の知恵の狩猟を、後世の人々に集約したかたちで残すことを意図している(3)」。同様にクザーヌスは『綱要』(*Compendium* 一四六四年初頭)の中で、自らのそれまでの探求の、一貫性と動揺について語っている。「あらゆる点において同一の第一原理が、われわれにとって多様な仕方で現れ、われわれはその現れを多様な仕方で記述してきたということがわかるだろう(4)」。そこで、神認識に関するクザーヌスの理論の展開を、その中心的モチーフに即しながら全体的に概括し、その構造を解明するというのも、有意義であると同時に、十分に可能な試みだろう。ここでは、「否定と直視」という主題をあらかじめ考察の焦点として際立たせてはいるものの、これは前もってこの二点のみに主題を限定するためのものではなく、第一のものへと向かう思惟の上昇運動のいくつかの重要な分岐点を暫定的に名指す指標を表しているのである。

二　問題設定

人間の認識は、すでに知られたものとして前提されたところから出発し、比較・類比・区別を通じていまだに知られていないところへ接近し、認識に対してあらかじめ与えられた観点から、相対的に比例を介して新たなものへと拡張していく。しかしこのような思惟が絶対者を問い求める場合、その思惟は、例えば経験主義的な意味で誤解された神の存在証明のような仕方で、これまでに知られていない対象にまで伸張するのではなく、思惟によって認識されるあらゆる現実の根源、および思惟それ自身の根源へと還帰することになるのである。世界内の現実と人間の思考の絶対的原理は、有限なもの一切に対して徹底して先行しており、そうでなければそれらのものの絶対的な、すなわち自立的で第一の原理たりえないのである以上、その原理は比較による把握という仕方によって把握されることはありえない。思惟は、自らの認識様式の限界を反省的に看抜くことによってのみ、つまりその根底に照らして自らを理解する知ある無知として、人間の側からはその本質において認識されえない超越的絶対者へと至るのである。

思惟が自らのこのような限界の内に閉じ籠ることによって、思惟が自らの存立を断念し、いかなる主張をすることも不可能になるような独断的な不可知論に陥るべきでないなら、神に対する直接的な観取という要請によって、思惟自身の限界を飛び越えようとするという方向が取られることもあるだろう。しかしクザーヌスは、このような直観主義は、「われわれの理性的霊」[5]の制約と権利とを忘却しているという理由から、そうした道を選ぶことはなかった。また、合理的認識の限界を、意志における情感を通じての神の把握によって補おうという方策も考えられる。これは、オーストリアのカルトゥジア会士アッグスバッハのヴィンツェンツ（一三八九―一四六四年）が、ジャン・ジェルソン（一三六三―一四二九年）の『神秘神学』（*Theologia mystica*）――クザーヌスは読んではいないようだが――に対する批判の中で提案したものだが、これに対してクザーヌスは、親しかったテーゲルンゼーの修道者たちに宛てた一四五三年九月一四日の手紙の中で、これを批判している。「カルトゥジア会士が語っている方法は、伝えられることも、知られることもできないし、彼自身ですら、書いているように、それを体験したわけでもない」[6]。「まったく知られていないものは愛されることはない」[7]以上、そのような非合理的な試みにあっては、感情が想像上のイメージに囚われて、往々にして自己欺瞞に陥るというのである[8]。したがって、神認識に関する問題は、「カルトゥジア会士がやろうとしているような方法により、つまり感情をもって知性を取り去ることによって[9]」解決されるのではなく、知性そのものの内にその解決の途が求められる。なぜなら知性は自らの無知を、神に至る道として認識するからである。「知らないままに知るもののみが[10]」知性を満足させることができる。このようなことは、クザーヌスが強調しているように、まさにディオニュシオス・アレオパギテス（五〇〇年頃）の神秘神学が目指したものであった。「それ〔神秘神学〕は、神との合一および、覆い隠されることのない神の直視に至るまでのわれわれの理性的霊の上昇を取り扱っている[11]」。ディオニュシオスが要求しているような、無知そのものの実現は、ただ知性によってのみ成し遂げられる。「学知と無知は、知性に関わるのであって、意志に関わるのではない[12]」。

こうして神との関わりは、ただ知性的認識の道においてのみ実現されるものではあるが、それは狭義の実証的知識のかたちで達成されるわけではない。ハイデルベルク大学で幾たびも総長を務めた神学者ヨハンネス・ヴェンク（一四六〇年歿）は、スコラ学的な「旧い道」（via antiqua）に従って、その論争書『無知なる書について』（*De ignota litteratura* 一四四二—四三年）によってクザーヌスの『知ある無知』を烈しく攻撃し、クザーヌスはこれに対して、師と学徒とのあいだの対話という形式を取った『知ある無知の弁護』（*Apologia doctae ignorantiae* 一四四九年）によって応じている。ヴェンクは、アルベルトゥス＝トマス的なアリストテレス主義にもとづいて、「偽りの使徒[13]」クザーヌスを、汎神論や、ベギン、ロラルド派、マイスター・エックハルト（一二六〇頃—一三二七／二八年）らの神学上の誤謬の咎で譴責し、クザーヌスの教えを、「われわれの信仰にそぐわないもの、敬虔な精神を損なうもの、少なからず神への従順からいたずらに遠ざかるもの[14]」として攻撃している。そこでヴェンクは、無知こそを唯一真なる知と主張するクザーヌスの見解を、神学の可能性を破壊するものとみなしている。「しかしながら彼の結論の基盤は、神的な事柄に関する学を絶滅させる」[15]。ヴェンクはクザーヌスに対して、「論理学の学識の乏しさ」[16]を非難する。とりわけ、クザーヌスが矛盾律を無視していることは、あらゆる学問をその根底から覆すものとされる。「このような彼の見解はあらゆる学理の根本、すなわち、同じものがあり、かつないということはありえない（『形而上学』第四巻）ということを根こそぎにしてしまう」[17]。ヴェンクは、神認識をどこまでも感覚的認識に根差すものとして捉えようとするため、純粋な知性の上昇を拒絶し、肯定的・類比的言表こそが人間の神認識に相応しいものとして、それを固守している（後期の著作では、ヴェンク自身もディオニュシオスの否定神学によ り強く惹き付けられてはいくのだが）。

これに応答する中でクザーヌスは、被造物の認識を、ヴェンクとともに神認識の出発点として認めはするものの、この感覚的・合理的認識から出発する上昇において、不可捉の無限者への超出の道を決定的な契機として指摘している。「被造物から創造主への比例は成り立たない以上、被造的なものの何ものも、創造主がそれによって捉えられるような役割を果たす形象ではない」[18]。したがって、認識による神への接近に際しては、あらゆる有限者の領域を後にしなければならない。「なぜなら、一切のものが放棄されるときに、神が見出されるからである。この闇は神の内での光である。それほどにまで知ある無知において、神へとより近くに迫っていく」[19]。またクザーヌスは、硬直した合理的論理学によって神学が限定されることをも、アンブロシウス（三三九頃―九七年）と同様に嘆いている。「〈神よ、弁証論者たちからわれわれを救い給え〉。それというのも饒舌な論理学は、至聖なる神学に役立つというよりも、むしろその妨げとなるからである」[20]。

このようにクザーヌスの課題は、不可知論や非合理的な主意主義、そして絶対化された合理的論理学を回避しながら、感覚的認識から出発して、理性と知性の媒介を通じて、不可捉なる無限者たる神の知的直視への道を拓くというものであった。クザーヌスは、このような問題設定や知性の上昇の展開という点において、ディオニュシオスの『神秘神学』とプロクロス（四一〇／一二―八五年）の『プラトン神学』（*In Platonis theologiam libri sex*）と一致するものと確信していた。このプロクロスをクザーヌスは、パウロの弟子と信じられていたディオニュシオスよりもあとの時代の人物とみなしているが（ロレンツォ・ヴァラ〔一四〇六―五七年〕によって、ディオニュシオス・アレオパギテスと「使徒言行録」（一七・三四）のディオニュシオスとの同一性に疑義が呈されたのは一四五七年のことである）、内容的には平行しているものと捉えている。すでに『知ある無知』（一四四〇年）を著すよりも前の時点で、クザーヌスは、友人でケルンのアルベルトゥス学派のカンポのハイメリクス（一三九五―一四六〇年）を通じて、ディオニュシオスの著作に親しんでいる。後年の著作に至るまで、ディオニュシオスの神秘神学に対するクザーヌスの傾倒はますます強まっていったが、その際クザーヌスは、証聖者マクシモス（五八〇頃―六六二年）、サン＝ヴィクトルのフーゴー（一〇九六頃―一一四一年）、ロバート・グロステスト（一一七〇頃―一二五三年）、ヨハネス・（スコトゥス・）エリウゲナ（八一〇頃―七七年以降）、トマス・ガルス[21]（一二〇〇以前―四六年）、さらにはアルベルトゥス・マグヌス（一一九三／一二〇〇―八〇年）、トマス・アクィナス（一二二五―七四年）やそれに続く著者たちといった連綿たる註解の伝統を自家薬籠中にするにとどまらず、ディオニュシオス自身のテクスト――とりわけ、友人でカマルドリ会士のアンブロジオ・トラヴェルサーリ（一三八六―一四三九年）の一四三七年の翻訳――を活用するばかりか、ギリシア語の原典をも所持していた。「ギリシア語のディオニュシオスのテクストは、註解を必要としないほどのものである。そのテクスト自身がふんだんに自らを解説している[22]」。このようなプロクロス的・ディオニュシオス的伝統の連鎖の内に、クザーヌスはエリウゲナの新プラトン主義的体系とマイスター・エックハルトの精神形而上学とからいくつかの要素を取り入れている。クザーヌスの思索は新プラトン主義の哲学に深く根差してはいるが、クザーヌスは、自らの認識の目標、および自らの思索法の正当性が神学的に根拠づけられているものと理解していた。旧約聖書的な偶像禁止と、「イザヤ書」の「隠れたる神」(四五・一五)がクザーヌスの思索の背景になっているが、それと同じく、神の子たること、および神の直視に関する新約聖書の記述、または自らの神秘的忘我についてのパウロの報告(二コリ一二・二―四)が、合理的・知性的認識の段階を超えて概念によっては捉えられない直視へと向う超出の理論を支えているのである。

三　認識論上の基本的立場

人間の認識は、認識される事象への合致をその本質とするものであるため、人間の認識の内には、事象に即した仕方でその何性(本質)を厳密に包括するような――すなわち、その事象をあるがままに認識するような[23]――把握を目指す、先行的な把握と予備的な概念とが働いている。しかし事象は、その存在が発生論的に、つまりそれがその根源から自ら固有のあり方において発現する場面で認識されたときに初めて、その本質と真理において認識されたことになる。なぜなら、このような場面においてこそ、認識は完全に認識される事象の本質と一致するのであり、そのために、その事象をその当のものとは異質の観点(angulus oculi)から一面的に照らし出したり、それによってその現象を歪めてしまうという惧れがなくなるからである。それゆえ純粋にして「厳密な」認識は、事象の複雑な本質を、原理としてそれに先行し、かつそのものに内在している一性へと還元し、その事象をこの一性の側から内容的・肯定的に再構成ないし追遂行する。このように自らの内容を構成する能動的遂行としての認識は、認識されるものへと自らをその構成的契機ともどもそのつど投入するものであるため、認識そのものに具わる「厳密さ」の理念の内には、事象の多様性を、その多様性にとって構成的な一性の側から把握するという要請が含まれることになる。こうして、認識を遂行する精神（mens）は、それによって認識される事象に対する原型ないし根源的真理、および尺度（mensura）としての機能を果たすことになるが、それと同時に精神は、認識されるものを自らの模像と捉え、そのものの内に自らを再発見し、そうすることによって、認識されるものにおいて自らに還帰することができるのである。それゆえ最も根源的な意味においては、ただ神による創造的な認識のみが、純粋な真理の場ということになる。

ところで、人間の認識は事物そのものを構成することはなく、それらの事物の外部にあって、自らの普遍的人間本性と、個人的でそのつど特殊な特性とに応じて、視点拘束的な仕方で諸事物に関わっている。人間の精神は、精神そのものとしてではなく、有限的な規定をもった精神として、認識されるものに対しては他なるものであり、その自らの他性（alteritas；alietas）を認識されるものそのものの内に持ち込むことになるため、認識されるものの本質の真理を部分的には損なうことになるのである。ある存在者が別の存在者にとって他なるものであるという意味での、有限的な存在者同士のあいだの相違は、諸々の他の存在者のあいだでそれ自身が有限なるものである人間精神にとっては、厳密な本質把握のための障碍となる。それにもかかわらず精神は、自らの自発性にもとづいて、さながら創造的な仕方で理性的な解釈内容を産み出し、これが事物の認識にとって有効に働く。「それというのも、人間精神、すなわち神の高次の類似は、可能な限り、創造的な自然の豊穣さに与るため、自ら自身の中から全能なる形相の似像として、現実的な諸々の存在者の類似というかたちで、諸々の理性的なものを展開する」[24]。このような認識は、憶測を試行することによって進展するが、それは程度の差はあるものの、常に事物の本質を素通りしてしまう。そのような認識は、その内的な無性と有限性ゆえに、事物をその存在論的な原理から把握することはなく、その進行においてそのつどよりよく知られているものに依拠し、それを手掛かりにして未知のものに到達しようとするものであるため、克服しがたい相対性の領域にとどまっているのである。「真理の厳密さには到達しえないということが〔……〕あなたにはよく分かったであろうから、結論として導かれるのは、真であるという人間のいかなる肯定的主張も憶測だということである。それというのも、真なるものの把握の増加は、汲み尽くされるということがないからである[25]」。

憶測による認識は、経験的現象の多様性に惑わされてしまうのではなく、人間の理性遂行の独自の内発性によって超越論的に規定される。「現実の世界が無限の神的理性から生じるように、憶測はわれわれの精神から生じるということになる。〔……〕人間の精神が憶測の世界の形相として実在するのは、神的なものが現実の世界の形相として実在するのと同じである[26]」。対象と関係するいかなる認識においても、その認識が精神の内的原理によって構成されている限り、そこでは精神の自己認識が——いまだにそれ自体として主題となっていなくとも——遂行されているのであり、そのために精神は、対象認識を通じて自己理解を豊かにすることを目指すのである。しかしこのような自己認識は、精神が自らをその第一の原理にして無制約的な尺度となるところに照らして、すなわち神に対する直視において看抜いたときに初めて完遂される。そのために、完全なる神認識への希求は、憶測による認識の領域においても精神を背後から駆り立て、そのような有限的認識からの超出を促す。「われわれの包含する精神から発する理性的世界の展開は、精神のために産出的である。このものが、自らによって展開された世界において自らを詳細に看取すればするほど、それ自身の内部でますます豊かな実りがもたらされる。なぜなら、そのものの目的は無限の理性であり、そこにおいてのみそれは、あるがままに自らを看抜くのであり、それのみが万物にとって、その理性の尺度だからである[27]」。したがって原型たる自ら固有の原理を認識することにおいて完成する自己認識は、あらゆる認識活動の目的である。その認識活動の全体は、常に有限的で他なるものから出発するため、憶測的な――したがって不断に修正を要する――認識のあらゆる段階において遂行される。

それ自身としては多様で他なる契機を含む人間の認識と、その原理である絶対的な一性との差異は、その差異が他性そのものに根源をもつことを反省することによってのみ緩和されうる。もとよりその他性そのものは、何ら積極的な原理ではなく、一性の欠如的な規定にすぎない。そしてそのような反省そのものもまた、憶測としての性格をもつものである。「したがって、達することのできない真理の一性は憶測による他性によって、また他性の憶測そのものは、真理の最も単純な一性において認識される[28]」。しかしながら、人間の認識と絶対的な一性との差異は、憶測を行う認識者同士の合意によって克服されるようなものではない。なぜなら、そのような認識者たちは、互いに他性によって規定されており、それゆえにそれぞれの見解が認識の異なった試みとして並立し、他人の意見を、それ自体やはり視点に拘束されたその人独自の見解として受け容れるということになるからである。「ところで有限的現実態の被造的知解は、他において他の仕方でしか実在しないのであり、その結果憶測する者すべてのあいだの差異は残り続ける。そのため、異なった人間の、同一の不可捉の真理に対する、異なった、段階的で、しかし互いに比例をもちえない憶測だけしか残らないということは、最も確実である。したがって、ある人の意見が、たとえそれが他のものよりもより近いとしても、それを完全無欠に把握する者は誰一人いないのである[29]」。

憶測による認識において、精神は「厳密な」認識への先行把握によって導かれているが、この厳密な認識は第一の原理、あるいは認識の神との合一においてのみ達成されるものである以上、精神は、十分な統一にまで至っていない低次の認識から始まって、一性のより高次な把握へ高まり、それによって認識のより根源的な諸原理へと上昇しようと努める。このような上昇は、飛躍によって一挙に成し遂げられるようなものではない。なぜなら、精神はその運動の目的をあらかじめ知らなければならないのであり、そのために何らかの「手引き」(manuductio)を必要とするからである。精神はそうした手引きが、低次の認識の内に具わっていることを見出す。なぜなら、低次の認識が明らかに厳密でないのは、それが一性を欠いており、規制されていない他性を含んでいるからである。諸々の事物は、それが他のものではなく、他のものに対する他のものとして、それとは異なっている限りで、そのもの自体であり、自らと同一である。このような他性は、同一性に対立する別の原理なのではなく、同一性が限定されたものにすぎない。それというのも、他性は存在を創ることはなく、むしろ同一的な存在を自らの基盤として前提しているからである。したがっていかなる他性も、自らの根底に存するそれ自体として一なる存在を指し示すことで、自らの原理としての一性へと向けて、その派生的様態として還元されることになる。「しかし、主よ、あなたは私の内に語り、他性には積極的な原理がないと述べられるのであり、そうであるなら他性は存在しない。〔……〕しかし他性は存在するものの原理ではない。なぜなら他性は、非存在〔それではないもの〕から〔そのように〕言われるからである。実際、あるものは別のものではないのだから、他なるものと言われる。〔……〕他性は非存在からあるため、存在する原理をもたない。それゆえ他性は何ものかではない(30)」。しかしながら他性は、このような純粋に否定的な性格にもとづいて、相互に異なる対立項をも一性へと包括するより高次でより包括的な原理への還帰を遂行し、その過程を通じて精神による抽象と否定を介して止揚を必要とし、それによってより厳密な認識の場を拓く。このようにして他性は、反省的に認識される限りで、精神を段階的にそれ固有の根源へと連れ戻し、より高次でより根源的な一性に対する洞察を促すのである。

ところで、有限的なものの本質には、非存在と他性とによって同時に規定されているということが存する。有限的なものは、限定を被ったものとして、他のものとの区別においてのみそのものであるために、自らの現実態とは一致していない――例えば時間・空間における――諸可能性を有し、ゆえに内的な差異、そして自らの本質との不等性、多性、複合性を含むことになる。[31] このような無性と相対的な否定性に貫かれた有限性において、有限的なものは何らかの本質をもち、その本質の同一性によって、その実現における互いに異なった諸要素を繋ぎ止めている。「実際、合致のない差異はない」[32]。例えばある幾何学的形象も、そのつど特定の図形や物体といった、その形象にとっては非本質的な多性においてのみ実現されうるのであるが、その形象は、そのような差異を通じて、自らの本質（例えば三角形という本質）の一性において現れるのである。こうして精神は、感覚的現象に導かれて、時間・空間・質料における偶然的な他性を捨象することによって、それ自体もはや感覚的ではない本質認識へと上昇していく。しかしながら、このような捨象はなんら認識の真理を減少させるものではなく、むしろ厳密化として、ないしは統一的な原理への還元として、より高次でより厳密な真理へと精神を導くものなのである。「幾何学者は、線や図形を、たとえそれが質料の外部には見出されないにしても、それらを銅や金や木におけるかたちで問題にするのではなく、それ自体においてあるがままに問題にする。それゆえ彼は感覚的な目によって、感覚的な図形を看て取るのであり、それは精神的な目によって精神的な図形を看て取るという目的のためである。また精神は、目が感覚的な図形を見るよりも劣る真理において、精神的な図形を見るわけではない。むしろ精神自身が、その形象を自らの内に、質料的な他性から切り離されたものとして看て取れば取るほど、より真なるものとして看て取るのである」[33]。

こうして有限性そのものは、他性を含まない一性の探求へと精神を駆り立てるものであるため、精神は最終的に、いかなる他性と否定ももはや含まれることのない無限なるもの（infinitum）を目指す。このような無限者は、例えば一性と多性という観点の下で主題化されるなら、それ自身の内に一切を包含（complicatio）する最高の単一性として自らを示すことになる。「まず第一に、数が諸事物の範型と考えられるなら、かの神的な一性は、一切に先立ち一切を包含するように見える。それというのも、神的一性は、一切の多数性に先立ち、また一切の別様性、多性、対立、不等性、分割、そして多数性にともなう他の一切のものに先行しているからである[34]」。

このような分割不可能な一性である第一のところは、すべての区別に対する超えがたい前提であり先行する基盤であるため、それを問い糾したり疑ったりすることは意味がない。なぜならそのような問いかけや疑いは、選択による解答の余地を前提しているものだが、選択項はそのいずれも他のものと対立し、他のものに対して自らを区別することによって、その他のものを自らにとっての他として、自身の内にともに措定していることになるからである。そしてそのような複数性は、絶対的な単一性とは相容れない。「それ〔絶対的一性〕については、対立するもののうち一方が肯定されたり、一方が他のものよりもよりよく肯定されるというようなことはない。〔……〕第一のところは、あらゆる対立に対して無限に先行しており、それに対しては、そのものではないようなものをなんら帰することはできない。それゆえに、否定に対立する肯定を認めるか、否定をより真なるものとして肯定に対して優先するような憶測は完全に真なるものとは言えない[35]」。いかなる言葉や述語にも、それに対立するものがあり、したがって厳密な意味では神について語るにはふさわしくないため、こうした第一の一者は「あらゆるもののどれでもないもの」(nihil omnium)、ないし「否定的に無限なるもの」(negative infinitum) として、有限的なもの同士の何性の次元での相対的・欠如的な否定と区別される意味で、絶対的な否定によって特徴づけられなければならないように思える[36]。しかしながら、否定の絶対的な力もまた、神の単一なる一性に面して挫折することになる。「神は、把握され語られうるものの何ものかであるよりも、それらあらゆるもののどれでもないものであることがより真なるものと思えるにしても、肯定と対立する否定は、厳密さに達することはない[37]」。

四　精神の自己反省——一性への道

概念規定のもつ対立構造に対しては、比例の成り立ちようのない無限の隔たりにおいて先行し、そのためにあらゆる概念規定から逃れ去ってしまうものは、だからといって人間の精神から端的に脱落したり、歴史的な事実のかたちでのみ明らかにされるというのではなく、むしろ人間精神の内にその活動原理として内在する。精神はあらゆる認識において、認識された真理が自らをその純粋な自己存在において精神に対して証示するため（「自ら自身の呈示によって」[38]）に、その真理の妥当根拠を探求するものである。ところで真理は、アポステリオリに、事実的な対象性において、つまり精神によって構成されたものとして見出されうるのではなく、精神の活動をその初めから導き、真理へ向かう探求の方向を定めるものであるため、精神は、認識されたあらゆる内容を通じて、すなわち世界内の他性の差異を通じて、それ自身の同一性へと還帰する。そしてその同一性において、認識されたものはその感覚的・対象的他性から解放されて、それ自身の真理へと到達するのである。こうして精神は、本質の真理を認識する際には、感覚的な拡散に先行する自らの一性において自己自身を把握することになる。「自らの内で形象を看て取る精神そのものは、その形象を感覚的他性から解き放たれた仕方で観取するとき、自らをも感覚的他性から解き放たれたものとして見出すのである」[39]。それゆえ精神の知的活動は、精神においてその自己貫徹として遂行されるのであり、それは心理学的な内省と混同されてはならない。精神は、自らに内在するあらゆる他性から自己自身を解放し、不可分で無区別な一性へと進んでいく程度に応じて、その知的遂行は、真理へと近づく歩みを進めるのである。「それゆえ、精神が看取するものは何であれ、精神はそれを自らの内で看取する。したがって、精神が看取するそれらのものは、感覚的他性の内にあるのではなく、精神自身の内にある。しかし、あらゆる他性から切り離されたものは、真理と異なったありようをするわけではない。なぜなら、真理とは他性の欠如にほかならないからである(40)」。こうして精神は、対象認識から出発して、自ら自身を把握し、自己透徹の深さに応じて、超越的な絶対者の似像および現存として自らを実現する。「私がそのように観想の沈黙の内に安らうとき、主よ、あなたは私の心の内奥において応え、〈汝は汝のものであれ、そうすれば私も汝のものであるだろう〉と言われる(41)」。

幾何学的真理などの不可変の真理を、精神が自らの内で認識し、自らが他性によって、つまり可変性によって浸透されていることを知るときに、精神は、自らとは区別されるが、その認識能力を支える一性ないし真理の光を自らの内に見出すことになる。「ところで、自らの内で不可変のものを看取する精神は、〔それ自体が〕可変的であるにしても、不可変のものを自らの可変性において看取するわけではなく、〔……〕その不可変性において看取するのである。実際、真理は、不可変性である。〔……〕それゆえ、精神がその内で一切を看取する真理は、精神の形相なのである。それゆえ精神の内には、それによって精神が存在し、その内に精神が自らと一切とを看取する真理の光が存するのである(42)」。

五　神認識の諸段階

一性である真理へのこのような内的上昇において、クザーヌスは、ディオニュシオス・アレオパギテスによる神学的洞察の階層的序列に完全に一致するかたちで、感覚的認識の段階、肯定から否定に向かう理性的認識の段階、そして神秘的直視へと超出する知性的認識の段階を区別している。

感覚的現象の世界は、そのあらゆる質料的形態において無限に多様な差異と対立を示しており、それらの差異と対立において、個々の存在者はその特定で固有のあり方を有している。個々の存在者がその本質的真理において何であるかということは、その多様な他性ゆえに、人間の認識にとっては隠されている。事物の本質に関するこのような無知は、感覚的・理性的認識活動が、本質概念の代わりに、「偶有性や、諸々の作用や諸々の形態の多様性から[43]」採られた単なる名称を措定することによって、そうした認識活動によって覆い隠されてしまうのである。「なぜなら、識別的な理性における活動が、名称を付与するからである[44]」。このように感覚的現象に関しては、その本質を見究めることはできないが、その感覚的現象を通じて美が顕わになり、この美においては、作品から技術が知られるように、その美の創造者の知恵が証しされる。美についてのこうした考えは、「知恵の書」(一三・一―九)と、プラトンの『ティマイオス』における技術論――特に、一二世紀以来のキリスト教的な解釈――に即したものであった。「たとえ作品は製作術とは何の比例関係ももたないにもかかわらず、われわれは作られたものから製作術へ向かうのと同様に、諸々の被造物の外見と装飾の立派さから、われわれは無限かつ不可捉の仕方で美なるところへと向かうのである[45]」。それゆえ世界とは――クザーヌスがエリウゲナに依拠しながら考えているように――概念に先立ち、しかも概念を可能にするかたちで、絶対者の現れ、ないし神の顕現《テオファニア》なのである。「世界は、不可視の神の現れでないとしたらいったい何であろうか[46]」。諸形象の汲み尽くしがたい多様性は、無数の観点から創造主の一なる美を示しているが、それというのもこの創造主は、すべての感覚的事象において、精神的被造物に対し自らの像を現そうとしているからである。「主よ、あなたはあなた自身のためにあらゆる働きをなし、この世界全体を知性的本性のために創造された。それはあたかも画家が、その内で彼自身の技が喜ばれ安らう自らの自画像を所持する目的で、まさに自分自身を描くことができるようにと、さまざまな色彩を混ぜ合わせるようなものである[47]」。

そこで世界とそれに対応する感覚的認識は、観察者に対して、暗示や像、隠喩や象徴や謎といった、ほとんど限りのない充実を示すことになる。世界はこれらの隠喩や象徴によって、自らを超えて（「転喩的に」[trans-sumptive]）可知的内容へと向かい、ディオニュシオスの「象徴神学」に従って、観察者を「象徴的探求」へと誘うのである。「もし私があなたがたを人間的な仕方で神的なるものどもに導こうと思うなら、それは比喩のようなものによってなされなければならない」(48)。精神は、いわば遊戯のようにではあるが、「何ものかの高次の思弁の形象」(49)を求めて常に新たな「実験」を行い、感覚によって与えられる刺激を想像力の媒介の下で捉え、現象において、また現象を超えて、感覚的直観と概念ないし精神的洞察とを結合することによって、感覚的世界における神の顕示を発見し、そうすることで神についての積極的言表と名称へと導かれるが、それらの言表や名称も、ただ「隠れた仕方で」(velate) 神を示すにすぎないのである。

認識の第二段階として、感覚と知性が典型的な仕方で、数学的、とりわけ幾何学的認識において結び付く。それゆえにクザーヌスは、証明として利用するわけではないにしても、数学的・幾何学的モデルを倦むことなく繰り返し考案し、神認識の援けとしている。そのよう役割が数学に帰せられているのは、精神はまずは数において自らを展開するからである。「理性的構築のいわば芽生えさせる自然な原理は数である。なぜなら、動物のように精神を欠いたものは、数えるということがないからである。数は、展開された理性にほかならない」(50)。人間精神は、数とその組み合わせの内へと自らを自発的に客観化するものであるため、精神は、数の基礎的な諸関係において最も明瞭な仕方で自ら自身を洞察し(51)、憶測によってその原型たる神的一者にまで上昇して行くことができる(52)。「したがって数の本質は精神の第一の範型である。すなわち数の内で、多性の内に縮限された三性ないし三一性が先験的に刻印されたものとして見出される。つまりわれわれは、われわれの精神の理性的な数から、神的精神についての言表不可能な数に関して、象徴的な仕方で憶測を行いつつ、類似の世界の数がわれわれの理性から発するように、創出者の心の中では、数自体が諸事物の第一の範型であると言う[53]」。

こうして認識は、感覚的対象を元に範型を見出す、それ自体として理性的な洞察を手引きとして、精神の領域へ、しかもまずは述定的で概念的・論理的に推し進められる思考へと上昇し、そこにおいて精神にとっては、例えば存在・生命・認識・真理・知恵・善性・愛といった純粋な完全性に対する洞察が可能になる。もはやこれらの純粋な概念は、感覚的現象と結び付いている他性をまとうことがなく、その内容はむしろ限定から免れているように見えるため、肯定神学のかたちで神についての言表が可能になる。有限的存在者の中に存するあらゆる完全性は、このように純粋で、それ自体の側からの限定を何らともなわない完全性を、自らの核として含んでおり、そのために神における自らの原型へと肯定的な仕方で「還元」(reductio) されうるのである。

ところで、肯定的な内容をもったそのような述語は、有限者の認識の内から汲み取られる。類比の意味での高揚を通じて、精神はそれらの術語を無限者に接近させようとするが、それでもやはり、有限的領域における高揚によっては無限者に到達することはできないため、それらの述語は、なおも有限的認識の特徴をとどめたままである。「これまで述べてきたことの根底にあったのは、超えられるものと超えるものにおいては、存在においても可能においても最大なるものへ達することはないということであった[54]」。そこで、クザーヌスの神論の根本命題は次のようなものとなる。「無限者から有限者への比例が成り立たないというのは、自ずから明らかである[55]」。肯定的述定における自らの働きと内容とを反省するなら、精神は、確かに感覚的制約による他性ではないにしても、概念を通じて遂行される自らの構造に根差す他性を不可避的に洞察することになる。このような他性は、すでに述語における概念的区別の内に現れている。なぜなら、区別とは相互の否定であり、したがって他性であり、対立であるからである。理性的次元においては、内容は自らの対立物を排除することによってのみ、まさにその内容であるため、矛盾律こそがあらゆる理性的認識の基礎となるのである。

第一のところ、つまりそれ自身において無区別な単一なる原理たる神については、対立と矛盾が語られることはない以上、精神は、神について肯定的に述定された完全性を、同時に神に対しては否認せざるをえない。それゆえ、このような否定神学は肯定神学を訂正し、単一で無限なるものの認識のより高次な厳密化に向けて肯定神学を超え出ることになる。しかしながら、否定神学は、肯定神学を前提とし、それに根差したものでもある。「ところで神への崇拝は〔……〕神についての積極的な肯定に基礎づけられなければならないため、そこからあらゆる宗教は、その崇拝において肯定神学を通じて上昇しなければならない[56]」。そのため、神を内世界的な規定の次元へと引き降ろすことであってはならないのなら、神に関しては否定的述定が不可避であるが、否定的述定は、形式的には自らに対立している肯定的述定の正当性を廃棄するようなものではない。なぜなら、神は一切の完全性の根拠にして原型であり、それらを自ら自身の内に先行的に保持しているからである。それぞれ自らに固有の意味の内に基礎と正当性をもつ肯定的主張と否定的主張とは、知性においては形式的に互いに矛盾するため、存在と認識の最高原理である矛盾律がここで揺るがされるように見える。形式的な矛盾に際して、論理的な活動をなしている知性は自らの限界、すなわち「楽園の壁」に直面するが、第一の一者はこの壁の向こう側に、知性によっては知られえない仕方で住まっているのである。なぜなら、神についての肯定と否定は交互に排除ないし否定し合うため、肯定的意味でも否定的意味でも神について語ることはできないが、かといって、神はいかなる対立も矛盾も含まない以上、対立そのものを神に当てはめたり、神を対立の先行的原理として規定することもできない。「神は矛盾の根源ではない。むしろあらゆる根源に先立つ単純性そのものなのである[57]」。こうして精神にとっては、神に関する肯定・否定両方の述定可能性が閉ざされるところから、例えば神を「存在者の一つではないもの」、「あらゆるものの一つではないもの」あるいは「名づけられえないもの」などと、その述定そのものの主語を否定的に規定するような迂路が取られることもありうる。しかしながら、神はそれ自体において、否定的に規定されるものでもなければ、肯定的な、それゆえに根本的に述定可能な内容を欠いたものでもない。「〔神は〕言表不可能なものではなく、名づけられることのできる一切のものの原因であるため、すべてに優って言表可能なものである」[58]。結局のところ、神はあらゆる理性的な述定を無限に凌駕しているということが明らかになるのである[59]。

とはいうものの、理性的であると同時に厳密な神認識の試みがこのように挫折するからといって、精神の運動はその地点で立ち止まってしまうわけではない。なぜなら精神は、自らの無知をこのようにして知ったうえで、それを自らの真理探求の内へと積極的に組み入れることになるからである。精神は自らの能力の限界を看抜くことによって、自らに対して端的に先立ち自らを超えるものとしての神から自らを際立たせ、対象に関して肯定と否定による述定を行っている際には忘却されがちな自らの本質的な有限性に立ち戻る。精神は自らの無知を承認することによって、自らの内に入り込みつつ、さらに深く自らを把握する。それというのも、精神はそうすることで、自らの理性的認識の領域全体をまさに全体として包括するとともに、その全体が真理ないし神によって制約されているということと同時に、神に達しえない自らの限界とを知り、それによって神を、理性的認識の可能根拠でありながら理性によっては捉え切れない、自らに先行するものとして承認することになるからである。「自らを知らない者として知っている者こそが知者とみなされる。また真理なしには自らは何ものも把握することはできないということを知る者が、真理を崇敬しているのである」[60]。

一切の他性と差異に含まれる否定性を経て到達した限界において、理性的活動は矛盾と対立によって挫折するのであり、それによって精神は理性的次元を離れて、知性内部においては無意味で、知性自らを破壊する対立と見えていたものをより深い知性的次元で、根源的な統一性からその必然的な共属において把握するように促される。「不可能に思えるかのものが、むしろ必然性そのものである」[61]。したがって、精神的認識のより根本的でより高次の第二段階は、諸々の対立の合致に対する洞察を特徴とする。それというのも、認識が探求する絶対者は「一切の対立を超えている」[62]ものであるため、諸対立の一方の側に位置していたり、精神の何らかの部分的活動によって把握されることはないからである。「なぜならそれは、一切の対立に先立つからである」[63]。哲学的知性は、諸々の矛盾の次元を積極的に乗り越えることはできないため、このような段階にまで到達するのは、ディオニュシオスに従って、ただ神学的理性のみである。「実際ディオニュシオスは多くの箇所で、区別を通じて、つまりわれわれは神に近づくのは肯定的な仕方によってであるか、あるいは否定的な仕方によってであるかということに応じて、神学を教えている。しかし、神秘にして秘義なる神学を可能な限り明らかにしようとしているこの著作においては、彼は区別を超えて、結合と一致へ、ないしは、あらゆる剝奪と措定を一面的にでなく直接に超えた最も単純な合一へと飛躍している。そこにおいては、剝奪は措定と、否定は肯定と合致するのである。そしてかのものこそ、最も秘義に満ちた神学であり、そこへは哲学者の誰一人として達することはないし、哲学すべてに共通する原理——すなわち二つの矛盾するものは合致することはないという原理——が通用する限りは、そこへと上昇することはできない」[64]。クザーヌスは、アリストテレス主義——おそらくは、「最も深遠なアリストテレス」[65]自身ではなく——の内に、純粋な哲学のそのような立場が具体化されているものとみなしている。ここではこのアリストテレス主義は、その認識論によってではなく、その論理学ないし学問理解に関して判断されている。「対立物の一致を認めることが、神秘神学への上昇の端緒なのだが、いまや、この対立物の一致を異端の分派と主張するアリストテレスの学派が有力である[66]」。これに対して、神学的知性は、聖書の啓示と、それによって目覚めた神に対する希求とにもとづくために、隠れたる神に対する直視の先取りに導かれ、それによって「純粋理性の限界」（カント）を超出していくのである。このような超出は理性的思考そのものによって促され、その遂行の最中においても、また結果から見ても、有意味で事象に即したものであることが示される。なぜなら、まず同一次元における対立は共通の基盤を前提としているが、この基盤そのものは、対立項のうちのどちらかに帰せられるということはなく、したがって肯定でもなければ否定でもない。さらに、最大と最小といったような対立は、それらを分かつ中間段階によってのみ互いに区別されるにすぎないということになる。「それゆえ対立は、超えるものと超えられるものにのみ、しかも異なった仕方で具わるのである[67]」。より以上とより以下というこのような中間段階は、絶対者の領域には当てはまることはなく、そこでは互いに対立する両極が無差別に合致する。それゆえ、「かの一致は、矛盾なき矛盾である。〔……〕諸々の対立物の対立は、対立なき対立である[68]」。

　諸対立の合致に対する洞察は、「われわれの一切の知性を超えるのであり、その知性は、反対対立物を、その原理においては、理性を通して結び合わせることはできない[69]」ため、諸対立に先立つ一性の立場に達するには、ただ何らかの飛躍によって（「より高く跳躍すること[70]」）、「それ自身を超えて[71]」――いわばマイスター・エックハルトの言う「突破」と同じようにして――なされるほかはないのである。諸々の対立に関して、その必然においては自明で、その可能性においては不可捉の統一[72]へと飛躍することによって、精神は、あらゆる合理的解明を原理的に受け付けない絶対的な暗闇の内へと歩み入る（「闇と暗黒に入り込む[73]」）。しかしこの暗闇は、知性の光を欠いた無差別のものではなく、ディオニュシオスの言う「あまりに明るい暗闇」として、圧倒的な積極的内実をもって理性を規定している。「実際、もし精神がそれ以上知解しないなら、無知の暗闇の内に据え置かれる。そして暗黒を感じ取るならば、それは、精神の探求する神がそこにいるという徴である。それは、太陽を求める者は、それに正面から近づく限り、太陽の卓越性ゆえに、弱い視覚の中に暗黒が生じるのと同様である。この暗黒は、太陽を見ることを求める者が正しく近づいていることの徴である。もし暗黒が生じないなら、それは最も卓越した光に正しく歩み続けていないことの徴である」[74]。このような暗闇において、知性は、自らの独自の活動と自らの知性的形態において、いわば燃焼し尽され、その認識能力の根底にまでも、絶対者のための鏡ないし眼へと変容し、純化されるのである（「なぜなら眼は鏡のようなものだからである」[75]）。

六　神の名

絶対者に対してこのようにして開かれる直視に立ち入る前に、諸対立の一致における知性のありさま、およびそこにおいて可能になる神認識の特徴を、より丁寧に考察しておかなければならない。同一性と差異、論理的推論と矛盾によって規定された論述的思考様式から解放されてはいても、いまだに直視の暗闇にまでは入り込んでいない理性はそれ自身、単に推論による思考を展開するのでもなければ、端的に直観的な認識活動を遂行するのでもない。推論による認識は多性によって、直視は一性によって特徴づけられるのだとすると、ここで知性的活動は、思考と観取、一性と多性、同一性と差異の接合点に立っている（フィヒテ〔一七六二―一八一四年〕の一八〇四年の第二の『知識学』を参照）。しかもそれは、これらの諸対立の絶対的な分断という意味においてではなく、それらの区別を内に含みながら、自ら自体に関してはその区別が妥当しない先行的な一性という意味においてのことである。同一性と差異とのこのような一致は、絶対者より下位のものであり、絶対者への眼差しを開くと同様に、絶対者の多様な展開ないし像（imago）としての世界への下降をも可能にする。同一性と差異とのこうした一致は、概念的および言語的には、概念と知的直観とのあいだの不断の動揺において、有限なるものから無限なるものへの移行、および有限なるものへの再度の還帰という仕方（「私は内へ入ると同時に外に出る」[76]）で表現され、伝達されるほかはない。そのために思考は揺れ動くものとして現れ、多様な形象や概念的術語によって具体化されることになるが、そこにおいて、同一性と差異との一致は、それ自身として自足する積極的な認識領域であり、人間の知的活動の根源であると同時にその開花でもある豊かな母体とでも言うべきものなのである。こうして知的活動は、形式論理によって把握不可能な、すなわち、先行的で先取的に予感される観取を源とする理性的構造ないし論理性《ロゴス》を展開するものであるため、それは一者からの人間精神における「言葉《ロゴス》」の発現として特徴づけられうる。クザーヌス独自の思考様式は、ギリシアからの帰路において閃いたとされる根源的洞察によるものであり、それは、同一性と差異の一致――しかも、同一性ないしそれ自体として不可捉な一性が絶えず優位にあり、先行した根源をなすという仕方での一致――への積極的洞察をその根源とし、またそれを思考の領域全体を遍く照らす中心とする。「ギリシアからの海上で、光の父からの至上の贈物と思えるもの〔……〕に導かれて、人間的な仕方で知られうる不可滅の諸真理を超越することによって、把握しえないものを、知ある無知において把握しえない仕方で抱擁するに至った[77]」。

　クザーヌスは、絶対者に対する洞察を、神の名というかたちで仕上げる努力を繰り返し行っている。しかも神の名を模索する試みは、神の名がその内容において、神の絶対的自体性をその世界との関係とともに顕わにし、それによって同時に、神へ向かう観点を開く思惟の道を暗示するという考えの下になされているのである。確かに神の「単純性は、一切の名づけうるものと名づけえないものとに先立っている[78]」が、それでもやはり神のさまざまな名は認識の手引きとしての役割を果たすことができるのである。しかもそれは、神のさまざまな名の謎めいた多面性にもとづいてのことである。「それは謎めいた仕方で、あなたを全能なる方へと、いくらかなりとも導くのである[79]」。

あらゆる有限的なものは、可能態と現実態という諸原理に分裂する一方で、「可能態にある存在者と現実態にある存在者に先立って、それなくしてはどちらのものも存在しえない一なるものが見出される。この必然的な一なるものが神と呼ばれる[80]」。諸々の対立に先立つこの必然性（「一なる必要なもの」〔ルカ一〇・四二参照〕）は、「絶対的な同一者であり、それによって、いかなる存在するものも自らと同一であり他のものと異なるところのもの[81]」である。「したがって、そこにおいてあらゆるものが同一である、言表不可能な同一なものは、いかなる他なる者に対しても、同一でも、別様でもない[82]」。同一性の根源であるため、「いかなるものもそれ自身と同一である以上、絶対的な同一なるものはあらゆるものにおいて存在する[83]」。それというのも、「同一なるものは、それらと不釣り合いであったり、異他なるものではなく[84]」、むしろ「同一なるものは同一化する[85]」からである。神は同一なるものとして、「あらゆる対立から切り離されている。〔……〕われわれにとって対立したものと見えるものは、神においては同一なのである。〔……〕神においては、否定は肯定と対立することがない[86]」。

あらゆる有限性と区別に先立ち、それを超える同一なるものにおいては、現実態と可能態は無制約的な現実態として強い意味で自同的なものである。これをクザーヌスは「可能現実存在」（posse esse）と呼ぶが、それは「その複合語がおおむね表示するような〔……〕単純な概念[87]」を表している。なぜなら、一般的には現実態がその可能態に先行することはありえないが、その一方で神においては、現実態は偶存的事実を意味することはありえない以上、可能態が現実態に先立つということもない。「したがって、絶対的な可能態は〔……〕、現実態に先立つということもなければ、その後に続くということもない[88]」。可能態と現実態とのこのような合致は、あらゆる名がある一つの者のみを名指すように、「可能態と現実態の存在性である存在そのもの[89]」としての神にのみ当てはまる。同時にこの名によっては、有限なるものに対する神の関係が言い表されてもいる。すなわち、現実態と可能態の一致そのものとして、「神は現実に、それについて可能であるということが証明されうるものすべてである。なぜなら、神が現実にそのものでないようなものは、存在することがありえないからである[90]」。それゆえに「神は包含的な仕方ですべてであり[91]」、「すべてのものは、自らの原因および根拠としての可能現実存在の内に存在し、その内に観取される[92]」。

あらゆる有限なるものに先行してそれを超越する神そのものの、その名において暗示されている無制約的な絶対性と、有限者におけるその下降と内属、言い換えれば、すべての個々のものとの——本質的かつ形相的にではないが、原理的に根拠と包含という仕方での——同一性は、「非-他」(non-aliud) という名称において最も明瞭に表現される。この術語は、知性的神認識をその同一性と差異に関して厳密に表すとともに、人間の精神が諸々の対立を超えてそれらの統一の内に根差していること、しかも直視に入り込むことなしに、差異項との関係を保ち、それによって自らの言表能力を確保しているということを示している。なぜなら他なるものへの迂回を経て、その他なるものに対する〔……〕区別と受容を通してのみ、端的に単一なるものへの洞察が、言語的・対話的次元で確証されるからである。

あるものをそのものに「ほかならない」(他なるものではない [non aliud quam]) ものとして示す「定義[93]」は、それ自体があらゆる知の根底を成している。単に論理的にではなく、存在論的にも理解されるべきこうした非他性は、あらゆるものを、とりわけ非他性それ自らを定義するものである。なぜなら「〈非-他〉は、非-他にほかならない〔非-他の非他である[94]〕」からである。そこで非他は、他によって構成されるわけではないため、他を排除するのであり、一切の他から区別され、「絶対的に」それ自身である自同的なものであるため、そのような否定的な意味で「非－他」と言われる。しかしさらに、この絶対的な非－他は、他なるもの、すなわち有限なものを存在へと呼び出すものであるため、それはそれぞれの他なるものをそれ自身に関しても非－他（ないし同一的なもの）たらしめる。しかしながら有限なるものは、その本質においてまさに他のものではないが、それは、他に対することのような否定的な区別によってそれ自身の内に他性を含み、それ自身が一つの他なるものとして、別の他なるものに対立する（「他に対して他なるもの」alteri aliud）という仕方でのみ、非－他なるものである。こうして有限なるものは、他のものに対する他性をその内に有することのない絶対的に同一なるもの、ないし絶対的に非他なるものから区別される。絶対的に非他なるものは、このような無差別性という点で、一切の他なるもの――その同一性ないし非他性ゆえにそれ自身の内で他のものから区別されるもの――から際立つことになる。「あらゆる存在者のうちのいかなるものも、自ら自身と同一でありながら、他のものに対して他ではないものはないし、――たとえ絶対的に同一なるものが、自ら自身と同一であり他のものと異なった、そうしたものと何ら異なるものではないとしても――このようなもののどれも絶対的に同一のものではないと、あなたが言おうとしているのは理解できる[95]」。

絶対的な非他なるものは、各々のものを非他なるものとして構成する際に、その内に内在する根拠としてそのものと同一化するため、たとえその他なるもののそのものであるのではないにしても、その他なるもののそのものに対して自らを他として区別し、他なるものであるというわけではない〔非－他なるものである〕。「〈非－他なるもの〉は、他なるものではなく、他なるものに対する他でもなく、他なるものにおいて他なるものでもない。このことは、〈非－他なるもの〉は、いかなる仕方でも他なるものではありえないという理由による以外のことではない[96]」。こうして、絶対的な非他なるものは、すべてのものに対して最も内的に、つまりいかなる他性も介することなく現存する。「神学者たちは正しくも、たとえ神があらゆるもののどれでもないとしても、神はすべてにおいてすべてであると言明している[97]」。

七　神の顔の直視

これまで考察してきたさまざまな神の名を通じて、精神は、先行的で一切を卓越した神の絶対性、およびすべてのものに浸透するその内在性を概念的に理解することができるようになる。しかし、神の名が、「非‐他なるもの」の概念において示されるように、否定によって、それゆえ無限者の有限者に対する——概念的・否定的にすぎない——関係によって機能している限りは、その名は精神に対して、絶対者をいまだに純粋な絶対者として、つまりあらゆる関係から脱したものとして示しているわけではなく、したがってその名はいまだ、認識を通じて無制約的に絶対者に対峙するところにまで精神を導いているわけではない。神の諸々の名は確かに論理的・推論的な思考を打破し、楽園——神がその内に住まい、人間に自らを伝える所——の「壁」を打ち破りはするが、それでもそれらの名は、開いた扉のところにとどまり、楽園の中にまで視線が届くことはない。つまり神の諸々の名は、肯定と否定のあいだの矛盾、ないし否定を自己否定によって突破しようとする推論の試みを克服するものではあるが、このより高次の知性的段階においてもなお、精神はいまだ分裂に晒されたままである。なぜならそこにおいて精神は、絶対的一性を、諸々の矛盾の領域との——概念的否定によって把握されたかたちでの——関係とともに主題化することになるからである。そこで、諸々の対立の合致そのものはさらにもう一度乗り越えられなければならないが、そのためには、否定を媒介にして先行的・超越的根拠へと遡及するというのでは、原理的に不十分である。「私の意見では、否定神学のみを扱っているような者は、かの闇に正しい仕方で入り込むということはない。それというのも、否定〔神学〕は除去を行い、何ものをも定立することはないため、それによっては神は顕示的に看取されるということはなく、神が存在であるということよりも、神が存在でないということが見出されるからである。また、肯定的な仕方で〔神が〕探求されるなら、模倣によって、また覆われた仕方以外によっては、神は見出されることはないし、顕示的に見出されるということはけっしてない[98]」。それゆえに、神の諸々の名称は、神の純粋な存在そのものに達することはない。「なぜならあなたは、語られたり把握されたりできるような何ものかではなく、これらすべてのものを絶対的に無限に卓越したものだからである[99]」。こうして、神に関するいかなる述定も最終的に不十分であることが示されるために、そのような述定は断念され、克服されねばならないが、その際にも、述定を行う精神のそうした自己克服そのものがさらにまた神の述定のための手段とされるようなことがあってはならない。「したがってあなたは創造者ではなく、たとえあなたなしには何ものも生じることがなく、生じることがありえないにしても、創造者を無限に凌駕しているものである[100]」。

人間が理性だけの力の限界を超えることを可能にし、第一の一者との認識を通じての合一を求める人間精神の希求を充たすものを、クザーヌスは眼と顔の比喩によって、つまり「顔の直視[101]」(visio facialis)として捉えている。この概念は、ベネディクトゥス一二世の下で一三三六年になされた、神に対する至福直観をめぐる論争において、重要な役割を果たしている。その際にクザーヌスは、この直視を知性の能力から区別している。「なぜなら、眼がさらに楽園の中を覗くにしても、その壁が、あらゆる知性の可能性を閉ざしてしまうからである[102]」。

神ないし神の顔の直視は、すでに旧約聖書において、人格的な汝たる神との最も内密な合一として、人間が求めるものとされているが(「詩編」四二・三参照)、それは同時に神の圧倒的な超越と隠蔽ゆえに、人間には手の届かないとして、あるいは耐え切れない（「出エジプト記」三三・二〇参照）ものとしてさえも考えられている。「イスラエル」の名称がギリシア語・ラテン語に翻訳されて「神を見る者」（「創世記」三二・三一参照）とされた際に、神に対する直視は、人間にとって最高の使命として受け取られた。新約聖書もまた、神の不可視性を強調しているが[103]、それでも神ないしキリストに対する直視は、人間に授けられた救いの中心に据えられている。またギリシア的・新プラトン主義的伝統においても、「神をもつこと」は神に対する直視として記述され、それはまた神的なるものとの脱自的な合一（ἔκστασις, ἕνωσις）、ないしは人間存在の究極の完成と考えられている。

『神の直視について』（*De visione Dei*）においてクザーヌスは、ディオニュシオス・アレオパギテスを手引きとしながらも彼を超えるかたちで、神に対する直視の理論を展開している。その理論はすでにその出発点において、下位の次元から上昇（ascensus）していく概念的神認識のアポリアをその根本から解消し、そうすることで同時に、その概念的神認識の隠れた可能根拠を顕わにする。その全人格的な意義を考えるなら、神に対する直視は、「あなたの情愛の甘美さが愛に満ちて私を抱擁するかの抱擁[104]」、すなわち愛と命に満ち溢れた至福として、「それより大いなるものがありえない、あらゆる理性的欲求の絶対的最大性そのもの[105]」である。しかしながら神は、その無限性のゆえに「近づきえないもの[106]」であり、「そのため、あなたがあなたをその者に与えることがなければ、誰もあなたを捉えないだろう[107]」。したがって、この直視が神そのものから発現するのでなければ、神はその直接性において認識されたり、「見られ」たりすることはありえない。こうして、人間中心主義や、下位の次元からの自力での上昇、また投射による認識の試みなどは、始めからその基盤を欠いているものとみなされる。「あなたが、見られるようにと与えるのでない限り、誰もあなたを見ることはできない[108]」。神は、自ら人間を眺め、その各人を、また他のすべての人々を、そのそれぞれの状況に即して見遣ることによって、人間に自らを認識させる。このことを具体的に明瞭にするために、一四五四年にクザーヌスは、テーゲルンゼーの修道者たちに「神のイコン[109]」、つまり神（またはキリスト）の像を、「すべてを見遣る者の姿[110]」として贈っている。この画の鑑賞者がどの場所からこの画を眺めようとも、鑑賞者は神の眼差しが、あたかもその画から発しているように、そのつど直接に自分だけに向けられているように感じる。ここでは「神の直視」（visio Dei）とは、まず第一に神が人間を見ることを意味し、ようやく第二次的にのみ、人間が自らの視線においてこの神の眼差し、あるいは神の顔を認識しつつ受け止めるということを表す。「主よ、あなたの眼差しはあなたの顔である[111]」。

神が見る者であるということを、クザーヌスは、「神」を表すギリシア語の言葉に関する、ストア派にまで遡る語源学から引き出している。「神《テオス》はあらゆるものを観取するがゆえに、そのために神《テオス》と呼ばれる[112]」。神によるこのような直視は、絶対者そのものが見ることであるため、絶対的な直視であり、それゆえに、見ることとその派生物によって構成されるすべてのものの根源にして原因である。「主よ、あなたの眼差しで私を養い、また、いかにしてあなたの眼差しがあらゆる見ている眼差しとあらゆる可視的なものとあらゆる視覚活動とあらゆる視覚的能力とあらゆる可視的能力と、そこから生じる見ることとすべてをあなたが見ているのかということを教えて下さい。なぜなら、あなたの眼差しは原因づけることだからである[113]」。

このように、すべてを見る神の眼差しがすべてを根拠づけるその原因性と一致するという普遍的な存在論的関係は、いまや人間と神とのあいだの、強い意味での相互の人格的関係の根拠となる。「あなたが私を看取するがゆえに、私は存在する[114]」。なぜなら人間は、彼自身が見る者として神によって見られている限り、「真理を受け容れることができ[115]」、神の直視を得るように方向づけられている（「あなたを受け容れる[116]」）からである。「あなたを見ることは、あなたがあなたを見ている者を見るということにほかならない[117]」。それゆえに、神による直視は、人間による神の直視を惹き起こし、それを支えるものであり、そのために神は、神が人間を見るその同じ行為において、自らが人間によって見られるようにするのである。「私を見ることによって、隠れたる神であるあなたは、あなたが私から見られるということを与えるのである[118]」。こうして神は人間において、そして人間を通じて自ら自身を見るのである。「主よ、あなたを見ることは〔……〕、私によって見られること以外の何であろうか[119]」。同様の仕方で、人間は、自らを見る神を見ることによって、その神の眼差しにおいて自ら自身を見るのであり、そうすることで神によって見られたものとして、すなわち見ることの根源において、またその根源から自ら自身を見ることになる。「そこで実際、自らをあるがままに神自身の内で観取するときに、自らを認識する[120]」。しかし神の絶対的な直視は、「あらゆる観取の最も適切な尺度にして、最も真なる範型である[121]」ため、人間は見ることによって見られつつ、「その〔神の〕生ける似像[122]」ないし「創造された神[123]」という自らの真なる存在へと至る。その際、神の眼差しと人間の眼差しは、反対方向から互いに最も内密な一致へと融合するため、神の直視を通じて人間は神の内へと入り込み、神は人間の内面を満たすことになる。しかし、人間の視覚は感覚的に対象へと関わる活動ではなく、知性的活動として――「精神と知性の眼によって[124]」――人間精神の自己遂行を通じて生じる限り、人間は神を自らの内に、自らの原型として、いかなる異他性も外在性をも介することなく直視するのである。「それゆえに、あなたの顔を看取しうるいかなる顔も、自身とは他なるものあるいは別様のものを見ることはない。なぜならそれは、自らの真理を見るからである。実際、範型的真理は、他なるものあるいは異なったものであるということはありえない[125]」。神の直視において、「人間は、受け容れ可能な神であるあなたを捉えることで、自らの密接さゆえに子たることの名を得ることができるような結合へと移行し[126]」、神に似たもの（「類似化」assimilatio；「神化」theōsis）となる。

神を見ることは、いかなる限定されたあり方も対象性をもたないような無限なるものを見ることにほかならない。そこで人間は、神へと「自由に[127]」向き返り、神によって見られるようになることで、神に対する直視へと歩み入るため、人間は、「いかなる様態もない[128]」その直視において、不可捉の方を不可捉の仕方で捉え（「不可捉の真理へと、不可捉の仕方で向き返る[129]」）、知性や理性にとっては見通すことのできない闇である神の光そのものの内で彼を把捉する。「しかしその闇自体は、あらゆる覆いを超えた顔がここにあることを顕わにするのである[130]」。「それゆえ、もしあなたを見ることを望むなら、知性は無知となって、闇の中に置かれなければならない[131]」。このような神認識の脱魂において、認識はいかなる対象性をも失い、自らの見ているものを確証しうるような輪郭や反省可能な規定からも脱することになる。「私はあなたを楽園の庭の中で見るが、私は見られうるものの何をも見ていないがゆえに、私が何を見ているかは知らない[132]」。

ここでクザーヌスが人間精神の本質的遂行と最高の可能性として記述していることは、人間の理解一般に関する存在論的・間人格的な構成理論を含むものである。それというのも、あらゆる見られるものの内には、それを見ることの可能根拠として、見る者としての神が見られるからである。「不可視のわが神よ、あなたはすべての者によって見られ、あらゆる眼差しにおいて見られている。あなたは、見る者すべてによって、可視的なものすべてにおいて、そして見る活動すべてにおいて見られている。それは不可視であり、そのようなあらゆるものから切り離され、無限に卓越してあなたである[133]」。人間は、直視や顔といった概念さえをも含む一切の概念を投げ棄てることによって、あらゆる「覆われた[134]」観取の核心を成すものを直接的に観取する直視に至ろうと努力することができる。「あらゆる顔において、顔のなかの〔最高の〕顔は覆われて謎のように見られる。しかし、一切の顔を超えて、顔の知識も概念も何ら関わらないようなある種の神秘なる隠れた沈黙に至らない限り、覆いのない仕方で見られるということはない[135]」。このような方向はただ考えられただけでなく、自ら踏み出した道なのだと、クザーヌスは述べている。「あなたの無限の善性を信頼して、不可視のあなたと、顕わになることのない顕わな直視を見るために、私は脱魂に身を委ねるように努めた。しかし、私がどこまでに達したかをあなたは知っているのに、私はそれを知らないが、私にはあなたの恩寵で十分なのである。その恩寵によって、あなたが把握不可能であるということを、あなたは私に確信させ、また私はあなたに導かれて、享受することに至るだろうという確たる希望を、あなたは私の内に惹き起こすのである[136]」。

（村井則夫訳）

（1） Conscripsi dudum conceptum de quaerendo deum, profeci post hoc et iterum signavi coniecturas : *De venatione sapientiae* (= *Ven. sap.*), Prologus [Opera omnia XII, 3].

（2） Cf. *Dialogus de ludo globi* I, 3-7 [IX, 5-8]. Cf. H. L. Bond, The Journey of the Soul to God in Nicholas of Cusa's *De ludo globi*, in : G. Christianson, Th. M. Izbicki (eds.), *Nicholas of Cusa In Search of God and Wisdom*, Leiden 1991, pp. 71-86.

（3） Propositum est meas sapientiae venationes, quas usque ad hanc senectam mentis intuitu veriores putavi, summarie notatas posteris relinquere : *Ven. sap.*, Prologus [XII, 3].

（4） reperies primum principium undique idem varie nobis apparuisse et nos ostensionem eius variam varie depinxisse : *Compendium* (= *Comp.*), Conclusio [XI 3, 33].

（5） racionalis nostri spiritus : *Ad abbatem Tegernsensem et eius fratres* [BGPhMA XIV, 2-4, Münster 1915, 114].

（6） Modus autem de quo loquitur cartusiensis non potest nec tradi nec sciri, neque ipse eum, ut scribit, expertus est ... : *ibid.* [BGPhMA XIV, 2-4, 115]. Cf. M. Schmidt, Nikolaus von Kues im Gespräch mit den Tegernseer Mönchen über Wesen und Sinn der Mystik, in : R. Haubst (Hg.), *Das Sehen Gottes nach Nikolaus von Kues*, Trier 1989, S. 25-49 ; *Nikolaus von Kues, Briefe und Dokumente zum Brixner Streit. Kontroverse um die Mystik und Anfänge in Brixen (1450-*

1455), hgg. von W. Baum und R. Senoner, Wien 1998, S. 86ff.

(7) penitus ignotum nec amatur : *ibid.*

(8) Cf. *ibid.*

(9) non modo quo vult cartusiensis, per affectum linquendo intellectum : *ibid.*

(10) solum illud [intellectum satiare potest], quod non intelligendo intelligit : *De visione dei* (= *Vis. dei*) 16 [VI, 57].

(11) ... que versatur circa ascensum racionalis nostri spiritus usque ad unionem Dei et visionem illam que est sine velamine : *Ad abbatem Tegernsensem et eius fratres,* [BGPhMA XIV, 2-4, 114]. Cf. W. Beierwaltes, *Der verborgene Gott. Cusanus und Dionysius* (Trierer Cusanus Lecture, Heft 4), Trier 1997.

(12) Scientia et ignorancia respiciunt intellectum, non voluntatem : *ibid.* [115].

(13) pseudo-apostolum : *Apologia doctae ignorantiae* (= *Apologia d. ign.*) [Hamburg 1932, 5]

(14) fidei nostre dissona, piarum mencium offensiva, nec non ab obsequio divino vaniter abductiva : J. Wenck, *De ignota litteratura* [BGPhMA VIII, 6, Münster 1910, 19].

(15) Fundamentum autem huius conclusionis annullaret scientiam divinorum : *ibid.* [27].

(16) paucitas instruccionis logicae : *ibid.* [24].

(17) Affert eciam de medio talismodi eius assercio semen omnis doctrine, videlicet illud : Idem esse et non esse impossibile, IV° *Metaphysicorum* : *ibid.* [21s.].

(18) Nam cum non sit proportio creaturae ad creatorem, nihil eorum, quae creata sunt, speciem gerit, per quam creator attingi possit : *Apologia d. ign.* [18s.].

(19) Tunc enim reperitur Deus, quando omnia linquuntur ; et haec tenebra est lux in Domino. Et in illa tam docta ignorantia acceditur propius ad ipsum : *ibid.* [20].

(20) >A dialecticis libera nos, Domine.< Nam garrula logica sacratissimae theologiae potius obest quam conferat : *ibid.* [21].

(21) Cf. *ibid.* [20s.].

(22) talis est textus Dyonisij in greco, quod non habet opus glosis ; ipse seipsum multipliciter explanat : *Ad abbatem Tegernsensem et eius fratres* [BGPhMA XIV, 2-4, 117].

(23) uti est : *De filiatione dei* (= *Fil. dei*) 6 [VI, 62].

(24) Dum enim humana mens, alta dei similitudo, fecunditatem creatricis naturae, ut potest, participat, ex se ipsa, ut imagine omnipotentis formae, in realium entium similitudine rationalia exserit : *De coniecturis* (= *Coni.*) I, 1 [III, 7].

(25) Quoniam...praecisionem veritatis inattingibilem intuitus es, consequens est omnem humanam veri positivam assertionem esse coniecturam. Non enim exhauribilis est adauctio apprehensionis veri : *Coni.*, Prologus [III, 4]. Cf. N. Herold, *Menschliche Perspektive und Wahrheit. Zur Deutung der Subjektivität in den philosophischen Schriften des Nikolaus von Kues,* Münster Westf. 1975, S. 42-62.

(26) Coniecturas a mente nostra, uti realis mundus a divina infinita ratione, prodire oportet. ... Coniecturalis itaque mundi humana mens forma exstitit, uti realis divina : *Coni.* I, 1 [III, 7].

(27) rationalis mundi explicatio, a nostra complicante mente progrediens, subtilius propter ipsam est fabricatricem. Quanto enim ipsa se in explicato a se mundo subtilius contemplatur, tanto intra se ipsam uberius fecundatur, cum finis ipsius ratio sit infinita, in qua tantum se, uti est, intuebitur, quae sola est omnibus rationis mensura : *Coni.* I, 1 [III, 8].

(28) Cognoscitur igitur inattingibilis veritatis unitas alteritate coniecturali atque ipsa alteritatis coniectura in simplicissima veritatis unitate : *Coni.* I, Prologus [III, 4].

(29) Quoniam autem creata intelligentia finitae actualitatis in alio non nisi aliter exsistit, ita ut omnium coniecturantium differentia remaneat, non poterit nisi certissimum manere diversorum diversas eiusdem inapprehensibilis veri graduales, improportionabiles tamen ad invicem esse coniecturas, ita quidem, ut unius sensum, quamvis unus forte alio propinquius, nullus umquam indefectibiliter concipiat : *Coni.* I, Prologus [III, 4s.].

(30) Sed loqueris in me, domine, et dicis alteritatis non esse positivum principium, et ita non est. ... Non est autem principium essendi alteritas. Alteritas enim dicitur a non esse. Quod enim unum non est aliud, hinc dicitur alterum .... neque habet principium essendi, cum sit a non esse. Non est igitur alteritas aliquid : *Vis. dei* 14 [VI, 51s.]. Cf. M. Thomas,

Zum Ursprung der Andersheit (alteritas). Ein Problem im cusanischen Denken, in : *Mitteilungen und Forschungsbeiträge der Cusanus-Gesellschaft* 22, Trier 1995, S. 55-67.

(31) Cf. *Coni.* I, 1 [III, 9].

(32) Non est autem differentia sine concordantia : *ibid.* II, 10 [III, 117].

(33) Non enim curat geometer de lineis aut figuris aeneis aut aureis aut ligneis, sed de ipsis ut in se sunt, licet extra materiam non reperiantur. Intuetur igitur sensibili oculo sensibiles figuras, ut mentali possit intueri mentales ; neque minus vere mens mentales conspicit quam oculus sensibiles, sed tanto verius, quanto mens ipsa figuras in se intuetur a materiali alteritate absolutas : (*De theologicis complementis* (= *Theol. complem.*) 2 [X, 5s.].

(34) Primo illa divina unitas, si numerus rerum fingitur exemplar, omnia praevenire complicareque videtur. Ipsa enim omnem praeveniens multitudinem, omnem etiam antevenit diversitatem, alietatem, oppositionem, inaequalitatem, divisionem atque alia omnia, quae multitudinem concomitantur : *Coni.* I, 5 [III, 21s.].

(35) de qua (scl. absoluta unitate) nec alterum oppositorum aut potius unum quodcumque quam aliud affirmantur. ... primum per infinitum omnem praeit oppositionem, cui nihil convenire potest non ipsum. Non est igitur coniectura de ipso verissima, quae admittit affirmationem, cui opponitur negatio, aut quae negationem quasi veriorem affirmationi praefert : *ibid.* I, 5 [III, 26s.].

(36) Cf. *Docta ign.* II, 1 [Hamburg 1932, 64].

(37) Quamvis verius videatur Deum nihil omnium, quae aut concipi aut dici possunt, exsistere quam aliquid eorum, non tamen praecisionem attingit negatio, cui obviat affirmatio : *Coni.* I, 5 [III, 27].

(38) per sui ipsius ostensionem : *Trialogus de possest* (= *Trial. de possest*) 31 [XI 2, 36].

(39) mens ipsa, quae figuras in se intuetur, cum eas a sensibili alteritate liberas conspiciat, invenit se ipsam liberam a sensibili alteritate : *Theol. complem.* 2 [X, 6s.].

(40) Quaecumque igitur mens intuetur, in se intuetur. Non sunt igitur illa, quae mens intuetur, in alteritate sensibili, sed in se. Id vero, quod est ab omni alteritate absolutum, non habet se aliter quam veritas est, nam non est aliud veritas quam

carentia alteritatis : *Theol. complem.* 2 [X, 7].

(41) Et cum sic in silentio contemplationis quiesco, tu, domine, intra praecordia mea respondes dicens : Sis tu tuus et ego ero tuus : *Vis. dei* 7 [VI, 26s.]. Cf. Kl. Kremer, Gottes Vorsehung und die menschliche Freiheit ("Sis tu tuus, et Ego ero tuus"), in : R. Haubst (Hg.), *op. cit.*, S. 227-263.

(42) Mens autem, quae intuetur in se inalterabile, cum sit alterabilis, non intuetur inalterabile in alterabilitate sua, ..., sed intuetur in sua inalterabilitate. Veritas autem est inalterabilitas. ... Veritas igitur, in qua mens omnia intuetur, est forma mentis. Unde in mente est lumen veritatis, per quod mens est et in quo intuetur se et omnia : *Theol. complem.* 2 [X, 8s.]. Cf. W. Beierwaltes, *Identität und Differenz. Zum Prinzip cusanischen Denkens*, Opladen 1977, S. 7-28.

(43) ex accidenti, ex diversitate operationum et figurarum : *De deo abscondito* (= *De deo abscond.*) 4 [IV, 4].

(44) Motus enim in ratione discretiva nomina imponit : *ibid.*

(45) a magnitudine speciei et decoris creatorum ad infinite et incomprehensibiliter pulchrum erigimur sicut ab artificiato ad magisterium, licet artificiatum nihil proportionale habeat ad magisterium : *Apologia d. ign.* [19].

(46) Quid igitur est mundus nisi invisibilis dei apparitio?: *Trial. de possest* 72 [XI 2, 84].

(47) Tu, domine, qui omnia propter temet ipsum operaris, universum hunc mundum creasti propter intellectualem naturam, quasi pictor, qui diversos temperat colores, ut demum se ipsum depingere possit ad finem, ut habeat sui ipsius imaginem, in qua delicietur ac quiescat ars sua : *Vis. dei* 25 [VI, 88].

(48) Si vos humaniter ad divina vehere contendo, similitudine quadam hoc fieri oportet : *ibid.*, Praefatio [VI, 5].

(49) alicuius altae speculationis figuratio : *Dialogus de ludo globi* I, 1 [IX, 3].

(50) Rationalis fabricae naturale quoddam pullulans principium numerus est ; mente enim carentes, uti bruta, non numerant. Nec est aliud numerus quam ratio explicata : *Coni.* I, 2 [III, 11].

(51) Cf. *ibid.* I, 3-4 [III, 15-21].

(52) Cf. *ibid.* I, 5 [III, 21-28].

(53) Numeri igitur essentia primum mentis exemplar est. In ipso etenim trinitas seu unitrinitas contracta in pluralitate

prioriter reperitur impressa. Symbolice etenim de rationalibus numeris nostrae mentis ad reales ineffabiles divinae mentis coniecturantes dicimus, in animo conditoris primum rerum exemplar ipsum numerum, uti similitudinarii mundi numerus a nostra ratione exsurgens : *ibid.* I, 2 [III, 14]. Cf. W. Schulze, *Zahl, Proportion, Analogie. Eine Untersuchung zur Metaphysik und Wissenschaftshaltung des Nikolaus von Kues,* Münster 1978, S. 68-92 ; J.-M. Counet, *Mathêmatiques et dialectique chez Nicolas de Cuse,* Paris 2000, pp. 257-318.

(54) Habuimus in radice dictorum in excessis et excedentibus ad maximum in esse et posse non deveniri : *Docta ign.* II, 1 [61].

(55) ex se manifestum est infiniti ad finitum proportionem non esse : *ibid.* I, 3 [8].

(56) Quoniam autem cultura Dei ... necessario se fundat in positivis Deum affirmantibus, hinc omnis religio in sua cultura necessario per theologiam affirmativam ascendit : *Docta ign.* I, 26 [54]; cf. *Apologia d. ign.* [19].

(57) non est radix contradictionis deus, sed est ipsa simplicitas ante omnem radicem : *De deo abscond.* 10 [IV, 8].

(58) Non est ineffabilis, sed supra omnia effabilis, cum sit omnium nominabilium causa : *ibid.* 10 [IV, 7].

(59) Cf. *ibid.* 12 [9].

(60) Hic censendus est sciens, qui scit se ignorantem. Et hic veneratur veritatem, qui scit sine illa se nihil apprehendere posse : *ibid.* 6 [IV, 5].

(61) Sed illud, quod videtur impossibile, est ipsa necessitas : *Vis. dei* 10 [VI, 38].

(62) supra omnem oppositionem est : *Docta ign.* I, 4 [10].

(63) Est enim ante differentiam omnem : *Ven. sap.* 13 [XII, 35].

(64) Tradidit autem Dyonisius in plerisque locis theologiam per disiunctionem, scilicet quod aut ad Deum accedimus affirmative, aut negative ; sed in hoc libello ubi theologiam misticam et secretam vult manifestare possibili modo, saltat supra disiunctionem usque in copulacionem et coincidenciam, seu unionem simplicissimam que est non lateralis sed directe supra omnem ablacionem et posicionem, ubi ablacio coincidit cum posicione, et negacio cum affirmacione ; et illa est secretissima theologia, ad quam nullus phylosophorum accessit, nec accedere potest stante principio communi

tocius phylosophie, scilicet quod duo contradictoria non coincidant : *Ad abbatem Tegernsensem et eius fratres* [BGPhMA XIV, 2–4, 114s.]

(65) profundissimus Aristoteles : *Docta ign.* I, 1 [6].

(66) Unde, cum nunc Aristotelica secta praevaleat, quae haeresim putat esse oppositorum coincidentiam, in cuius admissione est initium ascensus in mysticam theologicam : *Apologia d. ign.* [6].

(67) Oppositiones igitur hiis tantum, quae excedens admittunt et excessum, et hiis differenter conveniunt : *Docta ign.* I, 4 [10].

(68) Coincidentia autem illa est contradictio sine contradictione. ... Oppositio oppositorum est oppositio sine oppositione : *Vis. dei* 13 [VI, 46].

(69) omnem nostrum intellectum transcendit, qui nequit contradictoria in suo principio combinare via rationis : *Docta ign.* I, 4 [11].

(70) altius transilire : *Apologia d. ign.* [6].

(71) supra seipsum : *Ad abbatem Tegernsensem et eius fratres* [BGPhMA XIV, 2–4, 114].

(72) *Ibid.* [115].

(73) intrare umbram et caliginem : *ibid.* [114].

(74) Si enim mens non intelligit amplius, in umbra ignorancie constituitur ; et quando sentit caliginem, signum est quia ibi est Deus quem querit. Sicut querens solem, si recte ad ipsum accedit, ob excellenciam solis oritur caligo in debili visu ; hec caligo signum est querentem solem videre recte incedere ; et si non appareretur caligo, non recte ad excellentissimum lumen pergere : *ibid.* [114].

(75) Cum oculus sit specularis : *Vis. dei* 8 [VI, 30].

(76) Intro et exeo simul : *ibid.* 11 [VI, 40]. Cf. B. Helander, *Die* visio intellectualis *als Erkenntnisweg und -ziel des Nicolaus Cusanus,* Uppsala 1988, S. 160–171.

(77) in mari me ex Graecia redeunte, credo superno dono a patre luminum, ... ad hoc ductus sum, ut incomprehensibilia

incomprehensibiliter amplecterer in docta ignorantia, per transcensum veritatum incorruptibilium humaniter scibilium : *Docta ign.* III, Epistola auctoris ad dominum Iulianum cardinalem [163].

(78) simplicitas omnia tam nominabilia quam non-nominabilia antecedat : *De deo abscond.* 13 [IV, 9].

(79) te aliqualiter ducit aenigmatice ad omnipotentem : *Trial. de possest* 24 [XI 2, 31]. Cf. S. Dangelmayr, *Gotteserkenntnis und Gottesbegriff in den philosophischen Schriften des Nikolaus von Kues,* Meisenheim am Glan 1969, S. 263ff.

(80) ante ens in potentia et actu ens videtur unum, sine quo neutrum esse potest. Hoc unum necessarium vocatur Deus : *Tu quis es ⟨De principio⟩* 8 [X 2b, 9].

(81) idem absolutum, per quod omne quod est est sibi ipsi et alteri aliud : *Dialogus de Genesi* 1 [IV, 106].

(82) Nulli igitur alteri est idem aut diversum ineffabile idem, in quo omnia idem : *ibid.* 1 [VI, 106].

(83) idem absolutum est in omnibus, quoniam quodlibet idem sibi ipsi : *ibid.* 5 [IV, 112].

(84) cum idem non sit ab illis absonum seu alienum : *ibid.* 5 [IV, 127].

(85) cum idem identificet : *ibid.* [IV, 127].

(86) absolutum ab omni oppositione ... ea, quae nobis videntur opposita, in ipso sunt idem ... affirmationi in ipso non opponitur negatio : *Trial. de possest* 13 [XI 2, 17].

(87) conceptum simplicem ... quasi significati huius compositi vocabuli : *ibid.* 24 [XI 2, 30]. Cf. J. Stallmach, *Ineinsfall der Gegensätze und Weisheit des Nichtwissens. Grundzüge der Philosophie des Nikolaus von Kues,* Münster 1989, S. 59–83 ; A. Brüntrup, *Können und Sein. Der Zusammenhang der Spätschriften des Nikolaus von Kues,* München/Salzburg 1973.

(88) Possibilitas ergo absoluta ... non praecedit actualitatem neque etiam sequitur : *ibid.* 4 [XI 2, 7].

(89) ipsum esse, quod entitas potentiae et actus : *ibid.* 12 [XI 2, 14].

(90) deus omne id est actu, de quo posse esse potest verificari. Nihil enim esse potest, quod deus actu non sit : *ibid.* 8 [XI 2, 9].

(91) ipsum complicite esse omnia : *ibid.* 8 [XI 2, 9].

(92) omnia in possest sunt et videntur ut in sua causa et ratione : *ibid.* 30 [XI 2, 35].

(93) *Directio speculantis seu De non-aliud* (= *De non-aliud*) 1 [XIII, 4].

(94) 'non-aliud' est non aliud quam non-aliud : *ibid.* 1 [XIII, 4]. Cf. G. Schneider, *Gott - das Nichtandere. Untersuchungen zum metapysischen Grund bei Nikolaus von Kues,* Münster Westf. 1970, S. 120-170 ; K. Flasch, *Nikolaus von Kues. Geschichte einer Entwicklung,* Frankfurt am Main 1998, S. 541-575.

(95) Intelligo te velle nihil omnium entium esse, quod non sit idem sibi ipsi et alteri aliud et hinc nullum tale esse idem absolutum, licet cum nullo sibi ipsi idem et alteri diversum idem absolutum sit diversum : *Dialogus de Genesi* 1 [IV, 107].

(96) 'Non-aliud' neque est aliud, nec ab alio aliud, nec est in alio aliud non alia aliqua ratione, quam quia 'non-aliud' nullo modo esse aliud potest : *De non-aliud* 6 [XIII, 13].

(97) recte theologi affirmarunt Deum in omnibus omnia, licet omnium nihil : *De non-aliud* 6 [XIII, 14]; cf. 1 Cor. 15, 28.

(98) non est mea opinio illos recte caliginem subintrare, qui solum circa negativam theologiam versantur. Nam, cum negativa auferat et nichil ponat, tunc per illam revelate non videbitur Deus, non enim reperietur Deus esse, sed pocius non esse ; et si affirmative queritur, non reperietur nisi per imitacionem et velate, et nequaquam revelate : *Ad abbatem Tegernsensem et eius fratres* [BGPhMA XIV, 2-4, 114].

(99) quia nequaquam es aliquid tale, quod dici aut concipi potest, sed in infinitum super omnia talia absolute superexaltatus : *Vis. dei* 12 [VI, 43].

(100) Non es igitur creator, sed plus quam creator in infinitum, licet sine te nihil fiat aut fieri possit : *ibid.* 12 [VI, 43].

(101) De faciali visione : *ibid.* 6 [VI, 20]. Cf. W. Beierwaltes, *Visio absoluta. Reflexion als Grundzug des göttlichen Prinzips bei Nicolaus Cusanus,* Heidelberg 1978, S. 5-26 ; id., *Visio facialis — Sehen ins Angesicht. Zur Coincidenz des endlichen und unendlichen Blicks bei Cusanus,* München 1988 ; K. Flasch, *op. cit.,* S. 383-443 ; J. Hopkins, *Nicholas of Cusa's Dialectical Mysticism. Text, Translation and Interpretive Study of De Visione Dei,* Minneapolis 1985, [2]1988.

(102) Claudit enim murus potentiam omnis intellectus, licet oculus ultra in paradisum respiciat : *ibid.* 17 [VI, 61]. Cf. R. Haubst, *Die erkenntnistheoretische und mystische Bedeutung der "Mauer der Koinzidenz",* in : id. (Hg.), *op. cit.,* S. 167-

195.

(103) Cf. Mt. 5, 8 ; Mt. 11, 27 ; Lc. 10, 23s.; Joh. 17, 3 ; 1 Cor. 13, 12 ; 1 Joh. 3, 2.

(104) amplexus ille, quo tua dulcedo dilectionis me adeo amorose amplectitur : *Vis. dei* 4 [VI, 16].

(105) ipsa absoluta maximitas omnis desiderii rationalis, quae maior esse nequit : *ibid.* [VI, 16].

(106) inaccessibilis : *ibid.* 7 [VI, 26].

(107) Nemo igitur te capiet, nisi tu te dones ei : *ibid.* [VI, 26].

(108) Nemo te videre potest nisi inquantum tu das ut videaris : *ibid.* 5 [IV, 17].

(109) eiconae dei : *ibid.* 1 [VI, 10]. Cf. A. Stock, Die Rolle der "icona Dei" in der Spekulation "De visione Dei", in : R. Haubst (Hg.), *op. cit.*, S. 50-68.

(110) figuram cuncta videntis : *ibid.* [VI, 5].

(111) Visus tuus, domine, est facies tua : *ibid.* 6 [VI, 21].

(112) theos ob hoc dicitur, quia omnia intuetur : *ibid.* 1 [VI, 10] ; theos = theoron : cf. *De deo abscond.* 14 [IV, 9].

(113) Pasce me visu tuo, domine, et doce, quomodo visus tuus videt visum videntem et omne visibile et omnem actum visionis et omnem virtutem videntem et omnem virtutem visibilem et omne ex ipsis exsurgens videre, quia videre tuum est causare : *ibid.* 8 [VI, 29].

(114) ideo ego sum, quia tu me respicis : *ibid.* 4 [VI, 14].

(115) capax veritatis : *ibid.* 4 [VI, 15].

(116) tui capax : *ibid.* 4 [VI, 14].

(117) Nec est aliud te videre, quam quod tu videas videntem te : *ibid.* 5 [VI, 17].

(118) videndo me das te a me videri, qui es deus absconditus : *ibid.* 5 [VI, 17].

(119) Quid aliud, domine, est videre tuum ... quam a me videri?: *ibid.* 5 [VI, 17].

(120) Tunc autem se cognoscit, quando se in ipso deo uti est intuetur : *De fil.* dei 6 [IV, 62].

(121) adaequatissima visuum omnium mensura et exemplar verissimum : *Vis. dei* 2 [VI, 11].

(122) viva imago eius : *Idiota de sapientia* [Leipzig 1937, 17].

(123) deus creatus : *De docta ign.* II, 2 [68]. Cf. K. Bormann, *Nikolaus von Kues: "Der Mensch als zweiter Gott"* (Trierer Cusanus Lecture Heft 5), Trier 1999.

(124) mentalibus et intellectualibus oculis : *Vis. dei* 6 [VI, 20].

(125) Omnis igitur facies, quae in tuam potest intueri faciem, nihil videt aliud aut diversum a se, quia videt veritatem suam. Veritas autem exemplaris non potest esse alia aut diversa : *ibid.* 6 [VI, 21].

(126) homo te Deum receptibilem capiens transit in nexum, qui ob sui strictitudinem filiationis nomen sortiri potest : *ibid.* 18 [VI, 65].

(127) in libertate : *ibid.* 18 [VI, 64].

(128) sine modo : *ibid.* 12 [VI, 42].

(129) ad incomprehensibilem veritatem incomprehensibiliter se convertit : *Apologia d. ign.* [11].

(130) Ipsa autem caligo revelat ibi esse faciem supra omnia velamenta : *Vis. dei* 6 [VI, 23].

(131) Oportet igitur intellectum ignorantem fieri et in umbra constitui, si te videre velit : *ibid.* 13 [VI, 45].

(132) video te in horto paradisi et nescio, quid video, quia nihil visibilium video : *ibid.* 12 [VI, 44].

(133) Tu igitur, deus meus invisibilis, ab omnibus videris et in omni visu videris ; per omnem videntem in omni visibili et omni actu visionis videris, qui es invisibilis et absolutus ab omni tali et superexaltatus in infinitum : *ibid.* 12 [VI, 41].

(134) velate : *Ad abbatem Tegernsensem et eius fratres* [BGPhMA XIV, 2-4, 114].

(135) In omnibus faciebus videtur facies facierum velate et in aenigmate. Revelate autem non videtur, quamdiu super omnes facies non intratur in quoddam secretum et occultum silentium, ubi nihil est de scientia et conceptu faciei : *Vis. dei* 6 [VI, 22s.].

(136) Conatus sum me subicere raptui confisus de infinita bonitate tua, ut viderem te invisibilem et visionem revelatam irrevelabilem. Quo autem perveni, tu scis, ego autem nescio, et sufficit mihi gratia tua, qua me certum reddis te incomprehensibilem esse, et erigis in spem firmam, quod ad fruitionem tui te duce perveniam : *ibid.* 17 [VI, 63].

〈可能〉の変化する相貌　クザーヌス『観想の頂点』（一四六四年）に対するもう一つの見方

H・ローレンス・ボンド

序

近年、三人のクザーヌス研究者が類似する結論に達したようだ。クザーヌスの最後の著作『観想の頂点』（*De apice theoriae*）に関してのことである。[1] 今は亡きF・エドワード・クランツと私がかなり長期にわたって、この対話篇における〈可能自体〉posse ipsum の新しさをクザーヌスが訴えている問題について議論したことがあった。posse というラテン語はドイツ語の können やフランス語の pouvoir そしてイタリア語の potere に訳される場合にはうまく適合するが、英語の場合には独特の問題を引き起こすのである。posse は can, potency, possibility 等々のいずれに訳されるべきか、われわれは詳細に議論した。そして最終的にはこのラテン語をそのまま用いることで決着した。クランツはこの書物に関する結論を、一九九一年と一九九二年にミシガン州カラマズーで開催された国際中世学会の中のアメリカ・クザーヌス学会のセッションで発表された二つの論文で、初めて公表した。それは彼の死後、「クザーヌスにおける発展?」と「クザーヌスの最後の著作」[2] と題して印刷された。私は両方のセッションで応答する共に、引き続き、自分の見解を一九九三年の同じ国際会議で「ニコラウス・クザーヌスの『観想の頂点』における観想的神学」という論文に記した。さらに後に *Classics of Western Spirituality*（ヨーロッパ霊性の古典〉叢書中の自分の本の序文にも記した。[3] その後にクルト・フラッシュが、クザーヌスの知的発展に関する研究の末尾近くで自分の所見を公表している。[4]

この論文の目的は、〈可能〉posseについてのクザーヌスの扱い方を再検討し、クザーヌスの発展に関する私自身のより穏健な立場を明らかにすると共に、『観想の頂点』における神に付与する名称の彼の取り扱い方の独創性を確認することである。つまり私のここでの命題は次のとおりである。

クザーヌスが『観想の頂点』において達成しようと試みていることは、単に用語をいじったり、微調整を加えることではない。クザーヌスにとってここでの作業は、自分の以前の思弁にまったく対立するわけではないが、それを完成し、やり遂げ、方向付けをし直すことである。以前の諸著作も、この対話〔『観想の頂点』〕における論点を照らすことができるかもしれないが、この最後の作品は、クザーヌスの神学の内奥をその発展の最終点まで明らかにするための解釈学的な鍵を提供するのである。[5]

生涯の最後においてニコラウス・クザーヌスは、神のための新たな名称を提案する。Possest〔可能現実存在〕という以前の名称からesse〔存在〕またはest〔esseの三人称単数現在形〕を引き去ることによって、[6] 彼はposseを絶対的なPosse Ipsum〔可能自体〕へと引き上げる。これが、彼の最後の重要著作である『観想の頂点』（一四六四年の復活祭直後に執筆）の事情である。この中で彼は、復活節のすばらしい瞑想期間の結果として到来した、自分の最新の霊的で知的な発見を開示しようと努めているように見える。彼がこの時期を、自分の思想の発展をより深く洞察させるために選んでくれたのは幸運である。さもなければ、この最後のまとめなしには、われわれは、『知ある無知』の執筆に先だって一四三七年に船上で得た啓示的な経験以来の、彼の思想に生じた最も重要で劇的な変化について、知識を欠いたままになっていたであろうからである。[7]

この一四六四年の四か月足らず後に彼は、ピウス二世教皇の特使としてトーディの近郊で死の床に就くことになるのであるが、その際、彼の「秘書」のエアケレンツのペトルス・ヴィマール[8]が、誰をさておいても付き添っていたことであろう。

『観想の頂点』ではクザーヌスは対話を創作して、この同じペトルスがそのなかで、枢機卿の思想的な成熟の中で、そして七日間にわたる集中的な瞑想の後に、今どこに自分がいると考えているのか、と枢機卿に尋ねるのである。著者としてのクザーヌスはペトルスをして、この対話篇中の話し相手である枢機卿クザーヌスが自己開示するように、挑発させている。ペトルスはここで、クザーヌスがこれまでにあらゆる重要な論点を解決してしまっており、新たな洞察とは無縁の境地にいるとばかり思っていた、と述べる[9]。実際にこのような会話がなされたかどうかは分からないのだが、クザーヌスはこのように率直に、自分自身が今なお寄留者であることを示す機会を明らかに楽しんでいる、と記しているのである。

これが、その生涯の最後においてクザーヌスが神を名づけることと観ることについての付加的な問題を提起するコンテクストである。しかし今、彼は自分の思想に興味深い新たな急展開を与える。この論文で私は、生涯の最後の数ヵ月の間にクザーヌスが、「否定の道」(via negativa) は自分を誤らせたと言うことの意味するものはいったい何か、に答えようと試みる。今やクザーヌスにとって、神は存在者ではなく、存在自体でもなく、いかなる肯定的なものでも否定的なものでもなく、さらに肯定的なものと否定的なものとの一致でもないと言うことは、十分ではないのである。さらに、神は端的に絶対的であるとか、無限であるとか、非他である、と言うことも十分ではないのである。神は無であるか無でないかのどちらかであると言うこともできない。しかし、ある種の代替的な発話のレベルでは、神はむしろ動詞の「不定形」として最もよく語られるのである。しかしそれは、esse〔存在〕でも

non-esse〔非存在〕でもなくて、無限定的にposse〔可能〕であるという新しい肯定的な語法においてである。このPosseが絶対的なものへと上げられるとPosse Ipsum〔可能自体〕となる。クザーヌスは熟慮の末にpossibilitas〔可能性〕ではなくposse〔可能〕を選んでいるのである。前者が条件あるいは状態であるのに対して、後者は前‐条件あるいは前‐状態であるからである。

もしわれわれが『観想の頂点』を外見で判断すれば、クザーヌスが深い「瞑想的な」経験、霊的な観ることの経験をしたばかりであって、彼が今までに見たことのない姿のものとして事物を観たということ（theorein）を、彼自身が吐露していることになる。この対話は、神についての、ならびに存在者とそれらの本性に対する神の関係についての、自分の最も大切で最も本質的な諸見解を考え直すこと、さらには観ること（theoria）そのものすらも考え直すことがクザーヌスにとっていかに必要であるか、を明らかにしている。

クザーヌスはこの対話を驚きの調子を帯びた一連の用語で始める。「深い瞑想によって」（profunda meditatione）、「何か偉大なことを発見する」（magni aliquid invenire）、「喜び」（laetum）。これらの表現は、彼の秘書であるエアケレンツのペトルスによってこの枢機卿のうちに観察されたこととされている。[10]

クザーヌスは、この論考執筆の原因であり、この特別な復活節の瞑想の中心を占めていた努力について、さらに語る。彼はこの過去と現在の努力を「熱意を込めた発見」（studiosae inventiones）と呼んでいる。[11] 彼はこれらを、〔第三天へと〕奪いさられて、なお把握されえぬ方を完全には把握せず、常に把握しようと努めている（二コリント一二章一‐四節）という、聖パウロの経験になぞらえる。[12]

従って読者が、この『観想の頂点』の中に何か新しい見解を見出せるかもしれないと期待しても、それは驚くに値しない。クザーヌスは冒頭でエアケレンツに、「新しいものとは何か」（quid id novi est）とはっきりと尋ねさせているのである。[13] この枢機卿は復活節の瞑想において、いかなる新たな発見に到ったのであろうか。彼が新たな考えに到ったかどうか、彼が自分の過去の著作に由来する諸概念を確証したり訂正したり拡張するための理由をもっていたかどうか、ということが問題なのではなくて、文字通りに、何が新しいものであるのか、いかなる新たなことが姿を現したのか、ということが問題なのである。

この問いは、著者としてのクザーヌスが、次のようなことを暗示するためにペトルスに話し続けさせる時に、いっそうドラマティックになる。すなわち、ペトルスはこれまで、この枢機卿が以前の様々な書物で展開していた思弁の全体をすでに完成させていたと思っていたので、何か新たなものがあるということにことさら好奇心をそそられているというのである。[14] ペトルスの発言が含意していることは、クザーヌスにはもはや言うべきことがなく、これまでの論題に付加すべき新たなことはないものとばかり思っていたということである。

実際、この対話篇の終わりでクザーヌスは、自分のこれまでの書物や説教のいくつかのものにおけるのと同じ真理をここでも見出すようにと、読者に注意を喚起しているのである。しかし、彼の言説のこの強調の仕方には興味深いものがあり、この一節の理解は極めて重要である。彼は読者に対して、この特別な対話篇『観想の頂点』を以前の書物に照らして読むべしと言っているのではなく、まったく逆である。読者は彼の『光の父の贈り物』のような〔以前の〕著作を、「すでにここで述べられたことに従って適切に理解して」(bene intellectus secundum praemissa) 読んだり再読すべきなのである。そうすればその結果として、これらの書物が『観想の頂点』と同じものを含んでいることを見出すだろうというのである。[15] クザーヌスは読者に対して、一四四〇年以降の彼自身の一連の著作を理解するために最終的な解釈学的鍵となることが後に分かるものを提供しているのである。

一　『観想の頂点に関する覚書』について

『観想の頂点』の結論をもってニコラウス・クザーヌスは、〈可能〉posseについて実のところ最後に何を言おうとしているのだろうか。われわれは、彼がこの対話篇の末尾に添付している、キーポイントに関する結論としての短い覚書（memoriale）から出発することにしよう。

ここでクザーヌスは、〈可能〉posseを〈可能自体〉Posse Ipsumと対照している。つまり、様態と可能性としての〈可能〉に対して、それ自体においてそれ自体として絶対的なものである〈可能自体〉である。彼は〈可能自体〉を際だたせるために、以下のような特性をそれに帰する。

（1）それは様相を超越しており、〈可能〉をもつことがなく、それ自身があらゆる〈可能〉の〈可能〉である。したがってそれは、人間の観想の最高段階であると共に、洞察と理論のいかなるレベルの観想にとっても不可欠なものである。(16)

（2）それは本質における〈可能〉、純粋な〈可能〉であって、何ものも付加されることがない独立自存のものである。したがってそれは、存在あるいはその他何らかのものの〈可能〉であるのではなく、むしろあらゆる〈可能〉に先立つ〈可能〉である。(17)

（3）〈可能自体〉のみが観想されるに値するものである。真正な観想はそれの頂点において〈可能自体〉以外のものを見ることがない。(18)

（4）それはあらゆる〈可能〉の基体であって、それがあらゆる〈可能〉をそれ自身に包含している。(19)

(5) それは、他のあらゆる〈可能〉を、例えば、名付けられうるというそれ、感覚されうるというそれ、表象されうるというそれ、理解されうるというそれ、およびより大でありえたり、より小でありえたりするあらゆる〈可能〉に先立つものである。[20]

(6) 他のあらゆる〈可能〉が〈可能自体〉の似像であり現われであって、それらは像と現われのより大とかより小とかの階層うちに位置付けられる。[21]

(7) それは、自己を開示しようとして、あらゆるものに現われている。[22]

(8) 人間の精神つまり生命ある知性的光は、それの目的に従って精神の〈可能〉のうちに〈可能自体〉を観想するが、そこには〈可能自体〉が、肉体的存在からは独立し物体的拘束からは解き放たれて力強く現われる。[23]

(9) 精神は、この〈可能〉が〈可能自体〉ではなく、それの似像、現われの様式であることを見る。実際、精神が見るものはすべて、滅びることのありえない〈可能自体〉の現われの様式である。[24]

(10) あらゆるものが存在するための〈可能〉とは、それの存在であって、それは〈可能自体〉の現われである。それればかりか、あらゆる存在者の三一的本性が〈可能自体〉の三一性を反映しているゆえに、精神はあらゆる存在者の三一的本性を見る。[25]

(11) 〈可能自体〉が精神に現われるのは、単に精神のうちにおいてのみならず、〔階層の〕最低のものから最高のものまでのあらゆる存在者のうちにおいてでもある。例えば、作成者〔主体〕の作成〈可能〉のうちに、作成されうるもの〔客体〕の被作成〈可能〉の内に、また、これら両者を結合する〈可能〉のうちに。しかしながら、悪や基体を欠くもののうちに現れることはない。なぜならば、それらは〈可能自体〉の現われを欠いているのだからである。[26]

(12) しかし、〈可能自体〉は一にして同なるものであり、形相的にせよ質料的にせよ、唯一の実体的つまり何性的な原理である。多様性と多重性が臨在するのは、それの現われつまり似姿のうちであって、それ自身のうちにではない[27]。

この覚書の最後でクザーヌスは以下のことを強調する。〈可能自体〉が三一なる神、全能者つまりあらゆる力の〈可能〉を表示するのであり、それゆえに、〈可能自体〉の最も完全な現われとは、言葉と例示をもってわれわれを〈可能自体〉の明澄な観想へと導いているキリストであって、彼のみが精神の最高の希求を満たすものである[28]、と。

二 『観想の頂点』について

では、これに先立つ『観想の頂点』の本文では、〈可能〉はどのように使用されているのだろうか。

1 第一節から第四節

クザーヌスは『観想の頂点』第四節で名詞としての〈可能〉を導入する。「何」(quid) という語に関するやりとりに続いて、彼は「可能」(posse) という語を付加する。

「問 あなたは何 (quid) を探求しているのですか。

答 何 (quid) を。

問 私が、何を求めているのですかと、あなたにお尋ねしているのに、どうしてあなたは私をからかわれるのですか。

答　それは真実です。探求する者はだれでも何（quid）を探求しているのです。それを探求してきた人々の多くは、離れたところからであっても、それを見たのですし、多くの人が、自分がそれについて見ることができたものを記録しているのです。

問　では、たえず探求されていて、あなたご自身もこの聖なる季節の間に探求してきたこの何（quid）とは、何でしょうか。

答　それは、それなしにはいかなるものも存在できない何そのもの、何性そのものです[29]。いかなる本質も基体も何性も実体も、この何性自体なしには存在不可能です。この純粋で絶対的な何性が「存在可能である」のですから、それは〈可能自体〉（Can Itself）としてのみ存在可能なのです[30]。

従って、これは、クザーヌスの瞑想およびそれに先立つ営みの結果として、今、彼によって選ばれた神の名称なのである。かつて見たことのないものを彼は見ているのである。いかなる存在も、存在それ自体も、非存在も、精神（ヌース）も、その他いかなる用語も十分ではない。彼はペトルスに説明する。「私が探求している何（quid）は」〈可能自体〉である。これをクザーヌスは、この対話のこの段階まで事物の何性と呼んできた。過去の多くの哲学者と神学者の著作によれば、彼らが見てきたものはこれである。この何性とは、事物の何性であり、それは過去にたえず探求されてきており、現にたえず探求されており、今後もたえず探求されるべきである何性である[31]。

クザーヌスが自分の思想の進歩についての特権的な洞察を簡潔な物語風に表現しているのは、このようなコンテクストにおいてである。彼はペトルスに対して以下のように説明する。自分はこれまで何年にもわたって、事物の何性そのものとは、「闇のなかで」（in obscuro）のみ、人間の知る能力を超えて、いかなる相異と対立にも先立って探求されうるものだ、と信じてきた、と。しかしそれ以来クザーヌスは、事物を見るに至った方法において二つの決定的な発展を経験してきた。クザーヌスは何時の時点で以下のようなことを実現したかは語っていないが、（1）それ自体で存在している何性は、あらゆる実体の変化しえない実体であり、（2）したがって、（a）このような何性は複数性にも多重化にも従属することがないのであり、（b）従って、あらゆる事物にとって唯一で同一の何性（すなわち基体あるいは実体）が存在するのである。[32]

さらに後に――クザーヌスの言うところでは「その後」――、彼は以下のことを容認しなければならなかった。（1）この何性（つまり基体／実体）それ自体が「存在可能である」こと、（2）したがって（a）このような何性は〈可能自体〉なしには存在不可能であること、なぜならば、〈可能自体〉である〈可能〉なしには、いかなるものも存在不可能であるのだからである。（b）さらに、〈可能自体〉は、これ以上に実体的に存在するものがないものであり、これが、〔他の哲学者や神学者によって〕従来探求されてきた「何」（quid）あるいは「何性それ自体」（quidditas in se）である。以上のことが、復活節の間に彼の思索を喜びで支配した瞑想だったのだ、とクザーヌスは告白する。[33]

クザーヌスがPossest〔可能現実存在〕というposseとesse（ラテン語の「可能である」という動詞の不定形と「である」の三人称直説法現在形）の結合形である表題を発案した、彼の以前の対話篇についてペトルスが尋ねるのは、ここである。なぜこの名称ではもはや不充分だと、枢機卿は考えるのか。[34]

2　第五節から第八節

第五節から第八節においてクザーヌスは、今や自分がいっそう明瞭で真で容易な用語を、すなわち〈可能自体〉

を発見したと述べる。ここで彼は、他の誰もがこれに到達できるであろう方法を説明する。しかし、なぜこの用語なのか。クザーヌスは以下のようないくつかの条件を列挙する。（1）もし何性自体に関して長い間探求されてきたものが、いかなるものもそれよりも、より力強くも、より先にも、より善くもありえないほどのものであって、（2）もしそれなしには、いかなるものも存在することも、生きることも、理解することも不可能であり、（3）したがって、そもそもそれが名付けられることが可能であるならば、いかなるものも〈可能自体〉よりも完全ではありえないのだから、〈可能自体〉よりもそれにふさわしい名称はないのである。[35]

しかしペトルスは異議を唱える。今われわれは、けっして完全には見出されたことがなく、いまだにたえず探求されているというものについて語っているのに、どうして「いっそう容易な」とあなたは言えるのですか、と。これ以上に困難なことはないように見える。[36]

クザーヌスは、自分の思想のその後の過程の概要を語り続ける。（1）何性は闇の中でのほうがよりよく見出されうると、自分は考えてきた。そして、（2）少なくとも復活節の瞑想以来、自分にはよく分かってきたので、今やペトルスを自分が発見したあの真理へと導くことができる、と。[37]

そして、この枢機卿は、自分自身が今進みつつある新たな航跡をペトルスが歩みやすくなるように、教育的な道筋をつける。〔しかし〕これが、クザーヌス自身が彼の発見に至った際に進んだ道と同じかどうかは疑問ではある。

〈可能自体〉が明るく輝き出る真理は大いなる権能をもっている。それは偉大なる確実性をもって自己をあらゆる所で見出されやすいものとして示すのであり、それればかりか、幼子や無知な者、あるいは同じような精神をもつ誰に対しても明らかに示すのである。つまり、

・万物が〈可能自体〉を知る。

・いかなるものも、それが存在〈可能〉でなければ、存在しない。
・〈可能〉なしには、いかなるものも存在することも、所有することも、行為することも、受容することも、作られることも、生成することも〈可能〉ではない。
・それは〈(何かを)できる(と言う)〉人すべてによって必然的なものとして前提されている。従って、〈可能〉なしには何物も存在することが不可能なはずである。
・もし何かが容易に、確かに、より先に、より力強く、より堅固に、実体的に、栄光に満ちて、等々に存在することが〈可能〉であるならば、いかなるものの〈可能自体〉よりも容易に存在〈可能〉であるものはない。
・〈可能自体〉なしには、なにものも存在すること、善くあること、あるいはその他何かであること、等々が〈可能〉ではない。[38]

これらのことは誰にとっても明瞭であり公然たるものであることが自分にも分かった、とペトルスが気づく時、彼は、すでにクザーヌスが獲得し発見した何を、まだ自分は獲得し発見していないのかと尋ねる。枢機卿は説明する。これは「注意」(attentio)、見方すなわち、注意深い観想と考察、これらの真理への注意の向け方の単純な問題である[39]、と。この点もまた、クザーヌスが哲学の伝統における他の人々から自分を区別するものとして設定している相違であるように見える。「注意」、これは、正しく見たり瞑想することの別名である。ここで、彼の最後の対話の表題は「観想〔視〕の頂点〔最高点〕」であるということが想起されることが重要である。これは、事物を総体として見るという、古典的意味での「テオレイン〔観想〕」のことである。

クザーヌスはペトルスに対して、もしクザーヌスの発見がなかったら、ペトルスにせよ他の誰にせよ、「何」を見ることは不可能であったことを指摘する。過去に存在し、現に存在しており、未来に存在するであろうあらゆる人間を、今までのような見方で汝が見るとすれば、汝は彼ら全てのうちに人祖の一なる〈可能〉を見ることになるのである。汝が全ての動物の種に注意を向けるならば、汝はそこに同じものを見るはずである。さらにまた、原因付けられ生み出されたいかなるものにおいても、汝は、第一原因および第一原理すなわち始源の〈可能〉だけを見ることになるはずである。(40)

クザーヌスは、自分が見ているものをさあ見るがよいと、ペテルスを鼓舞する。すなわち、単なる原因でも原理でもなく、純粋な〈可能自体〉、絶対者としての〈可能〉、他のあらゆるものの〈可能〉と他のあらゆる〈可能〉との背後にあり、それらの上にあり、それらを超越しているものとしての〈可能〉、〈可能〉の〈可能〉、〈可能〉の〈可能自体〉(41)。クザーヌスが見たことがあり、今、ペトルスにそれを観想するように指示している像は〈可能〉自体であり、あらゆるものの何性にして基体であると、クザーヌスは主張する。それのうちには、現に存在するもののみならず、存在していないものも包含されているのである。(42)

しかし、あらゆるものの（神的な）何性すなわち実体そのものを〈可能自体〉を名付けることは、何を意味するのであろうか。脱―存在論的な名称、ポスト―スコラ的な名称、つまり、いくらか適切であるとかよりふさわしい意味指示というわけでもなく、いっそう有効なラベルというわけでもなくて、むしろ前―形而上学的な名称、前―述定的な名称、前―名称であって、諸々の名称にも存在にも諸々の可能的なものにも前―必要的であることが判明する、このような名称をもって神を呼ぶことは、中世後期の枢機卿にして神学者である人にとって何を意味するであろうか。クザーヌスが「何性そのもの」(quidditas per se) つまり神そのものを〈可能自体〉と名付ける時に、彼は単に一つの名称を別の名称で置き換え、ある名称を別の名称で呼んでいるにすぎないのではないだろうか。

ここには、この老いた枢機卿が提示しようとしている最後の大きなパラドックスがある。すなわち、神は不可知で言明不可能で把握不可能であるが、しかし神の真理が街頭に叫び、神が現実に存在するということは、他のいかなるものに比しても、いっそう明瞭であり、いっそう知りやすく、いっそう「分節化」されやすく、いっそう把握されやすいということは、いかにして言明可能なのであろうか。これと対照的に、他のいかなるものも、これ以上には明瞭でもなく、知られてもおらず、分節化されてもおらず、把握されてもいないのである。この遺著においてクザーヌスは、パラドックスのパラドックス、パロディーのパロディーをこしらえている。神のためのあらゆる名称がパロディーであり、あらゆる知と把握が幻想であり、視覚とは盲目であり、盲目とは視覚であるのだが、さらにクザーヌスは進んで、彼の最後の証言で以下のように断言する。すなわち、精神の視の頂点において見られるものは、見られるべき唯一のものであり、見られることが可能な唯一のものであり、それればかりか、唯一の可能(Can)であり、純粋かつ絶対的な〈可能〉であり、〈可能自体〉であって、これなしにはいかなるものも見られることが不可能であり、存在することが不可能であり、そもそも〈可能〉であることが不可能なのである、と。

クザーヌスは光の本性を〈可能自体〉の理解に入るための具体例として引用する。「光自体」(lux ipse)は、感覚可能な光、理性の光、知性の光とは区別されるべきである。光自体は、これらの光のなかの一つではなくて、光を発散するあらゆるものの光である。それと同様に、〈可能自体〉は、付加された何らかのものと共にある〈可能〉ではなくて、あらゆる〈可能〉の〈可能〉である。しかしながら、もし人が、それなしには感覚的な視力が存在不可能となる把握可能な光自体に注意を向ける場合には、感覚可能な光もあるレベルで〈光自体の〉意味深い類似である。適切な注意によって、われわれは以下の諸点を見るように導かれる。

(1) 感覚可能な光は、あらゆる色とあらゆる可視的な事物における唯一なる基体である。

（2）感覚可能な光は、諸々の色の多様な存在様式において多様に現われる光である。
（3）感覚可能な光は、色と可視的な事物と感覚的な視覚の原因である。
（4）感覚可能な光は、それの明るさが視覚の力を凌駕するような力を有する。
（5）感覚可能な光は、それが現に存在するとおりには見られない。
（6）感覚可能な光は、自己を可視的な諸事物に顕現する限りでしか見られない。
（7）感覚可能な光は、あらゆる可視的な事物の明るさと美しさを包含しており、かつそれらを凌駕している。
（8）感覚可能な光は、それの明るさが可視的な諸事物において把握されることが不可能なほどに明るい。
（9）感覚可能な光は、自己が可視的ではなくて不可視なものであることを示すために、可視的な諸事物において自己を顕現する。
（10）可視的な諸事物における光の明るさは、それが不可視なものとして見られる場合の方が、いっそう真に見られるのである。[43]

3　第九節から第一一節

次のステップは、知覚可能な事物についてのこれらの考察をより高いレベルに、すなわち知性的なそれに移転することである。この移転つまり高揚は以下のようなパターンを構成する。

感覚可能な領域　⟶　知性的な領域
光の〈可能〉　⟶　単純な〈可能〉あるいは〈可能自体〉
色の存在　⟶　単純な存在

多様な知覚可能な事物 ⟶ 〈可能自体〉の現われの多様な様態

今や人は何を見るのか。唯一知性的な領域に入って見ることができるものとしての精神は、多様な感覚可能な事物を見た上で、次には移転によって〈可能自体〉の現われの多様な様態を見るのである。しかしながら、あらゆる事物の何性とは〈可能自体〉であるゆえに、それ〔精神〕は感覚可能な事物の何性つまり本質が、実際に変化することがないことを見るのである。しかし、それ〔何性〕は、それ自体においては変化しないままで、多様な知覚可能な事物において多様に現われるのである。[44] 見るということが上昇していくレベルでは、事物の〈可能〉以外の何物も見られることがありえず、最高のレベルでは、〈可能自体〉、つまり〈可能〉のなかの〈可能〉以外の〈可能〉が見られることは不可能である。人は、現実に存在している事物、あるいは生きている事物、あるいは理解する事物を見た上で、さらに移転によって、存在するための〈可能〉、生きるための〈可能〉、理解するための〈可能〉を見ることになる。さらに上昇すると、見るということの頂点において人は、あらゆる〈可能〉のなかに〈可能自体〉だけが現われていることを見ることになるのであるが、それは、感覚可能な〈可能〉においてよりも知性的〈可能〉においていっそう力強く現われているのである。[45]

しかしながら、〈可能自体〉はそれの存在するとおりに把握されうるのだろうか。ここでクザーヌスはパラドックスに戻って、彼の〈無知の知〉の認識を——その文章は用いないで——繰り返しているように見える。精神は、いかなる存在論的あるいは認識論的な能力をもってしても〈可能自体〉を把握することは不可能である。いかなる認識も把握も理解も、知性の働きの最高水準においてさえも〈可能自体〉を把捉することは不可能である。それでは、知性は知ることなくしていかにしてそれを見るのだろうか。それは知性の〈可能〉という手段によって観想するのである。それは、知性の把捉の到達範囲を超えた時に、そのようにするのである。つまり、それはあらゆる認識能力と知性能力とを凌駕するために〈可能自体〉を見るのである。

この最後の論文において、クザーヌスは神学的な企てを、形而上学の到達範囲を超え、存在論のそれを超え、認識論のそれを超えた純粋に観想的な企てに鋳直しているように見える。それは、神の認識と命名に関わりながら、根底においては、いかなる通例の意味での存在も伴わず、認識論も伴わない神学を生み出している。視覚は、他の認識論的な諸様相の中の一つとして仕えるよりも、むしろ知ることに取って代わるのである。ここでクザーヌスは「精神の高揚」(elevatio mentis) についての最後の説明をする。

知性は、自己が把捉するものを理解する。従って、〈可能自体〉はその卓越性のゆえに把捉されることが不可能であるということを、精神が自己の〈可能〉のうちで見る時に、精神は視覚をもって自己の能力を超えて見るのである。それは、ある石の大きさが、子供の力で運ぶことが可能であるものよりも大きいということを、その子自身が見る〔分かる〕のと同様である。従って精神の見るための〈可能〉は、それの把握するための〈可能〉を凌駕しているのである。

それゆえに、精神の単純な直観は把握可能な直観ではなくて、それは自己を、把握可能な直観から把握不可能な直観を見ることに引き上げるのである。(46)

もしこれが認識することではなく、また確かに、把握する営みでもないとすれば、精神が見る際に、精神はいかなる種類の視覚を用いるのだろうか。それは知覚的なものではない。では、それはいかなる範囲において知性的と呼ばれることが可能なのであろうか。

クザーヌスは今や旅のメタファーに訴えることになるが、それは、通例の意味での知識に関わるものではなく、知恵に関わるものでさえもなく、むしろ特別な種類の見ることに関わるのである。

ここでクザーヌスが使うことを選んだ用語は「あらかじめ見ること」(praevidere) である。つまり、視覚が事物に注意を向けるのではなくて、事物の〈可能〉に注意を向け、さらにそれを超えてあらゆる〈可能〉のなかの〈可能〉に注意を向ける時に可能になる、唯一の見ることである。これはいかなる種類の知性的観想なのだろうか。この視は、単に前もってのものであるとか、より先なるものであるとかというものではない。それは「上昇」(ascensus) である。これは、神をめざす魂の旅についての、クザーヌスの最後の描写である。[47]

これは、ペトルスがまだ見たことはなく、クザーヌス自身も以前にはそれほど完全に見たことがなかったものであることは明らかである。事物それ自体、それの何性そのものとは、それの〈可能〉であって存在であるのではない。これもまた、その頂点にまで遂行されたある種の思弁的神秘主義の独特の描写である。見られるべきものが、それの本質において存在するとおりに知られることは、不可能である。見られるべきものは、視覚の対象ではなくて、視覚の〈可能〉そのもののうちに臨在している。これは、視覚そのものの本質から成立しているのである。これは臨在の問題であって、主体性とか客体性とかの問題ではない。

なぜならば、見るための〈可能〉はただ〈可能自体〉のみに向けられているのであって、それはちょうど、旅人が自分の目的地をあらかじめ思い描くことで、自分の足取りをめざす目的地に向けることができるのと同様である。従って精神が、自分の安らぎと希求の目的地と自分の楽しみと喜びの目的地を、遠くからでも見ることができないとすれば、いかにしてそれは把握できるように駆け寄ることになるであろうか。使徒〔パウロ〕は正しくもわれわれに、把握するために駆け寄るべしと教えている。[48]

クザーヌスは、「コリントの信徒への手紙一」九章二四節の「把握するために駆け寄るべし」という聖パウロの言葉を彼なりに理解して、「把握する」(comprehendere) という語の意味を取り戻そうと試みている。しかしながら、これは形式的には認識的な把握のことではない。あらかじめ味わうことが前－感覚的な把握であるのと同様に、予見することの〔前－視覚的〕把握なのである。

4　第一二節から第一六節

それでは、どうしてこれが「把握」と名づけられうるのだろうか。クザーヌスは引き続くペトルスの応答のなかでこの語をはっきりと区別して用いている。

精神は、それ以上に善いものが存在不可能であるようなものを把握する時にのみ、満たされるである。そして、それは〈可能自体〉つまりあらゆる〈可能〉の〈可能〉でしかありえない。従って、あなたは以下のことを正しく見ていることになる。〈可能自体〉つまりあらゆる精神によって探求されているものとしての〈何〉とは、それに先立つものが何ものも存在不可能なものであるゆえに、それ〔何〕だけが精神の希求の始源〔出発点〕なのであり、さらに、〈可能自体〉を超えては何ものも希求されることが不可能であるゆえに、それが精神の同じ希求の目的〔目的地〕でもあることを。(49)

クザーヌスにとっての鍵は、ここでも精神に仕え、精神を用いる方法である。クザーヌスが到達したと自ら信じ、自分の同伴者にも見せたいと望む目的地は、『観想の頂点』で「以前には公表されたことのなかった容易さ」と呼ぶものである。クザーヌスはこれを「極めて深く隠されたもの」とみなしているとも述べる。(50)そこで彼はペトルスと読者のために、彼が到達したもの（彼に到来したもの）を説き明かす。それは彼の思考を、以前に彼が語ってきたことから引き離すのであるが、必ずしも彼の他の著作と矛盾するわけではない。むしろクザーヌスは、自分の思想における根本的な発展を分かち与えているのであるが、しかしそれは、バーゼル公会議で起きたこと、あるいは一四三七—一四三八年にコンスタンティノープルからの帰路で到来したものほどに劇的な急展開ではない。自分の思考において進歩を達成することが彼がたえず意図してきたところであったと、彼はすでに多くの個所でほのめかしてきている。彼が「把握」から「思弁」へと自分自身の移行と高揚を遂行するのは、まさにこの文脈においてである。それは、単に見ることないし観想ではなく、彼が「あらゆる思弁的精確さ」と呼ぶものとしての、それの最高の精確さにおいて見るということへの移行と高揚である。[51]

この「隠されたもの」によって今や、クザーヌスが意識的である哲学史上での核心的な相異を解明することができる。瞑想のレベルにおいては、誰もが二つのことのうちの一つを見るのであるが、最後にはこの二つのことが一つになるのである。〔すなわち〕誰もが、（1）〈可能自体〉を見るか、（2）それの現われを見るかであって、哲学者たちが事物の何性または本質について語る時に、彼らは〈可能自体〉つまり「あらゆる〈可能〉の本質」について語っているか、あるいは「それの現われとしての存在の多様な様相」について語っているのである。[52] もし人がそれの現われに正しく注意を向けるならば、

現に存在しているか存在可能であるいかなる事物においても、ただ〈可能自体〉だけが見られうるのである。それは次のことと同様である。作られたか、これから作られるべきいかなる事物においても、ただ第一作成者の〈可能〉だけが見られうるのであって、動かされたか、これから動かされるべきいかなる事物においても、ただ第一動者の〈可能〉だけが見られうる。このような事情のゆえに、以上の解題によって、あなたはあらゆる事物が容易であることと、いかなる相異も協和へと移行することとを、見るのである。[53]

これが、神を探求し、知り、見て、名づけることについての以前の思弁の、クザーヌスの後期著作における彼による完成である。地上の人間が究極的に到達可能なものは、神を探求し、知り、見て、名づけることでも、その他

の何かでもなくて、むしろ、探求されることが可能であるものだけを探求することであり、知られることが可能であるものだけを知ることであり、見られることが可能であるものだけを見ることであり、名づけられることが可能であるものだけを名づけることであって、つまり、このことは存在可能であるものだけである。すなわち、それは、あらゆる事物の「存在可能であるもの」(what can be)、最大の「可能」(Can)、絶対的〈可能〉、〈可能自体〉である。人はこれ以上のものを探求することも、知ることも、見ることも、名づけることもできないのである。

結　語

かくして、これが、クザーヌスのすべての著作についての最後の要約、すなわち『覚書』において彼が関わってきた「隠されたもの」である。また、これが、精神の視覚がその最高点において見るものであり、クザーヌスがペトルスの「精神の眼」をそれに向け直させようと意図したものである[54]。なぜならば、これの意味することすなわち〈可能自体〉が最もふさわしくその視線を向ける対象は、言表不可能なものであり、不可視なものであり、何性そのものである。これは非―事物であって、探求されたり、知られたり、見られたり、名づけられたりすることが可能な何かではない。この名称をもたず不可視な〈可能自体〉は、それ自身が進んで自己を多様な存在様式をもち、それ以上に完全なものがない「キリストの顕現」において開示する場合以外には、名称がなく不可視なものとして止まるのである。「このキリストがわれわれを、言葉と例示によって〈可能自体〉についての明澄な観想に導くのである[55]」。

クザーヌスが『観想の頂点』の時点までに、存在は〈可能〉に後続するものであって、それゆえに神ではありえない、と見なすようになっていることは明らかである。それどころか、〈可能〉は、条件あるいは状態を連想させる「可能性」(possibilitas) に先立つのであり、同様に存在にも先立ち、さらには存在と非存在の二分法にも先立つのである。「存在」(esse) は、〈可能〉とは異なって、物質的であれ精神的であれ、ある連続を含意しており、また連続は、たとえ存在論的にはそうではないとしても、概念としては空間性および時間性を含意している。その結果、存在を〈存在自体〉として絶対化したとしても、それは〈に先立つ〉とか、それから連想される名詞的概念、状態あるいは条件から自由であることができない。他方、クザーヌスにとっては、何も付加されることがなく〈存在〉さえも含んでいる〈可能〉、すなわち〈可能自体〉は、現に存在するとおりに絶対的であり続けるのである。それは純粋で単純な〈可能〉Posse であり、存在と〈存在自体〉に先立つ唯一のものである。それは自己に先立つものを有することはなく、むしろそれ自体が〔一切に〕先立つものである。クザーヌスは自分のこの発見を、所々で詩的に表現しているように思われる。

Apex theoriae est posse ipsum,	観想の頂点は〈可能自体〉である
posse omnis posse,	あらゆる〈可能〉の〈可能〉
sine quo nihil quicquam	それなしにはいかなるものも
potest contemplari.	観想されることが不可能である。
Quomodo enim	なぜならば、どうして
sine posse posset.	〈可能〉なくしてそれが可能であろうか。
Ad posse ipsum	〈可能自体〉には
nihil addi potest,	何者も付加されることは不可能である

cum sit posse
omnis posse.[56]なぜならば、これはすべての〈可能〉の〈可能〉であるのだから。

自己の思想をさらに深化させるために余命が残されていたとしても、これ以上何がクザーヌスにできたであろう。クザーヌス自身がそれ以上説明していないので、神を〈可能自体〉と呼ぶことの何がそれほどに目覚しいことであるのかという問いは、未解決なそれとして留まる。

（八巻和彦訳）

（1） Cusanus 1981.〔本稿で取り扱われる『観想の頂点』の邦訳としては、佐藤直子訳『テオリアの最高段階について』中世思想原典集成17『中世末期の神秘思想』小山宙丸編訳・監修（平凡社、一九九二年）所収がある。〕
（2） Cranz, 2000, pp. 1–18 and 43–60.
（3） Bond 1997, pp. 56–70.
（4） Flasch 1998, pp. 634–644.
（5） Bond 1997, p. 70.
（6） Cusanus, De poss.
（7） Cusanus 1977, 263–64, pp. 98–101.
（8） Meuthen 1976, pp. 130–131 and Meuthen 1977/78. Cusanus 1981, 2, p. 117.
（9） Cusanus 1981, 1, p. 117.
（10） Cusanus 1981, 1, p. 117.
（11） Cusanus 1981, 1, p. 117.

(12) Cusanus 1981, 2, p. 118.
(13) Cusanus 1981, 2, p. 117.
(14) Cusanus 1981, 2, p. 117.
(15) Cusanus 1981, 16, p. 130.
(16) Cusanus 1981, 17, Mem. I.
(17) Cusanus 1981, 17, Mem. II.
(18) Cusanus 1981, 17, Mem. II.
(19) Cusanus 1981, 17, Mem. III.
(20) Cusanus 1981, 17, Mem. III.
(21) Cusanus 1981, 17, Mem. IV.
(22) Cusanus 1981, 17, Mem. V.
(23) Cusanus 1981, 17, Mem. VI–VII.
(24) Cusanus 1981, 17, Mem. VIII.
(25) Cusanus 1981, 17, Mem. IX.
(26) Cusanus 1981, 17, Mem. X.
(27) Cusanus 1981, 17, Mem. XI.
(28) Cusanus 1981, 17, Mem. XII.
(29) Cusanus 1981, 2, p. 118.
(30) Cusanus 1981, 4, p. 119.
(31) Cusanus 1981, 3, 119.
(32) Cusanus 1981, 4, p. 119.
(33) Cusanus 1981, 4, p. 119.
(34) Cusanus 1981, 4, pp. 119–20.

(35) Cusanus 1981, 5, p. 120.
(36) Cusanus 1981, 6, p. 120.
(37) Cusanus 1981, 5, p. 120.
(38) Cusanus 1981, 6, pp. 120–21.
(39) Cusanus 1981, 7, p. 121.
(40) Cusanus 1981, 7, p. 121.
(41) Cusanus 1981, 7, p. 121.
(42) Cusanus 1981, 8, p. 121.
(43) Cusanus 1981, 8, pp. 122–23.
(44) Cusanus 1981, 9, p. 123.
(45) Cusanus 1981, 10, p. 124.
(46) Cusanus 1981, 10, p. 124.
(47) Cusanus 1981, 11, pp. 124–25.
(48) Cusanus 1981, 11, p. 125.
(49) Cusanus 1981, 12, p. 126.
(50) Cusanus 1981, 14, pp. 126–27.
(51) Cusanus 1981, 14, p. 127.
(52) Cusanus 1981, 14, pp. 127–28.
(53) Cusanus 1981, 15, p. 129.
(54) Cusanus 1981, 16, p. 130.
(55) Cusanus 1981, Mem. XII, 28, p. 136.
(56) Cusanus 1981, Mem. 17, p. 130.

参考文献

Bond, H. Lawrence, (1997) *Nicholas of Cusa. Selected Spiritual Writings,* Mahwah NJ.

Cranz, F. Edward, (2000) *Nicholas of Cusa and the Renaissance,* Aldershot.

Cusanus, Nicolaus, (1973) *Trialogus de possest,* (h XI/2).

———, (1977) *De docta ignorantia/Die belehrte Unwissenheit* III (NvKdÜ 264c).

———, (1981) *De venatione sapientiae ; De apice theoriae* (h XII).

Flasch, Kurt, (1998) *Nikolaus von Kues. Geschichte einer Entwicklung,* Frankfurt am Main.

Meuthen, Erich, (1976) *Nikolaus von Kues,* Münster.

———, (1977/78) Peter von Erkelenz (ca. 1430)-1494, in : *Zeitschrift des Aachener Geschichtsvereins,* vol. 84/85, pp. 701-44.

ニコラウス・クザーヌス思想の今日性

――「知ある無知」とその解釈学的、倫理学的、美学的意義――

ジョアン・マリア・アンドレ

序

人々が、明確に引かれた道に従って歴史をたどっていると感じ、その方向に誰も疑いや当惑の目を向けないような時代があるとすれば、一方、われわれの前に一つの道ではなく一つの十字路が感じられるような別の時代もある。バベルの塔の後で、すなわち人間をあれほどの高みに上らせた神たろうとする夢の後で言語が増殖したように、その十字路では様々な道が増殖した。時の経過は、モダン／ポスト・モダンの論争から批判的に距離をおくことを可能にしたが、その上で今日この論争を再び繰り返すならば、結局論争を支えていたのは、哲学的諸問題の中で最初の問題であり、西欧の伝統（またおそらく非‐西欧の他の伝統）が様々な表現の概念を用いて二千年以上にわたって答えようとしてきたあらゆる問いの源泉でもあった、ということがわかる。それは、一性と多性の問題であり、またそれは同一性と差異の問題として描かれることもある。H・ハイムゼートは、それを「西欧形而上学の様々な大テーマ」における第一の問題とし、その深まりを次のような言葉で紹介している。「人間精神に対して現れ、決して沈黙しようとしないあらゆる哲学の問いの中でもっとも直接的で第一の問いは、存在の神秘的な一性についての問いである。それは多様で分裂した形で現れ、様々な経験において包含されている。そして、この形而上学の第一問題は、現実の中に対立を知覚するとき、また、その独特の鮮かさが、霊的な存在の最後の痕跡として対立をわれわれにあらわすとき、ますます重みをますのである」[1]。一性は多様性を排除するものではなく、また同一性は、差異の破棄を意味しないかぎり（差異を通過させるかぎり）豊かで多産的なものになりうる。そのことを、存在論的で人類学的な視点からと同様、認識論的、解釈学的、倫理学的、美学的視点からも認識しなくてはならない。それができないならば、ポスト・モダン的な細分化とは、著しい多様性への墜落の兆候でしかもはやないことになる。人々は、二十世紀において、ある種の近代性《モデルニテ》、すなわち〈光の近代性《モデルニテ》〉が完成したのではないかと感じている。そこでは、権力の武装と、デカルトが「自然の主人にして所有者としての」[2]人間を作る企ての中で告げ知らせた理性の単一性によって、ファウスト的状況が進展したのである。デカルトのこの企ては方法の諸規則によってなされ、そこでは、数学が、ルネサンスの書物を彩っていた神秘的な次元から離れ、普遍数学《マテシス・ウニヴェルサリス》すなわち「秩序、比率、計量の学」[3]となった。しかし今日、人はまた、癒されることのない渇きが頭をもたげていることをも見抜いている。デカルト的マテシスの延長線上にある初期の人工知能の父たちによるテクストにおいては、情報の一次元性が、コミュニケーションのサイバネティックス的な母胎《マトリックス》として形作られている。しかし、その傍らに、解釈学的な母胎《マトリックス》が立ち上がっているのである。それはパスカルとヴィーコの良心に根付いた別の伝統を受け継いでいるのであり、この伝統は、機械論的合理性を逃れる別の現実が存在するがゆえに、幾何学の秩序の言説がそれについて語り得ないような、〈別の言説の秩序〉がある、と語るのである。この見方をもう少し遠くまで延長するならば、こうした事実は、言説と認識の限界でもある沈黙の余白においてしか経験し表現することができない〈根拠〉にわれわれを連れて行く、ということがわかる。十五世紀、この根拠を前にしたニコラウス・クザーヌスは、時代錯誤と見られる危険を冒して、ある種の解釈学的意識の原点とも言える態度である「知ある無知」をもって答えたのである。その認識論的帰結の彼方には、倫理学的、美学的意味もまた存在しているのであり、そこにはまぎれもなく今日性があるように思える。

それゆえ、われわれはこの十字路の時代に、やはり十字路の時代であった十五世紀を振り返り、近代の黎明期に失われてしまった様々な道をたどり直すことができるのであり、またおそらくそうしなければならないのである。それらの道は、歴史上の例外的ないくつかの瞬間をのぞいて誰も通らなかった道なのであるが[4]、その例外的な瞬間にしても、我が子を食らい続ける時間《クロノス》の淵に沈んで、瞬く間に忘れ去られてしまった。こうした観点からニコラウス・クザーヌスの思想を再訪することによって、人は確かに、クザーヌスとともにクザーヌスを越えて思考することができるのである。それこそ、われわれを充溢（la plénitude）に導く超越の運動によって自分の言葉が解釈されることを希求したクザーヌスに忠実なことでもあるのだ（彼は充溢について適切な言い方で表現できていないことを認めていた）[5]。しかし人はまた、「過去の声は現在の問いがそこに向けられた時にしか知覚可能なものとならない[6]」と言うガダマーの呼びかけに答えることもできるのである。

ニコラウス・クザーヌスに問いを立てようとする人が出発点とする今日的な状況を、次のような言葉によって定義することができる。何よりもまず、一次元的な技術的−科学的合理性の終焉。そして、記号が、表象的で客観主義的ではなく、表現主義的でしたがって解釈学的なパラダイムにおいて役割をはたすことを認める必要性の高まり。第二に、今日われわれが生きている細分化した状況。そして、異文化同化によって他者と差異を支配する原理主義的な等質化によって多様性に応じるのではなく、可能性の認識によって、多様な道を通じて、また複数文化が共存する環境で多様性に応じていく必要性の高まり。さらに、善と真理の探求において対話的であることへの希望を養っていく必要性の高まり。第三に、われわれを根拠に連れ戻す沈黙の経験。われわれの内で自ら語っているこの根拠は、人がそれについて語ろうとする言葉によっては汲み尽くされないようなものである。そこには、以下のことを認める必要性もともなっている。すなわち、希望は、非合理的なものからの呼び声ではなく、まさに語り得ぬものからの呼び声であるということ。そして、神秘家たちは神秘的経験において生きることができるが、芸術家たちは、どちらも認めた上でなお美的経験において生きることができるということ。また、「知ある無知」は精神と身体に宿り、また感覚可能性において、また感覚可能性によって描かれうるのであり、それは、芸術家においては形の比《プロポーション》を要請し、神秘家においては神の知的欲求を要請するものなのだということ、である。したがってわれわれは、「知ある無知」を、解釈学的哲学の原理として、倫理的行為の鍵として、最後に、われわれの世界内存在がそこに溶け込んでいる存在の深淵についての美的経験としてとらえ、その今日性を発見すべくつとめることにしよう。

一 「知ある無知」の解釈学的意義

解釈の哲学の視点から「知ある無知」について語られる場合、『知ある無知』第一巻の数章がただちに思い起こされるだろう。そこでは、幾何学の象徴が、絶対的最大者とその三一性の次元について語るための象徴として、あるいは多様なメタファーを通して、用いられている。クザーヌスはそうしたメタファーを、とりわけ『精神について』の中の数ページにおいて用いているが、それに続いて、次のような言葉がはっきりと記されている。「私が選んだこの技を、私の興味を引いたこれらの象徴とともに用いることで、私は精神を養い、匙を作り、体を休める。そうして、私は必要なあらゆるものを獲得するのである(7)」。しかし、これらの言葉をクザーヌスの思想の象徴的解釈的な方向性を表現するものとして受け取るならば、彼の解釈学的哲学の表層にとどまってしまうというおそれがある。というのも、この解釈の技は、哲学する行為に対するより深い態度の具体化に他ならないからである。クザーヌスが、死の一年前にニコラウス・アルベルガティに語った言葉を見れば、もう少し深層に近づくことができるだろう。「見よ、我が息子よ。我らは様々な似像や謎《エニグマ》によってこの世界に歩みいるのである。なぜなら、真なる精神はこの世界に属するものではないのであり、比喩や様々な象徴によって、われわれが未知なものに高められるのでなければ、とらえることができないからである(8)」。

似像や謎や象徴に頼ることが何を意味するかを探るならば、象徴としての似像と真理との間に結ばれる関係は、古典的修辞学で装飾的役割とされているような比喩とは違って、外在性の関係ではなく内在的・存在論的・解釈学的関係であるということがわかる。われわれが「前－提」としている絶対者の無限性は、「知ある無知」の反省性によって理解不能な真理として見出されるのだが、それは、われわれが神について語る象徴の世界において現前化されるのである。しかし、人間による論証におけるそうしたシンボリスムの基礎には、創設者の無限性の行為がある。それは、その充溢からの起源における無償の贈与によって、世界の諸象徴によって自らを現前化するのであり、それは、人間とその論証によって、世界を象徴にし、あるいは、格調の高い表現を用いるなら、神の比喩（divina metaphora）(9)にするものなのである。ニコラウス・クザーヌスの哲学の全体、もちろん「知ある無知」として表現されたそれは、創造という概念（ただし〈意味〉の定立、すなわち神の言説の表現である限りでの創造という概念）に基づいていると私は考える。神の言説は、それ自体では様々な〈意味〉の過剰な充溢である。その〈意味〉とは、〈真理としての意味〉であり、したがってそれはわれわれの認識の要求を超越論的に基礎づけている（シュタールマッハが、クザーヌスの弁証法の進展を超越論的還元であると同時に超越論的演繹である運動として解釈しているのはそうした理由からである[10]。またそれは、〈善としての意味〉であり、したがってその運動は神化（deificatio）ないしはテオシス（theosis）[11]として解釈され、「愛の学」（scientia amoris）[12]を前提とする。しかしそれは、〈美としての意味〉でもあり、したがってそれは知ある無知を、創造によって立てられた意味を称賛する学である「讃美の学」（scientia laudis）に変化させる。というのも、「そうした讃美や、創造者が示そうとした栄光なしには、創造者はそのきわめて美しい作品、宇宙を作るには至らなかっただろうからである。創造の目的とは、創造の原理でもある、創造それ自身である[13]」。

この観点からすると、ニコラウス・クザーヌスの思想は、人間の言説の水準において、「知ある無知」を、象徴からその背後に隠されたものへと向かう解釈の哲学として要請している、ということができる。というのも、それは、ロゴスの神秘神学の再解釈から出発して、内的な表現性としての三一性という概念を定式化するのであり、それによって、外部への表現性としての創造という概念もまた可能となるからである。だからこそ、『根源について』の中には以下のように書かれているのである。「彼［根源］は、自己について知的であることにおいてより以上のものであられるがゆえに、自らを認識する。彼は、自己から、自己の理法、すなわち定義ないしロゴスを生み出す。［……］ロゴスとは、共実体的な言葉、すなわち、自己自身を定義するという形で〈自らによって〉定義された父の理法である。必然的な一者の理法なしには何ものも定義され得ないがゆえに、この言葉は、あらゆる定義可能なものを自己の内に包含している[14]」。『神の子であること』に示されているように、自分自身を定義する父の理法は、また、言葉による創造によってあらゆる事物を定義する。創造を、奴隷たちに語りかける主人の譬えで表現して、クザーヌスは次のように言っている。「この比較によると、三位一体なるわれらが根源は、知的な精神を目的となさりながらも、恐れ多くも、感覚しうる世界を物質と声として創造してくださったのである。そして、声のうちに、彼はさまざまな仕方で精神の言葉を輝かしめ、そのため、あらゆる感覚しうる物どもは、父なる神のさまざまなお声の論証なのである。父なる神は、宇宙の精神を目的となさりながらも、子なるみ言葉によってそうしたお声を発せられた」[15]。こうした神の言葉とは、世界の「定義〔限定化 de-finition〕」そのものであり、それゆえ、神は、無限なものとして、限定する無限な目的（une fin infinie qui finitise）なのである[16]。言いかえれば、神は、多様な縮限として自らを展開する、無限の意味なのである。そして、多様な縮限とは、上昇の過程によって我々をその作者にまで連れていく似像（象徴）に他ならない。『光の父の贈り物』においては、「万物は現れ、すなわち光のごときものである」と、そして「父と光源はただ一つしかないがゆえに、万物は唯一の神の現れであり、また唯一の神は、一なるものでありながら、多様においてしか現れえないのである」[17]と書かれているが、『神を観ることについて』ではこのように書かれることになる。「それゆえ、主よ、汝のお顔はあらゆる形の顔に先立っており、汝のお顔はあらゆる顔の原像であり真理であり、そして、あらゆる顔は、縮限されえず分有されえないものである汝のお顔の似像であることを私は理解します」[18]。まさしくこの無限性、この分有不能性、この縮限不能性こそが、あらゆるものを生み出す根源による意味付与に対するわれわれの言説を、必然的に無知であり、同時に、無知であるということを自ら知っているような言説、すなわち「知ある無知」としての言説にするのである。しかし、知あるものとしてのこの無知のはっきりした特徴は、懐疑主義や沈黙に甘んじることに導くどころか、沈黙から、新たな言説が生まれる空間を作り出すと言うこと、すなわち、沈黙から、神の顕現の空間、沈黙が象徴を通して語る空間を作り出すということ、したがって、ポール・リクールがよく使う表現を用いれば「象徴が思考を与える」[19]ということである。象徴は、「直接的・一時的・字義通りの〈意味〉が、増殖して別の間接的・二次的・比喩的な〈意味〉を指示し、後者の意味は前者の意味によってしか把握され得ない、という〈意味の構造〉」[20]として定義されるのであり、象徴が、自分自身と象徴されるものの間に存在論的共通性と呼べるものを前提しているからである。というのも、同じ著者〔リクール〕の言葉を借りれば「象徴は、完全に恣意的なものでは決してないという性質を持っている。それは空虚ではなく、意味するもの（signifiant）と意味されるもの（signifié）の間には、本性的関係という土台が常に存在するのである」[21]。ニコラウス・クザーヌスは、解釈の哲学の最初の序論ともいえる『知ある無知』の第十一章と第十二章において、神への象徴的歩みを基礎づけているが、彼はそのとき、まさにこの存在論的共通性を前提していたのである。「われわれのきわめて思慮深く、きわめて敬虔な博士たちのすべてが一致して説くところによれば、可視的なものは、まことに不可視的なものの似象であり、創造主は、被造物によって、いわば鏡に映されたものないし謎で示されたもののように知られうるのである。ところで、霊的なものはそれ自体としてはわれわれによって到達されえないものなのだが、象徴的には探究されうる、ということは、すでに述べた以下のような理由によってである。すなわち、万物は相互にある比をもっていて——といっても、その比はわれわれには隠されていて把握されえないのであるが——そのため、万物から一つの宇宙が構成され、万物は最大な一者において一者それ自体であるからである」[22]。

クザーヌスがそのあとで探求した数学における似象は、この原理が及ぶ特殊な場合にすぎない。実際、クザーヌスと、十五世紀の神秘主義的神学者のあらゆる著作は、了解不能なものに了解不能な仕方で到達するための、象徴を利用した証明である。また、一方で神の似像として定義され、他方でミクロコスモスとして定義された人間自身も、諸象徴の象徴と考えられた。というのも、人間は単なる神の象徴ではなく、他の事物の象徴的本性を解釈し、自らの原理を解明し、それに対して自らが同化するべきものを解明する力をもった、生き生きとした動的な象徴として、解釈するからである[23]。『知ある無知』の第十一章において明示される存在論的な比の方が、後に探求される数学的象徴よりも射程が広いのであれば、同じように、ここで素描されている解釈の歩みの三つの段階もまた、より広い射程を持っていることになろう。さまざまな似像を特性に従って見ること(「有限な数学的図形を、その変化性と理法に従って考えること」)、それらの特性を無限の地平に移しかえること(「それらの理法を無限図形に転用すること」)、そしてとりわけ、転釈的な超越の運動によって、もはや図形が存在しない無限に向かっての飛躍を試みること(「無限図形の理法そのものを端的に最大なものにまで転釈すること」)[24]、それは、象徴から、象徴が無言のうちに語り表現しえずに目指している意味の充溢まで、実際に踏破することである。またさらに言えば、その意味の充溢とは、〔象徴としての〕ハトがわれわれに平和の地平を開くような仕方で、象徴によって開かれているのである。一致の原理にクザーヌスの思想における中心的な位置を与えるためには、論理を定式化しなおす必要があるが、方法論上のこれら諸段階を比較するならば、無限を探求する論理の中に、らせん状の三つの輪を再定義できる。非－矛盾の原理の上に打ち建てられた〈推測的論理の輪〉、反対の一致の原理の上に打ち建てられた〈一致的な弁証法的論理の輪〉、そして、隔たりの意識の上に打ち建てられていると同時に、この隔たりの乗り越えとして感じられる運動の対話的本性の上に打ち建てられた〈転釈的な(transsomptive)対話的論理の輪〉である[25]。われわれの考察の文脈では、転釈的な対話は特別な意味をもつ。というのも、知ある無知が、解釈学的存在論、あるいは解釈学的一者論といった方がいいが、その枠内の解釈の哲学として確立するのは、とりわけ、転釈の瞬間においてだからである。それは、われわれを多から一へ、有限から無限へ導く哲学的行程である。またその行程は、かつてエルンスト・カッシーラーが[26]、また最近ではD・デュクロウが言ったように[27]、因果性の道ではなく表現の道を通るのであり、また同様にM・シュタッドラーが最近の論考において示したように[28]、表象の道ではなく、非－対象性の道を通るのである。そして、ポール・リクールは、彼が提唱した解釈の理論において、説明から理解への弁証法について語り[29]、また解釈の契機が二つの対立する歩みの「止揚」として解釈しているが、それは、われわれが暗示してきたクザーヌスにおける解釈の三つの契機ないし三つの輪に非常に近いと言えるだろう。

クザーヌスの哲学的視点が、人間の言説をテクスト・見解・諸哲学の水準で解釈する地平において認識論的かつ方法論的にもまた具体化されている、ということを確認するならば、両者の近さがよりはっきりと見てとれるだろう。そして、存在論的・一者論的な基礎から言説の地平への移行がよりはっきりと実行されているテクストがある。それは『創造についての対話』である。その中で著者は、「創造について語った人々はみな同じことを様々な仕方で語った[30]」という発想から出発し、次いで、G・サンティネッロがクザーヌスの解釈学についての小論で強調したように[31]、いくつかの解釈原理を定式化している。すなわち（1）聖書の言説を人間の理解と了解の能力の中に文脈化する必要性[32]、（2）人間の表現の縮限された諸様式を相対化する過程の中で、〈同一者〉への同一化の運動、すなわち、語り得ない同一者への合流の運動における解釈の運動を変形すること[33]、（3）「各人が、類似化によって描出しようと尽力した[34]」ような絶対的同一者の知覚。知者や教父たちの解釈も、様々な了解の仕方の一つでしかない。また、われわれはここでこれらの諸原理が聖書に関するテクストに適用されていることを見たのだが、それと同じ諸原理が、他のテクストにおいては、哲学的テクストの解釈に関して機能しているのであり、またニコラウス・クザーヌス自身によって書かれたものの解釈のためにも推薦されているのである。

二　「知ある無知」の倫理学的意義

まずはじめに、こう言っておこう。「知ある無知」は、その起源から見ても、またその多様な帰結から見ても、治療法としての射程を持っており、倫理的意味を持っている。またそれは、前提として、ディオニュソス的高揚におけるカタルシスに対応する「浄化的」機能を持っている。[35] また、次のように言うこともできる。知ある無知の原則と言われた「無比」(nulla proportio) もまた、特殊な倫理的意義を持っているのであり、それは、あらゆる言説に象徴的本性が刻みこまれているかぎり、解釈学的意義の延長である。クザーヌスの言説は、象徴による言説でありかつ象徴についての言説であるかぎり、ある意味では、メタ言語の水準に位置している。メタ言語の顕示と開示と隠蔽のゲームが可能にするのは、認識論的諸帰結だけではない。それは、呼びかけのゲームに包みこまれている人々の、生存の実践における個々の行為をも、可能にするのである。[36]

この道は、「知ある無知」の原理と相関する重要な倫理的側面に確かに通じている。しかし今日、また今日性を問題にする意味では、私はむしろ、われわれの社会を特徴付けている多文化的状況という文脈において、「知ある無知」の倫理的意義を強調したい。われわれの社会があるのは、世界が地球村と化しつつある惑星規模の時代であり、しかしまた、いたるところで進展しているさまざまな性質の原理主義のような、差異を否定する数々の反応が生じている時代でもある。それゆえ、私は、ニコラウス・クザーヌスのエキュメニスム的なテクストである『信仰の平和』を、「知ある無知」の原理の倫理的－政治的な翻訳として考察してみたい。また、このテクストに見られる諸命題の哲学的前提と基礎を、健全な異文化間の対話を擁護するものについての、きわめて今日的な教養として考察してみたい。

初めて読むと、『信仰の平和』は、対象を神学と教会論の領域に限定した書物であるように見え、その論証はキリスト教教義を上位に置くことに通じているようにも思える。しかし、議論の過程の異なった契機を理解するために、テクストの演劇的構造の分析を試みるならば、御言葉が賢人たちの最初の干渉に応じている言説は、ペトロやパウロの言説とは異なった領域、すなわち、明らかに哲学的な領域に書き込まれていると結論づけられ、そこではキリスト教の諸定式でさえ、それらが説明を要求している哲学的な基礎への参照によって相対化されていると結論づけられる。こうした観点からのみ、われわれは、実に込み入った筋を持った二つの節〔第七節と第八節〕を理解することができるのである。最初の節は、三一性の定式についてのある種の相対化を意味しているように見える。「創造者として、神は三にして一なるものである。しかし、無限なるものとしては、それは三でも一でもなく、あるいは言表されうるもののいかなるものでもない[37]」。クザーヌスにとって無限性とは、万能以外の、神の基本的な属性の一つである、と考えるならば、彼は、この無限な神を哲学的に考えるためには三一性の概念も不適切だ、と言っているにすぎないと考えられる。第二の節は、父・子・聖霊というキリスト教的三一性の概念をよりいっそう相対化している。「一性を父と、相等性を子と、結合を聖霊と名付けている人々もたくさんいる。というのも、これらの語がたとえ適切さを欠くとしても、便宜的には三一性を表示するからである。〔……〕また、もしもいっそう単純な用語が見いだされうるならば、そのほうがいっそう適切であろう。たとえば、一性、それ性、同一者性のような[38]」。

こうした予備的な考察からいえることは、このテクストにおけるニコラウスの諸前提がきわめて開かれたものであり、文化的差異を前にした複数的で敬意のこもった行動について思考する今日のわれわれをたすけてくれるようなものだ、ということである。そうした行動は、三つの水準、すなわち、認識論的水準・人類学的水準・倫理学的水準において築かれている。

認識論的水準においては、各々の信仰が、あるいは今日的・世俗的言葉で言えば、各々の文化が、推測にもとづいた本性を持っているということの再認識が不可欠である。この観点から、『信仰の平和』は、『知ある無知』のさまざまな結論を数え上げ、まさしく倫理的に差異を称賛しその現実性を肯定するのである。そのことは、天使を、各人の、したがってその同一性の番人として指示することにおいて、すでに現れている。それは、神が差異を、とるに足らない悪としてではなく善として望んだ、ということを意味している。「また、たとえ儀礼のこの相違が取り除かれることができないとしても、あるいは、たとえその相違が敬虔さの増大となるよう役立たないとしても［……］」[39]差異の肯定的性格は、差異が湧出する根源の一性に、またその根源としての充溢性と過剰性に、根付いているのである。『信仰の平和』の神が『隠れたる神』の隠れた神と同一視され[40]、また知恵の概念とも同一視されてきたのもそうした理由からである。また、『信仰の平和』の第四章と第五章も、『知恵についての無学者の対話』の第一巻が知恵についてパラドクシカルな表現で語っていたことの総括でしかない[41]。唯一なる知恵の力は言葉で言い表せないからこそ、人間のあらゆる表現は推測でしかないのであり、宗教的表現でさえそうなのである[42]。すでに『推測について』が、宗教的信仰の推測的本性について一章をさいているということを忘れてはならない[43]。

人類学的な水準においては、「知ある無知」の文化的射程を定義する二つの側面があるが、われわれは今こその今日性を強調しなければならない。なによりもまず、人間の本性の単一性こそが、儀礼の多様性にもかかわらず宗教が単一であることを基づけている、という思想がある。しかし、この人間の本性の単一性は、知恵（これもまた単一なものである）の探求の中で人間が定義されることにおいて具体化されるのである。この知恵との遭遇においてこそ、人間はその本質において現実化される。しかしながら、知恵との遭遇は、所有としてではなく無限な過程として定義され、不死なる神的な生という概念に翻訳されている。有限性と無限性の弁証法、時間と永遠の弁証法は、人間の本質の中心にダイナミスムを導入するのである。それによって、人間の単一性は、すでに完結した単一性ではなく生成しつつある単一性になり、また人間は、知識の無限性との交感の中でたえず回心しつつある存在になる。[44] 言いかえれば、知ある無知として定義される人間は、みずからの本性を探求しつつあるもの、すなわち、必然的に他者たち（彼ら自身「知ある無知」である）との遭遇を要請するものなのである。第二に、われわれは、〈単独性〉（la singularité）の重要性を忘れることもできない。クザーヌスは非常に早くからこの言葉を肯定的にとらえていた。また、ゲルダ・フォン・ブレドウが示したように、この言葉はクザーヌスの晩年の著作において特別な位置を占めており、彼はこの言葉に『知恵の狩』の一章をさいている。[45] 人間性は各人と各民族の単独性に縮限されてしかありえないのであり、『信仰の平和』においては、それはまた、差異が肯定的にとらえられることの根拠ともなっている。

最後に、まさしく倫理的かつ政治的な水準においては、自由の概念が最前面に出されている。まず、自由についての記述を、御言葉に照らされた人間の歩みを善と真理が一体となって導く、というダイナミックなアナロジーの中に位置付けなくてはならない。そして、この御言葉こそが信仰と儀礼の複数性と人間の自由を結びつけるのであり、それは、知の時間的次元とあらゆる立場の根源的歴史性が多様である限りにおいてなのである。「［……］あなたはそもそもの始めから人間を自由意志にとどまるように定めておられます。そして感覚的世界では何ものも確固として存続することはなく、また意見や憶測は流動的で時間によって変化するのであり［……］[46]」人間の自由を「知ある無知」の完成としてみなすことは、至高の真理でもある至高の善に近づくために多様な道があることの正当性を根拠づけている。そのことは、『神を観ることについて』の中によく現れている。そこでは、神は自らのもとに帰る人間に沈黙と無知をもって答えている。「汝自身のもとにあれ。そうすれば、我は汝のもとにあるだろう[47]」。

これら三つの水準は、「無知の知」の要請に答える道徳的態度としての寛容が立ち上がる場を定義しているのであり、ニコラウス・クザーヌスが〈寛容を示す〉という語を一度しか用いていない[48]のは事実だとしても、テクストの全体を寛容についてのテクストとして読むことができるのである。[49]また今日、解釈学的・批判的・寛容的理性のみが、二十世紀末にわれわれを脅かしている相対主義と原理主義に対して適切に応じることができるのである。

三 「知ある無知」の美学的意義

『アルベルガティへの手紙』を引用することによって、われわれは先に、次のように言った。限界について意識的であるようなわれわれの知、すなわち知ある無知は、〈創造主の美〉を表現する〈世界の美〉の前で、「讃美の学」(scientia laudis) に合流する。それは、還元的―超越的運動が、単に真理や真理の条件をなす根拠との遭遇の運動であるだけではなく、美や美の条件をなす根拠との遭遇の運動でもある、ということを意味している。その意味でニコラウス・クザーヌスは偽ディオニュシオスを再びとりあげることができたのであり、美があらゆる精神の運動の原因であるということを認めた上で、あらゆる欲望について次のように表明することができたのである。[50]「存在するあらゆるものは、美と善からはじまり、美と善のうちにあり、美と善にかえっていく」。[51]それゆえ人は、あらゆるものの源泉たる根拠が美であるということを認めねばならないのである。あるいは、クザーヌスと、彼を触発した偽ディオニュシオスによく見られる表現を用いて〈諸々の美の美〉と言うこともできる。というのも、あらゆる数が一に包含されているのと同様、あらゆる形の美は〈美〉に包含されているからである。

この最大の美は、しかし、われわれの了解能力を無限に超えているものである。もしその美が最大であり、最大において一性・一性の相等性・それらの結合しか存在しないのだとすると、美は「調和し限定された質料の諸部分における形相の壮麗さ」[52]すなわち差異と他性を含むものであるがゆえに、あらゆる美の原因であり、あらゆる美を作る、[53]自己による美、すなわち〈諸々の美の美〉は、見ることも聴くこともできないような美である、と結論しなくてはならない。それは、相等性における調和を知覚することがわれわれに禁じられているようなもの、したがって聴こえざるものである。[54]「知ある無知」はわれわれによる美の了解や経験の中にもまた避けがたくこだましているのであり、それゆえにこそ、美的意義をもっていると言える。言いかえれば、美の絶対的充溢は、無比であり、感覚的ないし知的な人間の情動を超えているのである。われわれはあらゆる美を超えている美を感じ取ることはできないのであり、それを、最も深い沈黙の中で聞き取り、最も深い暗闇の中で観て取ることができるだけなのである。「ところで主よ、汝のお顔は美しさを持っておられ、それを持つということは一つの存在なのです。それゆえ、あらゆる美しい形に存在を与える形であるということは、絶対的な美そのものであるということなのです。おお、なんと美しいお顔！　汝の美しさを称賛するためには、美が自ら観させるところのあらゆるものでさえ不充分です！　あらゆる顔のうちに、〈あらゆる顔の顔〉が観られるが、しかしそれはヴェールに覆われており、謎で示されているのです。あらゆる顔を超えて、もはやそこでは『顔』という知識や概念のいかなる痕跡も残っていないような、秘められた深遠な沈黙に入っていくことなくしては、ヴェールを脱いだそのお顔を観ることはできないのです」。[55]「知ある無知」と、それを支える一者論の美学的色彩との結びつきを考察する場合、相関する二つの側面を強調しなければならない。第一に、最大の充溢における非−対象性と、縮限における非−対象性という形であらわれる、美の非−対象性という側面である。美であるものは、対象ではなく、対象化されえず、また対象的表象によって把握されえない。第二に、この非−対象性の代償としての、美における表現と表象的翻訳の優位性という側面である。美のあらゆる具体的形相は、至高の美についての謎《エニグマ》であり、それ自体では語りえず、表象されえず、描かれえないようなものである。そこにこそ、ミシェル・デュフレンヌを最も重要なその体現者の一人としている、二十世紀美学思想の新しいアプローチの可能性を見て取ることができる。哲学探求の道半ばにして、デュフレンヌは自らが書いたものを再読し、驚きを覚えた。「私はそこに、一つのライトモチーフ、〈思考不能なもの〉というテーマが持続していることに驚いた。思考の最高地点（……）は最も漠然としたものであるように私には思えた。それはあたかも、思考の極みがまさしく思考不能の告白であるようなものである。この告白はしかし、思考放棄ではない。理性が信仰に道を譲るのではなく、理性が、自らがその上に建っている信仰を発見するのである[56]」。それは、ア・プリオリについての著作の結論部分で触れられている、哲学と詩の連帯の表明である。「実際、思考の歴史は、哲学と詩の堅い連帯を示している。哲学は、思考不能なものについての思考であることを主張するとき、自分だけでやっていくことが困難となり、もはや哲学ではない知に、またおそらく知のかなたに身を置いている言説に、道を譲るか［それから］梃子入れを受ける必要を悟るのである[57]」。そして、次の問いが立てられる。「神秘的ないし詩的経験とは？[58]」また、そこから分離するような一つの応答の試みも存在する。「いずれにせよ、宗教的経験と詩的経験は隣人同士であることがわかる。差異は、詩が、ある体系に基づくことを拒否するような経験、自分自身の啓示であるような経験である、というところにある[59]」。詩によって、人は存在の内在、世界の内在にとどまる。というのも、われわれは祖国にいるがごとく、世界においてある（être au monde）からである[60]。そして、神秘によって、われわれはわれわれを超越するものを、またわれわれの世界への現前を超越するものを認識する。それは確かである。美的経験は、神秘家の応答とは異なっている。しかし、私は、美的経験の構造が、神秘的経験の構造と非常に近いと考えている。そして私は、それによってデュフレンヌが彼の美的経験の現象学を展開したさまざまなカテゴリー、すなわち、現前、表象、感情[61]が、神秘的経験の現象学を展開するためにも役立ちうる、と提起したい。

先に言及した表象の解釈学的使用における三つの契機を神秘的経験にも移しかえるならば（ニコラウス・クザーヌスはそれを『神を観ることについて』において行っている）次のようになる。第一の契機、すなわち推測的論理の契機は、現前と呼ばれるものに対応する（すなわち、図像を観ること、そしてあらゆる象徴をその視覚可能性において観ることだが、そこでは身体は美的経験におけるほど重要ではない）。第二の契機、すなわち一致の弁証法の契機は、表象に対応し、また、隔たりを作り出すことを目指す想像力の介入に対応している。この想像力によって、われわれは、象徴の現前から、自らを象徴化するものが作りだす隔たりにまで導かれる。第三の契機、すなわち転釈的対話の契機は、感情に対応する。感情によって、われわれは存在の深み（その表現によって現わされ、かつヴェールに覆われている）に対して開かれ、応答するのであり、また感情において、根拠の反省（この「根拠の」は、ドイツ語で言えば des Grundes であり、「神の観」（visio Dei）という場合の属格と同様、目的語属格であると同時に主語属格である）が生まれるのである。

確かにデュフレンヌは、『詩学』の序論で、単刀直入に非神学的哲学を提案し[62]、同時にデリダとブランショの言説を批判し、そこに隠された否定神学の痕跡を暴いている[63]。また、この非神学的哲学を素描するために、彼が別の経験を引き合いに出しているのも事実である[64]。しかし、次のように問うこともできる。本当に別の経験が問題なのだろうか？　むしろ、経験の別の配置、すなわち経験に意味を与える別の源泉が問題なのではないだろうか？　実際、詰まるところ経験とは「知ある無知」の経験に他ならない。というのも、次のように言っているのはまさしくデュフレンヌに他ならないのだから。「根拠について納得のいくように語るためには、人間の手前に、いかなる眼差しもとどかない暗闇の中に、いかなる語りも破ることができない沈黙の中に身を置かねばならない[65]」のであり、それゆえ「哲学だけが、哲学の無力さを認めることができる[66]」と。十五世紀、神の世俗化[67]に先立って、ニコラウス・クザーヌスは端的に次のように言っていた。「それゆえ、知は無知になるのであり、知が汝を訪れるときには、知は影に隠れたままなのです。だが、わが神よ、知と無知の総体とは知の無知ではなくて何でしょうか？ それゆえ主よ、無限たる汝は、その知が無知においてあるような者、すなわち、汝を知らないことを知っているような者にとってしか近づきえないのです(68)」。

（永野潤訳）

＊［ ］内は著者による、〔 〕内は訳者による補足。

なお、本稿で引用されるクザーヌスの著作のうち、以下のものは邦訳がある。

『知ある無知』岩崎允胤・大出哲訳　創文社、一九六六年

『神の子であることについて』坂本堯訳（『隠れたる神』創文社、一九七二年、所収）

『創造についての対話』酒井紀幸訳、『知恵に関する無学者の対話』小山宙丸訳、『信仰の平和』八巻和彦訳（『中世思想原典集成17　中世末期の神秘思想』小山宙丸編訳・監修　平凡社、一九九二年、所収）

『光の父の贈り物』大出哲・高岡尚訳　国文社、一九九三年

『神を観ることについて』『ニコラウスへの書簡』八巻和彦訳（『神を観ることについて』岩波文庫、二〇〇一年、所収）

（1） Heimsoeth : 31.

（2） Cf. Descartes 1996a : 62, lignes 7-8.

（3） Cf. Descartes 1996b : 377, lignes 22-23 et 378, lignes 1-11.

（4） Cf. Miller 1983 : 68-77.

（5） たとえば cf. Cusanus, *De docta ign.*, I, 10, p. 21, 17-25.

（6） Gadamer 1970 : 39.

（7） Cusanus, *De mente*, Chap. 1, 55, 1-3, 89 : Immo in hac mea arte id, quod volo, symbolice inquiro et mentem depasco, commuto coclearia et corpus reficio ; ita quidem omnia mihi necessaria, quantum suficit, attingo.

(8) Idem, *Lettre à Albergati,* CT IV, 48, p. 46, 23-26. Primo autem, fili mi, advertas nos in hoc mundo ambulare per similitudines et aenigmata, quoniam spiritus veritatis non est de hoc mundo neque per ipsum capi potest, nisi parabolice et per symbola nobis nota ad incognitum rapiamur.

(9) Cf. Jean Scot Erigène, *De divisione Naturae,* I, 62, 13. エリウゲナのこのテーマについては、cf. Beierwaltes 1976 : 237-265.

(10) Cf. Stallmach 1989 : 24.

(11) Cf. Cusanus, *De fil.,* 3, 70, 1-3, p. 51 : Filiatio igitur est ablatio omnis alteritatis et diversitatis et resolutio omnium in unum, quae est transfusio unius in omnia. Et haec theosis ipsa.

(12) Cf. Idem, *Lettre à Albergati,* CT IV, 12, 30, 19-24 : Unde, sicut ex amore qui deus est omnia in esse transiverunt, sic per amorem omnia conservantur et in deum redeunt. Intellectus autem in ignorantia et sine laetitia et amore non vivit. Et quoniam carens scientia amoris est in eius ignorantia, necesse est quod intellectus, si debet vivere in laetitia aeterna, quae non potest carere amore, cognoscat amorem, quem non nisi amando cognoscere potest.

(13) Ibid. 3, 26, 16-18 : Nihil enim movit creatorem, ut hoc universum conderet pulcherrimum opus, nisi laus et gloria sua quam ostendere voluit ; finis igitur creationis ipse est qui et principium.

(14) Cusanus, *De princ.,* 9, 1-7 : Et non possumus negare, quin se intelligat, cum melius sit se intelligente. Et ideo rationem sui seu definitionem seu logon de se generat. [...] Et logon est consubstantiale verbum seu ratio definiti patris se definientis, in se omnia definibile complicans, cum nihil sine ratione unius necessarii definiri possit.

(15) Cusanus, *De fil.,* 4, 76, 1-6 : Tali quadam similitudine principium nostrum unitrinum bonitate sua creavit sensibilem istum mundum ad finem intellectualem spirituum, materiam eius quasi vocem in qua mentali verbum varie fecit resplendere, ut omnia sensibilia sint elocutionum variarum orationes a Deo patres per finem verbum in spiritu universorum explicatae in finem [...].

(16) Cf. Cusanus, *De princ.,* 33, 7-10. Cf. aussi *De vis.,* 13, 53, 8-9.

(17) Cusanus, *De dato,* IV, 108, 8-10 : Sunt igitur omnia apparitiones sive lumina quaedam. Sed quia unus est pater et fons

luminum, tunc omnia sunt apparitiones unius Dei, qui, etsi sit unus, non potest tamen nisi in varietate apparere.

(18) Cusanus, *De vis.*, VI, 18, 7-11 : Sic igitur deprehendo vultum tuum, domine, antecedere omnem faciem formabilem et esse exemplar ac veritatem omnium facierum et omnes facies esse imagines faciei tuae incontrahibilis et imparticipabilis.

(19) Cf. Ricoeur 1960 : 327 ; Ricoeur 1969 : 284.

(20) Ricoeur 1969 : 16.

(21) Ibid. 314.

(22) Cusanus, *De docta ign.*, I, 11, p. 22, 4-11 : Consensere omnes sapientissimi nostri et divinissimi doctores visibilia veraciter invisibilium imagines esse atque creatorem ita cognoscibiliter a creaturis videri posse quasi in speculo et aenigmate. Hoc autem, quod spiritualia－per se a nobis inattingibilia－symbolice investigentur, radicem habet ex hiis, quae superius dicta sunt, quoniam omnia ad se invicem quandam－nobis tamen occultam et incomprehensibilem－habent proportionem, ut ex omnibus unum exsurgat universum et omnia in uno maximo sint ipsum unum.

(23) これに関しては、『精神について *De mente*』5, 149, 1-12, において現れ、『アルベルガティへの手紙』, CT IV, 8, p. 28, 19-23. において再び取り上げられた、生き生きとした神の自画像としての人間、という比喩を参照。

(24) Idem, *De docta ign.*, I, 12, p. 24, 18-23 : Si finitis uti pro exemplo voluerimus ad maximum simpliciter ascendendi, primo necesse est figuras mathematicas finitas considerare cum suis passionibus et rationibus, et ipsas rationes correspondenter ad infinitas figuras transferre, post haec tertio adhuc altius ipsas rationes infinitarum figurarum transsumere ad infinitum simplex absolutissimum etiam ab omni figura.

(25) Cf. 拙論 “La portée de la philosophie de Nicolas de Cues. La *docta ignorantia* en tant que philosophie de l’interprétation”, in : Aertsen/Speer 1998 : 724-730.

(26) Cf. Cassirer 1927, 507-514, には以下のようにある（p. 513）：「たとえわれわれが神を、存在の「原因」として表現したり、または絶対的な「実体」として表現したりするにしても、もし神が、真に厳密に捉えられるべきであり、また全ての両義性が取り除かれるべきであるとするならば、そのような考えは、より狭い定義を要求する。そして、われわれが神を存在の

「意味」として捉えるとき、神は、その定義を得るのである。」

(27) Cf. Duclow 1974.

(28) Cf. Stadler 1983.

(29) Cf. Ricoeur 1976.

(30) Cusanus, *De Gen.*, 1, 143, 12-13 : Qui de genesi locuti sunt, idem dixerunt in variis modis, ut ais.

(31) Santinello 1963 : 81-90.

(32) Cusanus, *De Gen.*, 2, 159, 11-4 : Ubi vero Moyses modum, quo haec acta sunt omnia, humaniter exprimit, credo ipsum ad finem, ut vero modo quo verum per hominem capi posset, eleganter expressisse. Sed usum scis modo humano ad finem, ut homines humaniter instruat.

(33) Ibid. 2, 160, 3-8, 15 : Prudentes autem atque in theologicis peritiores scientes divinos modos sine apprehensibile modo esse non offenduntur, si configuralis assimilatorius ad consuetudinem audientium contractus reperitur. Ipsi enim absolvunt eum a contractione illa, quantum eius possibile fuerit, ut intueantur tantum idem ab identificare. こうした縮限においては歴史的次元さえ認められているのであり、それは次の章の冒頭で述べられている。(cf. Ibid., 3, 161, 3-7, p. 116).

(34) Ibid. 2, 160, 18-21 : Quorum omnium considerationem circa modum accepto, quasi sint sapientum varii conceptus inexpressibilis modi, non nisi me ad idem ipsum, quod quisque nisus est assimilatorie configurare, convertens et in eo quiescens.

(35) Cf. Fuehrer 1980 : 169-189.

(36) Cf. Struever 1982 : 305-334.

(37) Cusanus, *De pace,* VII, n. 21, p. 20, 9-11 : Deus, ut creator, est trinus et unus ; ut inifinitus, nec trinus, nec unus nec quicquam eorum quae dici possunt.

(38) Ibid. VIII, n. 24, p. 25, 1-7 : Nominant aliqui unitatem Patrem, aequalitatem Filium, et nexum Spiritum Sanctum ; quia illi termini etsi non sint proprii, tamen convenienter significant trinitatem. [...] Et si simpliciores termini reperiri possint, aptiores forent, ut est unitas, iditas et idemptitas.

(39) Ibid. I, n. 6, p. 7, 11-12. : Quod si forte haec differentia rituum tolli non poterit *aut non expedit,* ut diversitas sit devotionis adauctio [...].（強調引用者）.

(40) Cf. Alvarez-Gomez 1999 : 334-336.

(41) Cusanus, *De sap.,* I, 9, 2-18 : Unde sapientia, quam omnes homines, cum natura scire desiderent, cum tanto mentis affectu quaerunt, non aliter scitur, quam quod ipsa est omni scientia altior et inscibilis, et omnia loquela ineffabilis, et omni intellectu inintelligibilis, et omni mensura immensurabilis, et omni fine infinibilis, et omni termino interminabilis, et omni proportione improportionabilis, et omni comparatione incomparabilis, et omni figuratione infigurabilis, et omni formatione informabilis, et in omni motione immobilis, et in omni imaginatione inimaginabilis, et in omni sensatione insensibilis, et in omni attractione inattractabilis, et in omni gusto ingustabilis, et in omni auditu inaudibilis, et in omni visu invisibilis, et in omni apprehensione inapprehensibilis, et in omni affirmatione inaffirmabilis, et in omni negatione innegabilis, et in omni dubitatione indubitabilis, et in omni opinione inopinabilis. [...] per quam, in qua et ex qua omnia.

(42) これについては、cf. Meinhardt 1984 : 325-332.

(43) Cf. Cusanus, De coni., II, 15.

(44) Idem, *De pace,* 4, n. 12, p. 13, lignes 2-8 : Et quod super omnia mirabilius est, relucentia illa sapientiae per vehementem conversionem spiritus ad veritatem plus et plus accedit, quousque viva ipsa relucentia de umbra ymaginis continue verior fiat et conformior verae sapientiae, licet absoluta ipsa sapientia numquam sit, uti est, in alio attingibilis ; ut sit sic perpetuus et indeficiens cibus intellectualis ipsa aeterna inexhauribilis sapientia.

(45) Cf. Bredow 1995 : 31-39.

(46) Cusanus, *De pace,* III, n. 8, p. 9, 17-19 ; 10, 1-2 : [...] quia ab initio decrevisti hominem liberi arbitrii manere, et cum nihil stabile in sensibili mundo perseveret varienturque ex tempore opiniones et coniecturae fluxibiles, similiter et linguae et interpretationes [...].

(47) Idem, *De vis.,* VII, 25, 12-19 : Et cum sic in silentio contemplationis quiesco, tu, domine, intra praecordia mea respondens dicens : Sis tu tuus et ego ero tuus. O domine, suavitas omnis dulcedinis, posuisti in libertate mea, ut sim, si

voluero, mei ipsius. Hinc nisi sim mei ipsius, tu non es meus : Necessitares enim libertatem, cum tu non possis esse meus, nisi et ego sim mei ipsius. Et quia hoc posuisti in libertate mea, non me necessitas, sed expectas, ut ego eligam mei ipsius esse.

(48) Cf. *De pace,* XVII, n. 60, p. 56, 19.

(49) こうした読解のためには、cf. Röhricht 1971 : 125-136.

(50) Cf. Cusanus, *Tota pulchra es amica mea (sermo de pulchritudine),* p. 34 : Tractat deinde Dionysius quomodo pulchrum, quod cum bono convertitur, est causa omnium motuum spiritum, scilicet, qui moventur desiderio.

(51) Ibid. p. 35 : Nam quidquid est ex pulchro et bono et in pulchro et bono est et ad pulchrum bonumque convertitur.

(52) Ibid. p. 33 : splendorem formae, sive substantialis, sive accidentalis, super partes materiae proportionatas et terminatas...

(53) Ibid. p. 33 : Sed pulchritudo per se est quae per suam essentiam est causa pulchritudinis, omnem pulchritudinem faciens.

(54) Cusanus, *De docta ign.,* II, 1, p. 62, 13-15 : Ascende hic, quomodo praecisissima maxima harmonia est proportio in aequalitate, quam vivus homo audire non potest.

(55) Idem, *De vis.,* VI, n. 20, 13-n. 21, 3 : Tua autem facies, domine, habet pulchritudinem, et hoc habere est esse. Est igitur ipsa pulchritudo absoluta, quae est forma dans esse omni formae pulchrae. O facies decora nimis, cuius pulchritudinem admirari non sufficiunt omnia, quibus datur ipsam intueri. In omnibus faciebus videtur facies facierum velate et in aenigmate. Revelate autem non videtur, quamdiu super omnes facies non intratur in quoddam secretum et occultum silentium, ubi nihil est de scientia et conceptu faciei.

(56) Duferenne 1966 : 6.

(57) Duferenne 1959 : 285.

(58) Ibid.

(59) Ibid. : 286.

(60) Duferenne 1967 : 52.

(61) Cf. Duferenne 1967 : 421-526.

(62) Dufrenne 1973 : 7-57. この導入は、次のような言葉によって明確に結論付けられている（p. 56）：「神学的ではない哲学とは、キリスト再臨を待つ必要がないような哲学である。それは、現前がいまここで与えられているということを知っている。現前は、贈与そのものである。この贈与は、贈与者を含意せず、またそれは単に、現実の、予見不能で惜しみない生成でしかない。」

(63) Cf. Ibid. : 36.

(64) Ibid. : 39.

(65) Ibid. : 224

(66) Duferenne 1967 : 557, n. 1.

(67) Cf. Duferenne 1959 : 281.

(68) Cusanus, *De vis.*, XIII, n. 52, 8-12 : Oportet igitur intellectum ignorantem fieri et in umbra constitui, si te videre velit. Sed quid est, deus meus, intellectus in ignorantia? Nonne docta ignorantia? Non igitur accedi potes, deus, qui es infinitas, nisi per illum, cuius intellectus est ignorantia, qui scilicet scit se ignorantem tui.

参 考 文 献

Aertsen, Jan A./Speer, Andreas (Hrsg.), (1998) *Miscelanea Mediaevalia*. Bd. 26. *Was ist Philosophie im Mittlealter,* Berlin/New York

Alvarez-Gomez, Mariano, (1999) *Hacia los fundamentos de la paz perpetua en la religión según Nicolás de Cusa,* in : *La Ciudad de Dios,* CCXII/.

Beierwaltes, Werner, (1976) *Negati affirmatio : Welt als Metapher. Zur Grundlegung einer mittelalterlichen Ästhetik durch Johannes Scotus Eriugen,* in : *Philosophisches Jahrbuch,* 83.

Bredow, Gerda von, (1995) *Der Gedanke der Singularitas in der Altersphilosophie des Nikolaus von Kues,* in : *Im Gespräch mit Nikolaus von Kues,* Münster.

Cassirer, Ernst, (1927) *Die Bedeutung des Sprachproblems für die Entstehung der neueren Philosophie,,* in *Festschrift Meinhof,* Hamburg.

Cusanus, Nicolaus, *De coni.* (h III).

———, *De dato.* (h IV).

———, *De docta ign.* (h I).

———, *De fil.* (h IV).

———, *De mente* (h V).

———, *De pace* (h VII).

———, *De princ.* (h IV).

———, *De sap.* (h V).

———, *De vis.* (h VI).

———, *Lettre ã Albergati,* (CT IV).

———, *Tota pulchra es amica mea (sermo de pulchritudine).* (Edizione critica e introduzione a cura di G. Santinello), Padova, 1959.

Descartes, René, (1996a) *Discours de la mēthode,* VI, Paris

———, (1996b) *Regulae ad directionem ingenii,* IV, Paris.

Duclow, Donald F., (1974) *The Learned Ignorance : Its Symbolism, Logic and Foundations in Dionysius the Areopagite, John Scotus Eriugena and Nicholas of Cusa,* Bryn Mawr College.

Dufrenne, M., (1966) *Jalons,* La Haye.

———, (1959) *La notion d' "a priori"*, Paris.

———, (1967) *Esthétique et philosophie,* Paris.

———, (1967) *Phénoménologie de l'expérience esthétique. II. La perception esthétique,* Paris.

———, (1973) *Le poétique,* Paris.

Fuehrer, M. L., (1980) *Purgation, illumination and perfection in Nicholas of Cusa,* in : *Downside Review,* 89 (1980), Oxford.

Gadamer, Hans-Georg, (1970) *Nikolaus von Kues im modernen Denken,* in : *Nicolò Cusano agli inizi del Mondo Moderno, Atti del Congresso Internazionale in occasione del V Centenario della morte di Nicolò Cusano. Bressanone, 6-10 settembre 1964,* Firenze.

Heimsoeth, Heinz, *Los seis grandes temas de la Metafísica Occidental,* trad. J. Gaos., Madrid.

Meinhardt, M., (1984) *Konjekturale Erkenntnis und religiöse Toleranz,* in : *Mitteilungen und Forschungsbeiträge der Cusanus-Gesellschaft,* 16, Mainz.

Miller, Clyde L., (1983) *A Road Not Taken : Nicholas of Cusa and Today's Intellectual World,* in : *Proceedings of the American Catholic Philosophical Association,* 57.

Ricoeur, Paul, (1960) *Finitude et culpabilité. 2. La symbolique du mal,* Paris.

———, (1969) *Le conflit des interprétations. Essais d'herméneutique,* Paris.

———, (1976) *Interpretation Theory : Discourse and the Surplus of Meaning,* Texas.

Röhricht, Rainer, (1971) *Der ökumenische Reichtum der Wahrheit,* in : *Mitteilungen und Forschungsbeiträge der Cusanus-Gesellschaft,* 9, Mainz.

Santinello, Giovanni, (1963) *L'Ermeneutica scritturale nel 'de genesi' del Cusano,,* in : *Archivio di Filosofia,* Roma.

Stadler, Michael, (1983) *Rekonstruktion einer Philosophie der Ungegenständlichkeit. Zur Struktur des cusanischen Denkens,* München.

Stallmach, Josef, (1989) *Ineinsfall der Gegensätze und Weisheit des Nichtwissens. Grundzüge der Philosophie des Nikolaus von Kues,* Münster.

Struever, N., (1982) *Metaphoric Morals : Ethical implications of Cusa's Use of Figure,* in : Brind'amour, L./Vance, E. (...ds.), *Archéologie du Signe. Recueils d'Études Médiévales. III,* Toronto.

西田幾多郎におけるクザーヌスとの出会い

八巻和彦

西田幾多郎が自己の思索を展開深化させるに際して、欧米の様々な思想家との対決を重要な契機としたことは、よく知られているところである。その中の、アウグスティヌス、マイスター・エックハルト、ヤコブ・ベーメ、ライプニッツというような、中世から近世初期にかけての思想家と並んで、ニコラウス・クザーヌスもその対象に属している。特にわれわれがクザーヌスに注目するのは、すでに本書「日本におけるクザーヌス研究史」で言及したように、西田がその処女作『善の研究』以来ほぼ間断なくクザーヌスに論及した上で、彼が自ら公刊した最後の論文である「予定調和を手引きとして宗教哲学へ」において以下のように記しているからである。「無分別の分別と云ふことが真の自覚である（鈴木大拙）。西洋哲学においてはニコラウス・クザヌスの無知の知 docta ignorantia が最も之に近いと思ふ。……クザヌスの「反対の合一」coincidentia oppositorum の哲学は、最もよく場所的論理によって言ひ表はされるであらう」[1]。すなわち、西田はクザーヌスの〈docta ignorantia〉と〈coincidentia oppositorum〉という二つの中心的な思想を高く評価しつつ、これらは自己の立場においてこそ最善に表現されるのだと主張しているのである。

さて、われわれが確認できた限りでの西田によるクザーヌスへの論及は、上で挙げた二つの論文に加えて、講演

「Coincidentia oppositorum と愛」と遺稿「場所的論理と宗教的世界観」という、総計四篇の論述と、一篇の「宗教哲学」講義のための草稿である。以下では、講義用草稿を除く四篇の論及箇所を中心的対象と設定して、西田のクザーヌスの思想に対する関心の所在とその理解を確定すると共に(2)、それとクザーヌスの思想そのものとの比較対照を遂行して、西田におけるクザーヌスとの出会いのあり方を明らかにしたい。

一 『善の研究』

第一の箇所は『善の研究』の「第二編 実在、第十章 実在としての神」のなかの一節である。少し長く引用して紹介する。「然らば我々の直接経験の事実上に於て如何に神の存在を求むることができるか。時間空間の間に束縛せられたる小さき我々の胸の中にも無限の力が潜んで居る。即ち無限なる実在の統一力が潜んで居る、我々は此力を有するが故に……我々は自己の心底に於て宇宙を構成する実在の根本を知ることができる。即ち神の面目を捕捉することができる。……神を外界の事実の上に求めたならば、神は到底仮定の神たるを免れない。又宇宙の外に立てる宇宙の創造者とか指導者とかといふ神は真に絶対無限なる神とはいはれない。……神は如何なる形に於て存在するか、一方より見れば神はニコラウス・クザヌスなどのいつた様に凡ての否定である、之といつて肯定すべき者即ち捕捉すべき者は神ではない、若し之といつて捕捉すべき者ならば已に有限であつて、宇宙を統一する無限の作用をなすことはできないのである（De docta ignorantia, Cap. 24）。此点より見て神は全く無である。然らば神は単に無であるかといふに決してさうではない。実在成立の根底には歴々として動かすべからざる統一の作用が働いて居る。実在は実に之に由つて成立するのである。……神は此等の意味に於ける宇宙の統一者である、実在の根本である、唯その能く無なるが故に、有らざる所なく働らかざる所がないのである。……而して宇宙の統一なる神は実にかゝる統一的活動の根本である。我々の愛の根本、喜びの根本である。神は無限の愛、無限の喜悦、平安である」。(3)

ここで西田は、自己の考える、宇宙を統一する無限の力としての神が、実在の根底において無の如きものとして働いていることを示すために、西洋哲学における否定神学的要素を援用して、その具体例としてクザーヌスの *De docta ignorantia* を挙げているのである。ここで西田は「二四章」と指示しているが、内容的には「第一巻二六章」が正しい。しかし、注(2)で挙げた資料、すなわちシャルプのドイツ語訳を見ると、確かに西田は第一巻二四章に青鉛筆の下線を三箇所引いており、加えて一箇所では三行にわたる傍線を欄外に付している。この四箇所は、内容的に分類すると、神が「一的に全て」omnia uniter という主張と、肯定的な名称は神には適合しないという主張の二つになる。(4) いずれもクザーヌス自身の論展開としては、二六章において結論付けられるべきことがらの導入的論述であるのだが、西田はこの段階ですでに、クザーヌスが導くであろう結論を先取り的に把握しているように見える。なぜならば、二六章における、この問題についての結論的な論述には、西田はもはや何の印もつけてはいないからである。(5)

『善の研究』における第二の箇所は「第四篇　宗教　第四章　神と世界」、すなわち、この書物の最後の章の冒頭である。これも少し長く引用して紹介する。「純粋経験の事実が唯一の実在であつて神はその統一であるとすれば、神の性質及世界との関係もすべて我々の純粋経験の統一即ち意識統一の性質及之と其内容との関係より知ることができる。先づ我々の意識統一は見ることもできず、聞くこともできぬ、全く知識の対象となることはできぬ。一切は之に由りて成立するが故に能く一切を超絶して居る。……仏教はいふに及ばず、中世哲学に於てディオニシュース Dionysius 一派の所謂消極的神学が神を論ずるに否定を以てしたのもこの面影を写したのである。ニコラウス・クザヌスの如きは神は有無をも超絶し、神は有にして又無なりといつて居る」[6]。ここで西田が挙げているディオニュシオスとクザーヌスの説に類似する内容は、クザーヌスの *De docta ignorantia* 第一巻一七章末尾近くに、以下の通りに存在する。「われわれは諸存在者の分有を取り除くことによって神を発見するのである。なぜならば、全ての存在者が存在性を分有している。それゆえに、全ての存在者から分有が取り除かれれば、残るのは、あらゆるものの本質としての、最も単純な存在性それ自体である。ところが、われわれがこのような存在性それ自体を認識するのは、最も覚知的な無知においてのみである。その理由は、存在性を分有している全てのものを私が精神から取り除く場合には、無しか残らないように見えるからである。このゆえに、大ディオニシウスは、神を知解することは、或るものへ近づくというよりはむしろ無へ近づくことであると言っている。他方、聖なる無知が私に対して、知性には無であるように見えるものが把捉しえない最大者である、ということを教えた」[7]。西田は、この引用部分に該当するシャルプ訳の欄外に青鉛筆で傍線を引いており、特に引用文中の前者の「無」にあたる'Nichts'には青鉛筆で下線を付している[8]。西田がこのように『善の研究』における第二の箇所で、クザーヌスの思想を、擬ディオニュシオスはもとよりエックハルト、ベーメ等と共に、否定神学（この時期の西田の用語法では「消極的神学」）の典型として扱いつつ、この処女作を締めくくろうとしているのは、その後の彼の思想の発展を知りうる立場にあるわれわれには印象的である。

二　講演「Coincidentia oppositorum と愛」

このあまり大きくない講演においては、冒頭に「この coincidentia oppositorum は近世の始、ルネサンスの頃に、ニコラウス・クザヌスが云つたことである」[9] としてクザーヌスの名前が提示されて後、くり返しクザーヌスの思想との関連が言及されつつ、講演が進められている。『善の研究』では coincidentia oppositorum は言及されることがなかったが、ここではそれが明確にクザーヌスのものとして紹介されつつ、以下でみるように西田自身の思考に組み込まれている点に、西田のクザーヌス研究の深化をうかがうことができる。また、この講演が一九一九（大正八）年に、真宗大谷大学の開校記念日においてなされたものであるので、その内容の展開において、西洋哲学と並んで仏教への論及がなされているのは当然のことであろうが、同時に注目すべきことには、カントールの無限数論等も紹介援用されているのである。このことは、「coincidentia oppositorum は一切の人間活動の基礎となり、愛の形によつてその極地が示されるのである」[10] という主張を、西田が真剣に説き明かそうとしていると、理解することができるであろう。

さて、この講演での思索の出発点は、「神と世界との対立」をいかなるものと捉えるか、である。「一体神は普通無限なものとして考へられる、さうして神と世界の対立を有限と無限との対立と見て居る。然し神は無限と云つても、それは有限を否定した無限ではない。さなくば神の無限が如何にして世界を生み出すか、有限と無限とが如何にして結びつくことが出来るかを解することはできぬ。神の無限は有限を否定したものではなく有限と無限との一致した無限である、即ち coincidentia oppositorum である。神は総ての反対の統一である。論理的に矛盾したものを統一したものであつて、両立しないものの一致を神の性質と考へた」[11]。

この引用部分にはすでに、後の思想となる「絶対矛盾的自己同一」に繋がる視点が現われていることが注目されるが、とくにクザーヌスの思想との関わりでは、coincidentia oppositorum のことを「神は総ての反対の統一である」と解釈している点が注目される。西田はこの理解に立ちつつ、無限者においてはそれの部分と全体という対立するものが一致することを、無限数の例および幾何学図形における面積の例を挙げて説明する。その上で、彼は「『我』の意識に於て之を体験」することもできるとする。「例へば自分がコップを知つてゐると云ふ場合は、自分はコップより大であるが、自分が自分を知つて居ると云ふ場合は、知る自分と知らるる自分とは一である。即ち部分と全体とが同一で之が無限であり、体験的には『自覚』である。Coincidentia oppositorum は始めは宗教上に用ひられたが、現今の数学や、現実の自覚も之によつて成立つのである」[12]。

ここでの西田の推論は、「知る自分と知らるる自分とは一である」ということを前提にしているが、果たしてそのとおりであるか否かは、この論の限りでは簡単に断定できないであろう[13]。それはともかく、西田はこれを前提にして推論を進めて、明示的にではないものの、命題上の〈逆〉を真なることとして導出しているようだ。「即ち部分と全体とが同一で之が無限であり」というものである。「自覚における我」が無限であるというのは、すでに上に引用した「時間空間の間に束縛せられたる小さき我々の胸の中にも無限の力が潜んで居る」[14]という『善の研究』以来の彼の確信であるのだろう。

西田はさらにこの理解を一般化して、「実はすべての知識の底にも coincidentia oppositorum があると思ふ」[15]と述べて、以下のような例を挙げる。「『白は黒にあらず』と云ふときには、白と黒とを比較する或全体があつて、この判断が生れる。そうしてこの全体は白でも黒でもない。且つ白ともなり黒ともなり得るものでなければならぬ。

それは反対のものになると共に一である所のクザヌスの coincidentia oppositorum である」[16]。ここまで展開されてくると、「クザーヌスの coincidentia oppositorum」であるとされつつも、すでにこれが西田独自の思考を構築するための見事な機構として活用されていることが明らかである。そして、さらに以下のように論じ進められる。「それではその全体は知識の対象となりうるかと云ふに、さうではない。……知識が成立するには知識となり得ないものがある。之が全体の直覚である。それは論理的判断の対象とはならぬがその基礎となるのである。我等が新なる知識を得るには、かくいふ直覚を得るのである」[17]。

そして最後に西田は、coincidentia oppositorum としての愛に説き及ぶ。「我等が真に愛すると云ふことは自他の矛盾の一致である。即ち他を愛すると云ふことが自分を愛することになる。かく愛の本質はこの coincidentia oppositorum が最も純粋に顕はれたものである。この coincidentia oppositorum は論理に於てはまだ消極的であるが、愛に於てそれは積極的につかまれる。……この愛は論理的には説明はできぬが、論理上の coincidentia oppositorum が生活に於ての愛であつて、一切の基礎となつてをる」[18]。このように論じた上で、「かう考へると、宗教上の神仏とはその本質は愛であると云つてよいと思ふ。知識の竟まるところ人格となり、この人格はすでに coincidentia oppositorum であるが、coincidentia oppositorum の結合するものが神又は仏であつて、愛が神や仏の本質である」[19]とまで述べる。この考察が、本節冒頭で紹介した注(10)の一文に連なるのであり、「極めて論理的な概念が現実生活に極めて密接な事実となる」[20]と締めくくられるにいたるのである。

以上のような西田による論の展開について、最後に二つの問題を確認しておきたい。第一は、すでに若干言及したとおり、無限の場で成立するはずの coincidentia oppositorum が日常の場で成立しているように論じられていることである。[21]第二は、「クザーヌスの coincidentia oppositorumを神の本質であるとしたり、神そのものであるとしているが、クザーヌスにおいて実際にそのとおりであるのか、ということである。この点については、節を改めて次に考察する。

三　「絶対矛盾的自己同一」と「coincidentia oppositorum」

前節で検討した講演の二十年後の一九三九（昭和一四）年頃に、西田は「絶対矛盾的自己同一」という思想に到達し[22]、この年に同名の論文を発表した。これは、しばしば指摘されているように、クザーヌスの「coincidentia oppositorum」と類似点が見出される思想である[23]。しかしクザーヌスの名前は、反復を頻繁にくり返しながらこの思想を紡ぎ出しているこの論文の中に見出されることはない。以下では、先ず西田の「絶対矛盾的自己同一」とクザーヌスの「coincidentia oppositorum」のそれぞれの特徴を摘出し、次いで、両者を比較することで、西田のこの思想の独自性を明らかにしてみたい。

西田はこの論文のほとんど冒頭で、いささか唐突に次のように記す。「現実の世界は何処までも多の一でなければならない、個物と個物との相互限定の世界でなければならない。故に私は現実の世界は絶対矛盾的自己同一といふのである[24]」。これだけの記述からでは、「絶対矛盾的自己同一」とはいかなる内容のものであるか、ほとんど不明である。そこで、この論文の中からこの概念について述べられているところを抽出して、内容の限定を試みることにしよう。

先ず第一に、――上に挙げた導入部の論述とも関わるが――絶対矛盾的自己同一としての世界は無底であり、かつ超越的である。西田は記している。「この世界の根柢に多を考へることもできず、一を考へることもできず、何処までも多と一との相互否定的な絶対矛盾的自己同一の世界」であると[25]。さらに、「絶対矛盾的自己同一の世界は自己自身の中に自己同一を有たない。矛盾的自己同一として、いつも此世界に超越的である[26]」。

第二には、多と個物の関係が相互否定的に一である。「絶対矛盾的自己同一の世界に於ては、個物が個物自身を形成することが世界が世界自身を形成することであり、その逆に世界が世界自身を形成することが個物が個物自身を形成することである。多と一とが相互否定的に一となる、作られたものから作るものへである[27]」。

第三には、永遠と時が相即的な関係にある。絶対矛盾的自己同一の世界においては、「時の瞬間に於て永遠に触れる」、逆に「時が永遠の今の自己限定として成立する」のである[28]。

第四には、第三の点から導かれることであるが、過去と未来とが現在において包摂され、かつそこに臨在している。「絶対矛盾的自己同一として作られたものより作るものへといふ世界は、過去と未来とが相互否定的に現在に於て結合する世界であり、矛盾的自己同一的に現在が形を有ち、現在から現在へと自己自身を形成し行く世界である[29]」。

第五には、神と人間の関係が、〈対すると共に結びつく〉という、「絶対の断絶の連続[30]」の関係にある。一方において西田は、「人間より神に行く途はない[31]」、「個物が何処までも超越的なるものに対することによつて個物となると云ふことでなければならない[32]」とする。しかし、同時に「我々は我々の自己成立の根柢に於て神に結合するのである。……我々はいつも絶対に接して居るのである。唯之を意識せないのである。我々は自己矛盾の底に深く省みることによつて、自己自身を翻して絶対に結合するのである」とも言う[33]。すなわち、「神と我々とは、多と一との絶対矛盾的自己同一の関係に於てあ[34]」り、「いつも之に対すると云ふこともできない絶対に接して居るのである[35]」。

第六には、上の第二点において示されたように、絶対矛盾的自己同一的世界の個物として確立している我々でありながらも、しかし、「我々は自己成立の根柢に於て自己矛盾的なのである」[36]。

以上を整理してみるならば、西田の「絶対矛盾的自己同一」とは、〈絶対者〉と〈個物としての人間〉との間に成立する「絶対の断絶の連続」的な関係を叙述することにその中心があるものだと言えよう。また、この「絶対矛盾的自己同一」の思想は、西田においてその最晩年まで深化発展され続けるのであるが、それは以後の節で論及しよう。

他方、クザーヌスにおける「coincidentia oppositorum」(反対対立の合致)[37]も、複雑な意味連関の中にあり、かつ、「絶対矛盾的自己同一」と同様に発展のプロセスが存在する。ここでは、前節末尾において西田の「反対対立の合致」についての理解において問題として指摘しておいた二点と、さらに次節以降で言及する西田による「反対対立の合致」理解に関わる問題点に絞って、検討することにしたい。その問題点とは、改めて記せば以下のようなものである。(一)「反対対立の合致」は、神そのものであるのか、または神において成立すると、クザーヌスが考えているか。(二) クザーヌスにおいて、実際に神と人間との「反対対立の合致」が存在するのか。(三) 無限の場で成立するはずの「反対対立の合致」が、西田においては日常の場で成立するように論じられているが、クザーヌスにおいてもそのとおりであるか。

先ず(一)の問題であるが、これについては、第二次大戦後のヨーロッパでコッホとヴィルパートが論争をしたことがある[38]。しかし、この論争が意味を有するのは、議論を *De docta ignorantia*(『覚知的無知』[39])に限った場合であって、そこにはクザーヌス自身に責任のある不明瞭さが存在しているからである。すなわち、彼はある箇所では、「この深遠なことがらに関してわれわれ人間の天賦があげてなすべき努力は、矛盾するものどもが一致するところのあの単純性へと、自己を高めることでなければなりません[40]」と記しており、かつ、この書物では「単純性」simplicitasは神と同義で用いられているので[41]、「反対対立の合致」が神において成立すると解釈されることも可能である。しかし他方においてクザーヌスは、同じ書物の中で、「あらゆる対立に無限に先立っている無限な一性を誰が知解可能であろうか[42]」と記しており、かつこの「無限な一性」とは神のことに他ならないのであるから、「反対対立の合致」が成立する場は神とは区別されていることになるのである。

ところが、クザーヌスは*De docta ignorantia*に引き続いて著した*De coniecturis*（『推測について』）では、「反対対立の合致」の多様な形態を区別しており[43]、理性において成立するもの、知性において成立するもの、そして神において成立するものについて論じている[44]。さらに、*De docta ignorantia*から九年後に著した小さな書物*Apologia doctae ignorantiae*（『覚知的無知の弁護』）において、クザーヌスは最終的に、神と「反対対立の合致」が成立する場を明確に区別した。「ディオニュシウスによれば神は反対対立の反対対立であるゆえに、私が『推測について』において、神は矛盾的対立の合致を超えていると説明したのは、汝が読んだ通りである[45]」。

この点についてクザーヌスは、さらに四年後の一四五三年に著した*De visione dei*（『神を観ることについて』）において、以下のように思考を深めている。「以上のことから、私は身をもって分かります。自分が闇の中に歩み入って、理性の全ての能力を超える〈反対対立の合致〉を許容し、不可能性が現れる場にこそ真理を探究しなければならないということが。さらに私が、〔理性の〕あらゆる能力を超えて、知性的な最高の上昇さえも超えて進み行き、いかなる知性にも不可知なものであって、真理から最も離れているものであると、全ての知性が判断するようなものに到達するならば、そこにこそ、私の神よ、あなたは居られるのです。……それゆえに、私の神よ、私はあなたに感謝いたします。あなたは私に次のことを開示して下さっているのですから。すなわち、あなたに到達するための道は、あらゆる人間にとって、最も学識深い哲学者達にとってさえも、全く到達不可能であり存在不可能であるように見える道以外には存在しないことを。つまりあなたは私に、不可能性が現われ取り巻いている所でのみ、あなたが観られうるものであることを示して下さっています。主よ、強者の糧であるあなたは私を激励して、私が自分に強制するようにして下さいました。なぜなら、不可能性が必然性と一致するのだからです。その結果私は、あなたがあからさまに見出される場を見出したのです。そこは諸々の矛盾するものの合致によって囲まれているのですが、これはあなたが住まっておられる楽園の城壁です。それの門は理性の最高の霊が監守しており、彼が打ち負かされない限りその中に入ることはできません。それゆえにあなたは、この諸々の矛盾の合致の向こうに見出されうるのですが、こちら側ではけっしてありえません」[46]（傍点は引用者、断りのない限り以下も同じ）。

このいささか長すぎる引用から明らかなように、西田がクザーヌスの「反対対立の合致」を、神において成立するものとしたり、または神そのものであると捉えることは、事実には即していないことが明らかとなる。西田のこのような理解は、彼がクザーヌスの著作としてほとんど *De docta ignorantia*（『覚知的無知』）のみ使用していたことに起因しているだろう。[47]

さらに、（二）の問題点と関わってであるが、『神を観ることについて』におけるクザーヌスの「反対対立の合致」の思想の展開に、興味深いことが見出されるのである。それは、「反対対立の合致」のなかに、われわれの名づけるところの「水平的合致」と「垂直的合致」の区別がなされていることである。

「水平的合致」とは、天国の壁の周囲で、以下のように成立するものである。「不可能に思われることが必然性そのものなのです。なぜならば、〈今〉と〈その時〉ということは、あなたの言葉の後に存在しているものなのだからです。それゆえにそれら〔今とその時〕は、あなたに近づいて行く者に対して、あなた〔神〕が住んで居られる場所を囲んでいる城壁において、一致して現れるのです。つまり、〈今〉と〈その時〉とは楽園の城壁の周りで一致しているのです。しかし、私の神よ、絶対的永遠性であるあなたは、〈今〉と〈その時〉を超越して存在し、そして語るのです(48)」。

これに対して「垂直的合致」とは、天国の壁にある入口において、すなわちイエス・キリストの存在によって成立するものである。「主よ、私はあなたが助けて下さることを確信しつつ、包含と展開の合致の城壁の向こう側にあなたを見出すために、もう一度戻ります。すると、あなたの言葉であり概念であるこの門を通って、私が同時に入り出る時に、私は極めて甘美な糧を見出すのです。私があなたを、万物を包含している力として見出す時、私は入っています。私があなたを、〔万物を〕展開している力として見出す時、私は出ています。私があなたを、〔万物を〕同時に包含し展開している力として見出す時、私は同時に入り出ているのです。私は、被造物から創造主であるあなたへと、つまり諸々の結果から原因へと入ります。そして、私は、創造主であるあなたから、つまり原因から結果へと出るのです。〔神においては〕出ることが入ることであり、同様に入ることが出ることであるということを観る時に、私は同時に入り出ているのです(49)」。

神にして人という例外的存在たるイエス・キリストが、クザーヌスにとって〈矛盾〉と捉えられていることは、この著作にも以下のように明らかに記されている。「あなたは、この世界のいかなる知者にも全く知られていません。なぜならばあなたは、同時に創造者にして被造物であり、引き寄せる者にして引き寄せられる者であり、有限なる者にして無限なる者であるのですから、われわれはあなたについて最も真なる矛盾を確証することになるからです(50)」。

以上のようにクザーヌスにおける「反対対立の合致」の展開を考察してくると、文字通りに符合するわけではないが、西田における「絶対矛盾的自己同一」との内容的な近似性を見出すことができるであろう。すなわち、西田において「我々はいつも絶対に接して居るのである。唯之を意識せないのである。我々は自己矛盾の底に深く省みることによつて、自己自身を翻して絶対に結合するのである」と言われていることが、クザーヌスにおいてはキリストという存在を前提にして、「神秘的合一」の場において成立することとされているのである。

さらに、(三)の問題点に関しては、西田が「我々はいつも絶対に接して居る」と捉える限り、クザーヌスにおいては無限の場ではじめて成立するとされる「反対対立の合致」であるものの、それと近似した西田の理解する「coincidentia oppositorum」が大谷大学での講演の段階で日常の場で成立するとされたことも、また、後の「絶対矛盾的自己同一」が同様であることも、西田においては当然のことであることが明らかになる。

四 「予定調和を手引きとして宗教哲学へ」

第四のクザーヌスへの直接的な論及箇所は、西田の死の前年である一九四四年の春に完成された論文「予定調和を手引きとして宗教哲学へ」のなかの一節である。

この論文の主題は以下のように要約できるであろう。時間的かつ空間的意味でのこの世界は、「絶対現在としての神」[51]の自己限定であるゆえに、「歴史的世界構成の論理的原理」としての予定調和[52]に貫かれている。この西田の予定調和は、ライプニッツのような「仮定としての予定調和」[53]ではない。それは、「未来永劫現れるものが、すべて絶対空間に映されて居る、絶対現在に含まれて居る」[54]という現実的意味においてそれとされているものであり、それゆえに「世界は何処までも予定調和的である」[55]とされるのである。このような絶対現在の自己限定の立場に於いては、「神と人間とは絶対矛盾的自己同一である。人間より神へ行く途は絶対にない[56]」。その途を開きうるのは唯一、「自覚の立場[57]」のみであるが、これこそが真の「宗教の立場であ[58]」り、さらに、それは哲学という学問成立の立場でもある[59]。

ところで、西田はこの論文を執筆する頃、すなわち一九四二（昭和一七）年の暮頃からクザーヌスへの関心を改めて深めていたようである。同年一二月二日付けの下村寅太郎宛ての手紙に以下のような一文がある。「……それからこれはどちらでもよいのだが若しシュミットのDocta ignorantiaの訳がいくらか余分が残つてゐます様なら私にも一冊御分与下さいますまいか　無論これは強いて御配慮なき様に　私はシャルプの訳をもつてゐるのですから[60]」。

引き続き、年の明けた一九四三年二月頃から、西田がデカルトおよびライプニッツらと並んでクザーヌスを集中的に研究したことが、弟子たちとの文通および日記から分かる。一九四三年二月一八日付けの下村寅太郎あての手紙の末尾に、「クザヌスのDocta ignorantiaの独訳をいつでもよいが御用ゐになつてゐない時に一寸見せて下さいませぬか」と記されており[61]、同年二月二六日の日記には「クザヌス下村へ返却」と記されている[62]。

クザーヌスへの西田の関心は翌年になっても続く。彼は一九四四（昭和一九）年三月二日の下村宛の手紙の冒頭で、「マーンケとクザヌス難有御座いました　暫く拝借いたします[63]」と記しているが、この「クザヌス」とは、上述のとおり「シュミットのDocta ignorantiaの訳」のことであり、「マーンケ」とは、D. Mahnke, *Unendliche Sphäre und Allmittelpunkt* (Halle 1937) のことであろうと推測される。そして同年の三月二三日の下村宛のはがきで以下のように記している。「Mahnke　その中お返しいたします　今度は一寸宗教哲学の入口にふれてクザヌスを引きました「思想」の五月か六月に出ます」[64]。このような内容から、この時点で西田が論文「予定調和を手引きとして宗教哲学へ」を脱稿したことが推測されるのである[65]。

さて、この論文におけるクザーヌスへの論及はいかなるものであろうか。少し長くなるが、当該箇所の約二頁を全集から引用する。「哲学と云ふ如き学問は、我々の自覚的意識の立場に於て成立するのである。従来の哲学に於ては、自覚的意識の独自性、その根本性と云ふものが深く考へられてゐない。……自覚と云ふことは、知るものが知られるものと云ふことである、考へるものが考へられるものと云ふことである。……或はそれは不可能とか、自己矛盾と云ふであらう。併し矛盾的自己同一なるが故に、自覚であるのである。デカルトの如く我々の心理的に自己のコギトから出立するのでなく、般若経には、寧ろ論理的に、諸心為非心名之心というのである。背理の様だが、無分別の分別と云ふことが真の自覚である(鈴木大拙)。西洋哲学に於てはニコラウス・クザヌスの無知の知docta ignorantiaが最も之に近いと思ふ。彼は一面に否定神学に導かれて、而も一面に論理的たらんと欲したものである。ライプニッツの前駆をなすものと云つてよい。彼は云ふ、すべての研究は、既知のものとの比例による比較であると(comparativa est omnis inquisitio)。故に彼は数学的である。最大なるものとは、比較対立を絶したもの、それ以上に大なるものがないものでなければならない。而してかゝる最高の充実者は一でなければならない。すべての他との比較を越えたかゝる一者は、すべてであり、すべてに於てあるもの、最小と合一するものでなければならない。これが神である。極大は極小と合一すると云ふ(彼には現代数学の無限論を想起せしめるものがある)。数学が神の真理を知るに最良の補助手段であると云ふ。彼は神を表すに、所謂無限球の例を用ゐて居る。すべてのものの根源として、肯定神学的に、所有最大の名を以てすべき神は、否定神学的に、名づくべからざる神である、絶対の有であると共に無である。クザヌスの「反対の合一」coincidentia oppositorum の哲学は、最もよく場所的論理によつて言ひ表はされるであらう。クザヌスの考は、キリスト教的に尚主体的である。否定と云つても、尚主語的論理の立場を脱してゐない。真の絶対否定即肯定ではない。真の絶対否定に於ては、否定すべきものすらもないのである。従つて彼の哲学は神秘的色調を脱し得ない。彼の論理は真の現実の論理ではない。真の「無知の知」の論理は、自覚の論理でなければならない。そこに、すべての我々の知識及び行為の根源が含まれて居るのである。絶対現在の自己限定として、矛盾的自己同一的に、世界が世界自身を限定する所に、我々の自己は自己自身を知る、自覚的であるのである。逆に我々の自己が自覚する所、そこに世界が自己自身を限定するのである。自覚の論理は世界成立の論理、世界成立の論理は自覚の論理である。対象論理の立場から考へる人は、之を万有神教的とも云ふであらう。併し全く逆である。個が何処までも個なることが全が全なることであり、全が何処までも全なることは個が個なることである。然らざれば自覚の論理ではない。自己の底に深く深く自己の根柢に反省すればする程、外に絶対の神に対するのである。神と人間とは、矛盾的自己同一的に結合して居るのである。これは神秘的と云ふことではない。かゝる自覚的立場から、我々の自己は、知的に、行的に、無限なる矛盾的自己同一的過程であるのである。自覚の論理は我々の歴史的生命の公理である。科学の公理も之からである。我々の自己は、歴史的世界の形成要素として、いつも矛盾的自己同一的に働いて居る。自覚の論理によつて働いて居る、而して何処までも作られたものから作るものへである」(66)。

以上の引用部分が、この論文の主題を解明する重要な部分であることは、容易に読み取れるであろう。ここで西田は、自分の考える「自覚」との関わりにおいて、「無分別の分別と云ふことが真の自覚である（鈴木大拙）。西洋哲学に於てはニコラウス・クザヌスの無知の知 docta ignorantia が最も之に近いと思ふ」と記して、クザーヌスのこの思想を高く評価している。しかし、少し後で西田は、クザーヌスを批判して言う。「真の「無知の知」の論理は、自覚の論理でなければならない。……絶対現在の自己限定として、矛盾的自己同一的に、世界が世界自身を限定する所に、我々の自己は自己自身を知る、自覚的であるのである」。

この論法は、前節の前半において「絶対矛盾的自己同一」論における絶対矛盾的自己同一の特徴としてわれわれが摘出した第二点と同じ内容である。すなわち、ここで西田は自身の絶対矛盾的自己同一の立場からクザーヌスの立場を区別しているのである。

また、西田はこの引用のなかで、「クザヌスの『反対の合一』coincidentia oppositorum の哲学は、最もよく場所的論理によつて言ひ表はされるであらう」として、クザーヌスの「反対対立の合致」を評価しつつも、それはなお不充分であるとしている。この「場所的論理」が何であるかは、ここでの論の限りでは明らかではないが、翌年に完成された遺稿「場所的論理と宗教的世界観」における論述を参照することで理解を深めることができる。それは次のようなものである。「相互否定的なるものの結合」には「矛盾的自己同一的なる媒介者と云ふものがなければならない」が、「相互対立的に相働くもの」の「相互限定によつて一つの結果が生ずると云ふことは、矛盾的自己同一的なる媒介者自身の自己変形とも考へることができる」として、「媒介者の自己変形」という事態を浮き彫りにし、その上で、「物理現象が力の場の変化として考へられる所以である」と付言している。[67] つまり西田は、物理学の理論の類比からこの「媒介者」を「場」として、この「媒介者の自己限定の中心と云ふべきものが、……私の所謂場所的有と考へられる」とする。さらに西田は、「すべてのものを、場所的有の自己限定として見ることができる」[68] と言う。すなわち、このような場にあたるものがクザーヌスの「coincidentia oppositorum」には存在しない、と西田は言いたいのであろう。これは、西田がクザーヌスにおける「coincidentia oppositorum」と神とを同一視していたことから生じた見解であろう。しかし、既に見たように、『神を観ることについて』を執筆した頃（一四五三年）のクザーヌスにおいては、神と「coincidentia oppositorum」とは明確に区別されているので、この西田の指摘は直ちには妥当しないのである。

さて、すでにしばしば言及した西田のクザーヌス研究の跡を調べてみると、興味深いことが見出される。それは、この「予定調和を手引きとして宗教哲学へ」という論文を執筆しつつあったまさに同時期の日付を有する、西田の手になる九件の鉛筆による書き込みが、シャルプ訳の *De docta ignorantia* の頁上に存在することである。

それの典型は、欄外余白に記された「絶対現在の自己限定　昭和十九年三月」というものであり、これには、――すでに注(2)でも言及したように――本文部分の約半頁にわたる範囲に赤鉛筆で下線および欄外の縦線が引かれている[69]。下線の付けられている箇所は、*De docta ignorantia* の第一巻二一章にあたり、該当部分のこのドイツ語訳テキストをさらに日本語に訳出すると以下のような内容となる。「最大者の合一された持続においては、過去は未来と異なるものではなく、未来も現在と異なるものではない――始めと終わりなき永遠である。最大な円においては直径も最大であり、多くの最大者は存在しえないゆえに、最大な円は、直径と円周が一なるものであるほどに、合一されたものである。しかし無限な直径も無限な中央つまり中心を有する。それゆえに、最大な円においては中心と直径と円周は一なるものである。……（最大な円は）中心として能動因であり、直径として形相因であり、円周として目的因である[70]」（傍線は西田による下線を示す。以下同じ）。

ここに西田の手で書きこまれている「絶対現在の自己限定」という概念は、以前の論文「絶対矛盾的自己同一」において「永遠の今の自己限定」とされていたものの言い換えであるが、目下われわれが考察の対象としている論文「予定調和を手引きとして宗教哲学へ」の中の上に掲げた引用文にも見出せた。しかし、内容的に深く関わるのは、次節でわれわれが考察の対象とする遺稿において深化展開される思想である。西田がここにあえて「昭和十九年三月」と日付けまで記していることは、この時に西田が一つの新たな確信に到達したことを推測させるのである。[71]同じく、「彼は神を表すに、所謂無限球の例を用ゐて居る」という、われわれの上での引用部にも関わるが、中心的には遺稿の内容として利用されることになる書きこみとして、「Sphaera infinita」[72]がある。これは遺稿において比喩として活用され、極めて重要な役割を果たすことになるものである。

さて、目下の論文「予定調和を手引きとして宗教哲学へ」の内容と密接に関わる書き込みは、同じ頁の欄外にある「豫定調和」である。これは、*De docta ignorantia* 第一巻二二章の「神の予見は、それが知るものを、時間的な差別をもって知るのではない。なぜならば、それは未来を未来として知るのではなく、過去を過去として知るのでもなく、永遠的に知るのであり、可変的なものを不可変的に知るのである[73]」という部分の欄外に、縦線と共に書きつけられている。この「豫定調和」は、もはや記すまでもなく、われわれが今対象としている論文の標題と関わるものであり、それの本文中にも例えば以下のように説かれている。「表現するものが表現されるものであり、絶対の無にして自己自身を限定する世界は、映すものが映されるものであり、映されたものから映すものへとして、永遠の未来が永遠の過去に映されたる世界である。未来永劫生起するものが含まれた世界である。これを予定調和と云ふ。即ち絶対現在の自己限定の世界である[74]」。

この引用文における予定調和の説明は、上記の書きこみがある部分のクザーヌスのテキスト——注(73)の引用——の内容と近似していることが明らかである。西田はこのクザーヌスの文章に、自身の「予定調和」の思想と類似する内容を見出して、書きこみをしたものであろう。同時に留意しておきたいことは、この西田自身のテキストの末尾において、「これを予定調和と云ふ。即ち絶対現在の自己限定の世界である」と記されていることである。

ここには、上でわれわれが見た西田の書きこみ「絶対現在の自己限定」も記されているばかりか、これら二つの書きこみが結合されているのである。つまり、クザーヌスの著作の中の前後三頁間の欄外に西田によって書きこまれた二つの語が、この西田自身の一文に結合されて重要な役割を果たしていることになる。

さらに、同じような関連性において把握できる、別の書きこみがある。それは、「豫定調和」という書きこみの次の頁に記されている「自己自身を表現するもの」と「Gott ist rationeller Grund」というものである。そして、そのうちの前者と同じ文言が目下の論文「予定調和を手引きとして宗教哲学へ」において、「絶対現在としての神は、何処までも自己自身を表現するものと云ふことができる[75]」と記されているのである。

一方、この書きこみが付けられているクザーヌス自身のテクストは、シャルプのドイツ語訳では以下のようなものである。「〔無限な〕球が線と三角形と円との十全な現実態であるのと同様に、最大な者は万物の現実態である。従って、それからあらゆる現実的存在が自己のすべての現実性を得ているのである。……球が諸々の図形の可能な限りの完全性であるのと同様に、最大な者は万物の最も完全な完成であり、従って、あらゆる不完全なものがそれにおいては最も完全なものとして存在するのである――無限な線が球であり、その球においては〔無限な〕曲線が直線であり、〔無限な〕合成が単純であり、〔無限な〕相異するものどもが同一であり、〔無限な〕他性が一性であるのと同様である。……それゆえに神は、全宇宙の唯一の最も単純なる理性的根拠である[76]」。

つまり西田は、無限な球があらゆる図形を包含しているという考えを神と諸存在者の関係に転移するクザーヌスの方法が、西田自身が考える「絶対現在としての神」と「絶対現在の自己限定」としての世界との関係、すなわち「絶対現在としての神は、何処までも自己自身を表現する」という事態を叙述するのに好都合であるとみなしたのであろう。

以上の考察から明らかになったように、クザーヌスの *De docta ignorantia* のわずか四頁にしかまたがらない部分の内容が、西田のこの時期の思索に深く関わることが可能であったのである。この事実は、西田がいかに高くクザーヌスの思想を評価していたかを物語っているであろう。このような西田のクザーヌスの思想に対する強い共鳴は、さらに遺稿にまで持続している。むしろ、この論文「予定調和を手引きとして宗教哲学へ」で中心的な役割を果たしているのはライプニッツに着想を得た「予定調和」であって、この時期における西田のクザーヌスとの取り組みは、次節の考察が明らかにするであろうように、遺稿においてこそ結実しているともとらえることができるものである。

五　遺稿「場所的論理と宗教的世界観」

本稿ですでに繰り返し言及したように、西田は一九四五（昭和二〇）年に「場所的論理と宗教的世界観」を完成していた――それを自ら生前に公刊することはかなわなかったが。

全集において六十七頁にわたるこの大きな論文は、以下のように論じ始められている。先ず、絶対矛盾的自己同一の思想が世界に関してさらに深められて、世界とは時と空間とが矛盾的自己同一的に一つとなっているものであるとされる。(77) さらに、この世界とわれわれとの関係は、〈焦点〉を介して以下のように成立しているとされる。「世界は絶対矛盾的自己同一的に、絶対現在の自己限定として、自己の中に焦点を有ち、動的焦点を中心として自己自身を形成して行く。……〔他方、〕我々の自己は、かゝる世界の個物的多として、その一々が世界の一焦点として、自己に世界を表現すると共に世界の自己形成的焦点の方向に於て自己の方向を有つ。……〔これは〕永遠の過去未来を含む絶対現在の一中心となると云ふことである。私が、我々の自己を、絶対現在の瞬間的自己限定と云ふ所以である」[78]。

しかし、この関係は単なる抽象論理的関係ではなく、「自己存在の根本的な自己矛盾の事実」としての「死の自覚」[79]を典型とする「宗教の問題」[80]としてとらえねばならないとされる。この点を具体的に叙述しているのが、以下の部分である。少し長くなるが引用する。「絶対の自己否定を含み、絶対の無にして自己自身を限定する絶対者の世界は、何処までも矛盾的自己同一的に自己の中に自己を表現する。即ち自己に於て自己に対立するものを含む、絶対現在の世界でなければならない。応無所住而生其心と云はれる所以である。中世哲学に於て神を無限球に喩へた人は、周辺なくして到る所が中心となると云つた。これは正しく私の所謂絶対現在の自己限定である。之を我々の自己の霊性上の事実に於て把握せないで、単に抽象論理的に解するならば、此等の語は無意義なる矛盾概念に過ぎない。併し真に絶対的なるものは、対を絶したものではない。絶対者の世界は、何処までも矛盾的自己同一的に、多と一との逆限定的に、すべてのものが逆対応の世界でなければならない。般若即非の論理的に、絶対に無なるが故に絶対に有であり、絶対に動なるが故に絶対に静であるのである。我々の自己は、何処までも絶対的一者と即ち神と、逆限定的に、逆対応的関係にあるのである」[81]。

この引用の中の「中世哲学に於て神を無限球に喩へた人」とは、すでに前節で扱った論文の中で西田がクザーヌスのことを、「彼は神を表すに、所謂無限球の例を用ゐて居る」と記していたことを知っているわれわれには、まぎれもなくクザーヌスのことであることが分かる。とはいえこの引用箇所だけからは、この「無限球の喩え」がこの論文でいかなる意味を持っているかは、にわかには明らかでないであろう。これについて西田は本論文の前半で、以下のように記している。「私は屢〻絶対矛盾的自己同一的場所、絶対現在の世界、歴史的空間を無限球に喩へた。

周辺なくして到る所が中心となる、無基底的に、矛盾的自己同一的なる球が、自己の中に自己を映す、その無限に中心的なる方向が超越的なる神である」[82]。すなわち、この無限球の比喩において、上の注(78)の箇所として引用紹介した、世界の焦点であり自己表現点としてのわれわれの存在が説明されているのである。球が無限大であれば、それの中心は至る所に無数に存在しうることになるので、「多の一」としてのわれわれの存在を表象するのには好都合な比喩であることになる[83]。

さて、この比喩は、後に論及するように、この論文における論旨展開の要の役割を果たしている。実は西田はここに至るまでに、自己の「絶対矛盾的自己同一」の思想の、とりわけ「世界と個物の関係」を適確に表現できる比喩を探し続けてきた。そして遂にこの「無限球」の比喩に至ったのである。ここまでの経緯を簡単に跡付けてみよう。先ず西田は、上述のように一九三九（昭和一四）年に同名の論文を公刊して、「絶対矛盾的自己同一」という思想を詳述した。その中に以下のような叙述がある。「かゝる個物と世界との関係は、結局ライプニッツの云ふ如く表出即表現といふことの外はない。モナドが世界を映すと共にペルスペクティーフの一観点である。かゝる世界は多と一との絶対矛盾的自己同一として、逆に一つの世界が無数に自己自身を表現すると云ふことができる」[84]。このように西田は自己の考える個物と世界との関係を、モナドの比喩を借りて説明しようとしているのである。しかしすでに同時に、モナドでは不充分であることにも気付いている。「而も真の個物はモナドの如く知的ではなく、自己自身を形成するものでなければならない、表現作用的でなければならない」[85]とも記しているのである。

次いで彼は一九四四（昭和一九）年の「予定調和を手引きとして宗教哲学へ」において、「予定調和」という着想についてはライプニッツのそれを利用しつつも、モナドについてはさらに批判的となっている。「ライプニッツのモナドの世界は、結局、神を中心として無限なる人格と人格とが相対する、共存的世界でなければならない。そこには既にカントの目的の王国を思はしめるものがあるのである。併し主語的論理の立場を脱することのできなかつたライプニッツに於ては、全と個とが、真に矛盾的自己同一ではない。何処までも全体的一が基底的であるのである。キリスト教的に神が絶対的主体である」[86]。つまり、モナドにおいては、全と個とが、真に矛盾的自己同一ではなく、全体的一が基底的であるという点で、「絶対矛盾的自己同一における世界と個の関係」を表現し尽くせないものがあるというのである。

同時にこの同じ論文の、既に上でわれわれが引用した箇所の中で、西田はクザーヌスについて言及しながら、「彼は神を表すに、所謂無限球の例を用ゐて居る」[87]と記して、「無限球」の比喩への関心を示している。だが、この論文においては、これ以上の論及はなされていない。

しかし、遺稿に至って、モナドの比喩と並んでこの無限球の比喩も導入され、最終的にはモナドを含意したものとしての無限球の比喩が西田によって最も高い評価を受けることになる。それの具体相は以下のとおりである。先ずこの論文の前半で、両者は以下のように併用されている。「絶対矛盾的自己同一的世界に於ては、個物的多の一々が焦点として、それ自身に一つの世界の性質を有つのである。モナドロジーに於ての様に、一々のモナドが世界を表現すると共に、世界の自己表現の一立脚地となるのである」[88]。つまり、ここに用いられている「焦点」という表現は、ライプニッツのモナドから出てくるものではなく、この文章のすぐ近くにある、クザーヌス的な「絶対現在の世界は、周辺なき無限大の球として、到る所が中心となるのである」[89]という表象に由来するものであろう。

そして最終的に、クザーヌスの無限球の比喩に到る。すでに引用した箇所であるが、再度掲げる。「中世哲学に於て神を無限球に喩へた人は、周辺なくして到る所が中心となると云つた。これは正しく私の所謂絶対現在の自己限定である」[90]。ここで西田は「正しく」とまで記している。なぜここで西田は、これほどまでクザーヌスの無限球の比喩を高く評価しているのであろうか。その理由は、西田が絶対矛盾的自己同一を具体的に説明しようと試みている「図式的説明」という、「絶対矛盾的自己同一」と同じ論文集（全集では第九巻）に収められている論文の内容を参照することで、より明瞭に判明する。そこでは、M_xを中心とする実線で描かれた小さな円があり、その小さな円を点線で描かれた大きな円Mが包摂しているという図示を用いつつ、以下のような説明がなされている。「絶対矛盾的自己同一なるMの世界はM_xとして自己自身を限定する。それは何処までもM_xを中心として考へられねばならない」[91]。その「歴史的現在の世界M_xを中心として、世界は無限の周辺を有つ」[92]のであるが、「ライプニッツのモナドロジーでは、個物的多が実在と考へられたが故に、全体的一は非実在的と考へられた、単なる合成と考へられた」[93]というのである。

この説明に基づくならば、ライプニッツのモナドには、〈世界の中心〉という要素が存在せず、さらに、〈世界は無限の周辺を有つ〉という要素も存在しないので、西田の意図するところを表現し尽くせないのである。しかし、クザーヌスの無限球の比喩は、この二点の不足を満たしうる。すなわち、モナドのように「世界を表現する自己」としての「無限球の中心・焦点」という解釈が成立する点に、このクザーヌスに対する高い評価が成立しているのである[94]。

つまり、時と空間の矛盾的自己同一でもある絶対現在の世界と、その内に存在するあらゆる個物との絶対矛盾的自己同一の関係というものは、この比喩においてこそもっとも適確に表現される、というのが西田の考えである。無限大の球は無数の中心をもつ。その中心の各々は焦点でもあって、それらがいわばモナドのように各々の仕方で、自己を包摂する無限大の球を映し出している。ここには、無限大の球とそれの中心としての無限小な存在である点との対比が存在し、しかしその無限小の点が無限大の球を映すという仕方で、自己を表現しているのである。以上のような、いわば逆説的構造がこの比喩において想定されているのである。この無限大の球を絶対現在の世界になぞらえ、無限小な焦点としての中心を個物になぞらえる時に、西田の求め続けた説明が成立するのである。

さらに、西田が本論文で提唱し、われわれがすでに上に、クザーヌスが論及されている箇所として引用したテキストにも現われていた〈逆対応〉という概念も、この比喩に表現されている逆説的構造を前提にすれば理解しやすくなるであろう。西田は〈逆対応〉について、例えば以下のように記している。「我々〔の〕自己は何処までも唯一的個的に、意志的自己として、逆対応的に、外に何処までも我々の自己を超えて我々の自己に対する絶対者に対すると共に、内にも亦逆対応的に、何処までも我々の自己を越えて自己に対する絶対者に対するのである。前者の方向に於ては、絶対者の自己表現として、我々の自己は絶対的命令に接する、我々は何処までも自己自身を否定して之に従ふの外はない。……後者の方向に於ては、之に反し、絶対者は何処までも我々の自己を包むものである、何処までも背く我々の自己を、逃げる我々の自己を、何処までも追ひ、之を包むものであるのである。即ち無限の慈悲であるのである」[95]。無限球の比喩に従えば、「外に何処までも我々の自己を超え」るということは、実際には無限球の内部に無限小な点として存在しているに過ぎないわれわれが、自己を自存的存在であるかのように思いなす場合のことを指しているのであり、「内にも亦逆対応的に、何処までも我々の自己を越え」るというのは、無限球の内部に無限小な点として存在しているわれわれが、自己を最小な点にすぎないとしてその価値を否認する場合のことを指しているのであろう。前者の場合には、その自己はあくまでも「射影点」に過ぎないとして裁かれ、後者の場合には、その自己であっても無限大の絶対者を映している存在であるとして、慈悲に包まれる、というのであろう。

以上、われわれは西田のクザーヌスとの出会いを考察してきたのであるが、本稿を終えるにあたって、西田が出会うことのできなかったクザーヌスの思想を提示してみたい。クザーヌスの『神を観ることについて』の第一三章に、次のような一節がある。「私が、無限者が存在すると主張する場合には、私は、闇が光であり、無知が知識であり、不可能なことが必然的なことであるということを容認することになるのです。……われわれは矛盾対立の合致を容認するのですが、無限者はそれを超えて存在するのです。しかしこの合致は、「終わりなき終わり」であると同様に、矛盾なき矛盾なのです。……一性における他性は、それが一性であるゆえに、他性なしに存在します。それと同様に、無限性における矛盾対立は、それが無限性であるので、矛盾なしに存在するのです。無限性は単純性そのものですが、他性なしの矛盾というものは存在することがありません。ところが単純性における他性は、それが無限性そのものであるので、他性化なしに存在するのです。つまり、絶対的単純性について言表されるいかなることも、絶対的単純性と一致するのです。…「諸々の対立の対立」とは「対立なき対立」です。それは、「諸々の終わり」が無限であるゆえに、「終わりなき終わり」であるのと同様です。そうであるならば、神よ、あなたは「諸々の対立の対立」です——あなたは無限なのですから。さらにあなたは無限なのですから、無限性そのものです。無限性においては「諸々の対立の対立」は対立なしに存在するのです[96]」。

このクザーヌスの論述には、西田の絶対矛盾的自己同一に対する、ある近さが存在しているのではないだろうか。しかし既に記したように、西田はこのテキストにおそらくは出会うことがなかったのである。なぜならば、西田が愛用したシャルプのクザーヌス著作集のこの部分は、訳者によって省略されているからである——皮肉なことに、この文章の直前と直後のテキストは、西田も読んでいるはずであるのだが[97]。むしろ、この引用部分が、この一九世紀後半のドイツ人カトリック聖職者でもあった訳者シャルプによって、省略され無視されたことが、われわれには意味深長に思われる。

もしこのテキストに西田が出会うことができていたら、これについて彼はどのように論じたであろうか。これは、もはや現実には答えられることの不可能な問いではある。しかし、われわれ自身のさらなる思惟によって、その答えを推測することは可能であろう。しかし、これはもはや機会を改めて試みるしかない。

（1）『西田幾多郎全集』（以下「全集」）第一一巻、一三八頁以下。
（2）この作業を進めるに際しては、西田が使用したことが明らかな彼の蔵書に属する二種のクザーヌス関係の文献（F. A. Scharpff, *Des Cardinals und Bischofs Nicolaus von Cusa wichtigste Schriften in deutscher Uebersetzung* (Freiburg im Breisgau 1862) および R. Falckenberg, *Grundzüge der Philosophie des Nicolaus Cusanus mit besonderer Berücksichtigung der Lehre vom Erkennen* (Breslau 1880)）に見出される西田の書きこみ等も、付加的に適宜参照する。なお、この二種の文献のうちの第一のものは、クザーヌスの諸著作のドイツ語訳（一部は抜粋）であるが、この本の外観の損傷ぶりから判断して、西田によって永くかつしばしば使用されたものと見受けられる。さらに、この書物のなかには西田の手によるものと推測される書き込みと下線がある。その一つは、細い青鉛筆によるものであり、もう一つは比較的太い黒鉛筆によるものである。前者は、書き込みの文字が小さく丁寧に記してあり、付けられている下線も比較的直線的であるのに対して、後者は、書き込みの文字が大きめで走り書きの風情を有しており、下線も少々乱雑に引いた感を受けるものである。さらに、後者に属する書き込みの一つに「絶対現在の自己限定　昭和十九年三月」というものが、本文内に付せられた赤鉛筆の下線を伴って存在するので、後者の書き込みと下線は「予定調和を手引きとして宗教哲学へ」執筆当時のものと推測される（この時期に西田がクザーヌスの思想を研究していたことは、本稿四で紹介するように、下村寅太郎との文通からも分かる）。また、同じ Scharpff のドイツ語訳巻頭の遊び紙の裏頁には「Eine vorzügl. Lateinische Separatausgabe der docta ignorantia erschien ab 19. Band Classici della filosofia moderna ; Nicolai Cusani De docta ignorantia testo de Polo Botta Bari 1913」とやや走り書きの字体で青インクをもって記されているが、これが西田自身の手になるものであることは、次頁、すなわち扉の右下に「K. Ni-

shida」と記されている文字の特徴が、これらと同じであることから推測される（この「K. Nishida」は、山下正男編『西田幾多郎全蔵書目録』（一九七八年、京都大学人文科学研究所）写真四頁で、西田の署名であることが確認されている）。また、細い青鉛筆による書き込みの文字上の特徴は、上記の一連のドイツ語の記し方と類似しているので、これも西田の手によるものと推測できる。従ってこの書物には、細い青鉛筆による書き込みと下線、青インクによるラテン語テキストの出版データ、太い黒鉛筆の書き込みと下線、一箇所にだけ存在する赤鉛筆による下線という、全部で四種の西田の手になる書き込みが含まれていることになる。以上を総括して成立する推測は、青インクによるラテン語テキストの出版データは、その内容から一九一三年以降、一九三三年六月三日以前（なぜなら、この日に、前年にドイツで刊行されたクザーヌス全集（*Nicolai de Cusa Opera Omnia*）の第一巻として *De docta ignorantia* のラテン語テキストが京都帝国大学蔵書として登録されたことが、現存する同書によって判明するからである）のものであり、細い青鉛筆によるものは一九一三年以前のものであり、太い黒鉛筆によるものは西田晩年のものであるということになる（赤鉛筆の下線の年代推定は不可能であるが、本稿注(70)の個所が示すように、一九四四（昭和一九）年頃のものと推測される）。以下、この推定に立って上記資料を利用することとする。

（3） 全集第一巻、九八―一〇一頁。なお、以下同様に、旧かな遣いはそのままとし、旧漢字は新漢字体で表記する。

（4） 前者は Scharpff, S. 26、後者は Scharpff, S. 28 である。

（5） 二六章での西田の青鉛筆は、「無限性そのものは生むものでも、生まれたものでも、発出するものでもない。従って、ポワティエのヒラリウスは、神の〔三種の〕ペルソナを区別しつつ鋭く以下のように言った」という部分（Scharpff, S. 32）だけに、欄外傍線として見出される。

（6） 全集第一巻、一八九頁以下。

（7） *De docta ignorantia,* I, 17, p. 35, 3-12, n. 51 : Deum per remotionem participationis entium invenimus. Omnia enim entia entitatem participant. Sublata igitur ab omnibus entibus participatione remanet ipsa simplicissima entitas, quae est essentia omnium. Et non conspicimus ipsam talem entitatem nisi in doctissima ignorantia, quoniam, cum omnia participantia entitatem ab animo removeo, nihil remanere videtur. Et propterea magnus Dionysius dicit intellectum Dei magis accedere ad nihil quam ad aliquid. Sacra autem ignorantia me instruit hoc, quod intellectui nihil videtur, esse maximum incomprehensibile.（訳文は岩崎・大出訳（創文社版）を、若干引用者が変更しつつ借用した。また訳文中の傍線

は引用者による)。

(8) Scharpff, S. 20.

(9) 全集第一四巻、二九五頁。

(10) 同上巻、三〇〇頁。講演の締めくくりの言葉の一つ。

(11) 同上巻、二九五頁以下。

(12) 同上巻、二九七頁以下。

(13) この点は、西田の「自覚」に関わることであり、後に西田によるデカルト批判として詳述されることになる。また、最後の著作である「場所的論理と宗教的世界観」のなか(全集第一一巻、四四五頁以下)では以下のように記されている。「我々の自己は根柢的には自己矛盾的存在である。自己が自己自身を知る自覚と云ふことその事が、自己矛盾である。故に我々の自己は、何処までも自己の底に自己を越えたものに於て自己を有つ、自己否定に於て自己自身を肯定するのである。かゝる矛盾的自己同一の根柢に徹することを、見性と云ふのである」。

(14) 上の注(3)の引用文の中の一節。

(15) 全集第一四巻、二九八頁。

(16) 同上個所。

(17) 同上個所。なお、ここでの「自覚としての全体」が知識の対象となりえないという論も、すでに『善の研究』からの引用個所で見られた。上の注(6)の引用文を参照。

(18) 全集第一四巻、二九九頁。ちなみに、愛についてのこの視点は、西田の最晩年まで存続している。「愛と云ふものも、何処までも相対する人格と人格との矛盾的自己同一的関係でなければならない。何処までも自己自身に反するものを包むのが絶対の愛である」(「場所的論理と宗教的世界観」(一九四五年、全集第一一巻、四三五頁))。

(19) 同上箇所。

(20) 全集第一四巻、三〇〇頁。

(21) この点が、後に西田によって「絶対矛盾的自己同一」として、さらにそれの成立の場としての「平常底」として深化展開されることは事実であるが、この段階ではいかにも唐突の感を否めないので、この指摘をしておく。

(22) 『自覚における直観と反省』改版の序（一九三九年）（全集第二巻、一二頁）でもこれに言及している。この概念の初出は「人間的存在」という一九三八年の『思想』三月号に発表された論文上と思われる（全集第九巻、一〇頁）。
(23) 例えば以下のようなリーゼンフーバーの指摘がある。「西田は後に（一九三九年）これを、ニコラウス・クザーヌスの『反対物の一致』（coincidentia oppositorum）にならって『絶対矛盾的自己同一』……と呼んでいる」（K・リーゼンフーバー「純粋経験と絶対意志」（上田閑照編『西田哲学』（一九九四年、創文社）二四頁）。
(24) 全集第九巻、一四七頁。
(25) 同上巻、一五二頁。
(26) 同上巻、二一五頁。
(27) 同上巻、二一二頁。
(28) いずれも、同上巻、一五〇頁。
(29) 同上巻、一六八頁。さらに、「無限の過去と未来とが何処までも現在に包まれるといふ絶対矛盾的自己同一の世界」（同上巻、一六七頁）。「絶対矛盾的自己同一の世界は、過去と未来とが相互否定的に現在に於て結合し、世界は一つの現在として自己自身を形成し行く、作られたものより作るものへとして無限に生産的であり、創造的である」（同上巻、一七六頁）。
(30) 同上巻、二一四頁。
(31) 同上巻、二一四頁。
(32) 同上巻、二一五頁。
(33) 同上巻、二一五頁以下。
(34) 同上巻、二一五頁。
(35) 同上巻、二一七頁。
(36) 同上巻、二一五頁。
(37) この用語は、従来「対立の一致」と訳されることが多かったが、私はこう訳すことにする。その理由は、第一に、クザーヌスの「oppositiones」には「反対」、「対立」、「矛盾」の意味が含まれており、また「coincidentia」には、「対立する二つのものが一致して一なるものになる」場合と、「対立する二つのものが共通の一なる場で出会っている」場合の二つの意味のいずれかが含まれているからである。詳しくは、八巻和彦『クザーヌスの世界像』（二〇〇〇年、創文社）「第三章　方法としての〈反対対立の合致〉」を参照されたい。

(38) Vgl. J. Koch, *Die Ars coniecturalis des Nikolaus von Kues*, Köln 1956, 43 ff. ; P. Wilpert, Das Problem der coincidentia oppositorum in der Philosophie des Nikolaus von Cues : in, J. Koch (Hrsg.), *Humanismus, Mystik und Kunst in der Welt des Mittelalters*, Leiden/Köln 1953, 39 f.

(39) この表題に含まれる「docta ignorantia」は、従来「知ある無知」と訳されることが多かったが、その意味を十全に表現するべく、ここではこのように訳すことにする。その根拠の詳細については、上掲の八巻和彦『クザーヌスの世界像』序章に対する注(23)（四〇頁）を参照されたい。

(40) *De doct. ign.*, III, (n. 264), p. 163, 14-16 : Debet... in his profundus omnis nostri humani ingenii conatus esse, ut ad illam se elevet simplicitatem, ubi contradictoria coincidunt.

(41) Ibd., I, 4, (n. 12), p. 11, 21 ; I, 16, (n. 42), p. 30, 11 ; I, 24, (n. 77), p. 49, 14.

(42) Ibd., I, 24, (n. 77), p. 49, 14f. : Quis... intelligere possit unitatem infinitam per infinitum omnem oppositionem antecedentem.

(43) *De coniecturis.*, I, 6, n. 24, 1-3.

(44) Ibd., II, 1, n. 78, 7-15 ; Ibd., n. 79, 6-9 を参照。

(45) *Apologia*, p. 15, 14-16 : uti in libellis De coniecturis videre potuisti, ubi etiam super coincidentia contradictoriorum Deum esse declaravi, cum sit oppositiorum oppositio secundum Dionysium.

(46) *De visione dei*（以下 *De vis.* と表示）, IX, n. 36, 1-7 ; n. 37, 1-12. 傍点は引用者。なお訳文は、八巻和彦訳『神を観ることについて』（岩波文庫版、五六－五八頁）を使用した。

(47) このことは、本稿冒頭で言及した、西田がくり返し読んだ Scharpff のドイツ語訳書が示しているところである。だが、晩年の一九四四（昭和一九）年の段階でのクザーヌスとの取り組みの際に、西田は『神を観ることについて』の第十章の標題に「Gott wird jenseits der Coincidenz der Gegensätze erkannt」（神は反対対立の合致の向こう側に認識される）のように下線を鉛筆で引いているので、この問題に何らか気付いていたかもしれない。しかし当然のことながら、西田によるクザーヌス理解におけるこの問題点が西田自身の思想の展開に対する本質的な欠陥を意味するわけではない。

(48) *De vis.*, X, n. 42, 14 ff.（〔 〕内は引用者による補足。八巻訳六四頁。）この種の「水平的合致」は以下の個所にも記されている：*De vis.*, X, n. 40, 2-6 ; Ibd., n. 41, 15-17 ; Ibd., IX, n. 32, 3-10.

(49) *De vis.*, XI, n. 45, 5-n. 46, 3.（八巻訳六七頁。）なお、このような天国の壁にまつわる状況の詳細な理解については、上掲の八巻訳『神を観ることについて』の訳注(96)（岩波文庫版、二三九頁以下）を参照されたい。

(50) *De vis.*, XXI, n. 91, 4-7 : »Tu es omnibus huius mundi sapientibus penitus ignotus, quia de te contradictoria verissima affirmamus, cum sis creator pariter et creatura, attrahens pariter et attractum, finitum pariter et infinitum（八巻訳一二三頁）.« さらに以下も参照。*De vis.* XXI, n. 93, 14 f. :「至福なる存在に関しても、イエスよ、あなたについてと同様に、矛盾することが確証されるのです。なぜならば、彼はあなたに、理性を与えられた本性と一なる霊《スピリトゥス》とにおいて、合一されているのだからです（De felice verificantur contradictoria sicut de te, Ihesu, cum tibi in rationali natura et uno spiritu sit unitus.）（八巻訳一二七頁）」。

(51) 全集第一一巻、一一六頁。

(52) 同上個所。

(53) 同上個所。

(54) 全集第一一巻、一二二頁。

(55) 同上巻、一二八頁。

(56) 同上巻、一三一頁。

(57) 同上巻、一三六頁。

(58) 同上巻、一三七頁。さらに「宗教の本質は絶対現在の自己限定としての我々の自己の真源に徹するにあるのである。……悟と云つても、唯、自覚の根源に徹することであらう。それは何の神秘でもない」（同上巻、一四三頁）とも。

(59) 下注(66)の引用冒頭。

(60) 全集第一九巻、二一四頁以下。ここでの「シュミットの Docta ignorantia の訳」とは、本書第一論文で言及したように、下村の東京文理科大学での演習のテキストとして取り寄せた Übersetzung und Nachwort von Alexander Schmid, *Nikolaus*

Cusanus, Vom Wissen des Nichtwissens (Hellerau 1919) のことと思われる。西田が何らかの点で Scharpff の訳に不満足を感じていたことを示している。実際、この訳には、既に言及した通り、訳者による省略が、それと明示されることなくなされている。

(61) 同上巻、二二四頁。傍点は西田。

(62) 全集第一七巻、六六〇頁。

(63) 全集第一九巻、二九一頁。

(64) 同上巻、二九九頁。

(65) 西田幾多郎年譜によれば、この年三月にこの論文を脱稿したとされている。同上巻、六九八頁。

(66) 全集第一一巻一三七—一四〇頁。

(67) 同上巻三八二頁。

(68) 同上巻三八三頁。この「場所的有の自己限定」とは、遺稿「場所的論理と宗教的世界観」における「時が空間を否定すると共に空間が時を否定し、時と空間との矛盾的自己同一的に……創造的世界」(同上巻三七六頁) として、時と空間さえも矛盾的自己同一的に捉えるという、新たな思想展開が前提になって可能となっているものである。

(69) Scharpff, S. 23.

(70) 訳文の中で下線を引いた部分は、西田自身の赤線が付けられている部分である。なお、この Scharpff 訳の部分にも、省略が断りなく介在している。

(71) これが翌年にかけてさらに彫琢された上で、遺稿論文「場所的論理と宗教的世界観」として書きおろされたのであろう。

(72) Scharpff, S. 25. この「無限な球」という意味の語は、この頁から始まる第一巻二三章の表題内容「無限な球の万物に作用する神の現存への転用」(Scharpff のドイツ語訳の直訳) と関わるものである。

(73) Scharpff, S. 25.

(74) 全集第一一巻、一二〇頁。

(75) 同上巻、一一六頁。これと同様の主旨の文章は、他にも同じ論文に散見される。例えば、一二五頁、一三三頁。

(76) Scharpff, S. 26. 〔 〕内は引用者の補足。傍線部は西田による下線を示す。

(77) 世界とは「時が空間を否定すると共に空間が時を否定し、時と空間との矛盾的自己同一的に、作られたものから作るものへと、無基底的に、何処までも自己自身を形成し行く、創造的世界である」（全集第一一巻、三七六頁）。
(78) 全集第一一巻、三七八頁以下（傍点は引用者、〔 〕内は引用者の補足）。
(79) 同上巻、三九四頁。
(80) 同上巻、三九三頁。
(81) 同上巻、四二二頁以下。
(82) 同上巻、四〇六頁。
(83) さらに、「我々の自己とは世界が自己に於て自己を映す、世界の一焦点たるに他ならない」（同上巻、三七八頁）。「我々の自己は、絶対的一者の自己射影点として神の肖姿であり、絶対意志でもあるのである」（同上巻、四二〇頁）。「我々の自己は、周辺なくして、到る所が中心である。無限球の無数の中心とも考へることができる」（同上巻、四三〇頁）。「我々の自己は、かゝる世界の個物的多として、その一々が此の世界を表現すると共に、此の世界の自己表現点として、此の世界を形成して行くのである。……絶対的一者の自己否定的肯定として、我々の自己が成立するのである」（同上巻、四四七頁以下）。
(84) 全集第九巻、一六九頁。ライプニッツのモナドは、『モナドロジー』（G. W. Leibniz, *Vernunftprinzipien der Natur und der Gnade, Monadologie*, 56 (S. 50) (PhB 253, Hamburg 1982) で以下のように説かれている。「五六　すべての被造物が、おのおの被造物と、またおのおのの被造物が他のすべての被造物と、結び合い、対応し合っているいる結果、どの単一実体もさまざまな関係をもっていて、そこに他のすべての実体が表出されている。だから単一実体とは、宇宙を映し出している、永遠の生きた鏡（un miroir vivant perpetuel de l'univers）なのである」（訳文は『モナドロジー』〔清水・竹田訳、世界の名著25、一九六九年、中央公論社〕四五一頁を借用）。
(85) 同上巻、一五五頁。
(86) 全集第一一巻、一二九頁。
(87) 同上巻、一三八頁。
(88) 同上巻、三七八頁。
(89) 同上巻、三七九頁。

(90) 同上巻、四二三頁。

(91) 全集第九巻、三一五頁。

(92) 同上巻、三〇七頁。

(93) 同上巻、三一七頁。

(94) クザーヌスにも「精神が生命ある鏡である」という思想が存在する。*De mente,* V, n. 87, 13f. : mentem quasi vivum speculum modo quo dixi（既に説明したような仕方で、精神は生命ある鏡である）。さらに鏡の比喩はクザーヌスの以下の書物にも見出せる。*De filiatione dei,* III, n. 65, 6sq ; n. 67, 1（邦訳『隠れたる神』一三三頁以下）、*De vis.,* VIII, n. 30 ; XII, n. 48 ; XV, n. 63（八巻訳『神を観ることについて』五〇頁以下、七〇頁、九〇頁）。さらに、クザーヌスにおけるこの比喩についての研究には以下のものがある。Norbert Herold : *Menschliche Perspektive und Wahrheit, Zur Deutung der Subjektivität in den philosophischen Schriften des Nikolaus von Kues* (Münster 1975), S. 99-109. ここで再び、クザーヌス著作のシャルプ訳書への西田の書きこみに眼を向けてみよう。既に言及したように「絶対現在の自己限定」という書きこみに対応する記述は、この遺稿論文にも頻出している。そればかりか、すぐ上で引用紹介した文章でも、無限球の比喩の評価として用いられていたのである。もう一つの書きこみである「自己自身を表現するもの」も同様に、無限球の比喩がもっとも効果的な側面として頻出していたことは、既に見たとおりである。このようにして、一九四四年以降の西田はクザーヌスとの対話を通じて自己の思想を熟成させて行ったのであろう。ちなみに、この書物には、この他にも以下のような西田の手になる書きこみが見出せる。S. 4 :「Proportio」; S. 37 :「それ自身によって有るもの」; S. 41 :「Ruhe Gegenwart」; S. 49 :「absolute Einheit nicht concret」; S. 53 :「absolute Möglichkeit in Gott」「形相と質料との矛盾的自己同一」。

(95) 全集第一一巻、四三四頁以下（〔 〕内は引用者の補足）。

(96) 八巻和彦訳、七六ー七八頁。*De vis.,* 13, n. 53, 10-n. 54, 10 : Quando igitur assero esse infinitum, admitto tenebram lucem, ignorantiam scientiam, impossibilem necessarium. ..... Admittimus igitur coincidentiam contradictoriorum, super quam est infinitum. Coincidentia autem illa est contradictio sine contradictione, sicut finis sine fine..... sicut alteritas in unitate est sine alteritate, quia unitas, sic contradictio in infinitate est sine contradictione, quia infinitas. Infinitas est ipsa simplicitas, contradictio sine alteratione non est. Alteritas autem in simplicitate sine alteratione est, quia ipsa

simplicitas. Omnis enim, quae dicuntur de absoluta simplicitate, coincidunt cum ipsa. .... Oppositio oppositiorum est oppositio sine oppositione, sicut finis finitorum est finis sine fine.

(97) Scharpff, S. 186. 西田はこの頁の直前の以下に訳出する箇所（*De vis.*, 13, n. 52）の欄外に鉛筆で傍線を引き、テキストの三ヶ所に下線を引いている。使用されている鉛筆の様子から一九四四（昭和一九）年頃のものと推測される。その部分のドイツ語訳テキストを訳出すると以下のようになる。「知性認識はあなた〔神〕からはまだ遥かに離れています。高い城壁が万物からあなたを隔てています。それゆえに、私が可能なかぎり自己を高めるときに、私はあなたを無限性として観ることになります。それゆえにあなたは、接近不可能で把握不可能で命名不可能であり不可視なのです。あなたに近づこうとする者は、あらゆる概念と限界と限界付けられたものとを超えるまで自己を高めねばならないのです。精神があなたを観ようとするのであれば、それは無知（ignorantem）となり闇に歩み入らねばなりません。しかし精神のこの無知とは何でしょうか。これが知ある無知ではないのでしょうか。私の神よ、あなたは無限性ですから、自分があなたを知っていないと知っている者だけが、あなたに近づくことができるのです」（傍線は西田による下線を示す）。

あとがき

すでに「まえがき」で記したとおり、本書のもとになったのは、去る二〇〇〇年一〇月六日（金）－八日（日）に、早稲田大学国際会議場において、主催・早稲田大学国際共同研究グループ、共催・日本クザーヌス学会により行なわれた東京・クザーヌス国際会議「境界に立つクザーヌス」である。ニコラウス・クザーヌスは一四〇一年にドイツのモーゼル河畔の港町クースで生まれた。彼の生誕六〇〇年にあたる二〇〇一年には、ドイツをはじめとして各国で記念の国際会議が開催された。本会議はそれらの嚆矢として行なわれたことになる。

会議は、当時の日本クザーヌス学会会長・小山宙丸（白鷗大学学長・早稲田大学名誉教授）の開会の辞に始まり、内外の招待講演者一〇名と研究発表者一五名が三日間にわたって講演、発表を行なった。この間の参加者はのべ一五〇名近くに達し、活発な質疑応答、討論がなされた。

招待講演についてはすべて本書に収録されているので省略し、以下に個々の研究発表の邦語タイトルを紹介する。

第一日目　クザーヌスにおける伝統と革新

佐藤直子（上智大学）「クザーヌス『精神』におけるアリストテレス主義とプラトン主義」、ジャン・M・ニコル（ルーアン大学）「クザーヌスにおける数学の革新とプロクロスの伝統」、長倉久子（南山大学）「ボナヴェントゥラとニコラウス・クザーヌス」、高島慶子（ミュンヘン大学）「クザーヌスとシャルトル学派の影響」、山下一道（滋賀大学）「ニコラウス・クザーヌスにおける反対対立の一致としての一者の思想」

第二日目　クザーヌスと諸宗教

小倉欣一（早稲田大学）「枢機卿ニコラウス・クザーヌスと帝国・選帝都市フランクフルト――教皇特使のドイツ巡察における教区区分とユダヤ人識別をめぐって」、矢内義顕（早稲田大学）「クザーヌスとベネディクトゥス」、河波昌（東洋大学）「東西における万有在神論――クザーヌスと大乗仏教」、工藤亨「『最大者』への二つの他性と東西世界宗教綜合の試み――全人類の共同体建設に向けて」

第三日目　クザーヌスの思惟の現代的意義

小田川方子（麗澤大学）「ニコラウス・クザーヌスとパラツェルススの自然観」、坂本堯（聖マリアンナ医科大学）「クザーヌスの人間福祉論」、加藤守道（東北大学）「クザーヌスと多元文化論」、松山康國（英知大学）「'Spiritus Spirans' としての『非他なるもの』――東洋的思惟との関連において」、薗田坦（龍谷大学）「ニコラウス・クザーヌスにおける無限性の問題」、八巻和彦（早稲田大学）「クザーヌスにおける〈楕円の思考〉――同行者としての他者を求めて」

この他に、K・オビエルー（ウィズダム神学校）「クザーヌス、アフリカの文化と伝統」が予定されていたが、ビザの関係で不参加、また論文による参加として、J・スフェ（ナンシー大学）「ニコラウス・クザーヌスの著作における数学と他性」があった。

これらの講演、研究発表の大部分は、*Nicholas of Cusa. A Medieval Thinker for the Modern Age.* ed. by Kazuhiko Yamaki, Curzon Press 2002 として公刊された。これによって、本会議の成果を国際的な場に公表し、また日本におけるクザーヌス研究の一端を海外に発信することができた。

この編集作業を進める中で、もし会議でなされた第一級のクザーヌス研究者による講演を邦訳し出版すれば、国内のクザーヌス研究者、これから中世哲学ないしクザーヌス研究を志す人々、そして様々な分野の研究者にとっても役立てていただけるだろう、と考えたことから、本書の準備が始まった。翻訳に際しては、会議の段階で講演原稿の翻訳をお願いした方々のご協力をいただいた。今回の訳出にあたっては、原則として前記カーゾン・プレスから出版された本に収録されたテキストを使用したが、K・リーゼンフーバー氏の論文のように、本書のために新たに詳細な注がつけられたものもある。また渡邉守道氏の論文は日本語の講演原稿を書き改めたものである。モイテン氏の「ニコラウス・クザーヌス――ある歴史的人物の横顔」は、一九九四年一月にトリーア大学のクザーヌス・レクチャーで行なわれた講演を新たに訳したもので、テキストは、E. Meuthen, *Nikolaus von Kues : Profil einer geschichtlichen Persönlichkeit.* Trier Cusanus Lecture ; Heft 1, Herausgegeben vom Institut für Cusanus-Forschung in Verbindung mit der Universität Trier. Paulinus-Verlag 1994 および、注の部分に関しては、著者の意向により *Individuum und Individualität im Mittelalter,* herg. von J. A. Aertsen und A. Speer. (Miscellanea Mediaevalia 24, 1996) 所収のものを用いた。また本書には、日本におけるクザーヌス研究について、その歴史的概観および具体例を扱う論文を収録することにした。この二篇は、Cusanus-Rezeption in Japan, *Littererae Cusanae Information der Cusanus-Gesellschaft,* herg. von H. Gestrich und K. Reinhardt, Regensburg 2001. SS. 49-66 および、»Coincidentia oppositorum« Nikolaus von Kues und die Philosophie Kitaro Nishidas, *Theologisches Quartalschrift.* 2. Heft 2001. Tübingen. SS. 143-155 を大幅に書き改めたものである。

本書の構成は、会議の部会ならびに前記の書物とは異なり、全体を、第一部「行動の軌跡」、第二部「普遍的な協和」、第三部「神・世界・人間」の三部に分けて、そこに各論文を配列した。これによって、読者は、クザーヌスの実践的な側面から出発し、しだいに彼の哲学的・神学的な思索の中心へと進んでいくことができるのではないかと思う。

冒頭でも触れたように、二〇〇一年にはドイツ、オランダ、アメリカ、スペイン、ポルトガルでクザーヌスの生誕六〇〇年を記念する国際会議・シンポジウムが開催された。ここでその一つ一つを紹介する余裕はないが、とりわけドイツでは、クザーヌスの生誕の地クースで、五月二三日から二七日まで開催されたFestwoche des Cusanus-Jubiläums 2001を中心に、その前後にも各地で講演会、催し物がなされた。クースでの五日間にはモイテンをはじめとして一二名の研究者による講演が行なわれ、世界各国の研究者が集い、日本人研究者一〇名も参加した。こうした国際学会・シンポジウムの成果が出版されるのも間もなくである。クザーヌス研究がまた新たな段階を迎えることになろう。

私どもとしては、こうした最新の研究成果を取り入れながら、今後、多くの研究者と協力し、クザーヌスの諸著作の邦訳を用意していく必要を痛感する。

最後になるが、準備段階からこの会議に注目し、さらには、本書の出版をお引き受け下さった知泉書館の小山光夫社長、また編集の髙野文子氏には重ね重ね御礼を申し上げる。

矢内　義顕

二〇〇二年七月

編者・執筆者・翻訳協力者紹介

編　者

八巻和彦　早稲田大学教授
著書『クザーヌスの世界像』創文社　二〇〇一年、他

矢内義顕　早稲田大学教授
監修『中世思想原典集成10　修道院神学』平凡社　一九九七年、他

執筆者

E・モイテン（Prof. Dr. Erich Meuthen）　ケルン大学名誉教授
著書 *Nikolaus von Kues 1401–1464, Skizze einer Biographie*, Münster ^{7}1992.

M・グローテン（Prof. Dr. Manfred Groten）　ボン大学教授
著書 *Köln im13. Jahrhundert*, 2 Aufl. Köln-Weimar-Wien (Boehlau) 1998.

R・エンドレス（Prof. Dr. Rudolf Endres）　バイロイト大学名誉教授
著書 *Adel in der frühen Neuzeit*, München 1993.

渡邉守道（Prof. Dr. Morimichi Watanabe）　ロングアイランド大学教授
著書『ニコラウス・クザーヌス』聖学院大学出版会　二〇〇〇年、他

G・クリスチャンセン（Prof. Dr. Gerald Christianson）　ゲッティスバーグ神学校
著書 *Cesarini, the Conciliar Cardinal : The Basel Years, 1431–1438*. St. Ottilien : EOS, 1979.

W・A・オイラー（Prof. Dr. Walter Andreas Euler）　トリーア大学教授
著書 *Unitas et Pax. Religionsvergleich bei Raimunds Lullus und N. v. K.*, Würzburg/Altenberge ^{2}1995.

I・ボッケン (Dr. Inigo Bocken)　ニーメンゲン大学講師
訳書　*Nicolaus Cusanus De leek over de geest*, Budel : Damon 2001.

K・クレーマー (Prof. Dr. Klaus Kremer)　トリーア大学付属クザーヌス研究所前所長
著書　*Die neuplatonische Seinsphilosophie und ihre Wirkung auf Thomas von Aquin*, the Netherlands 1966.

K・リーゼンフーバー (Prof. Dr. Dr. Klaus Riesenhuber)　上智大学教授
著書『中世における自由と超越』創文社　一九八八年、他

H・L・ボンド (Prof. Dr. H. Lawrence Bond)
編訳　*Nicholas of Cusa : Selected Spiritual Writings* (The Classics of Western Spirituality) Paulist Press 1997.

J・M・アンドレ (João Maria André)　コインブラ大学教授
著書　*Sentido, Simbolismo e Interpretacao no Discurso Filosofico de Nicolau de Cusa*, Coimbra 1997.

翻訳協力者

小倉欣一　早稲田大学教授
論文「枢機卿ニコラウス・クザーヌスと帝国・選帝都市フランクフルト」『比較都市史研究』二〇〇一年

佐久間弘展　早稲田大学助教授
著書『ドイツ手工業・同職組合の研究　一四～一七世紀のニュルンベルクを中心に』創文社　一九九九年

永野　潤　東京都立大学非常勤講師
論文「演技する機会――サルトルのイミテーションゲーム」「哲学」第51号　二〇〇〇年（日本哲学会）

皆川　卓　早稲田大学非常勤講師
論文「神聖ローマ帝国騎士の成立」「法制史研究」二〇〇一年

村井則夫　上智大学非常勤講師
訳書　H・ブルーメンベルク『近代の正統性III――時代転換の局面』法政大学出版局　二〇〇二年

〔境界に立つクザーヌス〕　ISBN4-901654-04-7

2002年8月10日　第1刷印刷
2002年8月15日　第1刷発行

編　者　八巻和彦
　　　　矢内義顕

発行者　小山光夫

印刷者　藤原良成

発行所　〒113-0033 東京都文京区本郷1-13-2
電話(3814)6161　振替 00120-6-117170
http://www.chisen.co.jp
株式会社　知泉書館

Printed in Japan　印刷・製本／藤原印刷

人 名 索 引

アウグスティヌス Augustinus　5,11,128,134,166,214,361
アストロラビウス Astrolabius　153
アベラルドゥス Abaelardus, Petrus　152-57,162,166f
アマデウス（サヴォア公）Amadeus　66,111　→フェリックス五世
アリストテレス Aristoteles　92,181,234,236,248,283
アンゲルス・ルンプラー Angelus Rumpler　81
アンブロシウス Ambrosius　267
アンブロジオ・トラヴァルサーリ Ambrogio Traversari　92,268
アルガザーリ al-Ghazzali　212
アルヌルフ，バイエルン大公 Arnulf　78
アルブレヒト二世 Albrecht II　67
アルベルトゥス・マグヌス Albertus Magnus　87,268
イエス・キリスト Jesus Christus　151,232,240,373f,394
イェディン Jedin, H.　103
岩崎允胤　11,13
ウィックリフ Wyclif　131
ヴィトゲンシュタイン Wittgenstein　183
ヴィナント・フォン・シュティーク Winand von Steeg　63
ヴィルパート Wilpert, P.　370
ヴィルヘルム，バイエルン侯 Wilhelm　133
ヴィンツェンツ，アッグスバッハの Vinzenz von Aggsbach　86,233,265
ヴェルトーヴェン Velthoven, van Th.　225,227
ヴェレナ・フォン・シュトゥーベン Verena von Stuben　89
ヴュルフェル G. Würfel　7,16
ウルリッヒ，マンデルシャイトの Ulrich von Mandersheid　24,62-66,98,103,127,139
エウゲニウス四世 Eugenius IV　23f,37,42,66ff,110,125,127,135
エウセビオス カエサレイアの Eusebios　241,258
エックハルト Eckhart　96,256,258,274,361
エネア・シルヴィオ・ピコローミニ Enea Silvio Piccolomini　28,42,68,110　→ピウス二世
エラスムス Erasmus　175f,179
エルケ Elke, von B.　61
大出哲　11,13
オークリー Oakley, F.　126
オッカム Ockham　126
オットー，ツィーゲンハインの Otto von Ziegenhein　56,59,62,97f

笠井貞　8
カスパー・アインドルファー Kaspar Aindorffer　77,79,82-5,230
カタリーナ Katharina　23
ガダマー Gadamer, H-G.　335
カッシーラー Cassirer, E.　10,341
カピストラーノのジョヴァンニ Giovanni da Capistrano　27,44,131,143
ガリレオ Galileo Galilei　107
河波昌　8
ガンディヤック Gandillac, M. de　225
カント Kant　177f,180,194,198,225ff,249,284
カントール Cantor, G.　365
ギールケ Gierke, O. von　124
工藤亨　8

ニコラウス・フォン・ディンケルスビュール Nikolaus von Dinkelsbühl　82
西田幾多郎　3-10,14f,361-98
西谷啓治　9
仁戸田六三郎　12,17
ネメシュギ Peter Nemeshegy　11

バイシィオのギドー Guido de Baysio　102
ハイムゼート Heimsoeth, H.　333
ハイメリクス・デ・カンポ Heimericus de Campo　60,98,268
ハウプスト Haubst, R.　239,241
パウル・フォン・エルヒンゲン Paul von Elchingen　81
パウロ Paulus St.　163,165,230,240,268,324,327,344
バシレイオス Basileios　91
ハース Haas, A. M.　239,241,258
パットナム Putnam, R.　124
服部英次郎　10
ハラウアー Hallauer, H.　109
ハルトゥンク・カンマーマイスター Hartung Kammermeister　27
バルバラ・シェーンドルファー Barbara Schöndorffer　89
ピウス二世 Pius II　28,33f,49,110
ピコ・デラ・ミランドラ Pico della Mirandola　178,198
ヒラリウス，ポワティエの Hilarius　390
ファッジ Fudge, T.　130
ファルケンベルグ Richard Falckenberg　6,16
フアン・ゴンザレス Juan Gonzalez　136
フアン，セコビアの Juan Segovia　44,136f,141,170
フアン，トルケマダの John of Torquemada　136
ファンステーンベルゲ Vansteenberghe, E.　53
フィリップ（ブルグンド伯）Philip　28
フェリックス五世 Felix V　23,66,111
フィヒテ Fichte　285
フィッギス Figgis, J. N.　124,126,141
フーゴー，サン＝ヴィクトルの Hugo de Sancto Victore　268
フーゴ・ドッレ Hugo Dorre　129
フス Hus　130f
ブッセ Busse, L.　4f
ブッダ　149
フラッシュ Flasch, K.　240f,249,257f,308
プラトン Platon　166,181,210,213,278
フランシスクス・ザバレラ Franciscus Zabarella　102
フリードリヒ三世 Friedrich III　58,67f
フリードリヒ・フォン・クレフ Friedrich von Kröv　62
プルタルコス Plutarchos　189
ブルハルト・フォン・ザルツブルク Burchard von Salzburg　68
ブルーメンベルク Blumenberg, H.　177f,187
ブレドウ Bredow, G. von　346
プロクロス Prokros　268
プロタゴラス Protagoras　37,50,227
プロティノス Plotinos　7,241,258
ヘーゲル Hegel　186
ベッサリオン Bessarion　67
ペトルス Peter, Wymar von Erkelenz　40f,309ff,315-319
ペトルス・ウェネラビリス Petrus Venerabilis　156
ペトルス，シャウムベルクの Peter von Schaumberg　68
ペトルス・シュリットパッハー Petrus Schlitpacher　81
ペトロ Petrus St.　163,165,344
ベナヴィデス Benavides　6
ベネディクトゥス Benedictus de Nursia　79,81,88
ベネディクトゥス十二世 Benedictus XII　291
ヘルヴィッヒ・フォン・ボッパルト Helwich von Boppard　62,142

ベルナルディーノ Bernardino da Siena 26
ベルナルドゥス，クレルヴォーの Bernardus Claraevallensis 87,155.
ヘルマン・レーマー Hermann Roemer 22
ヘルムラート Helmrath, J. 64,142
ベルンハルト・フォン・ヴァーギンク Bernhard von Waging 81,83-90, 231,236,257
ヘンドリックス Hendrix, S. 129
ホスティエンシス Hostiensis 102
ボッカッチョ Boccacio 150
ポッジョ・ブラッチョリーニ Poggio Bracciolini 60
ポップキン Popkin, R. 176
ホッブス Hobbes 177
ホフマン Ernst Hoffmann 7,16,219, 225f
堀豊彦 12
ホルトン Holeton, D. 130

マクシモス 証聖者 Maximus Confessor 268
松山康國 10,18
マルシリウス，パドヴァの Marsilius de Padua 126
マルティヌス5世 Martinus V 61ff,98
マレーヴィッチ Malewitsh 183
マーンケ Mahnke, D. 375
ミヒャエル・ナッツ Michael Natz 89
ムハンマド Muhammad 164
メートランド Maitland, F. W. 124
メルヒオール・シュタムハイム Melchior Stramhaim 81
メンツェルーログナー Menzel-Rogner, H. 225
モイテン Meuthen, E. 13,53,100,106, 108,142
モンテーニュ Montaigne 178f,187-94, 201

矢内義顕 18
ヤコウベック，ストシーブロの Jakoubek of Stříbro 131
ヤーコプ・フォン・ジールク Jakob von Sierck 62
ヤーコプ・フォン・ツィーゲンハイン Jakob von Ziegenhain 62
ヤスパース Jaspers, K. 10,113
八巻和彦 17
山下一道 13
山田桂三 9,17
山本幹夫（空外） 7f,16
ヤン，ロキツァナの Jan of Rokycana 132,134
ヨハネス，ラグーザの Johannes de Ragusa 132f,134,136,141,143
ヨハン・シェーレ Johann Schele 69
ヨハン・シュリットパッハー Johann Schlitpacher 82
ヨハネス（クザーヌスの弟）Johannes 58,68
ヨハネス八世パレオロゴス Johannes VIII 66
ヨハネス・グリューンヴァルダー Johannes Grünwalder 78f,91
ヨハネス・ケック Johannes Keck 81, 84,91-93
ヨハネス・スコトゥス・エリウゲナ Johannes Scotus Eriugena 91, 268,278
ヨハネス・セルバンテス Johannes Cervantes 65
ヨハネス・ヴェンク Wenk, Johannes 212,266f
ヨハネス・ティンクトーリス Johannes Tinctoris 43

ライプニッツ Leibniz 25,361,374ff, 384ff,396
ラッチンガー Ratzinger, J. 151
ラーバン，ヘルムシュタットの Raban von Helmstadt 24,62,64f,98
リクール Ricoeur, P. 339
リゴベッロ Rigobello, Almando 227

リーゼンフーバー Riesenhuber, K. 391f
ルソー Rousseau 25
ルフェーブル・デ・タープル Lefèvre d'Etaples 113
ルーマン Luhmann, N. 14
ルルス，ライムンドゥス Lullus, Raimundus 60,98,157-162,166,168
レオナルド・アレティーノ Leonardo Aretino 91f
レオナルド・ダ・ヴィンチ Leonard da Vinci 25
レッシング Lessing, G. E. 16,150f
ロック Locke, J. 177
ロッツェ Lotze R. H. 4,15
ロドリゴ・サンチェス Rodrigo Sânchez de Arêvalo 111
ロバート・グロステスト Robert Grosseteste 268
ロレンツォ・ヴァラ Lorenzo Valla 268
ロンバッハ Rombach, H. 13

渡邉守道 12,123,127

地名索引

アイヒシュテット Eichstätt　32,41
アヴィニヨン Avignon　65
アウクスブルク Augsburg　93
アッグスバッハ Aggsbach　86
アッヒェン Achen　77
アドモント Admont　92
アメリカ America　97,123
アラス Arras　49
アルトリヒ Altrich　56ff
イタリア Italia　65,124
インスブルック Innsbruck　47,77
ウィーン Wien　68,81f,84,91
ヴェネツィア Venezia　93
エアケレンツ Erkelenz　40f
エアフルト Erfurt　27,46
エーバースベルク Ebersberg　78
オックスフォード Oxford　46
オーバーヴェーゼル Oberwesel　61
オルヴィエト Orvieto　33

クース Kues　7,22,41,54,68,71,113,123
ケーニヒスベルク Königsberg　180
ケルン Köln　55,59f,98
コブレンツ Koblenz　21,27,61,63,109
コンスタンツ Konstanz　120f,141
コンスタンティノープル Konstantinopolis　22f,28,67,112,139f,162,179,325

ストラスブール Strasbourg　113
スペイン Spain　166
ゾンネンブルク Sonnenburg　89

ティロール Tirol　89
テーゲルンゼー Tegernsee　77-93,211,265
ドイツ Deutschland　28,30f,68,72,97
トーディ Todi　69,309
トリーア Trier　21,54f,58f,61-7,89,92,98,103,109,127
トリエント Trento　47
トルコ Turco　33

ノイヴェルク Neuwerk　46

ハイデルベルク Heidelberg　54f,98
バーゼル Basel　24,65,127,139
バッハラッハ Bacharach　45,63,98
パドヴァ Padova　25,56,101
パリ Paris　60
ヒルデスハイム Hildesheim　44
フィレンツェ Firenze　22,40,67
フェラーラ Ferrara　22,67
フランクフルト Frankfurt　49
フランス France　97
ブリクセン Brixen　31ff,48,69,90
ベルンカステル Bernkastel　54
ボヘミア Bohemia　77,133
ボローニャ Bologna　66f

マヨルカ Mallorca　157
マントヴァ Mantova　33
ミュンスターマイフェルト Münstermaifeld　28,65
ミュンヒェン München　84,86,91
メルク Melk　80ff,86
モーゼル Mosel　22,28,32,54
モントゼー Mondsee　86

ユトレヒト Utrecht　45

リェージュ Liège　67
ローマ Roma　56,68,92,135,143

書 名 索 引

事 項 索 引

あ 行

か 行

さ　行

た　行

な　行

は　行

ま　行

や～わ　行